中国教育寻变

The New Pathway for Chinese Education

北京十一学校的 1500天

1500 Days of Change
in Beijing National Day School

李建平 —————— 著

教育科学出版社
Educational Science Publishing House

全国中小学教师/校长培训用书

源创图书

助力教师成长

源创图书
以出版推动教育进步

源创图书微信

《学校制度改进》

李希贵 著
定价：78.00 元

《学校如何运转》

李希贵 著
定价：68.00 元

《如何领导一所学校》

汪正贵 著
定价：68.00 元

《教育从何处出发》

汪正贵 著
定价：68.00 元

《学校安全管理：
律师的建议清单》

雷思明 著
定价：68.00 元

《当校长遇见德鲁克：
冰山下的领导力》

杜绍基　彭信之 著
定价：68.00 元

谨以此书献给

矢志不移追求教育理想的十一学校教师群体

中国教育寻变

The New Pathway
for Chinese Education

北京十一学校的 1500天

1500 Days of Change
in Beijing National Day School

李建平 —————— 著

教育科学出版社
·北京·

出 版 人　所广一
责任编辑　谭文明
装帧设计　许　扬
责任校对　贾静芳
责任印制　叶小峰

图书在版编目（CIP）数据

中国教育寻变：北京十一学校的1500天／李建平著．—北京：
教育科学出版社，2015.10（2023.9重印）
ISBN 978 - 7 - 5041 - 9938 - 6

Ⅰ．① 中…　Ⅱ．① 李…　Ⅲ．① 教育改革—研究—中国
Ⅳ．① G521

中国版本图书馆CIP数据核字（2015）第233280号

中国教育寻变：北京十一学校的1500天
ZHONGGUO JIAOYU XUN BIAN: BEIJING SHIYI XUEXIAO DE 1500 TIAN

出版发行	教育科学出版社			
社　　址	北京·朝阳区安慧北里安园甲9号	**市场部电话**	010 - 64989009	
邮　　编	100101	**编辑部电话**	010 - 64981277	
传　　真	010 - 64891796	**网　　址**	http://www.esph.com.cn	
经　　销	各地新华书店			
印　　刷	运河（唐山）印务有限公司			
开　　本	720 毫米 × 1020 毫米　1/16	**版　　次**	2015 年 10 月第 1 版	
印　　张	24.5	**印　　次**	2023 年 9 月第 12 次印刷	
字　　数	380 千	**定　　价**	78.00 元	

图书出现印装质量问题，本社负责调换。

目录 | Contents

2010 年 5 月的一天，一个偶然的机会，我走进了北京十一学校，发现这所有着改革基因的学校，改变的步伐在加快，似乎一场大变革正在酝酿之中。

这会是一场怎样的变革？会有哪些革新与突破？究竟能走多远？一所学校的探索能对整个国家的教育有什么意义？

带着这些疑问，怀着对基础教育课程改革不可割舍的情感，我开始了近距离观察十一学校。

在这座位于北京海淀西南角的校园里，改变无时无刻不在发生。每天，我被大大小小的新想法和新做法吸引着，在不同的角落与不同的人交谈。我手里捏着一张张小纸片，不停地听，不停地看，不停地记，记录下无数个点点滴滴。

整整四年，我度过了无数个不眠之夜，感受着学校一天天发生的变化，亲眼看到了十一人怎样把一个个不可能变成了可能。那些难以忘却的场景如丝缕般牵着我的魂灵。我用尽心力，试图将这些变化与十一人心灵深处的震动描绘出来，一笔一画，平实记录，真实还原。

教育本质上是理想主义者的事业，在这场惊心动魄的变革中，无论遇到多少艰难险阻，助推改革向"死"而生的，是十一学校一位位心怀苍生、砥砺前行的教师。也正是这场近乎"自杀"的变革，令他们成就了自己，成就了学校，成就了教育。

　　有人说，这是新世纪中国教育最迷人的一段传奇。

卷一

改革真的来了

第一章　大变革的前夜

> 在这个温润的夏天，一次普普通通的暑期工作会议，却不同寻常地让雁栖湖湖畔微起的波澜激荡了山河岁月。

这个夏天，秦建云老师怎么也高兴不起来，尽管学生的高考成绩个个都很"牛"，可他却丝毫没有以往的成就感，心中总有一丝丝无奈——"真正的教育不是这样的"。他不愿意再这样教下去，甚至想逃离这种教育生活。

2010 年 8 月 19 日清晨，秦建云老师和他的同事一起上了一辆大巴车，去北京郊区参加学校暑期工作会议。一个半小时后，大巴车驶进了怀柔雁栖湖湖畔的大雁楼宾馆。

研究教学组织形式变革，是此次会议的中心议题。几位教师发言之后，坐在第一排的李希贵校长站起来，迈着稳健的步伐走向发言席，大屏幕上出现了报告题目——"让旅客坐到驾驶员的位置上"。他说："在这样一个多变的信息时代，在这样一个充满了挑战和需要合作的时代，任何个人的智慧和力量都没有办法应对。然而，只要我们能够合作，能够把集体的智慧凝聚起来，我们就会有无限的力量。我们每一个人的智慧加起来，就可以撬动一个世界。"听到这里，秦建云老师的心里咯噔一下，他当时的一个直觉是："校长在布局，他在营造一个'场'。"

接下来，大屏幕上出现一行标题——"六问教学组织形式变革"，李希贵校长与大家一起探讨：改革的目的是什么？我们为什么要如此"折腾"？

教学组织形式变革的重点是什么？难点在哪里？……

"报告透过表象抓住根本，有点儿正本清源的味道。"秦建云老师一边听一边点头，"有希望，这位校长对教育有系统思考！"以往，在许多场合，他也听过不少激动人心的报告，每次都感到做报告的人决心很大，但大多是就事论事。每当这时候，他总免不了在底下小声嘟囔一句："够呛！"时间久了，他甚至觉得真正的教育改革根本不可能会发生。

一番追问之后，李希贵校长代表校务委员会提出了改革分步实施的策略——从新学期开始，学校将进行教学组织形式变革。第一步，学生整体走班上课，上什么课进什么教室，通过学科教育资源的融入，使学生的学习更加符合学科规律、认知规律、学习规律。第二步，上午整体走班，下午学生根据不同的需求选课走班。第三步，将所有的课程分层分类，提供帮助学生全面而富有个性发展的课程，全面实施走班上课。

此时，秦建云老师的神经紧绷起来，他似乎听到了大变革逼近的脚步声。"学校要进行的这些改革，可以说是伤筋动骨哇，桩桩对准的都是基础教育最难啃的'骨头'。"

在认真分析了各项风险之后，李希贵校长语气坚定地鼓励大家："困难是客观存在的，需要在我们起航之后，一天一天、一个一个去解决。我们绝不回避风险，我们要直面风险，管理风险，控制风险。我们的策略是'渐进'。我们只有一个愿望：改变，只改能改的，只改可以改的！"

听到这番铿锵有力的话语，秦建云老师的心跳在加速，他全身似有一股热流在涌动，他完全没有想到，学校竟然有这么大的勇气，居然要搞出这么大的动静。

在返回学校的路上，有人在闭目休息，有人在思考，也有人内心在翻江倒海。一位老师说："我们的教学组织形式不好吗？班级授课已经沿袭了很多年，为什么要变呢？"另一位老师觉得："这个会开得让人有点儿摸不着头脑。"还有的老师说："反正学校要求做的事，一般都不会错，跟着做就是了。"

此时的秦建云老师，内心充满了期待。

他期待着与这位校长交流，期待着一个不一样的明天。

第二章　学校转型的伟大发端

> 无论你是否意识到了，也无论你是否做好了准备，变革的风潮已经势不可当，正以超出人们预期的速度迅猛而来，一场前所未有的教育改革风暴降临到这座校园里。

一场前所未有的大"折腾"

凿开尘封的锁头

两辆银白色的大巴车从郊区返回了校园，秦建云老师从车上下来，往校园里一看，完全傻了。高高的脚手架、铺天盖地的安全网、满地的砖头瓦砾，使昔日的校园变成了一个大工地，"叮叮咚咚"的凿墙声撞击着每个人的心。望着一座座被"折腾"得面目全非的教学楼，他的心里一阵发紧："改革真的来了。"

这个假期，学校根据上级的部署，对教学楼进行抗震加固，借此机会，教学组织形式变革的第一步——建设学科教室的战役打响了，打开仓库，打开实验室，打开隔断墙，打开教学与资源之间的一切阻隔！

走班选课需要增加大量教室，教学空间不足成为突出矛盾。怎么办？利用抗震加固的机会，学校想方设法对教学楼进行了改建，大一点儿的教室打了隔断被一分为二变为两间，小一点儿的教室两间改为三间。同时，将仓库、地下室全部腾出来，改为学生的活动用房。学校还在每一层楼腾出了一个近一百平方米的地方，使学生有了公共空间。

"折腾"远不止于此。随着土木工程的完工，一场轰轰烈烈的大搬家开始了，在实验室里沉睡了多年的仪器被搬了出来，掸去厚厚的灰尘，放进学科教室。校园中每个人都脚步匆匆。"仪器！仪器！""设备！设备！"一张张报告递上去，一份份清单列出来。"我们还有什么？""我们还缺什么？""我们急需什么？"校园里所有仓库的门都被打开，库存的资源一件件被清理出来，所有的人都在忙活，所有的人都在经历一场从未经历过的慌乱。

就在大家都忙着搬东西的时候，秦建云老师听到了一个让他感觉很晕的消息，学校成立了课程研究院，他做梦也没有想到，首任课程研究院院长的担子竟然落到了他的肩上。他着急了："哎哟！从来没听说过呀！"更让他犯晕的是，课程研究院其实就只有他一个"光杆"司令，其他人都还没到位呢，可活儿得马上干起来，眼下，他的任务是与各厂家沟通、协调，确保新教室的设施设备符合改革的要求。

"学生的桌椅必须变，因为学生走班选课，教室不属于任何人，新课桌全部没有桌斗，桌子的两边各有一个挂钩，方便学生挂书包。椅子也得变，不仅要质量上乘，更加舒适，而且要根据人体造型设计，要非常实用、方便。更重要的是，桌椅要'无负重'设计，要方便移动，随时可以组合、拼接，瞬间就可以变成开会的样子，适用于学生讨论。"这番话秦建云老师每天不知要对厂家说多少遍，嘴皮子都要磨破了。

墙上的黑板也全变了，黑板、白板、绿板，颜色不一，大小不一，有推拉式的，也有固定的，还有各种适合粘贴作业的软板，每一面墙壁都被利用起来，每一块板都承载着不同的教育功能。陆江涛老师半夜到学校接车，协助厂家卸货、安装，连续忙了好几个昼夜。为了满足教学需求，好不容易安上去的黑板还要卸下来重装，急得陆老师直跺脚。"所有文具的配备都是私人定制，教导处与任课教师反复协商，仅一种白板书写笔就调换了四次。既要无毒无味，易擦拭，还要有颜色、粗细搭配，就是一支笔呦，可难坏了我们！"教导主任刘笑说。

书包放在哪儿呢？全校4000多名学生，每人需要一个柜子，以便有足够的空间放自己的物品。柜子往哪儿安呢？教学楼楼道两旁的墙全部被利用起来。科技楼楼道比较窄，如果再安装柜子，会影响学生走路。大家一起想出了办法，将非承重墙向里凿开 50 厘米，让一排柜子整齐地镶嵌在墙体里，楼道丝毫不受影响，柜子问题也解决了。

"变了，一切都变了。"在一间物理教室里，秦建云老师兴致勃勃地向笔者介绍，"你看，所有的桌面都加宽了，方便学生书写，柜子不能挡脚，腿要能放下。为了达到这个要求，每张桌子都增加了成本。看看，现在的物理课桌是学生的书桌、实验桌、研究桌、阅览桌，师生的探究桌，真好！"

让资源离学生近一点儿

为什么要如此"折腾"呢？到十一学校不久，一天，李希贵校长去听秦建云老师的物理课，课后对他说："从上课角度讲没得挑，但有一点儿遗憾：物理实验呢？像你这样全国知名的优秀教师尚且如此，那一般的教师呢？你为什么不做实验呢？""我没法儿安排呀，实验楼离我很远，我几乎没有进过实验室，实验室有什么我也不知道哇！"秦建云老师的一番话让李希贵校长陷入了沉思。

在离教学楼不远处，是学校的科技楼，这座投资很大的科技楼，实验设备一应俱全，可是因为空间的距离与阻隔，师生问津这里的机会并不是太多。

中学物理、化学、生物实验不足，是基础教育多年没有得到解决的问题。始于 20 世纪 90 年代的课程改革，提出课程资源建设的全新理念，倡导自主、合作、探究的教学方式，然而，经过多年的努力，这些并没有在学校层面真正落实。"我们为什么要把实验设备藏得那么隐蔽呢？老师为什么要躲到另一间屋子里办公呢？仪器室、准备室、实验室完全分离，学生进哪一间屋子都有明确规定，而新课程倡导培养学生的自主探究和动手实践能力，传统的建筑格局明显与之相悖。"多年来，这些问题一直萦绕在李希贵校长的脑海中，他渴望通过大胆的设想找到突破口。

"资源有那么重要吗？"一连几天，老师们也围绕这个问题进行讨论。对此，李希贵校长谈了自己的看法："我们要重新研究教室究竟需要什么样的配置、教学究竟需要什么样的资源。资源决定着教学的宽度、厚度和深度，资源决定着教学效益，资源决定着教学实力，资源影响着师生关系和教师的职业幸福感。"

经过一次次头脑风暴，大家逐渐有了共识："如果第一单元学习诗歌，教室里有这方面的资料，包括现代的、抒情的、叙事的诗歌，以及作家的介绍、名人传记等，确实方便学生使用。我们做了那么多好的幻灯片，优秀学生看一遍就行了，可是，还有一些学生，要看两遍、三遍才大概明白，还有的要反复看，如何确保学生能看到三遍呢？应当把好的幻灯片打印出来挂在教室里……"

"要将生物教室变成一个学科博物馆。"一连几天，王春易老师脑子里想的全是生物教室的事：将什么样的内容展现在教室里呢？需要哪些文字呢？要配哪些图呢？王春易老师带领生物组几位老师开始布置起来——教室四周的墙上挂满了生物学科的名言警句，花花绿绿的生物模型、叶绿体的结构示意图、消化系统概观、神经元的模式图、人脑结构、肾脏结构等，使生物学科功能教室充满了生物学科的"味道"。人类对生物学研究的成果像一幅生动的画卷在学生面前徐徐展开。书柜里还配置了音像、图书资料，包括外文教材，方便学生借阅。

"教室里应该有盛水的瓶子、装着泥土的箱子，要让学生能够同时看见、观察和动手，实现教师、学生与资源的紧密结合，这是能负载思考大船的深水。"100多个大大小小的瓶子、40多种绿色植物、实验器材、标本全部被搬进教室。王春易老师还腾出了教室两边的矮柜，准备陈列学生的作品。

楼道也被利用起来，墙上悬挂着有关23个生命科学重大发现的图画，按照年代逐一展示出来，下面是近十年来诺贝尔生理学奖获得者和他们的研究成果。"通过浩瀚的生物学发展史，展现科学家的科学品质、科学精神，激励和感染学生，让学生热爱生活，热爱生命。"王春易老师期待着将来从生物教室里走出这样的大家。

夜深了，生物教室完全变了样。看着自己的杰作，老师们高兴得不得了，王爱丽老师忍不住掏出相机拍照，照了一张又一张。想象着明天学生到教室后会是怎样的兴奋，王春易老师的心情怎么也平静不下来。离开教室的时候，夏静老师提议："我们不坐电梯，我们走下去吧。"她们不舍得分开，不愿意从这种氛围中出来。就这样，她们慢慢地沿着一级一级台阶从三楼走下来。

走出教学楼，穿过大操场，三位女老师手拉着手，走在朦胧月色下的校园里，婆娑的树影，斑驳的月光，几分朦胧，几分神秘。整个北京城都睡了，几位老师按捺不住内心的喜悦，在校园里放声大笑。"终于有了一点点的改变、一点点的突破。那一夜，我们乐疯了，大家都疯了。"王爱丽老师边说边比画，难掩心中的激动。

2010年9月1日凌晨零点30分，伴随着马达的轰鸣，最后一车渣土拉出了校园，负责开学准备工作的马玉琴老师拖着极度疲惫的身子离开了学校，她的心里惴惴不安。今天，就要开学了，会是怎样的呢？

这个夜晚，很多老师都未安眠。王春易老师想了整整一夜：天亮后，孩子们来了会是什么反应呢？等待他们的究竟是一个怎样的开学呢？

开学了。经历了一个暑期的大"折腾"，人们紧绷的神经仍然无法舒缓，什么都变了，一切都来得太突然了，心里真是五味杂陈，说不清是惊喜，还是不安。

一场意味深长的告别

神圣的讲台拆了

开学了，秦建云老师天天在教学楼里转悠。一天，他来到一间教室，望着宽敞明亮的大玻璃窗、擦得亮亮的教学设备，哪一件看着都那么入眼，他忽然觉得讲台显得那么碍事和多余，忍不住说了一句："还要这张桌子干吗呀！干脆搬出去算啦！"说完，他悄悄看了看老师一眼，发现老师没什么反应，胆子又大了一点儿，心想，还等什么！现在就搬。想到这儿，他来不及找人帮忙，就自己动手一点儿一点儿将讲台拖了出去。

过了两天，秦老师又在楼道里转悠，走到一间教室，一位老师告诉他："我的讲台坏了，推出去修修吧！""就是嘛，修一修。"他赶紧将讲台推了出去，一个上午竟然推出去了三个。奇怪的是，竟然一连几天也没修好，老师们一下课就追着秦建云老师问："讲台修好了吗？"得到的答复总是"还没有，特难修"。终于有一天，秦建云老师鼓起勇气对老师们说："这样吧，不要这个讲台了吧，给你们弄个更好的桌子，也很方便哪！"他见老师们没有反对，赶忙找人搬来了新桌子。果然，新的办公桌很大，很现代的那种，摆上台式电脑、打印机，还有很大的地方可以放书本和学生的作业，老师们很高兴。秦建云老师的劲头更足了，一连几天，他日夜在教学楼里穿梭，推出了一个又一个讲台。

干得带劲的不止秦建云老师一个人，语文老师兰玲作为闫存林老师的弟子，亲眼目睹了一向斯文儒雅的师父在学科教室建设中的"疯狂"。炎热的暑期，教学楼加固工程紧张地进行着，教室里还没有门窗，遍地瓦砾。闫老师对兰玲老师说："趁着这个机会，我们把讲桌扔出去吧！"兰玲老师没料到，一向温和的闫老师，也能有这么出格的想法和疯狂的举动。闫老师一边说着，一边干起来，他动作麻利地拆下了讲桌里连接电脑和投影仪的线路，然后用力将硕大的讲桌一点儿一点儿推出了教室。兰玲老师开始担心起来：教室里没有讲桌行吗？不是说教室最明显的标志就是三尺方台吗？闫老师看出了兰玲老师的疑惑，挥挥手说："一张桌子占去了那么大的地方，却只是上课时用来放几本书，把老师和学生分割成两部分，老师站在桌子后面，感觉离学生特别远。再说，学生要上来表演、展示，这里应该给学生一个舞台。"兰玲老师觉得师父说得有道理，赞同地点点头。

没想到，第二天早晨，那张被抛弃的讲桌又鬼使神差地回来了，原来是施工的工人给搬回来的。闫老师赶忙找来一张纸，在上面郑重写下五个大字——"此桌不要了"，贴在桌子上，又把桌子推了出去。几天以后，其他老师纷纷效仿。一时间，"扔出讲桌"成了更多老师的"疯狂"举动。

国庆节过后，当老师们重新走进学校时，发现自己的教室早已改天换地，高一年级主任于振丽一周前恰好去美国考察了，回来后发现自己年级所有的教室已经调换完毕，整个楼道里连一张讲桌也不见了，再恢复过去教室的模样已经完全不可能了，她不由得感叹道："怎么跟发生了政变似的！"

就这样，秦建云老师带领着老师们巧妙地将人们心目中神圣的讲台撤去了。

事后，秦建云老师深有感触地说："任何一项改革，当我们考虑到教师的感受，照顾到教师的情绪的时候，他们是很乐意接受的。"

告别昨天的阵痛

学科教室建好后，老师们在教室里上课，下了课，他们在这里备课，上网查阅资料，与学生交流，很少再回办公室了。这样一来，教师办公室已经没有多少意义，传统意义上的教师办公室悄无声息地退出了历史舞台。这是一个标志性事件，宣告了一段历史的结束。

每个年级都安排了一间屋子供老师们开会。阳光透过高大的玻璃窗照射进来，长圆形深红色的会议桌、淡灰色的软椅、深红色的柜子，显得庄重大气，给人一种非常新鲜的感觉。屋子的隔壁还有一间小咖啡屋，墙角摆放着饮水机、冰柜、咖啡壶；中间几组方桌，铺着白色的台布，周围放着几把圆椅；墙上挂着风景美丽的油画：十分浪漫与温馨。没有课的时候，老师们可以在这里喝喝咖啡，聊聊天儿，小憩一会儿。

学校在一天天地变着，许多不可能正在一件件地变为可能。哦！学校，你还能变成什么样子呢？

变化，让每一个人的内心既兴奋又不安。教师告别了传统的办公室，坐进教室，与学生朝夕相处，能适应吗？无论是年轻教师还是工作多年的老教师，那兴奋中夹杂着焦虑甚至困惑的眼神表明，他们正在经历着一场艰难的"蜕变"。

王春香老师从事化学实验员工作已经 20 年了，尽管工作繁忙、琐碎，可一贯干净利索、做事到边儿到沿儿的她，把上千件仪器擦得干干净净，管得井井有条，从未出现过差错。

2010 年 7 月放假前，王春香老师听到一个让她感觉很晕的消息——"实验室全部搬走，原来的化学实验室改为数学教室"。一向沉稳有序的她忽然没有了淡定，完全蒙了，逢人就问："往哪儿搬呢？还会搬回来吗？"得到的答复是："别问了，快搬吧，施工队马上就要进来了。"还没等弄清楚是怎么回事，王春香老师的两只手已经开始一件件挪动仪器、装箱、打包、贴封条。令她更为不安的是，整座楼上上下下的人都在忙，人们脸上紧张的神情和匆忙的脚步，让她隐隐感觉到一场大的变革，自己从未经历过的变革，马上就要来了。真是"山雨欲来风满楼"，王春香老师怀着忐忑不安的心情忙碌着，观望着，等待着。

　　终于，实验室的东西全部搬完了，王春香老师的心也被掏空了，护了一辈子的家当全被别人拿走了。过去，因为担心出问题，尤其是害怕药品出问题，天天下班时检查柜子是否锁好、门窗是否关好，成了一件特别大的事。实验室、库房、办公室一共 18 个门，下班前，王春香老师一个一个地查，一道一道地锁，天天如此，年年如此。在她看来，只有锁起来，才是最安全的，钥匙每天都拴在身上，心里才特别踏实。可如今，每间教室都有仪器，都要管好，工作及管理的范围不知要增大多少倍。为了方便学生使用，学校要将铁锁换成电子门禁，学生每人一卡，谁都能开。一把攥了十几年的锁头突然被打开，王老师有了一种失控的感觉，极度的担心与害怕向她袭来。

　　更让她焦虑的是她内心的秩序被打乱了。往日宽敞明亮的实验室，一应俱全的设备被码放得整整齐齐，一样都不错，一样也不少，那种安然、有序、踏实的日子，她度过了 20 个春秋，如今这种日子怕是不复存在了，她的心里酸酸的，两行热泪止不住滚落下来。

　　"未来会是什么样的呢?"她的整颗心都揪了起来，整个暑假都揪着。

　　变革，正以亘古不变的时空法则裹挟着人们上路，一切都在路上，所有的努力与挣扎，扯开的是一场又一场的颠覆与被颠覆。对于教师来说，这不仅仅是对讲台和办公室的告别，更是对根深蒂固的教育观念的一场意味深长的告别，包括对几十年的教育方式、教书生活的告别。

新教室，带来了什么

"这是我喜欢的教室"

　　"这是我喜欢的教室。细细体味，每个教室都有一番别样韵味，化学教室里摆着实验器材，语文和英语教室里贴着各种材料，物理和数学教室里则有各位伟人时刻注视着你的学习，最重要的是，这些都不是摆设。"这是一名学生写在日记里的一段话。

　　"呵! 处处都是学习资源，连门也被充分利用起来，挂满了学生的画图。"一位家长看了生物教室后赞叹不已。前面是上课的区域，两旁和后面是实验的区域，实验台上摆满了王爱丽老师从老家带来的瓠子、辣椒、大南瓜，讲生物果实的时候学生可以一目了然。几十种植物有从花店买来的，有扦插的。学生还种了水芹菜，养了小蛇、乌龟，他们自发成立了"生物创意智囊团"，哪怕是一点点有关生物的创意也拿出来与大家分享，他们特别喜爱生物教室，愿意在这里待着。

　　每天，老师和同学们生活在这个小天地里，和这里的花花草草、小鱼乌龟一同呼吸，一同生活，一同经历月升日落，构筑着对大千世界的理解，领略着生物王国的奇妙。即使在节假日，学生也会来到教室，跟随王老师一起读书、做实验、侍弄花草、喂鱼……在这里，他们向千百年来的学习发出了挑战，他们创造出了一种全新的生物学习方式。

　　"历史学科教室的书可真多！""每一次抬头都能遇见历史！"这是学生走进历史教室的感受。阅读可以帮助学生自己获得历史知识，"中国近代后期大事年表"和"中外历史大事年表"可以帮助学生进行东西方对比，丰富的资源成了连接历史与现实的桥梁，让学生永远"站在历史的枝头微笑"。"每当讲到五四运动的时候，学生都会扭过头看着梁漱溟先生坚毅的面孔，从梁先生的话中，明白爱国要理智。在学习思想史的时候，学生也会转过头看着美丽的贝·布托，思考着贝·布托对思想的诠释。"王烨老师说，"在这样的教室里上课，确实感到很不一样。"

　　来到105教室，你便知道这是哲学教室。在这间屋子里，任何一样东西都有意义。书架上摆放着《生活中的经济学》《经济学的思维方式：经济学导论》《世界哲学简史》《思想的力量：哲学导论》等。刘梅老师高兴地说："这些书引起学生的极大兴趣，真的开阔视野，学生与老师探讨的话题越来越多，思索的问题也越来越深刻。"

　　语文教室里为学生准备了《世说新语》《人间词话》《古文观止》《高老头》《复活》《唐诗三百首》《三国演义》《泰戈尔诗选》《边城》等，还有《古汉语词典》等工具书，学生可以随手拿来用，再也不用背着词典上学了。除了大量的书，教室里还配置了音像、视频资料，语文教室成了阅览室、电影院、视频库，学生真正从课本和教室的狭小天地里解放了，如同鱼入大海，鸟归山林，广泛而自由地摄取自己需要的营养。

丰富的资源，悄无声息地陪伴在学生身旁，创造着属于教室的力量，使学生在这里撞见知识、产生学习、经历成长。

"真的感觉到了便利"

"真的感觉到了便利。当年在山东省诸城市教书的时候，就渴望有一天能在化学课上随时做实验，今天这个梦想终于实现了。"王笃年老师十分感慨地说，"过去，学完一章，将所有的知识装进大脑，然后到实验室做实验，这只能是验证性实验。现在我们是一边学一边做实验，一节课就做了三个实验，很方便。学生不再机械地记忆教科书上的概念，而是能够同时看见、观察和动手。"

孙京老师几乎每节课都做实验，讲到哪里需要了随时做。"化学尤其不能光靠讲授，而需要学生亲自观察到底是什么样的。开学两个月，已经做了20个实验，学生非常喜欢这样的学习。"孙京老师十分动情地说，"高中化学到底应该教给学生什么？科学教育的本质是培养学生的科学观念，如微粒观、作用观、能量观。我非常欣赏一句话：'科学学科的教师，就是科学界派往课堂的代表。'现在才真有点儿体会了，作为化学老师，在这样的教室里上课感到很幸福。"

阳春三月，生物教室里开满了五颜六色的花。王春易老师上课时，阵阵花香袭来，她忽然想到，学生在学习孟德尔的豌豆杂交实验时，根本不知道什么是雌蕊和雄蕊，正好教室里的百合花开得正艳，她顺手拿起一枝，指给学生看，学生纷纷站起来，边看边听老师讲。"只用了两分钟，就讲清楚了这两个结构。"王老师别提多开心了！

每一间教室，都深深地吸引着学生。下面是学生对学科教室的感受。

当我学习遇到困难时，当我成绩不好郁闷烦躁时，我都会回回头，你们在我的身后——我们全体同学推选出的十大文化名人，在那面"名人墙"上静静矗立着。

我喜欢这面墙，你给我力量，给我希望，你让我肃穆而立，也让我激情荡漾，你让我看到远方的航标，你给我指明前进的方向。累了，倦了，我会

回头望一望，我喜欢这面墙，我爱墙上的人……（吴天汉）

307教室门窗上粘贴的花朵和墙角上的嫩草，首先把进到这间教室的人带入了一个如花园般的乐土，让人不自觉地对她产生好感。往高处望去，国画和书法作品为这个地方烘托出文学的主题。最引人入胜的大概是教室后方墙上的"晒晒阅读"一览表，这个表格上详细记录的阅读进度成为这个教室里学生们互相竞争、追求进步的动力——看看谁的文学储备最丰富！这也为这间语文教室增添了一股令人兴奋的积极的味道。当然，说到有趣，自然不能少了那个水写字帖的戏份儿。这也是这个教室的最大看点，下课时分，一些感兴趣的同学经常聚集在字帖旁展示自己得意的书法，好不快活！

作为语文教室，藏书自是这里的一大亮点。这也是我喜爱她的原因。若有你想要的书，这高大的书架定会有求必应，会令你陶醉其中。（莫欣缘）

当一间一间的新教室呈现出来的时候，教学楼里弥漫着一种新的氛围。"一间间教室具有了不同凡响的育人力量，一所学校也就拥有了一个个不同凡响的学生。"教导主任刘笑满是欣慰。"哎呀！太好了！这就是我想要的，我身在其中，教书变成了一件很享受的事情。当所有这样的教室拼接起来的时候，好了，这就是我们的新学校！"周永霞老师激动地表达出她的感受。

倒逼课堂教学改革

心中的讲台如何撤去

资源有了，实验也有了，学生对这样的学习完全满意吗？答案是否定的。学生对学科教室的新鲜感很快就消失了，他们需要的是深层次的学习变革。这一从外向内的改革，如一块大石头投入水里，激起层层涟漪。

刚开始走班时，学生充满好奇，每天兴冲冲地走进一间间新教室，东看看，西看看，一切都觉得新鲜好玩。过了一周，新鲜感没有了，质疑的声音出现了："我们为什么要走班呢？""我们就是为了走吗？""如果与原先上课没什么区别，我们为什么要如此折腾？"

一天，化学老师王笃年到教室去上课，一进屋发现人数少了不少。原来，有8个学生到自主研修教室学习去了，这样的局面多少让他有些尴尬。

一次，物理老师秦建云刚一进教室，一名学生便站起身，走了。他的心里咯噔一下，这位学生眼中的"秦爷"，头一回感觉自己特没面子。

生物老师王春易曾经因"讲"出了名，这一回，她遇到了不小的挑战。当时，她的生物教室成了学生最喜欢的地方，无处不在的资源深深吸引着学生。每天一进教室，学生就情不自禁地冲到实验台前，有的摆弄花草，有的给小鱼换水，有的研究细胞模型，还有的对着挂图细心研究，教室里活力四射，一片沸腾。望着那忙碌的身影、兴奋的目光、专注的神情，王春易老师头一次感到心里没底了："再也不能像以前那样讲了。"

一向口若悬河的黄娟老师越来越感觉到，没法儿讲了，资源就在眼前，许多知识学生完全可以自己学习。她忽然意识到语文学科要去教学化，教师不是全知全能的，你把答案告诉了学生，你以为拓展了他的视野，可恰恰是遮住了学生自我解读的可能性，阻碍了他心灵的生长。如果让他自己生长，也许会慢一点儿，有可能会弯曲一点儿，但他的根会扎得深一点儿。这样，他能够更好地经历风雨，能够更好地到达远方。

"当教室里放了各种资源的时候，你还是讲授45分钟，学生能同意吗？教室里有材料、有视频、有仪器，你不让学生动，能行吗？设备摆在眼前，你不用，学生干吗？"李希贵校长提醒大家，"学科教室的建设，不仅仅是着眼于形式的改变，应借此去推动课程理念和课堂教学设计的改革。"

老师们突然发现，面对这么多的资源，不能再照本宣科了。"教室承载的教育功能变了，在这样一个集实验室、教室、讨论室、学习室于一体的场所，蕴含着许多深层次的东西，不仅仅是增加了实验，这种交叉融合正在悄悄改变着我们的教育。"

学生究竟需要什么样的教育？学生的学习究竟是如何发生的？究竟怎样才能让学生学得更好？课程要在一个什么样的环境中实施？变化迫使教师对自己的教学重新进行审视和反思，从学生的角度出发重新进行教学设计。

从哪里改起呢？资源变得唾手可得，而要让资源真正进入教学环节，看似简单，做起来却很难。由于巨大的惯性，谁也不敢轻易做出改变，老师们心里不得不承认，原来，"走班"并不难，实现资源与教学环节的对接才是个大关口，所有人都面临着一次大考。

邓靖武老师被迫做出了改变。"在物理教室里上课，老师想不做实验都难，我做过一个统计，一个学期57节物理课有46节是以学生分组实验的方式完成的。"化学老师章异群找到生物老师王春易说："让我再听你一节课吧，我得找找感觉。"语文特级教师史建筑也焦虑了："我既找不到原来的感觉，也找不到新的感觉，非常苦恼。"

一个转型的校园留下了专属于它的表情。

来自内心深处的恐惧

离上课还有两分钟，数学老师廖丽娜刚一进教室，眼前的一幕令她惊讶不已，学生已经自己学了起来。原来，大白板上书写着前一天的作业题，还有答案，学生一进教室就看到了，立刻互相对照与讲评起来。

廖老师内心隐隐有些不快。"天哪！老师还什么都没说呢，自己就学上了。刚一听说学校建设学科功能教室，我还很不以为然，觉得只不过是形式的变化而已，至于闹出那么大的动静吗？所以一直观望着。没想到，开学刚两周，学校里每一种变化都在加快，一项项新的举措接踵而来，这让我感觉到，恐怕不是形式的改变而已。学生的表现让我再也坐不住了，再这样教下去不行了，这种态势逼着人往前走，不变也得变，主动变比被动变好，早变比晚变好。"廖丽娜老师说。

接下来，李铁汉、朱燕、廖丽娜三位数学老师尝试着改变，对同一部分内容用不同的教学方法，第一位采取小组汇报形式，台上的学生很兴奋，下面听的学生却很少，因为他们忙着准备自己下面的发言。如何让更多的学生参与进来呢？第二位老师做出了调整，先让一名学生将核心问题展示出来，然后，大家围绕问题展开讨论，这比第一位老师的做法进了一步，参与的学生多了一些。第三位老师让所有学生都参与进来，整个教室形成多点讨论，大家都在解决问题。结果，黑板又不够了，老师只好找来大白纸贴在黑板两边。学生们边讨论边书写，下课了，大白纸已经写满了，他们还在讨论，有的学生甚至将问题写成小纸条贴在大白纸上，大声喊："我有这个问题，你怎么解决？"这下子，挑战全来了，课下不了了。接下来，有大白纸也不行了，学生的需求越来越多，有着相同兴趣、相同问题的学生渴望进一步讨论学习，这时候数学组不得不考虑分层教学。

学生出人意料的表现，对老师来说是个不小的震动。廖老师十分感慨地说："学生的潜力真是太大了，迸发的思维火花真是出乎你的意料，真是太可怕了。我是数学老师，应该说我比他们知道得更多，但是，学生的表现让我产生了畏惧，现在我才发现，过去不放手，总说是对学生不放心，其实是对自己不放心，当学生达到了一个很高的水准，自己却望尘莫及时，就很失落，这种失落感是以前从未有过的。"说到这里，廖老师的语速慢了下来，她重复了一遍刚才的意思："真的是挺可怕的，甚至让我产生了后怕的感觉。"

害怕的不只是廖丽娜老师。一天，伴随着悦耳的铃声，政治老师赵继红手捧备课本和教科书，慢悠悠地走向科技楼一层哲学教室。三年来，她每天都像这样出入这间教室，但最近，她变得忧心忡忡起来。

"我越来越找不到感觉了，心里特别没底。"是什么让赵老师心里没底呢？原来，刚刚建好的学科教室完全变了样，北面墙上赫然矗立起两个大书柜，两百多本马列、政治、经济、哲学书，整齐排列着。那些都是她曾经看过的书，现在统统摆在了学生面前，学生进教室的第一件事就是翻书——《中国哲学》《西方哲学》《马克思主义哲学》《国富论》《社会契约论》……

"看着学生如饥似渴地扑向图书，那个阵势，真的让你心里发慌啊！学生比你看得还要快、还要多。学生会提什么问题呢？我应当做什么准备呢？每天上课都特别紧张，你让学生看书了，你却不知道他会提出什么问题。"学生的举动无情地挑战着老师的知识储备，赵老师感到一种从未有过的恐惧向她扑来，骨子里的优越感消失了，再也没有了往日那份淡定与从容。课总算是上下来了，余下来的时间，她开始抓紧读书，常常熬到深夜。但是时间一长，她坚持不住了，身体吃不消。看得再快也赶不上几十双眼睛的速度哇！终于有一天，她忍不住了，跑到一间没人的教室里哭了一场。

这场改革大动干戈，伤筋动骨，考量着每一位教师的心理承受力，也考量着学校每一位管理者的掌控能力。

在老师们十分困惑的时候，李希贵校长内心十分坚定，他反复对大家说："我们不是为了走班而走班，而是不得不的选择，是没有办法的办法，是为了实现教学与资源的对接，使教学更加符合学科规律，学习更加符合学生的认知规律。一间教室不可能容纳所有学科的资源，所以，只能让学生走班上课。这看似离经叛道的做法，其背后是对教育本质的回归。一项改革只要触及了教育的真谛，只要符合学生成长的规律，它就没有理由失败。"

时间一天天过去了，挑战和压力在教师群体中蔓延，渐渐地，人们便纠缠在这份不敢、不能、不愿、不会改变的尴尬之中。

改革进入了艰难期。

对接！艰难的对接！

2010 年 10 月 7 日、8 日，高一、高二学科主任开了两大的研讨会，张之俊老师语气沉重地说："我们已经被逼上了梁山，如果再拿不出东西，我们就死定了。"会上，大家想到了一个办法——"向经典教育书要智慧"。那些日子，教学楼里，每位老师的办公桌上都摆放着许多新书，如海伦·帕克赫斯特的《道尔顿教育计划》、黑柳彻子的《窗边的小豆豆》、A. S. 尼尔的《夏山学校》、雷夫·艾斯奎斯的《第 56 号教室的奇迹——让孩子变成爱学习的天使》、蒙台梭利的《童年的秘密》。这些书是学校专门为老师配备的，希望能帮助大家打开视野。

那些日子，无论是在办公室里，还是在食堂里，抑或是在校园的林荫路上，你总能看到校长、年级主任和三三两两的教师在一起切磋、研究、探讨。李希贵校长提醒大家，学科教室的建设，不仅仅是着眼于形式的改变，最重要的是实现资源与教学的对接。比如，高一上学期教室里摆放着 36 本《古文观止》，那么，你在哪个教学环节会用上，从哪个地方引入？只有真的实现了对接，学生的学习才会发生改变。而且，为了方便学生学习，资源要随时更换，它不是展品，不能一成不变，而应当是动态的，是有生命的，是与学生互动的。

放手让学生自主学习，他们想了许久、许久，坦白地说，他们不敢——尽管思想上有些松动，行动上仍然不敢，因为讲练是最有效、最保险的办法。如果课堂乱了怎么办？学生成绩下来怎么办？而如果不改，形势逼人，他们陷入了深深的痛苦之中。

年级主任田俊急得嘴上直起泡，可又不能用行政命令，因为这不是十一学校的文化。"我们是不是聊一聊哇？你对课堂教学有什么想法？你需要什么支持？"他每天能做的就是追在老师后面"问候"，在一遍遍的"问候"中，在一次次与老师的聊天儿中，他不断地启发、引导、鼓励老师敢于放手。

高一语文老师雷其坤率先破冰，"学习任务书"应运而生。任务书按照单元设计学习任务，学生课前在"学习任务书"的指导下自主学习，在此基础上进行课堂讨论；课堂上，教师不再追求讲授知识的精彩，而是更加关注学生的学习状态。沉闷的天空终于透出了一点儿亮光，大家的脸上也有了一丝笑容。

紧接着，数学老师李久权也尝试着放手，上课学生不会解题时，他反复告诫自己："不要提示，不能提示！"他知道，提示是把练习跳高的学生托过横杆去，学生此刻需要的是纠正错误动作和发展弹跳力。没想到，学生联系以前学过的知识，用了多种方式解题，思考的深度超出了老师的预期。虽然这样的课看起来磕磕绊绊，不那么顺畅，不那么完美，但是，学生敢说了，会思考了，这一下子坚定了李老师的信心。这一天，对于李久权老师来说，是个不平凡的日子，他终于战胜了自己，向着理想的境界迈出了实质性的一步。

没多久，生物学科也有了突破，王春易老师对原有的教学内容进行整合，形成单元教学，以专题的形式呈现。同时，精心设计了学习规划书，把一个单元包含哪些内容、安排几课时全部告诉学生，帮助学生形成自己的学习规划，自主学习新的知识。上课基本是做实验，讨论、研究有价值的问题。

很快，变革的脚步走进了渴望变革、渴望解放的一间间教室，语文老师南红英尝试阅读"不设限"，鼓励学生大量阅读最优质、最"前沿"的文本。秦建云老师尝试整体设计大单元教学，从教材中梳理出 32 个问题，开学初就交给学生，让学生带着问题去看书，课上不讲那么多题，而是提问题。

"教书 20 多年，一直坚守着课堂规范，每一步一定要按照流程走，丝毫不敢改变。现在，终于敢于舍弃一些，根据学生的需要和兴趣调整课堂的流程，这是我的一个突破。"语文老师闫存林脸上露出了释然的轻松。

过完国庆节长假，上班第一天，高二年级主任田俊碰到刚刚从美国考察回来的王春易老师后问："怎么样？""哎呀！我的收获可大了。"王春易老师异常兴奋，"我发现他们教改的思路与我们的思路基本是一致的，我们的硬件设施比他们还要好。但是，我们太过于强调形式，比如，桌椅摆放要整齐、作业格式要一致，等等。"王老师一边说着，一边打开电脑让田俊老师看美国学生做的细胞模型。

通过外出考察学习王春易老师的思路进一步打开。进入 12 月份，生物教学的变化更为可喜，学习细胞时，教室成了美丽的细胞世界；学习发酵时，教室的每一个角落都在发酵……

2011 年 1 月 22 日，王春易老师在期末总结会上发言，激动地描述着这种改变："学案成为有效预习的帮手，单元整合、预习、讨论、梳理框架图，每个人都在动，都忙得不亦乐乎。过去，我总认为：'我不讲学生怎么可能会呢？'我教了 20 年生物，第一次让学生做细胞模型，有水果的、橡皮泥的，可形象了。放弃了熟悉的教案、精美的板书、完整的课件、流畅的讲授，究竟有什么收获呢？我是一个特别追求完美的人，我不能忍受不完美，一路走来，跌跌撞撞，满身泥泞，一点儿也不完美……"王春易老师哽咽了，说不出话来，会议出现了短暂的冷场，会议室里安静极了，几乎可以听见每个人的心跳，坐在前排的夏静老师握紧拳头用力喊了一句："我们上路了。"会议室里响起一阵热烈的掌声。这时候，许多老师的眼圈都红了。在改革的艰难岁月里，他们手挽着手，肩并着肩，互相鼓舞，相互搀扶，心靠得很近、很近。

改革，不是一首田园诗，每一步都伴随着眼泪和艰辛。一群贴着地面飞行的教育理想主义者，为了改变教育，付出的真是太多了，他们的内心承受着巨大的压力，痛苦的挣扎、矛盾与纠结。

这一年的十一学校，表面看上去平静如常。但是，在那平静的外表下面，却涌动着翻江倒海般的惊涛骇浪，身处其中的每一个人都经历了痛苦的挣扎，每一位教师都经历了一次深刻的、痛苦而幸福的自我"蜕变"。

挑战千年的传统

"我要自主研修！"

当老师们正在为资源与教学如何对接万分焦虑时，又一个挑战降临了——部分学生要求自主研修，他们不想再按部就班地坐在教室里听课了。

这一下，形势更为严峻了。

一天下午，高一年级的曾与伦同学找到张之俊老师，交给他一份关于自主研修的建议，张老师一看，呵呵，写得密密麻麻的，格式、字体都十分正规。

学生选择自主研修是因为"需要自主地、有选择性地学习"，相当一部分学生是因为"学校知识的难度不够大"。同样，这种情况也发生在美国、英国、法国、德国等发达国家，这些国家的政府纷纷改变现有的教育政策以适应学生的新需求。不管怎样，自主学习已经成为教育的一种选择。

这份来自学生的建议，字里行间表达了他们鲜明的个性与追求，自主选择学习内容和学习方式已成为学生个性化发展的强烈需求。面对学生的需求，校务会做出决定，对于大部分优秀的孩子，我们应当允许他们自修，提供适合他们自主研修的氛围和环境，帮助他们实现自己的发展目标。同时决定开设一个自主研修教室，让他们到那里去学习。

在十一学校高中教学楼四层的西边，有一间让学生特别向往的教室，那就是410教室，它有一个与众不同的名字——自主研修教室。其实里面也没有什么特别的，只有几张桌子、几把椅子、几台电脑，还有一些书等，但它在学生心目中却有着不同寻常的意义，它深深地吸引着学生，被学生描述为"我们在人群中独处"的地方。

2011年1月14日，上午第三节课的上课铃刚刚响过，20多名学生背着书包朝410教室走来，他们是要求自主研修的学生。40分钟后，下课铃响了，他们背起书包匆匆离开这里，回到自己的教室。当下一节课铃声响起时，又有一批学生走进这里学习，铃声再次响起时，他们起身离去……望着一拨拨学生忙碌穿梭的背影，笔者心中忽然有了一种从未有过的异样感觉，内心好像被什么东西撞击了一下，新一代莘莘学子在用一种鲜明的个人印记去对抗标准化的流水线哪！

学生自己会学习吗？带着这样的疑问，笔者好奇地来到410教室。十几名学生正在埋头读书，他们每个人都有详尽的学习计划，有的学生根据老师给的任务书学习下一个单元的内容，还有的拓展其他领域的学习，甚至先修大学课程。坐在靠窗位置的一名男生告诉笔者，这节课是数学导论，他已经完全掌握，无须再坐在教室里听课，便到这里学习其他学科的知识。韩旭同学正在学习物理，这节课是他们班的英语课，他的英语已经达到了很高的水平，所以他申请自主研修。每到这时，他都会来到这里学习物理、化学。自从有了这间屋子，他天天都来，只是来的次数不一样，最多一天来三四次，他高中的大部分时光都是在这里度过的。

对于自主研修，学生们表现出空前的热情，王西新同学每天6点30分就来到这里学习。

曲铮同学自豪地说：“我一直保持超前老师1—2个单元的进度。这样我在上课时明显游刃有余了许多。上课相当于复习一遍，等别人复习时我至少是第三遍。”陈嘉证同学六门功课都自主研修，他是自主研修最多的一个，也是各科成绩最好的一个。他获得了全国中学生物理竞赛一等奖，被保送北京大学光华管理学院。

越来越多的学生加入自主研修的行列中，第一个学期结束后，有60多名学生要求自主研修。

一条越走越远的路

自主研修使学生们的自我规划能力大大提高，自我发展的愿望越来越强烈。从高二就开始自主研修的姜勇同学，早就开始学习大学的知识，当他翻看《高等数学》《线性代数与几何》时，笔者问他：“你看得懂吗？”面对笔者的疑问，姜勇很有把握地回答：“慢慢看，都能看懂。”他告诉我，他每天都会在这里学习，他很喜欢这里的氛围——安静、自由。他也很喜欢这种方式，开始时容易放松，但后来逐渐有了自我控制能力。最让他受益的是给了他学习的动力，让他学会了自我规划、自我设计、自我发展。

2012年5月14日中午，笔者采访了几名被保送清华大学、北京大学的学生，他们无一例外地都提到了自主研修让他们非常受益。被保送清华大学的肖蕤同学非常感谢学校提供的宽松的学习环境，他说："老师并不逼你听课，自己学什么都行，我听一会儿课，看一会儿书，有时一边听老师讲题，一边看着另一本数学书。全部自主学习又有点儿担心，怕漏掉重要的知识；全部听老师讲，又有大量的书想自己看。所以我是既跟着又不跟着，我挺喜欢这种感觉。过去，我们已经习惯了被别人安排，现在每天都要面临选择。有时有需要听的内容，老师会通知我们回教室。一旦养成了习惯，变成了一种能力，就完全变成一种自觉的行为。大家有一股劲头，比着学，学得很兴奋，十分快乐，对其他同学也产生了影响。"

陈博轩同学是第一批申请自主研修的学生，主要是数学、物理、化学三科，一周有1/4的时间自主研修。"那真是个学习的好地方，很随意，不会的可以讨论交流，感觉完全与上课不一样，实际上与同学交流得更多、时间更长，对问题的理解更清楚、更明白。图书、报刊等各种资料十分齐全，我可以随时翻阅或上网查询，这间教室的物理书我基本都翻遍了。可以说，我的高中生活就是在自主研修中度过的。"陈博轩的一番描述，让笔者更深地体会到了，自主，对于每一个生命个体来说是多么的重要，他们是多么的渴望。

谈到陈博轩的自主研修，家长十分赞赏，他的母亲陈女士对笔者说："这种方法非常适合我的孩子，每天看到孩子的状态非常好，我就放心了。他从小爱看书，很小就表现出较强的学习能力，我几乎没有看到过他在家里写作业，好像也没有那种很厚的作业本，只是薄薄几页纸，一问，他就说做完了。他学习效率高，老师要求灵活，没有强制性的作业。"

谈起自主研修，考入美国普林斯顿大学的程佳宁同学曾经写下过这样一段话："自主研修，真好！于是，我们走出了老师讲学生听的课堂，放下了一本课本带来的束缚，开始为自己设计学习方案，为自己布置作业，决定自己的教育。于是，自主研修教室里出现了物理竞赛书籍、外国原版名著，以及显示着国外最新研究成果的笔记本。于是，年级内出现了更多自由的学术讨论，更有各路精英崭露头角。"

一个班级的学生，上课时必须背着书包进同一间教室，直至毕业；学习必须在一间被规定的教室里，你不可以有别的选择，更不可以随便走动：这是多年沿袭的，是天经地义的。更为可怕的是，这样的结构，必然会导致一种教育模式，即所有学生的学习，被规定在相同的时间、相同的地方，用相同的方法，学习相同的内容，最后达到相同的标准。

如今，一群中学生打破了这样一个成规。

要求自主研修的学生越来越多，学生的需求出现了"井喷"。

这场教学方式的变革引发了一系列蝴蝶效应式的波澜，触及基础教育领域一系列深刻而尖锐的问题。

一个较小的改革，拖带出一个更大的改革。

卷二

改革进入深水区

第三章　转型，教育的唯一出路

一群普普通通的教师，轻轻拿起一把柳叶刀，对准中学课程的要害部位，动了一次大手术，做了一件破天荒的事。这一年，学校在安安静静中什么都变了。

撬动学校转型的强大杠杆

不得不的选择

变化来得太快，令人猝不及防。每天，学生不停地"走课"，穿梭于各个学科教室间，沉睡于内心的需求，被"走"意想不到地激活了，他们开始不满足于所学的东西，这一渴望在校园中迅速产生了蝴蝶效应。

一旦堤坝开闸，蓄积已久的渴望便会像洪水一样奔涌而出。几个月来，在这座校园里，许多东西都在发生着不可思议的改变，各种能量与活力也在慢慢聚集。

刚开学没几天，就有高中学生想学德语，几个同学一商量，决定"找校长去"。他们向李希贵校长陈述理由，没想到，李校长非常赞同："这个建议很好，学校课程就是为你们的成长服务的，今后我们还要开设更多的课程，提供广泛的选择性，最大限度地满足每一个学生的需求。"

学生不仅需求越来越多，差异也越来越明显，拿语文课来说，有的学生散文写作已经超过老师的水平，而议论文写作却亟须补课。面对如此大的差异，语文课究竟该怎么上？秦建云老师的物理课也越来越没法儿上，一部分拔尖的学生自主研修去了，剩下的不到30个学生仍然无法全部照顾到，同样的内容，有的听不懂，有的早就会了。望着学生焦灼的眼神，秦老师内心很痛苦，一连几天，他都在思索这个问题。有一天，一个大胆的想法在他的脑海中冒了出来，要是能把听不懂的孩子集中在一起学习，另外再安排一间教室给吃不饱的加大难度就好了，能不能有物理Ⅰ、物理Ⅱ、物理Ⅲ呢？想着想着，他忽然激动起来："如何提高学校课程的丰富度，用多样的课程吸引学生，让更多的孩子有所选择？看来，非动课程不行，光靠课堂解决不了根本问题。"

就在同一时间里，数学学科主任杨文学也在思考这个问题。在新的基础教育课程改革中，"面向全体学生"得到了前所未有的强调，"为了每一个学生的发展"成为新一轮课程改革最重要的价值取向。然而，按照传统的教学组织形式，不一样的学生，在同一个班级里，学习一样的内容，做一样的练习，考一样的试题，怎么面向每一个学生？"也许，提供可以选择的课程，是解决这一问题的良方。"当他就这一想法与同组的老师商量时，几乎所有的老师都赞成，在他们看来，"只有将课程内容分层，才能真正面向每一个学生"。

很显然，教师群体中已经有了课程分层之动议，就在杨老师这一想法开始酝酿的时候，教高二数学的李铁汉、朱燕、廖丽娜三位老师等不了了，他们根据学生的需要，大胆地将数学课分为A、B、C三层，李铁汉教A层，朱燕教B层，廖丽娜教C层，仍然是这三位老师，仍然是原来的学生人数，只是听课的人变了，学习的内容变了，更有针对性了，更适合了。没想到，经过这次重新拆分组合，学生的反映都很好，尤其是C层的学生进步特别大。

这个时候，大家才意识到，"走班"并不恐怖，教学内容的改变才是最大的挑战。高中教育有着自己特有的价值定位，尤其是在孩子潜能开始释放、个性开始张扬的阶段，如何在校园里为他们提供不一样的发展路径和成长平台，给他们更多自主选择的空间，这才是真正的任重道远，一道艰深的课题摆在全体教师面前。

大一统的班级授课诞生于工业革命时期，标准化的大机器生产，高效率满足需求，统一教材，可以保证教育质量，有其合理性。可到了21世纪的今天，这种模式已经难以满足培养创新人才的需求。尽管教育界早已意识到这一点，然而，改起来却十分艰难。尤其是高中学校，可以有一万个理由为高考说话，这种被高考绑架的心态，可以为拒绝改革找到无数借口。是被迫迎合社会对升学率的现实期待，还是顺应国家、民族长远发展的理想诉求？今天的高中教育正面临着严峻挑战。

从20世纪90年代起，围绕着高中教育的定位，教育界经过多次讨论，进一步明确了高中教育的方向，并设计了体现高中教育多样化选择性的新课程体系。从历史的角度看，这是不断积累、不断选择的结果；从逻辑上看，这是回归教育本质的追求，符合人的发展规律。

国家新课程方案中首次增加了综合实践活动、艺术、技术等综合课程，加大了选修课的比例，然而，它仍然不能满足日益增长的学生发展需求。正如江苏省无锡市锡山高级中学校长唐江澎所说："如果我们不对课程结构做一些调整，我们的高中教育根本没有办法服务于学生的个性成长。"

李希贵校长在许多场合经常谈到这样的观点：一个行业的成熟度决定于它的选择性，如果我们仅仅向家长和社会提供相同品质的教育，而不是多元的选择机会，那么，无论我们多么努力，可能都永远无法摆脱家长和社会的抱怨。为此，我们必须看到，选择性与个别化，已经成为国家宏观决策、地方中观实施和学校制度设计时既现实又长远、既迫在眉睫又需三思而行的重要前提。

选择这个不得不迈的坎迫近了。伴随着一次次思想的交锋，一个更深邃的思考、更宏大的构想在教师群体中酝酿。我们已经身处转折时代，在这个时代，几乎一切事物都在以某种速度发生变化，而且这种变化，或许是人类历史上迄今为止最为剧烈的变化。当然，教育也不例外。被誉为当今世界最具有前瞻性的未来学家戴维·霍在与杰夫·柯布合著的《教育转型：为K-12教育改革鼓与呼》一书中，明确指出"改革"一词已经过时，不再适用于现状，转型才是唯一的出路。

转型，在词典中的意思是"本质、外观、特性或者形式的变化"。那么，教育的转型，无论是在本质上还是在形式上，都必须紧紧抓住选择这个"牛鼻子"。

在这座校园里，变革观念的"水位"在升高，正如有学者深刻分析的，社会变革应是一个水涨船高的过程，水涨了，船自然就浮起来。所以，我们观察社会变革的动力，不那么关注船上有没有技艺高超的船夫，而更关注水位的变化，这是变革的真正力量。

十一学校在寻找牵一发而动全身的突破口，这场教育真谛的大讨论，催生着人们对新教育的向往。"用我们的实践去让它落地。"李希贵校长的话掷地有声。接下来，他们做出了影响中国教育界的大举动。

打通"最后一公里"

2011 年 1 月 22 日傍晚，在李希贵校长的办公室里，如往常一样，笔者想和他聊聊学校改革的进展情况，他的神色有些凝重，他语气缓慢地谈着自己的想法，让人隐隐感觉到他内心的压力、沉重与紧迫感。

李校长说："两千多年前，孔子提出'因材施教'，时至今日，无数有识之士殚精竭虑，孜孜以求，这一被教育界普遍认可的教育原则，仍是人们心中的一种期盼，我们一直没有找到真正可以到达彼岸的路径。为了使学习内容、课堂教学、作业等适合学生，我们一直在努力，但无论怎样调整，都难以满足学生的需求。为什么？因为学生的差异与需求是不同的，而我们的教育供给却是相同的，这是造成学生负担过重的根本原因。"

停顿了片刻，他接着说："以行政班为主体的班级授课制进入中国已经一百多年了，一百年来，政治、经济、社会结构、信息传递方式、人际交往等都发生了重大变化，可生活在其间的教育却没有变，塑造人的模式却没有变，社会需求与育人模式发生了重大冲突，教育面临着前所未有的挑战。尽管教学内容改变了，但与它相适应的教学组织形式不变，学校形态不变，课程形态不变，学业评价不变，这怎么行呢？我希望从这一届学生开始探索，力争在学校形态、课程形态、学业评价等方面发生改变，难度确实很大，挑战很大。让所有的孩子在相同的时间学习相同的课程，只能把不一样的学生变成一样的，而社会需要的是不一样的孩子。我们必须对学习的内容进行大手术，让不同的学生学不同的内容，不仅学习内容可以选，学习资源可以选，学习时间、学习地点也都可以选，让学生拥有尽可能多的自由时间和自由意愿，在老师的指导下，相对自由地支配学习时间，选择学习内容，选择适合他们个人的学习速度。不仅要把教材的内容拆分，而且要把所有教学要素都重新拆分，并进行重组，包括时间、空间、学生、资源、教学方法等，还包括各学科标准及诊断评价，这个体系打造成熟后才可能突围。这不仅意味着课程的改变，而且是对整个学校生活和精神面貌的改变。如果我们走出这条路来，会有一批学校跟上来，经过 10 年，一些学校改变了，再经过 20 年，又有一批学校改变了，我们的教育就大不一样了。"一种使命、责任与担当在他心中升腾，他希望通过课程改革改变中国近百年来的学校形态。

听到李校长的一番话，笔者感到十分惊讶，连连追问："难道你们要动课程吗？"他郑重地点点头，目光中透出坚毅。"那你们准备好了吗？"面对笔者的担心，李校长的语气变得不容置疑："我们永远也不可能准备得十分完备，然而，不改革，我们面临的问题会更加严重，我们不能再等待。等待，只能使我们远离未来。"

停顿了片刻，他接着说："难度确实很大，挑战也很大，但我们必须这样做。现在，我们如同在深水里游泳，一不小心就会被淹没，我从来没有感觉到压力这么大过。"

李希贵校长站起身，他的目光透过玻璃窗向远方望去。"我们不做，谁来做？现在不做，何时做？难道 50 年后还这样吗？……"他长长地出了一口气，意味深长地说，"我们这一代人总要做点儿什么吧，为了我们这个国家、这个民族。"李校长的语气十分低沉，却自有一种力量摄人心魄。

那一晚，不知道怀着怎样的心情，笔者走出了十一学校的大门，内心涌动着一种悲壮，如鲠在喉。笔者知道，这是一条一旦开始就无法回头的路。在教育的现实环境下，迈出这一步有多难，风险有多大！对这样一位无私无畏的教育英雄，笔者的心中充满了敬意，也一阵阵为他揪心。

在学校教代会上，李校长严肃地对大家说："学生的需求把我们'逼'到这份儿上了，我们没有办法，只能加大改革的力度，给学生更大的选择空间，提供可选择的课程，构建可以选择的教育。我们已经退不回去了，只有硬着头皮往前走。箭在弦上，不得不发，既然我们是服务于学生的成长，那这一步就非迈不可。哪怕我们把体育课改为田径和球类，再进一步把球类变为篮球和羽毛球，也算是开始了。"

接下来，秦建云老师在汇报课程研究院前期工作时，语气坚定地说："这一走，走出'问题'来了，原来想慢一点儿，慢不了了；原来想等一等，等不了了，没有办法，'逼'到这份儿上了，只有继续往前走。这是一场深刻的变革，容不得左顾右盼，更不可能退回去，我们要为变革挺起脊梁，担起更多的责任。"

在这次教代会上，一个重大的决定诞生了，学校课程研究院庄严宣告：构建学生全面而富有个性发展的课程体系，改变教学组织形式，打破大一统的班级授课制，让学生自由地选择不同层次、不同类别的课程。

十一学校所下的这盘大棋，似乎已经初露端倪。

这是育人模式的大胆创新，势必为教育发展带来更快的加速度。

很快，人们看到了他们非同寻常的大举动。学校用长远发展的战略眼光进行了顶层设计，提出了改革的总体方案、路线图、时间表。学校上上下下进一步坚定信心，凝聚共识，增强改革的系统性、整体性、协调性，以更大的勇气和智慧推动改革。

这一回的改革，他们能够射出更远的箭，也能掷出更准的鱼叉。

史无前例的"操刀手"

让天空裂开一道缝隙

对于普通教师来说，研发教材是一项艰巨的、史无前例的任务，他们的内心除了惊喜，更多的是担忧和疑虑。多少年来，教科书在教师心目中是神圣无比的，一些教师甚至对教科书顶礼膜拜，在他们的心目中，无论教学方法怎么改，教科书是须臾不可更改的。然而，有一天，有一群人，敢于"冒天下之大不韪"，对心中无比神圣的教科书动了一次"大手术"。

课程开发对教师是巨大的挑战，必须重视发挥团队的作用，靠一个人教好一门课的时代已经过去了。学科交叉越来越多，融合越来越多，综合性越大，对学生的发展就越好，所以要组成联合舰队，共同开发适合学生的课程。2011 年 7 月，刚放暑假，学校 100 多位教师聚集在一起，开始了艰苦卓绝的课程开发，他们要做的最重要的一件事，就是根据本校学生的需求，进一步精选课程内容，使内容更加符合学科规律、育人规律，进一步研究如何将学生发展的核心素养落实到每一个学科中，并且使知识、能力与学科素养可测量、可监控。

手术从哪里做起？局部的调整与单方面的增加，仍然是在打外围战，只能造成学生负担更重。而如果没有高度，没有目标，喜欢什么就开什么，课程就没有生命力。既要有高度，又要让学生喜欢，这就是挑战，照搬是不行的。这项工作对教师提出了严峻挑战，对于这一链条第一环节的"操刀手"，最大的挑战就是如何顺应学生千差万别的需求。学生究竟需要什么样的内容？学生的选择和课程目标的吻合程度如何把握？如何让学生选到与他们水平相对应的内容？怎样为不同的学习群体提供不同的成功路径？每个学科都组成了研发团队，从顶层入手，系统考虑，整体设计。

英文中 curriculum（课程）一词来源于拉丁文 currere，而 currere 当动词讲是"奔跑"的意思，当名词讲是"跑道"的意思。因此，curriculum 指的是提供给学生奔跑并对学生发展有益的跑道。那么，我们要思考的是：其终点在哪里？也就是说，我们希望跑道上的人最终到达何处？一条跑道的价值固然与跑道经过的风景有关，但更重要的是跑道的方向及终点是否与社会发展的趋势相一致，以及其是不是跑道上的人所真心向往的。在开发课程的日子里，老师们被这些问题折腾得寝食难安。

李希贵校长反复强调："我们要顶天立地。顶天，就是要依据国家标准，国家标准是根本标准，一定要遵循。立地，就是考虑学生的需求，根据学生发展的需要，在国家标准的基础上增加宽度、厚度和深度。走向个别化，并不是为每一个人设计课程，而是按照层级与类别进行设计。也就是说，根据学生的认知水平、未来发展需求，对课程进行分层、分类设计，最重要的是增强课程的灵活性和柔韧性。我们从一个线性的、确定的世界走向一个不确定的、流动的、网状的世界，这个世界最重要的要求是柔性。"

学校对课程研发采取了十分审慎的态度，启动之初，课程研究院院长秦建云不断提醒学科主任："想清楚了吗？""想清楚了再动。""没想清楚先别动。"他叮嘱学科主任："我们为什么要动员全体教师参与课程研发，因为只有他们才知道什么是最适合学生的。"

老师们不分白天黑夜地研究，短短几个星期如同度过了几个春秋，以至于后来一听说研讨就害怕。"连觉都睡不着，因为思考量太大了，信息量太大了，校长的报告轻轻几页PPT翻过去就结束了，却给我们留下了巨大的思考空间。没想到，真不是一件轻松的事。"说这番话的时候，侯敏华老师一个劲儿地摇头，"至今说起当时的情况都觉得挺恐怖的。"

头三天，老师们都不进房间，全都在楼道里吵。

秦建云老师问："你们怎么不进屋哇？"

"进屋干吗呀？"

"我们还没想清楚呢！"

过了三天，楼道里没人了，全都进屋了。又过了三天，老师们忙得几乎出不了屋，很多人都说："哎呀！根本没见过某某人哪。"

这一庞大的工程，在纠结、矛盾、痛苦、争吵中拉开了帷幕。

"别说争吵，打架的时候都有。刚一分组讨论，英语组两位老师就吵起来了，一直吵到夜里11点。每个人都有自己心目中的目标，谁也不让谁，很难达成共识。"学科主任侯敏华叙述着，她亲眼目睹了两位平时关系十分要好的老师吵得脸色煞白，"在那一刻，教师的职业倦怠被全新的激情取代了，用他们的话说就是，课程开发把我们长期以来丢失的责任感捡回来了。"

对于教师参与课程决策的意义，美国著名的课程专家麦克尼尔说过，通过参与课程决策，教师可以更好地理解教育目的，更好地向学生解释课程方案，并且建议新的教学方法，他们的参与可以从新的视角反映学科、社会和学生的需要。

现实的问题错综复杂，通向未来的路不可能是笔直的，但老师们的心里是踏实的。因为他们的终极追求是美好的，思想是正确的，无论遇到什么样的阻碍，它都永远保持着坚硬的质地，足以穿透冰封的土壤，顽强地生长。

无论是光明的白昼，还是漆黑的夜晚，老师们都在做着同一件事——"开发"，泡在浩如烟海的知识体系中，寻找最适合学生的那一个个知识点、能力点。一种为了实现心底深处真正愿望的巨大力量被激发出来，他们说，只要找到了路，就不怕路远。他们连续几个星期闭关研究，干着过去从未干过的活儿，但他们却食苦如饴，因为他们最知道什么样的内容最适合学生，这是他们付出的直接动因。

一天晚上，笔者参加了语文学科的课程研究，李希贵校长也参加了，大家畅所欲言，每个人都充分表达自己的观点，那种民主讨论的氛围、务实的作风，让人感触颇深。

来凤华老师："最担心的、最难解决的是补弱课程的定位问题，长期以来对成绩水平处于中等及偏下的学生关注不够，他们的语文到底弱在哪里？我们希望这个模块不要留作业，就用 36 课时，给他们最基础的东西。"

李希贵校长："不追求体系的完备，不要希望什么都教，要评估一下学生语文学习的状况，找到学生学习的起点，找到问题的切入点。要将大多数学生语文学习的通病一一排列出来，每一味药都要治到病上，比如，有的语言干巴巴，有的缺乏体验。找到问题解决的切入点，是编好教材的关键。中学生的记叙文写作特别重要，层次清楚、文从字顺就很好，不要要求过高。"

霍轶老师："文言基础、语法很重要，要帮助学生积累。"

李希贵校长："抓实词是对的。死记硬背不是学习语文的方法，要靠大量的故事、小短文重复出现，帮助学生在语境中理解、记忆。"

曹书德老师："高频率出现的文言句式有 30 个，要让学生反复读。"

李希贵校长："这个很好。"

史建筑老师："内容比较多，课时有限，取舍挺难的。"

李希贵校长："课程内容怎样选择？课程结构怎么搭建？面对参差不齐的群体，我们要研究学什么内容更合适。英语初一时口语最重要还是阅读最重要，抑或是听力最重要？教学着眼点在哪里？每一个学科内容放在什么地方？重点在哪里？课时在三年中怎么分布？我们要大胆去设想。有些学科是不是可以整合在一起？数学可否根据课程内容分成两层或三层？英语、语文可不可以在初一下学期或初二分成两三个类型？要根据教学中的实际情况，大胆思考，只要符合学生成长规律和教学规律就行，应大胆放开一些。"

南红英老师："要强调语文的人文性，注重语文的人文价值。"

李希贵校长："对的，语文的工具性与人文性都很重要。对于语文的工具性，我们已经想得比较清楚，语言的训练是有规律可循的，我们可以先做；关于人文性我们还需要认真领会，暂时没有想清楚的可以稍后再做。"

会议一直持续到晚上 10 点多钟，大家仍然意犹未尽，李校长鼓舞着大家，这种自由的空气激起了人们心中更大的力量。

"没有一件容易的事，哪怕只是向前迈一小步。最大的阻力不是来自外部，而是来自人的内心，是多年来习以为常的思维定式和行为习惯，这是改革遇到的最大的挑战。人们似乎以为，只要走了这条路，那条路就荒废了，他们不知道，其实还有第三条路可走，在做这件事的时候我们还可以兼顾其他的，既满足高考的需求，又为学生的发展奠定基础。但下意识的东西有时很可怕，慢慢地就往你骨子里钻，钻到最后就长进你生命里了。"在科技楼四层的拐角处，有一间很小的房子，这是秦建云老师的办公室。他在办公室里向笔者诉说着课程研发的艰难。

"我们需要足够的耐心去等待，用行政力量去推动比较简单，但是，如果把一个复杂的事情变简单了，问题就来了。这么大的改革，需要每一位教师都参与进来。这是一个非常重要的策略，我半年里和老师聊了 270 人次，就这样，慢慢拉起了一支队伍。半年之后，30% 的教师参与到了课程研发中。2011 年岁末，在期末全体教职工大会上，我介绍了高中课程研发的情况，引起了巨大震动，底下听的老师们惊讶了。啊！神不知鬼不觉，身边这么多的老师都在做事，竟然做了一件这么大的事啊！"秦建云老师一边说，一边抚摸着桌上的一本排版十分简单、印刷略显粗糙的教材小样，脸上露出一丝成就感。

望着眼前这位"秦爷"，笔者被深深感动了。人似乎有一种与生俱来的"超越自己"的冲动，不为吃，不为喝，不为钱，不为名，只为了要超越，使自己达到极限。就是这种力量，使人能成为人，世世代代、千年万载地演化、进步，达到光明灿烂的今天。

想起世界赛跑名将迈克尔·约翰逊的一段话——

在起跑线上，我两手伏地，蓄势待发。让身体的每个部位一起对抗压力。我视压力为最好的朋友，所有造成压力的大挑战只会更增强我的意志力。

"这是你一生中最重要的比赛吗？"

"是的！"

"你有什么可输的呢？"

"我所有的一切！"

"你非赢不可吗？"

"是的！"

对于秦建云老师来说，无论课上得多么好，无论辅导的学生拿了多少奖，内心的焦灼一刻也不曾停止过，他不满意这样做教育，他渴望改变，几十年的追求等的就是这一天。

突破天花板的跳跃

一天，秦建云老师找到数学老师潘国双，对他说："12 岁的孩子到高中结束，六年怎么学能学得更好？你去想吧，胆子大一点儿，不要有任何局限。"

带着神圣的嘱托，潘国双老师怀着兴奋的心情做着多年来一直想做的事，整整六天后，拿出了目录。秦老师一看非常激动，呵呵，矩阵、行列式都进来了。他如获至宝，赶紧捧着目录找到数学学科主任杨文学。"快看！出来了！"杨文学老师将目录仔细看了一遍，勃然大怒，把目录往桌子上一摔，说："你这是毁孩子啊！这哪儿成啊！"

秦建云老师不慌不忙地问杨老师："你说毁孩子，那毁多少哇？""最多20% 的孩子能接受。"杨文学老师的话一出口，秦建云老师就乐了。因为在十一学校，杨文学老师是一位威信很高、十分敬业、专业非常棒的数学老师，他绝不会胡说。"成了！"秦建云老师一拍大腿，拿起桌子上的目录高高举过头顶。"分开不就完了吗？"原来，这正是他们为数学尖子生考虑的内容。

紧接着，秦建云老师又找了几位数学老师看，所有的人都不约而同地称赞："这是个好东西！就是太难了。"他追问："多少学生能用？""25%。"老师们的回答，让他乐得合不拢嘴。他立即找到另外几位数学老师，让他们研究其他层次的课程，他对这几位老师的要求是："前 25% 你别管，你只考虑一般学生的程度。"他特别强调："你们俩分开写！"为了保证质量，控制风险，他请了两位老师同时开发。

教材究竟是编给谁看的？是编给教师的，还是编给学生的？"以往教材最大的问题是学生对老师的依赖，能不能为学生写一本教材，拿到教材就可以自己学习?"这是编写教材时老师们最为强烈的想法。"不要怕内容多，要尽量说得清楚明白，方便学生学习，以对话的形式出现，突出方法，让学生感觉像一位和蔼的老师陪伴在身边。"秦建云老师鼓励老师们大胆去做。

"国家标准是一个方向，对知识与能力的要求十分清晰，"秦建云叮嘱大家，"要将国家课程标准的能力要求分解到每一个学段，一步一步、一点一滴落实到教材中，落实到课堂教学每一个环节中，落实到教学辅导书中，落实到学生的练习册中。所以在编写的时候，就要考虑学生学习的方法。"

在这里，普通人的传奇在不断上演。一旦教师的积极性被激发起来，课程的开发便呈现出五彩缤纷的状态。

潘国双老师曾在北京服装学院任教六年，三年前，从北京师范大学数学系博士毕业后，成为十一学校的一员。在课程研发中，身材瘦小的他释放出了巨大能量，他早就渴望拥有这样的教材，因为他在教学中早就发现学生的程度差别很大，他曾经悄悄地给学生分层。他发现，有六人能在一年内学完高中三年的内容；有几个处于第二梯队，很用功，基本不用担心；另外几名学生实力很强，但经常偷懒，得经常督促；还有不到十名同学处于末端，满足高考要求就行了。

为了实现心中多年的渴望，潘国双老师拼了，将近一年半没有休息日，一口气编写了六本书。他负责数学 V 的研发，针对学校里最具有数学天赋和兴趣的学生，这本教材只有 49 页，却融合了初中、高中、大学的学习内容。他每天到图书馆四层加班加点，所有的假期全部泡在这里。大年三十晚上，在漫天的花炮声中，潘国双老师一个人在寂静的教学楼里赶写教材，全身心沉浸在数学世界里，独享这一份宁静。

戏剧课的开设浸透了艺术老师们的心血，他们甚至经历了刻骨铭心的挣扎。那段时间，老师们非常焦虑，在一起备课时，为了一个做法，为了一个改动，拍桌子是经常性的，有时甚至撕破脸皮。教导主任刘笑参加艺术组的教研活动时，看到老师们争吵，完全傻了。"哎哟！好厉害，真较真，在下面都是好同事，研究方案时完全变了一个人。"

2011 年 4 月，是王晓霞老师教学生涯中最难忘的日子，艺术课程开发让她经历了刻骨铭心的煎熬。为了满足学生发展的需要，学校准备将戏剧引入艺术课，而擅长国画的王老师对戏剧就是找不到感觉，急得满嘴都是泡，日日夜夜寝食难安。戏剧是综合艺术的体现，为了补上这一课，她找到文学老师帮忙，心里还是不踏实，亲自到北京人民艺术剧院看话剧《李白》《雷雨》，像着了魔似的，天天抱着《雷雨》剧本看，人艺几个版本的《雷雨》都反复研究过，所有的台词都熟记于心。

对于中学教师来说，编写教材最难的是什么？张敏老师认为是信息资源，她负责生物Ⅲ《免疫调节》一章的编写，这一章的内容完全是最新研究成果和最前沿的信息。暑假里，她和刘赛男老师啃了好几本大部头的著作，收集了几十万字的资料。照搬是不行的，既要科学严谨，又要可读性强。这条要求难坏了张老师，一万字的内容整整写了三个星期。"哎呀！挑战太大了，折腾死人了。"张敏老师一边拍着脑门儿，一边笑着描述当时的情景，语气中透着欣慰、骄傲与成就感。

课程开发遇到的困惑与纠结超出了人们的想象，但老师们心中很有定力，他们坚信："使我们痛苦的必使我们强大。我们不断跨越生命的界碑，是渴望去触及那更伟岸、更优美的境界。如果过分迷恋过去的荣耀，那么，人生的境界就不可能太高，事业的格局就不可能太大。人生是被一个又一个的亮点照亮的，而为了创造新的亮点，你可能需要随时忘记你正拥有的，或曾经拥有的荣光。"

日夜晨昏交替，人们在希望与期盼中一点点看到了曙光。

又一个夏天，当初稿拿出来时，大家兴奋得不得了，当时，好几位老师围着笔者，兴奋地说："那种惊喜是从来没有过的。很有成就感，完全是我们自己的创造。也不知哪儿来的那么大的气量，说实在的，我们自己把自己吓了一跳。"

此时，秦建云老师除了惊喜，内心里更多的是感慨："校长在最正确的时间，做了最正确的决定，而且没有一点儿拖泥带水。如果换做一个不是那么有魄力的人，相信多少还是会犹豫一下的。'所有课程全部选择，有这个必要吗？''只放开部分学科或者非高考学科？''编写教材由谁来完成？'这些问题都可以成为他犹豫的原因，而一旦犹豫了，风险就可能降临了，大好的时机就丧失了。在有选择的时候，敢不敢做出选择，这是很考验人的。"

一位位普普通通的中学教师，对着教科书举起了一把神奇的剪刀，刀起刀落间，国家课程、地方课程、学校课程被重新拆分、调整、补充、组合。经过这样一番修剪，知识的园地沧海变桑田，一套更加符合十一学校学生需要，更为开放、灵活的课程体系出现了——学生的学习生活将发生翻天覆地的变化。

奇迹实现了，成功时有泪水，风雨中带微笑。这是理想主义者的执着，这是中国千年不易的知识分子的情怀与担当，是十一人在这个伟大的时代做出的抉择，更是对先贤教育理想的一次致敬。

很"十一"的教材

教材完全变脸了，真正成为学生的学习读本，内容包括教材导读、实验探究、问题讨论、巩固练习、基础达标、能力提升、思维拓展等，还有具体的案例及检测方法。这样的编写体例，将教材和参考书、知识和方法、原理和拓展融为一体，书中的引入、展开、讲解、分析、拓展、提升，都是从学生的最近发展区出发的，考虑到了不同层次需求的学生，使学生在不知不觉中领悟了原理和方法，提升了学科素养。

以语文教材为例，它更加贴近学生的生活，以话题形式出现，按照单元排列，以人文为主题，包括知识点和能力等。比如"科学与文明"单元，由梁思成《关于北京城墙的存废问题的讨论》、王近尧《霍金，用手指说话的科学巨人》、艾柯《带着鲑鱼去旅行》、费曼《原子弹外传》四篇文章组成，还附有学习目标、学习建议、学习活动、阅读思考、单元练习、单元参考答案。这样的编排，学生一看就明白了。

历史教材正文后附了大量史料，正反双方的都有。设计的提问注重独立思考，比如第一单元讲中国古代的中央集权政治，从秦始皇设立三公九卿开始，到元朝的行省制度、明朝废丞相、清代设军机处等加强中央集权的制度，常见的提问是历代加强中央集权的措施是什么、有什么影响等，而这次编写增加了一个问题：从秦到明清，中国一直在皇权与相权、中央和地方的矛盾当中摇摆，但最后坚定地选择了中央集权的道路，为什么会从摇摆走向坚定？这样的问题，学生觉得很有挑战性，要回答好，就要梳理相关的脉络和线索，思考这些制度上下承接的关系，以及各种历史困境。

谈到数学教材，杨文学老师脸上露出了兴奋的神情，他说，这套教材完全颠覆了传统的课堂教学模式，使得学习过程更加清晰，课堂教学更加高效。使用这套教材，教师教学时不仅要关注"教什么"，更多的是要关注"怎么教"；不仅要关注"知识规律"，更多的是要关注"学习规律"。学生在学习数学知识的同时，提高数学能力，培养数学的思维品质，学会发现问题和解决问题，学到研究数学问题的方法，这是最值得我们自豪的成果，也是学生喜欢这套教材的根本原因。

据张敏老师介绍，生物教材与以往的完全不一样了，由过去文理通用的一套教材变为三套，生物Ⅰ（2本）适合高中文科学生，生物Ⅱ（5本）和生物Ⅲ（4本）适合高中理科学生，真的是为有不同需求的学生专门编写的。

英语教材注重内容的拓展、课程理念的调整、目标在操作层面的实现，增加了《空中英语教室》杂志、原版书阅读等，学生普遍感到词汇量大了、语感好了、视野广了。自由讨论、采访、辩论、高级写作、翻译、演讲与辩论、个人报告等，大大提高了学生的口语能力。

王跃东和肖址敏是两位刚参加工作的年轻教师，参加了教材物理Ⅲ的编写。一年的教学内容，他们翻阅了国内外大量资料，参考了十几本资料，还发动大学同学从网上帮忙找资料。这本教材他们先后修改了七八稿。

王跃东老师介绍说，这是一本专门为学生写的书，用与学生对话的口吻、交流的形式，像小说那样吸引学生，先提出问题，然后一一回答，娓娓道来。以往的教材是纲，更重视知识体系的完整性，直接呈现知识概念，比较粗线条，是给教师看的。而我们编的教材，更重视事物的发展过程，更符合学生认识事物的过程，更注意认识事物的方法，展现出来的东西让学生更容易接受，这些是与传统教材不一样的地方。知识呈现得比较细，浅显易懂，易于接受理解，大量举例，图片很多，可以帮助学生找到认识事物的方法，培养学生解决问题的能力。

笔者翻看着手中的物理教材，感觉真的不一样了，厚厚的，有330页，60多万字，400多幅插图，每一章都有"想一想"、"做一做"栏目，注重物理情境的创设、物理实验的开放性。书中大部分章节，问题讨论都是以物理情境为切入点，通过一系列问题的展开，让学生在阅读和思考的过程中探究物理规律，感受运用物理知识解决问题的快乐。

三年来，寒来暑往，日升月落，在北京西隅的一座校园里，教师们大胆假设，小心求证，200多套浸透着全体教师辛勤汗水的教材终于化蛹成蝶，在美好的春光中旋舞。

给学生一张幸福的课程表

将选择权交给学生

2011年9月1日开学时，高一新生拿到了全新的课程方案，全年级436名学生，每个人都有一张只属于自己的课程表。从一张张课程表中，你可以看出学生在学校学习内容的丰富与多样，学生在学校读书期间可以获得哪些营养、可以经历哪些生活，都会在课程表上得到体现。其背后体现的是学校的办学思想、培养目标，它关涉学生在学校获得的教育营养成分，关涉学生获得营养成分的程度和效度，关涉学生在学校的幸福感和生命质量。

选课开始时，刚刚进入十一高中的黄启皓同学打开电脑准备选课。"哇！太丰富了！"他大叫一声，把母亲吓了一跳。技术课涉及社会各行各业，可以说是应有尽有，还有别的学校闻所未闻的独轮车、皮划艇、飞盘、射箭、攀岩等，这是一所什么样的学校啊！没想到厨艺和羽毛球选课名额三秒钟就被抢光了。家长激动地说："令人不敢相信的是，孩子在接受九年义务教育之后，竟然可以面对这么多的选择，可以按照自己的个性特长、兴趣爱好在高中三年就开始发展自己，对自己的人生早早做出规划。"一位家长赞叹："新课程方案极具前瞻性和可操作性，敢于冲破传统观念和体制的束缚，在人才培养模式上大胆创新。"一位业内人士看过后，十分感慨地说："这些课程可以让学生刻画自己独特的未来。"

学校根据培养目标、学生的发展需求以及现有的资源，构建了分层、分类、综合、特需的可选择的课程体系。据学校课程研究院院长秦建云介绍，学校高中课程由9个学习领域构成，分别为语言与文学、数学、人文与社会、科学、商学与经济学、技术、艺术、体育与健康、综合实践。各学习领域设置相应学科，每一个学科安排相应的模块。这个课程体系包括265门学科课程、30 门综合实践课程、73 个职业考察课程、272 个学生社团，以及 60 个学生管理岗位，供学生自主选择。

更为关键的是，除少数必修课外，其他大部分课程都是选修的，所有课程都排入每周 35 节的正式课表。学生不仅可以选择课程，而且可以选择学习时段，还可以根据自己的发展愿望专注于擅长的学科，最大限度地满足学生的学习需求。

数学、物理、化学、生物分层次设计，其中，数学分 5 个层次，物理、化学、生物分 3 个层次。数学 I 是高考文科的基本内容，适合人文方向的学生。数学 II 适合经济与管理、工程类方向的学生。数学 III 是高考理科的基本内容，适合工、农、医、经等方向的学生。数学 IV 面对三年制高中数理方向、自主学习习惯和能力较强的学生，对国家课程标准进行了较大幅度的内容提升。数学 V 面对四年制高中数理方向、酷爱数学、具备了一定的数学思维的学生，对初中、高中和大学的内容进行了统整。

物理、化学和生物 I 主要针对人文与社会方向的学生，达到高中毕业要求；II 主要针对三年制高中工程与经济学方向、有一定学习能力的学生，达到理科高考难度；III 主要针对四年制高中工程与经济学方向、有一定自主学习能力的学生，在国家课程标准的基础上进行适度拓展。

为了满足学有余力、提前进入大学相关领域学生的学习需求，学校还开设了微积分、线性代数、普通物理学、普通化学等大学先修课程。21 世纪，需要把很多东西融合在一起进行教学，比如人口、能源、环境等问题，这要求学生具有基本的经济学知识。基于这样的考虑，学校还开设了商学与经济学课程。

人文与社会领域包括高中思想政治、历史和地理。分两类设计：I 类课程的适用对象主要是工程与经济学方向、数理方向和出国留学方向的学生，II 类课程主要满足人文与社会方向学生的高考学习要求。此外，学校还开设了世界历史和世界地理，以满足出国留学方向学生对留学国家人文地理和民族文化等方面的学习需求。

根据学科特点和学生学习的实际需求，对语文和英语进行了分类设计，设置了基础课程和自选课程两大部分，基础课程为所有学生的必修课程；自选课程分补弱和兴趣两大类，根据词汇、阅读、写作等不同内容分模块设置，每个模块每周两课时，开设一个学期，在高中各学期重复设置。学生可以根据自己的学习情况，从自选模块中自主选择。

高中补弱类课程有现代文阅读基础、高中写作基础、文言文阅读基础，提升类课程有唐宋诗词欣赏、时事深度评论、中外短篇小说欣赏。初中补弱类课程有现代文阅读、文言文基础、写作，提升类课程有演讲与口才、中外名篇欣赏。

按学校统一安排，整合原有的音乐、美术课程，开设了综合艺术课，涉及音乐、美术、影视、舞蹈、文学等相关内容，分为戏剧类、美术类、音乐类、媒体类四大类25个课程模块。专业音乐包括音乐基础、声乐、音乐鉴赏、交响乐、合唱、民乐等，专业美术包括油画、书法、摄影、版画、造型基础、动漫等，还设置了包括音乐剧、话剧、京剧等戏剧类课程电子音乐制作与录音、影视编导与制作以及舞蹈26个课程模块。学校还组建了金帆合唱团、金帆交响乐团、民乐团、舞蹈团等。学生要毕业，至少需选择两个课程模块，获得6个学分。

目前戏剧类开设的剧目有：音乐剧《花木兰》、音乐剧《嘎达梅林》、音乐剧《歌舞青春》（中文版）、音乐剧《歌舞青春》（英文版）、音乐剧《音乐之声》（中文对白、英文唱词）、音乐剧（学生自修组）、话剧《雷雨》、校本话剧《青春树》、音乐情景剧《阳光路上》、京剧《三岔口》、京剧《贵妃醉酒》等。

为了满足学生的兴趣、特长，唤醒学生的潜能，引领其对未来职业的思考，学校对国家普通高中课程方案中的信息技术与通用技术两门课程进行扩充，按专业门类，开设了机械技术、电子技术、机器人、电脑平面设计、影视技术、网站设计与开发、网络技术、汽车造型设计、模型设计与制作、服装设计与制作、厨艺等19个模块的课程。学生要毕业，必须从中自选两个模块，获得8个学分。

初中体育设置了19个运动项目，高中体育设置了18个运动项目，包括篮球、足球、排球、羽毛球、网球、乒乓球、游泳、棒球、垒球、健美操、艺术体操、体育舞蹈、武术、特种体育等。特种体育主要是针对免修体育的学生单独设计的，这让校园里的每个学生都感到自己没有被忽视。为了满足学生个性化的需求，学校还利用校外资源，开设了滑雪、击剑、马术、龙舟课、棒球、皮划艇等校外选修课。学生可以自由选择自己喜欢的模块，其中，田径为必选模块，学生每个学期都必须选修一个模块。

同时，十一学校对国家课程中综合实践活动的社会实践和社区服务课程也进行了开发，深化了这两种课程的内涵，拓展了它们的外延，丰富了它们的形式。社会实践类课程包括假期社会实践、社会职业考察、校内职业体验、境内外游学课程等；社区服务类课程包括学长有约、管理与服务、提案建议等。

此外，根据学校的育人目标，将日常行为规范等纳入"志远"、"意诚"、"思方"、"行圆"课程。比如，"志远"课程包括名家大师进校园、名师讲堂、名生讲堂、学长有约、家长有约、学生影院、社会职业考察、校内职业体验、境外游学、小学段规划、少年团校等，这门课程旨在引导学生进行职业规划与人生规划，确立远大目标，启发学生立志成为某一领域的领军人物或杰出人才。"意诚"课程包括管理与服务、结业活动、社团、假期社会实践等。"思方"课程包括策划创意、提案建议、课堂金思维、外国文化日、研究性学习等。学生的思想品德表现则在"行圆"课程中记录。

"这次改革，构建了一个推动学生选择的多样化的课程体系，进而形成每一名学生不同的课程方案，最终实现教育的本质——让学生能够发现自己，唤醒自己，成为自己，使他们具备社会责任感、创新精神和实践能力。"李希贵校长表示。

密密麻麻的课表布满了阿拉伯数字、中文、英文、罗马字符，一般人看一眼很难看懂，老师们特别担心学生找不到教室，结果，没想到，学生扫了一眼，转身就走了，没有一个因为找不到教室耽误上课的。恰恰是老师们很长时间不适应，尤其是新到改革年级的老师，面对眼花缭乱的课表，真是急得不行，看了很多遍仍然看不懂，只好找学生帮忙。

永无止境的分层

艰苦卓绝的努力，终于叩响了通往理想教育的门环。

实施分层教学后，物理老师于振丽发现一个现象，过去下课时身边总有许多学生围着她要她答疑，可最近找她答疑的学生明显减少，有时一天也不到一个，这是什么原因呢？"因为教学内容针对性强了，学生的接受程度提高了。"这让于老师十分高兴，她说："只要你开发出适合他的东西，他就一定能学好。"

谈到新的外语课程，侯敏华老师十分感慨，她说："主要是便利，这个便利不得了，让人非常舒服。过去，面对 30 多个学生讲同样的内容，效率蛮低的，现在 A 层主要是审美与鉴赏；B 层主要是知识、技能的训练，讲得少一点儿；C 层讲得稍微多一点儿。每个学生各得其所。"

这一工作，使因材施教成为可能。学校课程研究院郭学军老师介绍："实行选课后，学习内容不合适的人数下降了 18%。"再普通不过的数字，此时却变得意味深长。

虽然实施了分层教学，但学习过程中还会出现层次。起初，高一年级将物理分成 3 个层次，年级主任于振丽十分忐忑："这样做到底行不行啊？"李校长鼓励她："很好。"实验了一段时间后，于老师胆子大了起来，她说："开始听说英国的学校数学分了 14 个层次，我们很不理解，现在终于理解了。为了进一步满足学生的需求，我们将物理又分成了 7 个层次。结果，学生还有需求。没办法，还要增加层次，现在估计要超过 10 个层次。我现在明白了。"

"学生将来的发展路径是无限的，因此，分层永无止境。"

刚开学没多久，贾祥雪老师就发现，数学 V 中每一项内容都拓展到了大学程度，就这样，有的学生还是吃不饱。年级的态度是，每一个学科的分层都是动态的，学生达到了 II 的水平，就可以申请学习 III 的内容。老师的策略是，将本单元的学习计划提前告诉学生，让他们有选择地听课。对于听课效率低的学生，老师给予个别辅导；对于特别优秀的学生，建议他们自主学习，他们可以选择离开课堂自习。

其实，分层教学在教育界并不是什么新鲜事，近年来各地许多学校都在进行这方面的探讨，那么，十一学校的分层究竟有什么不同呢？一天，笔者与一位外省市教育管理部门的领导一同来到高中教学楼，看了十一学校分层分类课程设计，这位领导吓了一跳，他说："几年前，我在所领导的学校勇敢地进行分层教学尝试，将物理、数学、英语各分成三层，根据学生的成绩、能力实施教学，结果，没过多久，就退回去了，至今提起来都痛心不已。"

"为什么退回去呢？"笔者追问道。"由于分层教学，低层次的学生没有了学习的积极性，破罐子破摔，老师也没有了教学的热情，渐渐地，学生干脆不学了。高一层次的学生尽管有了提高，但是仍然担心达不到中考的要求，迫于中考的压力，无奈，我们全面倒退回去了。"

究竟哪个环节出了问题？为什么这么好的举措却实施不了呢？这些问题一直萦绕在他心中，让他至今都非常纠结。

那么，十一学校的分层教学为什么能走通呢？秦建云老师给出的解释是："分层设计教学内容，是我们对知识体系的重新认识和整合，而不是对内容难易、深浅、多少、快慢的区分。如果内容不改变，用一套教材简单地分层，就失去了分层的意义，必然导致快慢班，这是走不下去的。分层要想成功，就必须重新编写教材，在达到国家基本标准的前提下，让有不一样需求的学生学不一样的内容，让每个学生各得其所。"听了秦老师的一番话，他终于明白，十一学校的分层教学与他们的分层教学有着本质的差别。

无数艰辛的探索和铺垫，拉开了那张满满的弓，老师们忽然发现，他们走到了一个以前从来没有到过的地方。那一刻，他们的内心充满了幸福和喜悦。杨文学老师兴奋地说："这是我们一直期盼的呀，我们一直渴望这样教书。"

学会选择，学会负责

厘清自己要什么

学生会选课吗？这是老师们最担心的一件事。传统教育下的学生，习惯了被选择、被安排，他们往往害怕选择，尤其是重要的选择。而且，作为中学生，他们往往并不十分了解自己到底喜欢什么，适合做什么，所以，选课也是一门课程。

李希贵校长强调，赋予自由，就是承担责任的开始。选择与责任是一对孪生子，有选择才会有责任，有目标，有方向感。有了全新的课程体系，学生可以选择适合自己的课程模块，也可以选择适合自己的学习时段，这样就给了他们独自负责的空间与时间。显然，这样的教学形式对学生也是一个巨大挑战，他们必须树立主体意识和责任意识，认识到学习是自己的事，自己是学习效果的第一责任人。

"现在是我们把责任还给学生的时候了，"老师们一边做着选课的准备工作，一边给自己打气，"我们要有更为开放的思维，相信孩子对自己未来的直觉，相信每个有着自由心智的孩子，他们可以做出合乎自己需求的趋利避害的选择。"

学生究竟根据什么选课呢？一是基于兴趣，选择自己喜欢的；二是因为不了解，想尝试；三是想找到自己欠缺的东西。如果是真正基于理性的选择，他们必须知道自己需要什么，适合什么，兴趣、爱好、特长、潜能、未来的职业是什么。对于这些，15 岁的孩子并不是十分清楚，老师要给予指导，帮助他们进行人生与职业规划，进而规划高中学习生活，形成适合自己的课程修习计划。开学前，选课准备成了老师们投入精力最多的一项工作。

8 月下旬，高一新生会拿到一本十分精美的《高中学生课程手册》，里面详细介绍了学校为学生开设的全部课程，以及设置这些课程的意义，为不同的学生选课提供指导。

接下来，年级通过各种方式进行选课辅导，家长培训是重要的一环，光模拟选课就搞了整整一周，全年级 48 位老师全部参加：一部分人代表家长，一部分人代表老师，所有的问题都问得特别细，一位老师回答，其他老师随时补充。这样的培训经过了三次，然后一对一地与家长交谈，最后才填写模拟选课单。

选课指导最重要的是促使学生进一步了解自己，厘清志向。每一步选择，老师都会让学生思考究竟要往哪个地方走、今天该学什么东西。但有一条很明确——学生有权根据自己的需要去选择，学校的任务是引导学生如何选择，而不是选择什么。

选课是一件令学生和家长颇费脑筋的事，人文、工程、经济、商务、绘画、设计……面对众多课程，不能凭自我感觉选择，而要经过认真的思考和研究，按照未来发展方向选择。比如，未来要从事数学研究，那就选数学Ⅲ，选修课要选微积分等内容，物理要选Ⅳ，技术课程要选数据模块。有的学生一直举棋不定，到了夜里 1 点，纠结得实在受不了了，只好将父母叫起来一起研究。还有的家长夜里 11 点赶到老师家中希望老师能给点儿建议。

刚开始面对选择，学生既害怕又喜欢。2012 年 8 月 28 日早上，高一新生王子艾显得异常兴奋，因为她刚刚确定了选课方案，她准备往理科方向发展，所以决定选择数学Ⅱ、物理Ⅱ、化学Ⅱ，全家达成了共识。王子艾高兴地打开电脑，登录学校的网上选课平台，打开高中选课链接，轻轻移动鼠标，点击自己选择的课程。语文选的是时事深度评论、先秦散文、小说阅读；技术选的是数据库编辑；艺术选的是音乐剧《歌舞青春》，因为她看过这部外国音乐电影，非常喜欢；体育选的是篮球，因为她特别喜欢 NBA，崇拜篮球明星，觉得他们特别帅。15 分钟后，选课结束。

王子艾说："整个选课过程，看似轻松，实际上用了一周的时间考虑，确切地说是更长的时间，半年前就已经听说了，早有心理准备。这个课程方案非常个性化，我们可以勇敢地走自己的路，完全没有想到在高中能够接触到这样的教育模式，真是太幸运了！当然，也要承担风险，不知道这样选择对不对。不过，没关系，还有调整的机会。"她的脸上露出惬意的笑容。

杨帆同学刚拿到课表时完全看不懂，经过老师解释后才明白了，考虑到将来想学金融，所以选了数学Ⅱ、物理Ⅱ、化学Ⅱ，体育选了篮球、网球，英语选了高级英语阅读。因为喜欢看电影，技术选的是动漫制作，但她坦言，这门课好玩是好玩，但挺难的。她又想当导演，就选了影视编辑与制作，结果发现也不是想象的那样，没那么容易。高中三年，她打算把技术类课程全都选一遍，全都接触一下。

王子艾和杨帆是好朋友，但她们选的课却大相径庭，她们只在平面设计这门课上是同学，其他所有课程都没有交叉，每天早上见面短短几分钟后，就各自往不同的教室走去。

在科技楼三层动漫教室里，一名高一男生正在认真地画画儿。下课了，我们聊了起来，他告诉笔者，刚开始不了解，就选了素描，学了几课之后发现太难，不太适合自己，这个学期就改学动漫了。

"选课紧张吗?"笔者问他。"太刺激了，打开学校的选课平台，几百种课，真是令人眼花缭乱，又兴奋，又紧张，生怕自己选不上。7 点开始选，6 点 59 分，我点了素描，选上了，很满意，真悬哪！7 点 1 分就满了。体育我选了羽毛球，非常满意，与我预期的差不多。我很喜欢这种选课方式，特有成就感，很刺激。下学期体育我准备选棒球，因为我想将来到国外去学习，外国人很喜欢打棒球。艺术还没想好。"他边比画，边描述自己的选课经历。

既然是选课，就会有一种可能：选不上，怎么办？有的学生将自己的选择从高到低排序，反正每个学期都开，选不上还可以再选，心态要放开。一天，笔者在高中楼碰到了高一学生胡梦雪，她一脸的不高兴，原来，她喜欢京剧，兴冲冲地准备报名，结果，高一不开，她很郁闷，嘴里嘟囔着："这课也太不丰富了！"笔者问她："那怎么办呢？""只能先选一个不是特别喜欢的，下学期开京剧课，我一定要选上。""其他课选得如何呢？""技术我选的是建筑设计、影视艺术。""满意吗？""当然。"她满意地笑了。

学生选错了怎么办？学校给予学生"错选权"，经过一段时间的学习可以调整，使选择、定向成为一种渐进的、可更改的过程。刚开始选课时，学生往往会选择偏高一级的课程，经过一段时间后，发现不合适，可以调成低一个层次的课程。为了帮助学生找到适合自己的课程，除了给出一些建议，年级还创造条件，使学生无论学哪一个层次，都有其他层次的教材，也可以参加其他层次的检测，只要发现不合适，便可以调整。

开始，张子玄同学选了数学Ⅲ和物理Ⅲ，结果学数学时间用得多了，物理跟不上了，成绩一落千丈，经过努力还是感到吃力。后来在老师的帮助下，他将物理调到了Ⅱ，这样一来，数学和物理都学得很好，高三毕业时考上了北京大学。

选课，并不是学生想怎么选就怎么选，学校通过必选和限选来平衡国家要求和个人兴趣。一次，几名学生与李希贵校长共进午餐，杨明微同学问李校长："老师，是不是非要选田径课程啊？"李校长笑眯眯地回答："必须的。这是国家的规定。如果你还有什么兴趣想学别的内容，可以在下个学期选择。"李校长的回答让我们看到了学校在课程管理上的鲜明态度。

适合的就是最好的

一天，一位外校老师听贺千红老师的历史课，已经下课了，几个学生还在那里写作业，那个认真劲儿，让她觉得不可思议。"历史课也这么吸引学生吗？"贺老师告诉她："这有两个原因：一是有过程性评价，学生每一次的作业都会纳入过程性评价；二是课程内容改变了，他们找到了自己喜欢的课程。后者是更为重要的原因。"

选择性课程，如同一剂重要的催化剂，帮助学生在选课中逐渐了解自己，认识自我，找到方向。陈天泽同学自豪地说："十一学校多样化的课程体系，让我学会了追逐梦想，这要归功于无处不在的选择与机遇。"正因为如此，拥有选择权才显得如此重要。每一次选择时都需要好好思考，都要有规划，而且要对自己的选择负责任。

许珂同学因为在数学 V 的一次研究性学习中认真钻研，发现了自己在数学方面的兴趣，从此不断努力，在北京市女子数学奥林匹克比赛中获奖。贾子航同学自从选择数学 V 后，认真学习，不断钻研，成绩逐步进入年级前列，还获得了北京市中学生数学竞赛二等奖。一名以前学习一般的女生选了数学 II 后很快就成为佼佼者，连老师都没有想到她的成绩会有这么大的变化。梁睿祺同学选了汽车设计与模型创作课程，经过两个学期的学习，萌发了设计潜能，开始对产品设计感兴趣，设计了许多手机方案。在他的建议下，学校又开设了工业设计课，他在这门课上实现了许多创意，许多人称他为设计的行家里手。丰富多彩的课程给有潜力的学生打开了一条通道，为他们翱翔蓝天提供了一双翅膀。

于振丽老师说，她欣喜地看到学生在选课中思考，在选课中成长，越来越多的学生能根据自己的情况选课，而不是为了面子去选择一门比较难的课程，他们慢慢学会了对自己的行为负责、对自己的选择负责。

开始，高一年级的贾宇萌同学数学选了 II，学到排列组合的时候，她发现自己一下子找到感觉了，非常激动，便悄悄地跟着学数学 III 的同学听课，看看是不是能够跟上。听了半个学期，心里有底了，她找到老师勇敢地将自己的数学课从 II 调整到 III，并且打算将来朝理工方向发展。谢天同学也经历了一次调课，开始，他选了数学 III，学了一段时间，成绩不够理想，他经过慎重考虑，调整到数学 II，结果，一直学得非常好。通过这次调课，他学会了慎重、理性地选择课程。

开学测试时，杨明微同学的数学成绩很不错，他满怀信心地报了数学 IV，没想到，刚学了一个月，发现有点儿吃力，好像选得不太合适。"为什么总是那么差？"他一时心绪有点儿乱，无论怎么努力，成绩总是不理想，而且将大量的时间都用在了数学上。阶段考试后他将数学调整到Ⅱ，状态好了很多。"当初为什么会选数学Ⅳ呢?"笔者十分不解地问。"因为成绩还不错，同学们都很羡慕学数学Ⅳ的，别人认为很牛，但是自己很难受，我将来想搞建筑设计，数学Ⅱ完全够用了。现在想清楚了，一下子变得轻松了。我的物理选的是Ⅱ，化学选的是Ⅲ，现在更从容了，能够顾及其他学科，也变得有信心了。通过这件事，我想通了很多问题。"

学校课程研究院的一项调查显示，过去，认为数学教材不适合自己的学生占20.1%；实施分层教学之后，认为教材适合自己的提高了18%，认为难度不适合自己的下降了14%，学生的负担因此减轻。对课程适应度的调查显示，93.5%的学生认为学习的内容适合自己，93.5%的学生感觉课程难度适合自己，92.6%的学生认为课程进度适合自己。新课程使学生的自信心增强，94.1%的学生认为学习生活使自己在面对未来时更自信，96%的学生相信可以取得人生中应有的成就，95.4%的学生认为自己可以成功地完成任务，73%的学生认为选课增强了对自己的认识和了解，对自己将来要读的专业和未来的职业思考得更多了；67.7%的学生认为交往范围扩大了，结识了更多伙伴；98.4%的学生认为学校提供的各种学习资源和设施能满足自己的需要。

哪怕是一件再细小不过的事，赋予学生选择权也能给他们带来愉悦。如今，在十一学校，这种愉悦正在被不断地放大。

自主选择的力量

在十一学校，老师们发现，你尊重学生的选择，他们反而会理智地对待选择的机会，他们比我们想象的成熟得多。在自主选择的课堂里，学生身上洋溢着高度的自信心和强烈的责任感，一旦做出选择，他们便会更加主动地思考，更加懂得承担责任。

根据当时的成绩，马锐则同学的物理和数学都比较适合选Ⅱ，可她坚定不移地要选Ⅲ，她说："我不仅仅是为了高考，我想让自己变得更加优秀，把自己的潜能激发出来，站在比较高的层次俯视高考，完成自己的学业。"虽然她后来的学习一直有困难，一度也很迷茫，但是经过努力跟上来了，成绩也一直不错。她说："今天来看，所有的努力都有回报，我很欣慰，现在有了举重若轻的感觉。"

康来同学数学和物理都选了Ⅲ，他说："我非常喜欢学校这种选课方式，我们完全可以安排自己的学习生活，决定自己学什么，因为是自己选的，所有成绩都是自己努力得来的，所以成就感特别强。"

李昊亚同学觉得自己数学特别强，就毫不犹豫地报了数学Ⅴ、物理Ⅲ、化学Ⅲ，还是感觉吃不饱。"老师讲的大部分我都会，我渴望学校开设数学Ⅵ。"采访中，笔者了解到，他从小学开始对数学就有浓厚的兴趣，高难度的学习仍然游刃有余，一点儿也不觉得累，业余时间还参加竞赛。"初中时因为老师讲的都会，课上经常睡觉，而自己想学的，只能课下找时间学，很痛苦。现在好了，课上就能学自己感兴趣的。"李昊亚很满意地笑着说。

徐子晗同学四个学期的体育选修课全选了武术，他说他太喜欢武术了，他要在学校把武术学好，他说得很坚定。而艺术课他连着两个学期都选"戏剧自修组"，为什么呢？这个剧组，没有固定的剧本，完全由学生自编、自导、自演，这太符合徐子晗的性格了，他就是想弄点儿"恶搞"、"吐槽"什么的，两个学期拍了两场戏，终于过了把瘾。

一天，一位在十一学校学习的外省市校长，在枣林村书院门口等魏勇老师，这时走来一名学生，边往里走边对他说："下一节是我的历史课。"这句话让这位校长有些诧异。他说："这种感觉非常熟悉，又非常陌生，我琢磨了半天，学生为什么说'我的历史课'？噢！我明白了，课堂是'我的'，课程是'我选的'，这说明学生在学习中角色发生了变化，学习变成他自己的事情，这种自觉、自信的背后，是学生对课程的自主选择。过去，学校、班级、老师、课程等一切都不是学生决定的，都不是他自己选择的。因此，学习也不是他自己的事情。上课铃响过，学生等老师上课，老师主宰着课堂，学生从来没有感觉到教室是他自己的，所以他不喜欢教室，不喜欢课堂。"

连初中学生也越来越会选择，越来越有主见。一次，初二年级的王子惠同学找到廖丽娜老师，对她说："老师，我想把数学课从Ⅲ调到Ⅳ。"

"你做过调查了吗？"

"做过了。"

"问过学数学Ⅳ的同学了吗？"

"问过了。"

"这个内容适合你吗？"廖老师很不放心地问。

"我已经问过好几位同学了，感觉适合我。"王子惠很自信地回答。

"和家长商量过了吗？"廖老师仍然不放心。

"商量过了。"王子惠点点头。

一连串的问题问过后，廖老师感到自己的担心显得十分多余，便直截了当地问王子惠："那你是不是来通知我的呀？"

"大概是吧！"王子惠回答道。

学生的回答让廖老师大为震惊，面前这位文静的女孩子，小小年纪竟然这么自信，更让她没有想到的是，数学Ⅳ王子惠学得特别好。"她的学习不是中规中矩的那种，越是讲过的题，越是基本题，她越容易出错，而越是没有讲过的，越是有挑战性的题，她越来劲，学得越好。"廖老师说。

选课让学生变得越来越自信。

2011年9月1日，这是个值得记住的日子，这所普通高中真正意义上的选课走班开始了尝试，全新的高中育人模式被李希贵和他的同事们永远定格在十一学校的教学楼里。

正在学校课程改革进行得如火如荼的时候，国家课程改革专家组成员、华东师范大学课程研究院院长崔允漷来到十一学校，在详细听了老师们的汇报后，对十一学校高中课程改革思路给予充分肯定："这是一种完美的落地！它使我国育人模式的改变进入了一个新的历史阶段，推广价值太大了！"

第四章　学校转型的严峻挑战

> 脱离了旧的轨道,与传统的断裂不可避免,固有的传统观念、教学组织形式、学生管理模式正在无可挽回地一点点消失,身处其中的每一个人,都经历着严酷的考验。

理想与现实梦魇般的冲突

暴风雨来临

2011年9月1日,高一新生首次实行真正意义上的走班,13个行政班的学生被分散到28个学科教室上课,数百年的传统被打破,学校形态发生了改变,学生的学习生活发生了翻天覆地的变化。对中国教育史上班级授课制的这一革命,如同在深不可测的湖面上投下一粒石子,掀起一片涟漪。

开学了,每个学生手里都拿着一张只属于自己的课程表,喜气洋洋地走在选课的路上,成为校园里一道亮丽的风景。语文老师张兆利望着学生兴高采烈地走班上课,那活泼鲜亮的背影、那轻盈欢快的脚步,让他心生无限感慨:"孩子们行走在一个又一个学科教室里,看似辛苦,但走出的每一步都有自主的印记,每一步都是对教育本质的回归。"

请看高一新生的感受。

走班是快乐的。

走班让我们结交了更多的朋友。

走班减少了老师拖堂的次数。

走班可以锻炼身体，还可以看看各班的风景。

我今天做得最好的一件事是很快找到了上课的教室。

但问题并没有那么简单，麻烦很快就来了。

真的"走"起来，一切全变了。选课、走班、导师制……一项接一项的改革接踵而至，让人猝不及防，许多都是颠覆性的改变，几百年的学校形态一夜之间改变了，最先受到挑战的是教师。

开学第一天，因为选课走班，传统的行政班消失了，学生也没有了班级意义上固定的教室，再加上走班的新奇与兴奋，几乎所有的学生都在楼道里晃悠，楼梯上、过道里全是人，满眼都是学生，高一年级主任于振丽感觉晕了。上课铃响了，学生举着课表奔向自己所选课程的教室，下节课又奔向另一间教室。这样一来，老师抓不着学生了，跑遍所有的教室，也找不到几个学生，学生到哪里去了呢？

一个安宁的世界骤然消失了。这个时候，几乎所有的老师，无论是年长的还是年轻的，无论是有经验的还是新参加工作的，都很迷茫、慌乱，满脑子全是问题。行政班不复存在了，以班级为单位的管理无法实施了，学生的考勤统计、卫生检查、纪律评比、作业收发、大大小小事务的通知等日常管理工作由谁来做呢？

有两点最让人担心，一是怕学生到处乱跑出事，二是怕学生管理不好自己的学习。"真的是一种排山倒海的感觉。"望着学生穿梭于一间又一间学科教室，刘作亮老师心中悬着几个大大的问号：他们能管好自己吗？成绩会不会下降？他们到底能不能对自己负责呢？一想到此，他心中便一阵阵发紧，每天都忐忑不安。那些日子，他满脑子里全是问题，在校园里见了校长就想问，可又不知道从哪儿问起。同年级的老师说："刘作亮都傻了，这么聪明的小伙子，完全傻了。"

为了帮助学生平稳度过没有班主任的心理适应期，年级为每18名学生配备一位导师，任务是对学生进行人生指导、心理疏导、学业指导。同时，年级配备一位教务员，负责学生事务管理，而全年级 436 名学生的考勤、发书、领取校服、医疗保险续保、体检等事务，一个人怎么忙得过来？而导师因为与新生不熟悉，加上学生选课走班，从早到晚见不着学生，心里慌慌的。

为了适应改革的需要，提高年级管理的水平与专业性，年级成立了自习管理、选课指导、教育顾问、评价诊断等项目组，实施分布式领导。每一位教师已经不是双重身份，而是多重身份，既要做导师，又要教学，还要承担年级的管理工作，在分布式领导中扮演角色，工作量陡然增大。

学校在转型，年级在转型，意想不到的小事每天都在发生。柜子打不开了，校服的号码不对了，学生的饭卡丢了……由于关系一时没有理顺，分不清谁该管什么、谁不该管什么，学生的事又耽误不得，一有事老师就得全扑上去，忙得晕头转向。老师们连连叫苦："哎哟！开学第一周，是来十一学校这多年觉得最紧张、最困难的时期，真有点儿扛不住了。"一天晚上，年轻教师杨茹在校园里碰到李希贵校长，连连叫苦："哎呀！不行了，到底怎么弄啊？"李校长赶忙安慰她："不要着急，慢慢找办法。"

选课刚开始时，大家似乎没有预感到这场静悄悄的危机的到来，至少没有应有的紧迫感，更没有做好足够的准备来应对一个充分放开的局面。

一拨又一拨的学生进来了，一拨又一拨的学生出去了，全是不熟悉的面孔，他们想干什么就干什么，想坐哪儿就坐哪儿，这种挑战完全超出了老师能掌控的范围，这让他们感到害怕。他们已经习惯于在自己的地盘自给自足，一切自己说了算，这一根深蒂固的心理需要，让他们感觉很踏实。如今，"马其诺防线"被冲破了，他们不知道这种变化将把他们引向何方。

一连几天，化学老师李美强心中有些不悦，学生的表现让他感到特别不习惯。有一天，还没下课呢，一名不是他教的学生进了教室，当时他正在做总结，教室后面有一张大桌子，那名学生把笔记本往桌子上一放，就学上了。"嘿，也太猖狂了！"李老师的心里很不舒服，"怎么着我也是老师啊！我这儿还没下课呢。"

面对无法回避甚至无法预测的挑战，十一学校的老师们有了一定的心理准备，但是，变化的速度超出了他们的预期。学校里每一种变化都在加快，强劲的变革之风正在以难以想象的速度改变着学校，原有的以班为单位的格局被打破了，基于班级支撑的传统保护状态也渐渐被撕裂了，那种集中、统一、垂直的管理完全改变了，一直被认为神圣不可侵犯的东西突然坍塌了，往日里那种平淡无奇、按部就班的生活被打破了，内心的恐惧与不安使老师们忽然有了一种失重感、眩晕感。

我们知道，传统教育的按部就班，使生活在其中的人慢慢养成了一种难以撼动的"安稳"态度，人们习惯了把秩序的稳定看得比什么都重要。因此，不安和焦虑就显得再正常不过了。过去当班主任，学生的一举一动都不曾离开过老师的视线。现在，抓不着学生就焦虑，见不到孩子就紧张，总感觉学生处于失控、放羊的状态，说白了，就是不放心，年纪大的老师更是在担心，很显然，打破心理层面的东西比打破管理层面的东西要难得多。

通过一连几天的跟踪采访，笔者发现，大多数老师并不是因为出现了什么问题而焦虑，而是因为跟以前不一样了而焦虑，他们害怕不可预测的一切，他们需要确定性，需要触摸得到的现实感。一位老师说他感到害怕，"那份维系人与人的内在秩序感正在崩盘，我不喜欢不确定性"。另一位老师坦言："担心又不知道该怎么做，只有更加担心，更加焦虑。"还有的老师说："过去，我不明白时可以问，现在，大家面对共同的问题，谁也没有现成的办法给你。"

几乎所有的老师都处在焦虑之中，对不确定的未来都有巨大的、不能消解的恐慌和焦虑。刘梅老师这样描述当时的感觉：从"痛"中来，缓解了"痛"，依然有"痛"。很显然，所有这些不适应、焦虑与不安，是一种成长与更新的阵痛，更是改变的开始，也许，这就是"破茧成蝶"吧。

那些日子里，身为改革年级领军人物的于振丽老师更是焦急，她觉得变化快得让人头晕，自己好像在一个巨大的滑板车上全速前进，在高高低低的峡谷中冲上滑下，一会儿兴奋不已，一会儿情绪低沉，一会儿欣喜若狂，一会儿陷入急躁和焦虑。种种没有遇到过的问题全都冒了出来，将她包围起来。但她心里十分清楚，规则已经改变，已经摧毁了他们的围墙，掀去了他们的天花板，现在发生的只是冰山一角，更为严峻的挑战还在后头，要让每个人都认识到这一点，每个人都必须做好准备。在这个风口浪尖上，他们只有两种选择，要么，按照原路退回去；要么，咬紧牙关挺过去。

这个时候，学校也在不断地提醒年级主任，在所有相关配套措施尚未完善之前，改革只能是徐图缓进，不要指责老师，而要体谅老师。秦建云老师每天与高一年级的老师们在一起不断地沟通、协商，因为他心里很清楚，现在，他们正在急转弯，180度转弯。人们常说"船小好掉头"，而他们的船太大了，然而，必须转。这样急的转弯，对于掌握方向盘的驾驶者的考验是严峻的。"只要不翻船，不论怎样磕磕碰碰都算成功。"

改革之舟已到中流。"我们正在加速进入一片海图上从未标明过的地区。"

十一学校已经走出了改革之初的浅滩阶段，正站在大河中央，选择彼岸的到岸位置。

两种观念的对决

为了培养学生的自主学习能力，在学校新的课程方案中，自习课增加了不少，最多的每周有13节自习课。那么，到哪里去上自习呢？学校规定各个学科教室在没有课的时候，都可以作为学生的自习室，学生可以按照自己的需要自主选择。

这样的安排给了学生极大的自由度，可是对管理却提出了巨大的挑战。如果规定学生在指定的教室上自习，管理起来很省事，派一位教师看着就行了。然而，这不符合改革目标。因为自习也是课，有的学生学语文需要在语文教室阅读，有的学生复习物理需要做实验，应当允许学生自己选择自习教室。可是，400多名学生分散到不同楼层的30多个教室，而且每节课都会有变化，该如何管理呢？

老师们不放心，迟迟不敢放开。秦建云老师找到年级主任于振丽做工作，怎么说也说不通，于老师急了，反问他："你知道自习管理有多难吗？我们不敢放开，就是怕管不好。"可是，无论于老师怎么申辩，秦建云老师的态度丝毫也没改变。最后，于老师没办法，赌气地对他说："要不然，你替我管！"两种观念迎头相遇，秦老师丝毫不退让，于老师就是不明白："为什么非要到学科教室上自习呢？不就是一个自习吗？在哪儿看书不一样啊？"

那段时间里，杨文学老师发现自己总是在和别人吵架，好像一辈子没有吵的架，在这一学期都吵完了。"于振丽老师急得上蹿下跳的，老发火，说话的声儿都变了。我们也很着急，可又不知道该怎么帮她。"听着杨老师的诉说，笔者问他："为什么发火呀？""她焦虑了呗！我知道她心里肯定特别着急。"杨老师解释道。

在采访中，杨文学老师讲了这样一个细节。一天，他负责晚自习值班，由于刚开学不久，还不完全认识学生，教室里学习的学生与应到的名单对不上，急得他楼上楼下地跑，累得气喘吁吁，还是弄不清楚是不是所有的学生都到位了。杨老师急了，找到年级主任于振丽，语气有点儿冲："这怎么行呢？得赶紧想办法呀！"于老师当时是又累又急又委屈，语气也有点儿急："有问题我们想办法解决，急什么？"两人越说越急，最后，杨老师一甩手走了。回到办公室，杨老师渐渐平静下来，给于老师发了一条飞信："我这不是真心想帮你吗？"于老师看到这句话，眼泪哗哗地流了下来，她一边擦眼泪一边回复杨老师："我能理解。"

当时，他们两人谁也不吭声，一会儿一条飞信，两人都比较激动，说不出话来，已经无法面对面交流。20 分钟过去了，两人渐渐平静下来，天色已经很晚了，他们一起离开了教学楼。

架几乎天天吵，大家的想法都不一样。尤其是侯敏华老师与年级主任于振丽，有时争论到晚上 9 点多仍不能休战。其实，她们俩一直是多年的好搭档，用侯老师的话说是："于老师是非常亲和、平等的年级主任，以前，她指到哪儿，我们打到哪儿。现在不灵了，我希望她跟校长去学学管理，赶紧扮演领导角色，赶紧拿出方案，处在改革的风口浪尖上，我们需要领导能够游刃有余地带领大家应对急剧变革中的潮起潮落。"

听到老师吵架的事，李希贵校长很是镇定，他笑着说："这是两股力量，侯老师希望更加大胆，快点儿找到新的办法；于老师则保持谨慎态度，想稳一点儿。这两股力量互相制衡，都非常重要。如果没有这两股力量，那就坏了，太冒进，就会出问题；太保守，就又退回去了。"

是的，正是这个特殊年份催生出的互动，让大家的心贴得更近了，大家在矛盾之中寻求更多的认同，这是他们最为理想的奋斗姿态。对话让老师们彼此倾听，互为参照和印证，也慢慢地接受他人的观点。如同自然界，只有生物多样，才会有结构的稳定和功能的互补，生物链才会安全稳定。一个组织，只有成员性格互补，观念互补，才会安全，才不会出问题。

随着一次次急风暴雨式的"头脑风暴"，坚硬的成见和模式被一遍遍冲刷。年级会议上，大家开始理性地分析问题：是思想观念未转变，还是由思维习惯造成的，抑或是自己的心理不适应。笔者参加了一次研讨会，老师间开诚布公的交流给我留下了极为深刻的印象，让我体会到了什么叫作"让变革发生在民间"。

关于自习课，除了力主放开的积极声音，另一种谨慎的声音也在发出，多年来教师习惯于控制，放手便成了一件很痛苦的事。

"如果只着眼于管理，事情倒比较简单，我们很容易找到办法。然而，事情远非这样简单。因为很简单，'问题不在这里'。"秦建云老师强调。

"我们必须解放学生，如果学生的自习被安排在统一的教室里，管理起来倒是很方便。然而，喜欢读书的到语文教室去，喜欢做实验的到物理教室去，是不是符合学生的认知规律？"秦建云老师问大家。

"是！"老师们点点头。

"是不是有利于学生发展？"秦建云老师继续追问。

"是。"老师们仍然点点头。

"那我们就改！至于怎么管理，我们再想办法！"秦建云老师的声音立刻提高了很多。

"容易走的都是下坡路，必须把原来的路堵死！我们遇到了敌人，这个敌人就是我们自己！我们需要改变那些曾经有效的、曾经引以为豪的东西。"秦建云老师的语气有点儿硬。

"处在大变革的时代，我们必须嗅出潜在的危机并看到已经发生的变化。只愿意待在自己熟悉的领域，根本不想去应对改变，怎么行呢？"他坚持着。

"方法有一箩筐，但你不能随随便便拿一个就用。只要能够收到效果就用，这在过去可以，现在不行了。有些方法虽然管用，能立马解决问题，但真——不能用，必须坚持课程改革的方向和目标。"他一边摇头一边把"真"字拉长了声音很使劲地说出来，令在场的人感受到了它的分量。

"我们必须找到'根本解'，而不能只满足于'症状解'，隐藏的路径是我们在面对问题之初见不到的途径，一旦打破标准解决办法的束缚，我们就会发现这些隐藏的路径。"秦建云老师的态度仍然十分坚决。

"老实说，世界上的确没有什么困难的事情，只有一件事最困难。是什么？那就是邓小平说的：'换脑筋！'"秦建云老师大吼起来。

"问题是一定要先摁着了一块稳当的石头再去摸下一块石头，千万不能还没站稳就两手撒开乱摸。"老师们还是担心。

"我们是摸着石头过河呀，第一步迈对了，不放心，结果，第二步又退回去了，感觉不对，那么，第三步就向着正确的方向坚实地迈出。慢是慢，但是，目标不能低。"秦建云老师的态度十分坚决。

"我们试试吧！"老师们说。

"不要怕费事，嫌麻烦，过一段时间，还会暴露出我们想不到的问题，只要方向对了，干得少一点儿也不要紧。"他又安抚大家。

秦建云老师心里很清楚，不论出现何种问题，都要做出坚持目标的决策。如果退回去，用过去的办法把学生圈起来，这样做很简单，但不能这样做。完全放开，初期可能会有点儿乱，但它的意义在于，学生将在选课、走班中长大，学会处理群体和个人的关系，学会自己为自己负责。只要最初的不适应过去了，最后收获的一定会更多。

又过了几天，一天中午，秦建云老师到食堂吃饭，见到侯敏华老师，他问："自习是不是还没有放开，由学生自己选择教室？"侯老师摇摇头说："是的。""为什么？"秦建云老师追问。"明明知道这样不利于学生自主学习，为什么还这样做？"秦建云老师有点儿着急。"我们找不到办法，又怕学生出问题。""这样很容易退回到老路上去！"秦建云老师的语气咄咄逼人。"这是年级会上说的。"侯敏华老师小声解释。"那你为什么不坚持？你为什么不发言？你的良知呢？"秦建云老师的一通追问，让侯敏华老师完全蒙了，她两眼满含泪水哽咽着，饭已无法再吃下去，但她心里知道秦老师是对的，他是真的为学生好。侯敏华老师意识到了问题的严重性，为自己没有坚持改革目标而深深自责。

大家处在梦被惊醒，却仍然等不来黎明的惊惧之中，感到痛苦是不言而喻的。

绝不能用退回去的办法

2011年深秋，对十一人来说，特别不寻常。伴随着瑟瑟秋风，校园的路面上铺满了金黄的银杏树叶，人们踩在落叶上发出沙沙的响声，走在路上的每一个人心中都沉甸甸的，其中也包括李希贵校长。

一天，一位教育专家问李希贵校长："你们现在进行的这场改革，最大的困难是什么？"李希贵校长回答："我们一路走来，遇到的问题全都是新的，没有可以借鉴的模式，这个时候特别容易退回去。"

在改革最艰难的日子里，李希贵校长天天在学校里守着，哪里也不去。对于这一做法，外人特别不理解，经常有人问他："你在忙活什么呀？请你讲课你也不去，让你开会你也不参加，不就是办一所学校吗？你做了多少年校长了，至于忙成这样吗？""他们不知道，这样一场深刻的变革，开始时风险很大，你无法预料会发生什么，你不知道随时会出现什么问题，社会和家长的接受程度无法估计，人人心里都没有底，一个小事出来就会点燃所有的爆竹，我必须待在学校里。过去，我们说摸着石头过河，现在连石头也摸不着了，整个人是在水里扑腾，一不小心就会被淹没。"李希贵校长言辞恳切地说。

他心里很清楚，大家都在经历转型的痛楚。"这是从一种状态到另一种状态的决裂，可以说，身处其中的每个人，都在经历人生的炼狱。我们正处在新旧交织的探索中，当新问题撞击时，旧的思维方式会束缚我们，一方面要努力挣脱旧的羁绊，另一方面又深深地受其影响。这种表面看起来杂乱无章、起伏不定的不稳定状态，迟早会引发一个新的秩序。要紧的是，控制混沌状态的演变，使之朝向一个新的秩序，而不能为了寻求稳定状态退回到原来的老路上去。要用改革的办法解决问题，以使事物走向我们想要的轨道。如果只专注于眼前的事物，就会妨碍我们对决定性转变的察觉，我们应当有敏锐的洞察力，知道我们正处于何处、将向哪里去，以及最重要的——我们应该做些什么，以便掌握自己的命运。"

很显然，十一人陷入了截然不同的两种方式的交替之中，旧的已经瓦解，新的却还没有建立起来，脱离了旧轨道，却还没有迎来新的生活。于是，人们想得最多的是退回去用过去的办法解决。毕竟，回去的路是熟悉的。

为改变课堂教学方式和学习方式，增加学生获取信息的渠道，学校把电脑放到了教室里和楼道上。可是，问题接踵而至，个别学生借机玩起了游戏，损坏电脑的事情也时有发生。于是，忧心忡忡的老师们建言："还是把电脑搬走吧，不然的话，还不知会闹出什么乱子来。"电脑搬进教室，是一件很难的事情，而搬出教室，却是轻而易举的。

学科教室建好了，每个教室都变成图书馆的一个分馆，教室里开架图书的管理成了一个新的问题，方便师生阅读、使用的目标实现了，但图书丢失和损坏的问题却困扰着老师。传统的做法是给教室里的书柜上锁，然后让学生每一次借书都像在图书馆一样履行严格的借阅手续。可是，改革的思路却不能容忍这样的烦琐，学生们也不再愿意忍受如此的麻烦。

"每当这个时候，摆在面前的只有两条路——不是克服它，就是退回去。退回去是既简单又熟悉的方法，但它不符合我们的改革目标。这些问题的出现，实际上是因为改革不到位，所以要继续深化改革，用改革的办法解决遇到的问题，而不能用退回去的办法。"这番话，既是李希贵校长对自己的鼓励，也是对自己的提醒。

几乎所有研究组织变革的专家都坦言，尽管大部分组织都在尝试变革，但成功的变革可谓凤毛麟角。什么原因呢？当改革出现问题的时候，人们往往习惯于回到改革前的老路上，而不是用改革的新思路、新方法去应对改革的挑战，解决改革的难题。在历史与现实的交汇处，十一人面临着一个又一个理论和实践的课题。

一天，笔者采访四年制高一年级主任张国春，谈到目前出现的困难局面，他直勾勾地望着前方，不停地念叨着："别退回去，赶紧想办法，别退回去……"像是自言自语，又像是说给别人听，从他深沉的目光中可以看到他内心的压力与沉重，而从他的言语中又分明可以感受到一种决心。笔者明白了，他是在说给自己听，他在给自己鼓劲、加油。

理想是一种强大的力量。虽然焦虑，但老师们内心都十分坚定，他们知道方向肯定是对的，只是一时找不到办法。在这种情势下，共同的价值观、伟大的愿景和文化追求，使他们有了更高的视界，不回避困难，勇敢地挑战自己。一个人的心态如何，决定了他最终的高度，在不断接近成功的关键时刻，它很可能就是头上的那块天花板，决定着人最终的高度。连日来，各个年级的行动让人看到了来自老师身上的变革的信心和力量，看到了这场改革无限光明的未来，无论道路多么坎坷，前面总有一个明晃晃的太阳吸引着大家。

刚刚过完国庆节，笔者参加了四年制高一年级的一次沙龙活动，老师们的发言给了笔者不小的震动，他们互相鼓励，用改革的办法解决问题已成为一种集体意识。一位老师说："不改不行了，以前不改还能凑合过日子，现在真不行了。"另一位老师说得更到位："我们在习惯的传统中待得太久了，过往的痕迹太深了。不是因为改革让你累了，而是没有改变让你累了。我们不能只适应学生顺从地被老师安排干这干那，也要适应学生自己决定做事情，以及做什么、怎么做。适应了就是一种真正的开放、一种内心深处的开放。"

　　张国春老师十分中肯地对大家说："我们现在内心的确很挣扎，我们处在转型期，别无选择，不可能退回到老路上去，必须循着正确的道路走下去。我们只能在实践中寻求办法，把大家的智慧，哪怕一句话，归纳成全年级的理解。一旦找到方法，就会换一番天地。"

　　最后，张国春老师鼓励大家："改变是一个漫长、痛苦的过程，但绝不会回到原点。只要大家肯努力，愿思考，不放弃，我们终究会朝着一个好的方向走，虽然这一切不会一日完成。无论遇到什么样的困难，无论过程如何曲折，改革的目标不容改变。"

　　张国春老师短短的几句话，让大家看到了他操在手中的那份决心，也让笔者想起了台湾一位捕鱼者分享捕鱼经验时说的话："大浪来时，千万不能躲，必须直挺挺地站着，抓住固定物，任由大浪打在背上，否则容易受伤。若蹲着找掩蔽物，反而会因为冲击太大，撞破头，撞断牙，甚至撞断鼻梁。船只遇到台风时，不能往后逃，船头要对准浪头，正面对决，只要船一偏，就会翻覆，所以要不眠不休对着浪头，一个疏忽就会没命。"生命中的艰难及困境其实无处逃避，只有转过身来，勇敢迎向前去，如同船头对着浪头般，冲过一波又一波浪潮，不久你将发现那些难处已逐渐离你远去。

　　一天傍晚，笔者来到李校长的办公室，想与他聊一聊最近跟踪采访的体会。他对笔者说："学校正处于急剧变化的转型期，涉及的问题越来越多，越来越深刻，越来越尖锐，转型的矛盾、痛苦与挣扎不可避免，我们如同在深水里游泳，一不小心就会被淹没，天天都得挣扎。我参加工作30多年来，从来没有感觉到压力这么大。我们退不回去了。我们已经进入了深水区，再深的水也得蹚，因为我们别无选择。"

"我们正在过大关。"李校长的神情很是严肃。

"目前，您认为最难的是什么？"笔者追问他。

"最难的是一看就明白，一做就遇到挑战，一走不通就想退回去用过去的办法。"接着，李校长话锋一转，语气十分坚定地说，"我们是有坎坷，但我们能走通。任何改革都存在两种可能性，我们愿意朝着好的可能性努力。我们不可能退回到老路上去，必须循着正确的道路走下去。"

"我们现在要把关键环节、倾向性问题紧紧抓住，严格把握方向。我们的教育正在朝着一个自由而开阔的道路走，每一天都在鼎新革故。我们所有的努力，都只是为了学生更自由与幸福，为了教育更开放与开阔，为了离未来更近一点儿。"他说。

说完，李校长陷入了深深的沉思。他的嘴角紧闭，目光中透着凝重。

那个晚上，凉风夹着寒意阵阵袭来，笔者不知道怀着怎样的心情深一脚浅一脚地走出了十一学校的大门。

但是，笔者知道的是，无论怎样艰难，"他们只有一个行进的方向，那就是前进"。

处在深水区的挣扎

"为了增加导师与学生见面的机会，每天早自习要求学生到导师的教室学习，可是，早自习只有 20 分钟，只能是一般性的数数人数，看看有什么异常情况，或者通知一些事情，还能做什么呢？一天当中，除了上课，任何时间都不可能把孩子们拢到一块儿。抓不着学生，心里能不慌吗？我们本来是摸着石头过河的，可是，没过多久，就摸不着石头了。"一位老师说。

一天过去了，一周过去了，一个月过去了，大家的焦虑在一天天加剧，就连最沉得住气的侯敏华老师也撑不住了："400 多孩子全都大撒把了，没人盯着，你知道会出现什么问题呀！你能不焦虑吗？我们有多大的心理负担哪！"说着说着，她眼圈红了。

"说实在的，我都哭不出来。一天，我先生有个什么事惹着我了，我就开始哭哇，哭哇。他很纳闷儿：'怎么了，就哭？'哎呀！哭得那个痛快呀！你想想，焦虑了这么长时间，没有出口，莫名的火出不来，跟谁说？除了能跟于老师吵架，我还能做什么？我总不能天天找她吵架呀！"侯敏华老师越说越着急。

刚刚毕业的孟晗老师一进校就赶上了这场改革。他负责晚自习管理，全年级 300 多名上晚自习的学生分散在各楼层，他楼上楼下不停地巡查，也无法弄清学生是否都到位了，急得他直想哭。那段时间，晚自习时，总能看见高中楼外一个孤零零的身影在晃动，那就是孟晗老师。因为害怕学生跑出去出现安全问题，他一点儿也不敢马虎。一天晚上 11 点了，学校大门已经关了，他不忍心打扰门卫，一向文绉绉的他竟然翻墙而出。

那段时间，老师们泪点都特别低，有一点儿小事就流泪。

"我们是如履薄冰，战战兢兢，改革不可能一蹴而就。"这是李希贵校长早就有的判断。他对大家说："遇到困难的时候，一般人比较喜欢用退回去的办法解决问题，我们的责任就是确保不能退回去，既坚持我们的价值观，又能够实现我们的培养目标，这是一个两难境地。没办法，我们被逼到这个关口上，只有咬紧牙关往前走。"

他提醒老师们："从旧体制脱胎出来，在两个时代交替、两种文化并存、两种信仰交错的时期，肯定是有阵痛的。换一种思维方式，从思维定式中走出来，就想清楚了。要用改革的办法解决改革中的问题，绝不能用退回去的办法解决问题。"此时此刻，这位以清醒果断、坚忍不拔和善于处理复杂局面而著称的人，把最大的决心传递给每一位老师。

那些日子里，李希贵校长不断地给老师们鼓劲打气："简单地否认风险，或者因为有风险就拒绝改革，皆不可取。然而，改了可能有风险，不改肯定有风险。理性地认识并接受是第一步，而后寻找风险背后潜在的原因，管理风险，控制风险，这是我们应当采取的态度。与其提心吊胆，不如提前把风险评估出来，做的时候尽量避免风险，而不是盲目往前走。"

十一学校的老师在追求一种新教育，他们其实是在实现一种蜕变、一种自我救赎、一种超越。身处其中的每一个人都经历了刻骨铭心的煎熬。否定自己是一件很难的事，可你不否定自己，就不会产生一个全新的自己。碰巧，那段时间，校园里新栽了一排小叶白杨，冬天来临了，树叶飘落了，而有一棵树的叶子没有落，为什么？后来人们发现，它死了，它没有力气了，落叶也需要力气。革新自己，需要强大的内心。

"今天很残酷，明天更残酷，后天很美好，可是，大多数人都死在明天晚上。"这已经成为"网络江湖"广为流传的一句话。眼下，他们唯一能做的就是坚持，因为他们知道"不是你面对事情就都能改变，但是你不面对的话，任何事情都改变不了"。只有坚持下去，才会有成功的希望。一群精神相契的知识分子，在时代转型的跌宕起伏间，执着地坚守着信念，共同期待着明天。他们希望度过明天晚上，看到后天的太阳。

事情的转折发生于一次"吵架"之后，新的自习管理办法找到了，慢慢地，高一年级的自习课全部放开了。"说实在的，自习管理这条路是年轻的孟晗老师经历了很多个夜晚的煎熬一步步蹚出来的，他成为帮助我们穿越迷宫的那个人。"侯敏华老师十分动情地说。

又过了一段时间，年级主任于振丽发现："怎么这么平静啊？怎么没有人跟我吵架了？"原来，许多问题都找到了解决的办法，学生考勤、收发作业、自习管理、教室卫生、图书管理等流程在不断优化，越来越科学有效，也越来越方便。随着新的管理办法从朦胧的地平线上出现，教师的心态与学生的状态越来越好，距离改革的目标愈来愈近，一切都渐渐变得清晰了。

这是一个多么激动人心的时刻，它是旧的模式衰亡的时刻，是一种全新学习形态破晓的时分。于振丽老师高兴极了："开始，真没觉得有什么不同，后来，慢慢发现确实不一样。"又过了一段时间，她欣喜地发现，新的自习管理方式尽管表面上看显得松散，但比过去的管理方式更加合理，也更加高效。

日夜晨昏交替，伴随人们怀疑、观望的目光，经历了无数困苦、纠结与挣扎，漫漫长夜一点点退去，一线曙光从天边铺来，老师们从孩子们的笑脸上看到了希望，他们喜极而泣："我们终于又活了过来。"

侯敏华老师也有了更深的体会，其实，改革最大的障碍是自己的习惯。人最难走出的是自己心中的惰性。能不能成功的关键是教师的观念——是不是能够容纳新的思维，心态是不是足够开放。如果只愿意待在自己熟悉的领域里，而不去应对改变，那就只能使自己一败涂地。

回首这一年走过的路程，于振丽老师感慨万千："一个新的东西，不会一开始就被接受，也不会一开始就很完美。过去的模式已经形成了惯性，退回去很容易、很简单。但是，有锐意改革的校长的引领，有那么多优秀的同事的支持，还有学生的快速成长，我想退也退不回去了，我也不想退回去了。"

校园中很多人的脸上都有了笑容，他们见了李校长就说："您不用提醒我们了，我们已经退不回去了。"

高一年级的故事让我们感动，同时也给了我们启发，有的时候，生与死、成功与失败之间的距离很近、很近，近得只有"坚持"这两个字而已。"你们为什么苦苦坚持，不想别的辙呢？"面对笔者的追问，侯敏华老师笑着回答："傻呗！"是啊，就是这一傻傻的坚持，经过一段时间的催化，便会变成一项伟大的成就。"尽管我们经历了阵痛、焦虑、失落，甚至有时会痛哭，但是，我们仍然要说，那是一个好的时代，因为它允许新的可能性发生。"

学生的表现出人意料

吊诡的是，就在老师们日夜担心与焦虑的时候，学生那里却是一种迥然不同的景象。"面对改革接受最快、最先适应的是学生，他们该干什么干什么，一点儿也不乱，脸上的笑容那么平静，好像什么也没有发生，尤其是能力强的学生，他们规划得非常好。"老师们发自内心地说，"孩子们比我们想象的更懂事。"

很明显，学生比老师适应得快，没觉得哪儿不合适，反而不断地尝到甜头。学生的表现向我们传递出信息，这是他们喜欢的，这是他们需要的。孩子的反应是最有力的说服，是对改革者最大的安慰。

有一天，一位老师不放心，悄悄地跟在一名学生后面，看看他到底学没学。当他发现这名学生在网上浏览时，更加不放心，走到跟前仔细一看，原来他在浏览化学贴吧和物理贴吧，学得特别认真。

面对家长的种种担心，刘毅伦同学一遍又一遍地向姥爷解释："其实您应当转变观念……无论您怎么想，反正我是支持的！我现在整天很忙碌，但是我生活得很快乐。"

谢安琪同学有了不一样的体会。

走班更加考验学生的独立性、自主性、自律性和对时间的规划能力。晚自习，拥有一片良好的学习氛围，使得同学们都被良好的气氛所影响、所感染，纷纷集中精力，投入课业之中。老师们也不像初中那般"古道热肠"了。他们不会亲自督促你去完成你的课业，这一切只有你自己督促自己。可以说，老师们主要的身份是一个引导者、一个知识输出者，而不是"你的生活保姆"。

学校正在从一种状态向另一种状态转型，表面上看秩序乱了，学生出出进进很难管理，结果，它向着另一个状态进行了质的飞跃。

以下是高一年级对学生的调查。

本学期最满意的地方——
和老师充分交流。
能抓紧时间学习。
选择到了适合自己的课程，找到了自己喜欢的科目。
对自己有了更多的了解。
与任课老师距离近了。
有时间学自己想学的东西。
提高了自我管理的能力，规划时间比较合理。
我的成绩比以前好了。
学习不是很辛苦。
能与"学霸"共宿舍。
认识了新同学。
对考试成绩更淡定，也更坦然。
我学会了管理自己的学习。
我很喜欢那个"火车座"。
我知道自己的成绩、全班的平均分、自己处在哪个位置。

最渴望改变的地方——
树立更合理的目标。

学习时不受外界干扰。

提前规划学习，提前预习，及时总结。

平时阅读要有积累。

有条理地规划一周的任务。

　　一天下午，笔者来到高中楼，在六层电梯入口处，发现墙上贴着一篇学生的小文，是陈思捷同学写的，我记了下来。

　　上了高一，最让我们感到新奇的一个现象，就是选课走班。在这种新的学习形式下，哪怕是再内向的人，结识的伙伴也多了起来。刚开学，我满怀欣喜地向往着高中生活，对建立友谊有着美好的愿望。虽然只是点头之交，却在我们的生活中充当一个重要的组成部分，给我们的生活带来快乐的因素和养分。课间，我们捧着书本，行走在楼层之间，偶尔，在上上下下的过程中，不经意地一抬眼，遇见一个认识的人，整个楼梯间的色彩都明亮了许多。不同的人，打招呼的方式也各不相同，但带给我的温暖却是同样的。有的会说"你好"，并扬扬嘴角或眉梢。欢快的音律在嘴唇的张合间跳动起来，挑动了他的眉梢、嘴角，也触动了我心底那根欢乐的弦。那么，在接下来的很长一段时间里，在他的感染下，我的情绪也会变得活跃积极起来。有的人，相见了，脸上的笑容也闪着惊喜的光，他的眼也睁得大了，似乎饱含着倾诉的渴望。不用言语，就在这相互笑对之间，我们都能读懂对方的鼓励，也更加振奋地走进课堂。还有的只是抬抬手，笑容也是淡淡的，但是，这份情意却常常使目光在擦肩时流连在彼此的身上，有时在前方的拐角处，默默地回眸相望，又是一个温柔的微笑。点头，看似一个简单的动作，但它传递了同学之间结交朋友的心愿、对待友情的真挚。一个点头、一个微笑，带给我们彼此的是相互鼓励、帮扶进取的正能量。所以，虽然只是点点头，我仍是满怀欣喜地走在路上。

　　"开学已有三周，我的生活渐渐回到了正轨，习惯了走班制的教育模式；在闲暇的时候也会寻几本好书，慢慢细品。"这是吴帆同学发给李希贵校长的短信。

对于学校的改革，家长给予了最宝贵的支持。初一年级卜实家长马凤娟说："参加了孩子入学以来的第一次家长会，除了感动，还是感动！在应试教育的大背景下，十一学校坚持不懈地在探索和发展着适合孩子、适合未来的教育之路。这种大教育的理念要靠大教育家的勇气、智慧，还要坚持，这样才能取得成功，而且是一定会成功的。只要坚持正确的方向，20 年后，我们培养的孩子将是担负国家重任之才。入学仅三个星期，孩子爱学校，崇拜老师，愉悦而有活力。学校和老师为孩子所做的细致的工作很让家长感动，相信孩子会不断完善，追求卓越。在此，真的很想表达作为家长的感谢！"

总有一种力量让我们泪流满面。

发现了真实的教育

学生突然不那么听话了

自由选择犹如潘多拉的盒子，一旦开启，便不可能再合上。自由的脚步把禁锢的心灵打开了，自由的意志像洪水一样奔涌，如同大坝决堤，令人猝不及防。人与人之间无形的藩篱，一夜之间被打破了，各种关系正在解构与重构，无论是教师还是学生，心中的感觉都发生了微妙的变化。

有一天，在楼道里，学生追着朱燕老师直截了当地喊"朱燕、朱燕"。说真的，发生在学生身上的变化让朱燕老师始料不及，她特别不习惯，心里非常郁闷，无奈之下找到校长诉苦："学生直呼我的名字，我不习惯，这也太不正常了！"李校长心平气和地对她说："为什么不正常呢？当你与学生平等的时候，你对他的帮助才是最大的，你可以看到他最真实的一面，只有他真实地表现在你的面前，你对他的教育他才能体会得更深。"这番话，让朱燕老师平静了许多，也让她想了许多。

没过几天，宋倩倩老师也遇到了尴尬，查自习课时，她发现一个学生在用电脑看视频，便问："你在看什么呢？"

"我不告诉你。"

"你总能告诉老师你在做什么吧？"

"我干吗要告诉你？"

"关上。"

"不关。"

"为什么？"

"你走了我再关。"

没有了班主任的身份，学生不拿你当回事了，好像变得胆子大了起来，眼里没人了，班主任曾经的"辉煌"渐行渐远。

当时，宋倩倩老师感觉特别没面子，找到邹素芳老师诉苦，邹老师对她说："单纯靠权威管理是不行的，学校要求淡化管理，隐去教师的警察身份，培养学生的自律意识，激发他的学习动力。看来，生硬地管肯定不行了。你得让学生从心底里服你，你要尊重他，对有些学生要学会等待，不能急。"

学生自习大尺度放开，各项新规尚在制定与完善中，有的老师仍沿用过去的办法管理，不断出现学生与老师之间的摩擦，有的学生不服，甚至顶撞老师，这是老师始料不及的。

一天，在照看学生自习的时候，周永霞老师发现一名学生在玩手机，便上前制止，没想到学生反问："哪条法律规定不许玩？"周老师一时蒙了，竟不知如何回答，呆呆地望着学生。学生与她僵持着，毫不示弱。没办法，周老师只好灰头土脸地从教室里出来了。从此以后，她再也不愿意跨进那间教室。

当许多事情变得可以自己决定时，学生变得不再像以前那么"听话"了。一次，一名学生自习坐不住了，老师说："如果总管不住自己，就不让你在这儿上自习了。"没想到，一句过去常常挂在嘴边的话，竟惹恼了学生。这名学生不干了，甚至拿出法律为自己维权，他大声喊道："我凭什么出去呀！这是我选的教室。我就在这里学习，这是我的权利。"这一声突如其来的大喊，让这位老师愣住了，他居然无言以答。"是啊！教室是学生自己选择的，他们的自我意识在增强，我们怎么办？原以为自习归我管，你就得听我的，怎么一切都变了？"

一天，一名学生数学作业没有完成，上课时，贺思轩老师说："作业没有写完，你进教室来干什么？"没想到，话音刚落，学生居然拿着书包走出教室，在门口站了几分钟后又进来了，旁若无人地坐在位子上听课，下课后

75

还找贺老师理论，说老师说话太不注意，不应该在同学面前数落他。教了20多年书的贺老师，第一次感觉到颜面无存。"怎么说自己也是一位老教师了，居然压不住一个学生。"事后，他无奈地说："本来，我想杀鸡儆猴，没想到，'鸡'起义了。"

学生突然不听话了，教师千年来被尊崇的地位一夜之间坍塌了，传统的办法不灵验了。教师的权威突然消失了，那么，用什么样的办法教育学生呢？贺老师为此焦虑了很长一段时间，一种巨大的失落感向他袭来。

应当承认，中国传统文化中一些东西与今天倡导的"以人为本"是相冲突的，老师们的遭遇，折射出中国传统文化中一些深层的东西。面对突如其来的变化，老师们内心如此复杂地纠缠着过去、现在和未来。

期末考试刚刚结束，高二年级生物教师夏静要求学生写一份总结，并且规定不少于1000字，两天之后，同学们都交上来了，而有一名学生没写总结。夏老师问他："你为什么不写？"她万万没有想到，这名学生理直气壮地回答："我不能助长你这个风气！你要求我写生物课总结1000字我就写，如果每个学科的老师都这样要求，我就得写6000字。"这突如其来的反抗，把夏老师打蒙了。一向伶牙俐齿的她，一时竟反应不过来该如何回答，她忽然感觉到一股前所未有的巨大压力正从天边铺来，这是从教以来从未遇到过的事。"过去，老师要求学生怎么样就怎么样，即使不满意他也不会说出来。现在可好，也不管你老师是不是接受得了。哎哟！我的妈呀！直接就来了。"夏老师十分委屈地向笔者诉说着。

夏静老师的一番话，让人联想到若干年前台湾学者龙应台写的一篇流传很广的文章，其中问道："中国人，你为什么不生气？"龙应台说："在一个法治上轨道的国家里，人是有权生气的。"（熊培云《自由在高处》）

这个问题就像一把回力镖，最后又掷回到教师身上。龙应台说得好，如果我们想培养出"慎思、明辨、笃行"的下一代，我们就不应惧怕他们"慎思、明辨"对我们的权威造成的威胁，不是吗？

为什么会有那么多人害怕我们生活中的自由？我们的老师真的希望在民主、平等的文化背景下工作吗？千百年来，"一日为师，终身为父"的观念已经根深蒂固，怎样才能让大家心悦诚服地穿上民主、平等的"鞋子"，让民主、平等、对话、协商成为校园生活的常态？

十一人追求自由的过程并不是一帆风顺的，实践中，他们必须面对复杂而活生生的现实生活，必须逐步打破已经存在了上千年的习惯势力，真正确立人的尊严。人们不断受到不同问题的挑战，而且将来肯定会遭遇更为严峻的考验，为此所付出的代价甚至会一次次动摇人们自由的信念。所以，在人们看到学生自由之后，发现自由实在不是什么罗曼蒂克的东西，它是一个选择，是一个群体在明白了自由的含义，清醒地知道必须付出多少代价，测试过自己的承受能力之后做出的选择。

持续了几个月的谈话

一个更为棘手的问题出现了，现实的教育格局被打破了，森严的等级被碾平了，一些固定的关系以及与之相应的素被尊崇的观念和见解消除了，学生与老师之间变得平等了，在这个平坦的世界里，人人都变成了独立的个体，教育变得真实了。

当真实的教育开始的时候，我们该如何应对？教师靠什么赢得学生？教育的说服力量在哪里？靠什么约束、规范孩子的言行？老师们忽然发现，曾经的"招数"一下子不灵了，过去几分钟就可以解决的问题，现在要几个钟头，甚至几天、几个月才能解决。一位老师深有感触地说："对传统等级制度的冲击，是走班给校园带来的真正影响，这是我们不能忽视的。"

一天自习课上，两名学生因学习用具发生了争执，声音比较大；还有的学生把手机放在桌子上，负责自习管理的老师上前制止，没能说服学生。到了下午自习时，这个教室仍有学生说话，这位老师按捺不住心头的火气，与学生发生了争执。在年级会上，这位老师找到年级教育顾问李亮老师诉苦："今天，某某同学可把我们气坏了，上自习玩手机，还顶撞老师，我们申请您'顾问'他，给我们做主！"

第二天，李亮老师找这名学生谈话，居然一个下午也没能说服他。学生的态度十分强硬："老师必须给我道歉！"李老师答应着："我试试，可能有难度。"李老师与他约定，双方都冷静冷静，过几天，等期中考试之后再继续谈。

"这个学生十分讲规则、认规则，如果规则没有解释清楚，那对不起，他会一直较真下去，太认真了。"李老师一时没了招数。

一个月以后，李老师又和这名学生进行了交流，学生的态度稍稍有所缓和，他对李老师说："如果他先给我道歉，我就给他道歉。"谈话就这样结束了。

转眼过了一个学期，第二个学期开学第三天，李老师在高中教学楼楼道里又碰到了这名学生，打过招呼后，又提起那件事，因为李老师总觉得欠着他点儿什么。没想到，他十分爽快地说："嗨！都过去了，不用道歉也行。"说完，挥挥手，走了。

望着学生远去的背影，李老师被深深地感动了。"哎呀！孩子长大了，懂事了。"

经过了这件事，李亮老师的思想发生了很大改变，他深有感触地说："过去，我们把教育的力量看得太大了，其实，教育没有那么大的力量，只要我们本真地、自然地、真诚地对待学生，就可以了。"

这件事，也让许多老师不得不重新看待与学生的关系。过去，老师与学生谈话，因为带有强烈的行政色彩，你听也得听，不听也得装出听的样子来，即便内心不服，学生也会说："我不谈了，我错了。"然后，这场谈话就结束了，老师自认为把学生教育好了，其实没有。今天，当没有了行政力量的时候，学生可以真实地表现——如果你没有说服我，我不需要展示给你一个假的样子。这才是真实的教育。

过去，班主任是学生行为的管理者，出于维护日常教学秩序与纪律、维护班级荣誉的需要，他们用统一的标准对学生的行为进行严格要求和约束，力求通过各种制度来"管住"学生。一方面，教师对学生实行严格管理和约束；另一方面，学生不得不接受管制。这种管理模式的弊端，突出表现在它阻碍了师生之间和谐关系的形成和发展，造成了师生之间激烈的矛盾和冲突，更为严重的是，它掩盖了真实的教育。

当我们没有了行政班，学生与我们平起平坐时，教育工作者的角色是什么呢？过去，我们习惯教育他，说服他；现在要倾听他，发现他，唤醒他，帮助他。你能不能说服他，就看你有没有道理。师生平等了，教师居高临下的姿态、高高在上的架势、教训的口吻、不屑的眼神全都无法在这样的校园里藏身，他需要的是放下身段，敞开心扉，以长者的责任心和平等的身份与学生对话、沟通、合作、共同成长。

"教育是一门艺术，而且是一门特别艰难的艺术。"（雅克·马里坦《教育在十字路口》）法国哲学家、教育家雅克·马里坦所言极是。

真实的内心出来了

一个学期之后，老师们明显感觉到，改革的难度不一样了，面对的问题也不一样了，开始时基本都是表层的东西，到后来才是本质的、更为深刻的东西。

一位老师翻阅着学生的评教评学记录，心里一阵阵发紧："为什么我这么努力，该做的都做了，就是不让人喜欢呢？过去只要教学好，能抓分，就会受到学生的欢迎；如今虽然很努力，但是，评教评学却很靠后。"

年级主任周志英耐心地开导她："现在不仅要看考试成绩，还要看老师的综合素养、人文情怀。学生很看重的是，当他有问题的时候，老师是不是与他真诚地沟通，是不是真诚地对待他。其实，最后评的都是人性、品质、师德、爱心，真正健康的师生关系必须靠人格与学识赢得。教师要以高尚的人格影响学生，单靠专业水平不能成为优秀教师。你再对学生冷漠，问题就严重了。"一番话让这位老师忽然感觉到，不知不觉中身边的世界早已改天换地。这个时候她才发现，老师和风细雨的声音、露出八颗牙齿的微笑、记住所有学生的名字、注意倾听有多么重要。

据周志英老师介绍，过去评教评学，学生对班主任还是很给面子的，大家在一起评，不免有从众心理，直接给班主任打分多少是有些顾虑的，谁也不愿意得罪人，所以对班主任的评价基本都是优。现在不同了，大家都一样，都是任课教师，完全凭个人魅力赢得学生。学生再也不用顾及面子了，真实的东西出来了，教育变得更加纯粹了。

"过去，初中教师基本是一包到底，一教就是三年，学生很难进行比较；现在选课了，学生会在不同的老师那里上课，自然就有了横向比较，这对教师形成了新的压力。原来认为师生关系好不好无所谓，与教学效果是两码事。现在发现师生关系太重要了：学生是否接受我？学生是否喜欢我？如果都不选我的课，我怎么办？背后隐含的风险是很大的。"周志英老师的一番话点出了更深层的危机。

这个时候，老师们必须以一颗勇敢的心调整自己面对变化的心态与视角。

高中地理老师赵蓓说："当改革大潮到来时，你应该挖掘自己的潜力迎接挑战，而不是修筑各种保护墙。"侯敏华老师说："学生在快速成长，老师面临的挑战就变得非常大。我们要快速成长，打开自己，迎接挑战。"王春易老师说："我们必须拥抱未来，而不是害怕未来，这是我们的时刻，这是我们的时代！"

挑战无处不在

在这座校园里，无论是教师还是学生，所有的人都在经历着严峻的考验。教师与学生都在寻求各自新的定位，探索教与学之间适宜的平衡点。

课程变了，作为课程实施关键一环的教师，也被改变着，他们将会变成什么样子呢？教师忽然发现自己的角色在发生改变，除了要有足够的专业知识储备外，更需要为学生创造多种尝试、选择、发展的条件和机会，并根据学生有个性、有差异的发展需求来设计和实施课程，这对教师来说是全新的挑战。

如往常一样，高中开展研究性学习，老师担心学生不会选题，提前为学生准备了142个课题。没想到，当他们把课题拿给学生看时，得到的答复是："老师，我们有自己的研究课题，我们能研究自己的课题。"天哪！你忙活了好几天，学生根本看不上，老师精心准备的课题几乎没学生选，他们自己设计了73个课题，然后分别找指导老师。当他们把课题拿给老师们看时，老师们连连叫苦："真指导不了哇！好高深哪！"年级主任一遍又一遍地告诫大家："这就是挑战。"

一天，于晓静老师将自己精心准备的数学课上完了，十分满意。很快，她看到了学生的评课，这让她大吃一惊。

"这节课怎么没有检测呢？我们都在家里自学了，我们怎么知道我们是不是学会了呢？"

"怎么没让我提问题呢?"

"老师很关注我们会不会做,为什么不问问我们是怎么想的?"

"我的回答有点儿啰唆,老师怎么没提醒我一下呢?"

"天哪!学生一口一个'我怎么样,我怎么样',这在过去从来没有过呀!"于老师真是有点儿措手不及。

越来越多的教师发现,现在发生的只是冰山一角,从未遇到过的挑战在前方等着他们,那些现实中绕不过去的问题一股脑儿地来了,逼着你做出颠覆性的改变。

一次,高中语文老师兰玲在批改作文时,对一名学生的作文给了较低的分数。这名学生拿到作文本,当时就不干了,大声地质问兰老师:"你根本就不了解我,你不能指出我的问题,我别的学科都进步了,就语文没有进步。"学生的一番质疑,让兰老师完全傻了,她没有想到,学生竟然这样对自己说话。兰老师与她谈了一个小时,才使她平静下来。

学生的思维越来越活跃,提的问题越来越难应对,就连一向对课堂驾轻就熟的王春易老师也感受到了压力。"挺完美的教案,你走不下去,全给你颠覆了。插条实验你说插 24 小时,学生偏要插 72 小时;你说正着插,学生要倒着插;你再努力补充知识,你也没他快,我从来没有感到如此慌乱、如此心里没底。已经无路可走,就剩下恐慌了。改革的态势倒逼着你改变自己,颠覆自己。找不到路,前边是黑的,心是悬着的。那个时候,眼圈总是黑的,而且动不动就流泪,真是经历了这辈子最刻骨铭心的煎熬。"

改革,不仅要改变教师的教育观念,而且要改变他们每天都在进行的习以为常的教学方式、教学行为,这几乎等于要改变教师已经习惯了的生活方式,其艰难性就不言而喻了。

王春易老师深有感触地说:"改变是一个痛苦的过程。因为改变意味着对自己过去某些东西的否定、对自己经验的重新认识。"

黄娟老师看着学生的暑假作业,心里有点儿不舒服。为什么呢?"学生田一虹看了王小波的《我的精神家园》,写了一篇文章,中间有一句话:'同样是反映现实,为什么王小波能够用童心思考问题,而安徒生的作品所呈现的世界却那么世故又深奥?'这句话一下子把我击中了,我愣在那儿很长时间，不知道可以和他说什么。这个问题我还从来没有想过，在那一瞬间，我的第一反应居然是幸好他没有当面向我提出，让我下不了台。直到现在，我依然没有很好的答案。"她对笔者说。

前不久，黄娟老师将要出版的一本书稿在学生中传看，她采用的是判断句的表达方式，许多学生极度喜爱，给了她许多鼓励，她当时心中很是窃喜。但是，有一名学生发出了不一样的声音。这名学生叫李枝蔚，她直截了当地对黄老师说："你直接亮出观点，不能帮助我们在读书的过程中进行推理……"在一连串的炮击之下，黄老师当时真的有点儿不舒服。

"我到底为什么感觉不舒服呢？我一直告诉学生，作为读者要说出自己真实的想法，无论你阅读的东西别人怎么看，也无论权威已经发出什么声音，你都要说出你自己的想法，那是你的权利。只有这样，你才能维护你的心灵。一名中学生，勇敢地说出了自己的看法，我们首先应该感到高兴，可是为什么我却感觉不舒服呢？想来想去，这个问题出在我自己身上。那么，我的问题是什么呢？对今天教师这个职业面临的挑战缺乏足够的认识，我在端着，潜意识中认为我是老师，应该无所不知，尽善尽美。"

在经历了这么多难堪之后，黄娟老师有了自己新的体会：今天学生和老师不再是"一滴水"和"一桶水"的关系，也不仅仅是知识与知识的关系，而是心灵与心灵的交融、思想与思想的碰撞。老师反而不容易像学生那样自由自在地吮吸生命的甘泉，获得丰富的滋养，因为教师身上过往的痕迹太重。黄娟老师十分中肯地说："这件事情榨出了我皮袍下藏着的'小'来。如今，面对思维活跃的学生，尽管我解不了惑，但我因为惑的存在而欣喜。因为我的视角被打开了，因为学生正在思考。"

发生在学生身上的改变越来越多，当学生能够自由交流的时候，他们的思维异常活跃，他们经常会提出一些让老师意想不到的问题。一节课下来，老师们会带着一大堆学生提出的问题聚到一起研究，他们明显感觉到个人已经无法应对。教数学V的贾祥雪老师明显感觉到与过去不同，选数学V的都是成绩优秀的学生，一般都是打算今后从事数理方面的研究，或者从事经济、金融方面的工作，他们的兴奋点很高，对老师的期望值也很高，他们会问老师许多高深的问题，有时甚至是跨学科的。一向游刃有余的生物特级教师张敏也遇到了挑战，那段时间，她突然发现学生提出的问题自己接不住了，这些问题质量非常高，极具挑战性，她慌了，她说："我好像总是游走在能力的边缘。"

天天都是新问题

由于现实的积弊太深，每一种想法落实到教学环节中都会有种种变形，会变得面目全非。这是改革中老师们最困惑的。

2012 年 9 月 7 日下午，笔者参加了高一年级备课组长会，大家针对课堂上出现的问题进行了研讨，秦建云老师对大家说："不要把学生追得太紧，作业量一定要减下来，少留硬性题，让他们多思考，多读书。过去你能靠班主任身份把学生关在屋里读书，今天没有了固定的教室，你去堵哪个门？"

李希贵校长说："找到学科学习的规律，找到学习内容的认知规律，学习才会更加有效，才会充满生机和活力，才会让学生感觉到学习是有意思的、有趣味的、美好的。"

史建筑老师说："语文时事深度评论上到第三节课时，我发现不对了：我还这么讲吗？学生选这门课就是想换换脑筋，开阔视野。我让学生分组交流，把最有价值的问题提出来，变化很大。"

朱燕老师说："开学这一周，感觉好像一直在上课，工作量骤然增加，迫使老师做出改变。我的办法是增加课堂交流，当堂反馈，加强过程性评价。"

方习鹏老师说："作业情况很难及时反馈给学生，关键是找不到学生。"

孙京老师说："探索实验多了，学生很喜欢，可实验多了准备实验器材很累人。"

赵蓓老师说："理科的地理定位是学习生活中的地理，学生很喜欢。以前是不得不学，现在是喜欢上了，可以从网络上找资源，教室的资源也可以随时用。"

杜志华老师说："功能教室发挥了作用，经济类的书很多，学生的桌子上同时放着 5 本书，可以随时看，换着看，这种感觉真好。"

一位历史老师说："历史课上，我们给学生发一张小条，想考查一下该背的是否记住了。"

"哎！别呀！"秦建云老师突然打断了他的话。

"怎么了？任何形式的考试都需要。"历史老师反问。

"不行！理科班的历史课就是让学生学会一种方法，而不仅仅是记住年代、时间表。不能按照每个老师自己的理解想怎么上就怎么上，要按照学校的整体规划要求去上。"秦建云老师有点儿着急。

"历史课这样改，我们感觉'瘆得慌'。"这位历史老师坦言。

"千万别'瘆得慌'，我们不是让他背历史年代，而是给他起码的历史知识。是你给他，提供给他，通过这个掌握方法。总之，一句话，不需要背和记，而需要分析。"秦建云老师坚持。

"小条只是一种形式。"这位历史老师还在辩解。

"不行，你们还是再商量商量吧。"秦建云老师继续坚持着。

"那文科班的地理用小纸条可以吧?"一位老师问。

"可以。"秦建云老师郑重地点了点头。

转型已在行进之中，正在校园中每个人的脚下。

拿什么填补你缺失的归属感

离开的疼痛

对于教学组织形式的改变，学生有期待，也有失落。有的学生很适应，认为很舒服；有的学生感觉很失落。开学两个月了，为了帮助学生度过心理适应期，高一年级当时的策略是由行政班向教学班慢慢过渡，"只做不说"，但是，学生还是感觉到了。一天，楼道里有学生大声喧哗，霍轶老师出去一看，几名学生正在和一位老师争论取消行政班的事。

"我们不明白为什么要取消班级，以前不是挺好的吗?"一名学生说。

"我们都是好朋友，为什么要分开?"几名女生忍不住抱在一起哭成一团，周围几名男生眼圈也红了。

"谁说取消班级了?"霍老师赶忙安慰学生们。

"班费要花掉，早上也见不到班主任了，不就是取消班级了吗?"

看到学生的强烈反应，霍轶老师为之动容，但是，她知道变革是必需的，是不能走回头路的，她能做的就是帮助学生尽快适应这种变革。

由于选课，学生每节课进的教室都是不同的，每节课的同桌也是不同的，归属感成为学生最纠结的一件事。孩子们好像突然失去了认同感、归属感，像没有根的叶子在飘荡。一些学生心事重重，感到自己无所归依，内心的失落感十分强烈，心系哪里？情归何方？心里像雨打的浮萍，飘忽不定，彷徨的眼睛四处张望。

有的学生一下课就抱着书包去找原来班级的同学，他们想聚在一起。放学了，他们会不自觉地想去原来的教室待会儿。一名学生说："有点儿不适应，想回到原来的班级和同学聊聊天儿，一天见不着面特别想。"说着说着眼圈就红了。

"我非常依赖朋友，会为了和朋友一起吃午饭多等个五分钟十分钟，我是比较受不了自己一个人孤零零地行动啦！"这是一名学生日记中的话。还有的学生写下这样的日记："走班告急，原始族群正逐渐分散，部落定居主义正式宣告灭亡，为实现和谐的群居迁徙模式迈出坚实有力的一步。那些年我们一起爱过的一班不再一味玩闹，这些天我们一同建立的学部正在慢慢变好。"

学生的心理支撑在哪里呢？人的天性中既包含对自由的追求，也有对安全感的需求。通常，自由与安全的内心需求此消彼长。

中国人自古以来是崇尚集体观念的，家族、社群意识贯穿几千年的文明史。中国人口众多，人们又喜欢挤在一起，比如热热闹闹地看晚会，奥运会开幕式上人山人海，春节庙会上熙熙攘攘，人们似乎认为聚集在一块儿才有归属感。

社会学家认为，一个人的主观感受、心理融合、环境认同需要经历较长的时间，在连续不断的生活事件、生活经历的熏陶和磨砺中逐渐完成，他的学习生活要在新的群体和环境中进行"嫁接"和"重植"。这种学习生活的移植是需要一个适应期的，人们要接受改变，接受不一样，慢慢走向成熟。

宋佳殷同学小学的时候，无论做什么，都要和别人一起；到了初中，她依旧保持这一习惯；所以到了高中，她自然而然地想继续保持这种状态，甚至对于有人陪伴产生了更强烈的需要。然而，历史课，她的好友上个学期已经修过了，不可能让人家陪着她再修一次，她只能自己去。第一次去上课时，她显得很不安。后来，她想明白了："高中本是一个人孤独的旅行。我们要习惯一个人去完成很多事情，也许现在要习惯还有难度，但想明白后，我们可以不再刻意去找人陪，而是更多地关注自己要做的事情。"

2012年5月14日中午，高一学生张妙格利用与校长共进午餐的机会，向李校长诉苦："进入高中以来，我总觉得有点儿不适应，挺别扭的，好像缺了点儿什么。"李校长说："那当然了，总是有点儿舍不得，因为你们从小学到初中一直有老师和家长的呵护。你们要学会慢慢长大，十一学校的学生要提前长大。这样，未来才会有加速度。你的感受我很理解，但在理智上我们必须这样做。我们在高一年级实行导师制，每一位导师帮助18名学生，还配备了咨询师，每个学生可以随时咨询，选择大学有困惑、情感上遇到问题、学业上有什么困难，都可以找他们咨询。我们会注视着你们，从你们一入学校，我们就搀扶着你们，一步一步，跟着你们走，到后来慢慢放开，这个过程就是教育。当你们走完这个过程的时候，我们会感到很欣慰。"

李校长一边吃饭，一边耐心地开导她："你们要学会在不同的群体里扮演不同的角色，比如某人在数学Ⅲ中可能是全校瞩目的'学霸'，但在《歌舞青春》剧组中是灯光负责人，在机械技术课上是学徒工……我们希望学生学会在不同的教学班和团队中生活、学习，能够很快融入新的团队，找到自己的位置，扮演不同的角色，承担自己的责任。这是未来合格公民所需要的素质。"

校长的一番话，让张妙格的脸上有了笑容。吃完饭，张妙格站起身，说了一声"老师再见"，高兴地走了。

又一届走班开始，军训结束的前一个夜晚，发生了一件意想不到的事情。篝火晚会上，学生要表演脱口秀、歌舞等，往常是按照班级演出的，而这次只能以个体形式出现，一部分学生找到初中时的伙伴，他们聚在一起唱歌，不愿离去。过去初中（6）班的同学唱了一首歌——《我希望这样》。接下来，过去初中（4）班的同学唱了一首《一生有你》。结果，歌声勾起了学生对初中生活的回忆，其他学生的情绪受到感染，几名女生哭了，很快，更多的学生哭了。坏了，不一会儿，哭声一片，学生们都各自找原来班级的伙伴去了。结果，从外校考入的学生很是伤感，呆呆地看着其他同学。站在一旁的王春易老师鼻子一酸，两行热泪滚落下来，说："哎呀！'断奶'断得太早了。"

雾霭迷漫的夜晚，几百名学生聚集在大操场上，火光忽隐忽现，映照着一张张不平静的脸。此情此景，让年级主任王春易的内心忽然产生了一种神圣感，学生内心的强烈反应，突出反映了变革对一些尖锐问题的触碰：在巨大的外在和内在的压力下，肯定会有物体裂开，这种裂变使陶瓮中培育的灵魂，使那些过惯了稳定、安然、平和、有序的生活的人不能忍受，他们恐惧任何一道裂缝、任何一股穿过裂缝的风。出现阵痛是必然的，年级要凝聚力量，应对挑战。出发，是为了回归。其实，我们是在告别一个时代。

事后，高一年级语文老师刘伟记下了这一晚的感受："高一军训的最后一个夜晚，篝火在广场上熊熊燃烧，许多同学泪水滂沱。看到学生们在陌生的人群里寻找昔日的伙伴，看到夏夜之美被辜负，我知道，学生们被悲伤淹没了。"

这让笔者想起仓央嘉措的诗。

这佛光闪闪的高原，
三步两步便是天堂，
却仍有那么多人，
因心事过重
而走不动。

"那个美丽的夏夜，篝火映照的操场上，显然有许多'走不动'的人。置身其中的我，也被感染了。但随即我意识到，学生们只是因为遗失了一件'外套'而伤心。这件'外套'，就是我们寄身已久的'行政班'。这让我感到，习惯和成规的力量非常强大。它们有时会变成一件过重的行李，拖住我们前进的脚步。这正是我们要改变的原因。我们要摆脱对行政班的依赖，做独立的个体，到更广阔的世界里寻找伙伴。"

帮助学生找到归属感

我们所有的人都渴望归属感，都希望自己被听到。人只有在自由温暖的氛围中才会有归属感。那么，如何帮助学生找到归属感呢？

贺千红老师的做法是，尽快记住每一个学生的名字，关注每一个学生，让他们感受到每一位老师都在时刻关注着他们。同时，加强教学班的团队建设，在教学中有意识地设计小组合作活动，增加互助环节，让学生感受到课堂教学也有温情的一面。同伴间互学互研，让学生感受到一路同行的不仅有老师，还有身边的好兄弟、好姐妹。"通过这样的方式，我们希望教学班可以成为学生存放心灵的地方。"她说。

选同一组柜子的学生，基本上是选同一课程的学生，也是志趣比较相同的人，他们走到了一起，自然形成了一个团队、一个新的组合，所以学生戏称为"柜子团队"。

张岩同学喜欢待在421教室与学数学Ⅱ的学生在一起，因为他觉得贺思轩老师长得像比尔·盖茨，学生幽默地称"我们是'盖帮人'"。在他看来，自习地点很重要。"我"跟哪些人在一起？这间屋子的老师是谁？通过这些选择，他找到了归属感。

贾祥雪老师教的学生每个人都有其他人的课表，他们每天在504教室现身，周末一起去买书。在这里，学生找到了取消行政班后的"新归属"，他们给这里起了个好听的名字，叫"甄氏公社"和"贾府"。

于振丽老师的301教室是个神奇的教室，特别具有吸引力，来自四面八方、各层各班的学霸都在此相遇，开始勇往直前的自习征程。这里被学生命名为"学霸群英会"。到这里来学习的学生来自7个教学班，所学的课程完全没有交叉，平日生活也没有什么交集，可是他们都愿意在301教室里自习，他们在这里找到了归属感，组成了一个新的团队。或许是因为喜欢老师，或许是因为喜欢这里的同学，或许是因为这间屋子的气息，总之，在别人眼里无足轻重的某一点，却成为学生心灵与情感的归属。

由于实施选课走班，没有了固定班集体，学校将运动会改成了体育季。虽然安排了许多活动，可是同学们很不适应，运动会上为班集体"加油"的呼喊荡气回肠，他们如此强烈地怀念着过去。"还是喜欢大规模的运动会，有热闹的观众，有同学在自己身边，为班集体荣誉而跑特别有动力，而现在跑了半天也没有人为我喝彩，也没有人看见，真没劲!"面对学生的失落感，李校长对他们说："要为自己而奔跑，养成锻炼的好习惯，不是给谁看的。"

无论是学校团委，还是教导处，各个方面都在努力创造条件，让学生在教学班里有伙伴，在艺术课上有伙伴，在社团活动中有伙伴，让不同的学生在适合自己的团队中得到发展，找到自己的归属感。学生在一个团队中做事情，有的负责写，有的负责画，有的查找资料，有的准备汇报，每个学生都有事做，都在为团队贡献力量。在这种教育情境中，因为思维向度不同，表达的内容也就不同，他们十分愿意分享彼此的学习成果。不同的团队，拥有不同的生活背景，每个团队演绎出来的场景完全不同。

沈天戈同学担任校团委宣传部部长期间，宣传部成了她和同学共同的"归属"，她说："我们几个的主要工作是布置墙报、海报、公告，负责粘贴和摘取，还要为重大节日画黑板报。我们学会了如何分工，学会了协商。我们几个同学越来越默契，越来越有想法，我们的关系也越来越好。我们很享受这样的时光。"

谈起同伴互助，考入北京大学哲学系的刘子先同学深有感触地说："做一件事，收获的不仅是这件事本身，还有那些同样在做这件事的志同道合的人。这些人和你会形成所谓的'圈子'，在'圈子'里才能拥有真正的归属感。当然，温暖而厚实的归属感不会主动找上门来，大胆、积极地接触各种领域，选择几个感兴趣的去涉足，一旦认准，便认认真真地用心热爱它，投入其中。这样，你便会在自己身上发现意想不到的可能性，便会一步步看着自己找到合适的位置。"

孙雨欣同学说："最初的日子，也曾迷茫，也曾不知所措，也曾怀念昔日同学的身影。后来突然发觉，成长便伴随着舍弃。那些我们放不下的东西，并不是因为爱，只是因为依赖，因为我们害怕长大。离开，是为了更好地成长。成长，是快乐的唯一途径。"

侯晓航同学说："每天都要像背着壳的小蜗牛一样背着书包走课，每个人都有'独一无二'的课程表，不能再依赖他人，一切都要靠自己了。当时我对'走班'充满了不满与排斥，这种方式真的对我们有利吗？我能适应

'走班'吗？我不知道，我的眼前一片迷茫。渐渐地，我适应了'走班'，能够做到我的学习我做主了。每天，我能够合理安排学习任务与课余生活，不需要别人来督促、提醒，不再依赖他人。我的生活充实了很多，每天都有很大的收获，而且我总能够保持积极、乐观的心态，在学习生活中获得快乐。"

郑欣然同学说："没有了固定的班级，我可以和更多的同学建立友谊。体育课上，我喜欢在打球时和几个同学谈论自己爱看的动漫；书法课上，又和同学聊一聊一周的趣事；中午，和自己结交的朋友一起去吃饭。没有了固定班级的生活，使我有机会和更多的人交往，不再只属于一个小集体。"

下面是几名学生在一次活动中的发言。

学生甲说："走班是一种解放、一种自由，我们不知道如何安排，只能靠自己，慢慢学会管理自己。"

学生乙说："其实，在过去的班集体，尽管和一些同学天天在一起，心里也很孤独。走班让我遇到了真正的好朋友。"

学生丙说："既然是趋势，就坦然地面对。"

学生丁说："涅槃时代，我们都是婴儿，我们没有太多时间，我们必须尽快长大。"

渐渐地，学生有了变化。由于选择不同的课程，学生组成了不同的群体。在新的关系中，他们逐渐形成了自己所在群体的身份认同，并且非常方便地开展合作学习。他们会在不同的教学班中、在不同的学生社团中、在不同的管理机构中、在参加某项活动中重新找到归属感。

第五章　组织变革与制度重建

> 选课走班，使传统的班级管理模式被无情地打破，由此带来的一系列管理制度变革在所难免，以转变职能与重构关系为重点的组织变革与制度重建势在必行。

"走班"的路上破冰前行

改到深处是制度

这一场以走班所代表的教与学转变，将影响学校的每个机构。处在改革旋涡中的教导处，是受到冲击最大的部门。

2012 年 8 月 26 日，高一新生周子其给李希贵校长写了一封信，要求修改《十一学校学生手册》，对其中的一些条款提出了尖锐意见，认为不符合学校的改革理念。

很快，这封信被转到了教导处副主任刘丽云手中。她突然意识到，学生在以超乎我们想象的速度成长、觉醒。很显然，学生的成长需求与现行制度发生了冲突，改革越深入，碰到的难题越多，越往前走，触及的问题越深，这一切都绕不开制度的制约。眼下，没有什么比创立一个开放、灵活的管理模式以及科学规范、运行有效的制度体系更为紧迫的了。

在十一学校的改革中，制度建设有着较强烈的色彩。无论在教育领导岗位还是在基层学校，也无论倡导什么样的改革，李希贵校长都强调体制改革和制度建设。这个时候，他多次在会上提出，这场改革能否取得实质性成功，关键取决于能否深层次地厘清和解决一些制度层面的问题。当改革的目标确定为"服务于学生成长"的时候，学校的组织机构、制度、管理面临着全面重组。我们要破除一切妨碍科学发展的思想观念和体制、机制弊端，重新构建系统完备、科学规范、运行有效的制度体系。

机制与制度的重建，搅扰着所有亢奋而不安的心灵。

一天，在学校通往图书馆的林荫路上，笔者遇见了刘丽云老师，看得出她内心的压力很大。笔者问她："最近遇到了什么问题？"她睁大眼睛望着我，一时竟然不知从何说起，她双手捂住脸，极力使自己镇定下来："不行，我得深呼吸一下。"

我们一边走一边谈，来到教导处办公室，就制度建设的话题聊了起来。刘丽云老师说："没有制度的重建，我们就无法继续前行，而当我们建立一个新制度的时候，很容易把传统的做法拿到新的学校形态之中。如果是这样，我们忙活了很久建立起来的，仍然不是我们理想中的学校。"

她停顿了一下，继续说："以往的观念与习惯仍然左右着我们，经过一次次的挣扎，我们终于明白了，一大堆习以为常的东西让你看不清方向，找不到办法。什么是能够推动事物发展，解决各种矛盾的东西呢？说到底，就是观念。只有观念的改变才能引发所有事物的改变，所以，观念决定一切。支撑新结构，得用新思想。眼下，我们最需要的是新的视野和思维方式，而传统观念则成为新思想诞生的根本障碍。我们要再勇敢一点儿，大胆一点儿，对吧！"她抬头望着笔者，笔者点点头，鼓励她："对的，一定会有新办法的。"

伴随着思想观念转变的步步深入，学校各个部门、各个年级都开始了制度的重建，一系列服务于改革、服务于学生成长的制度在紧锣密鼓地修订，包括制定《学生手册》《年级手册》，出台《北京十一学校学生在校基本行为规范》等。

改变一刀切的做法，是制度修订中最为显著的变化。条款凸显人文关怀，既可以保证学生的权益，又让他们感到便利；既让学生享有权利，也可以让他们学会承担责任；既可以培养学生的规则意识，又有相对宽松的自由空间。

淡化管理色彩，是又一个显著的变化。突出引领与激励，重心由管理向领导内心、服务成长转变，不再苛求条文的严密与细化，不再依赖严苛的制度和至高无上的权力管住学生，而是通过激励机制引领学生高位发展。"三好学生"评选办法也变了，出台了"卓越学生"、"优秀学生"、"专项优秀学生"评选办法，设立各种奖学金，所有项目均不受名额限制。这一做法，是对基础教育领域延续多年的评优办法的一次大胆突破。

为了实现全员育人的目标，学校制定了《北京十一学校学科德育纲要》，进一步明确了每一位学科教师都是学生的导师，都要担负起教书育人的责任，都要思考"培养什么样的人"、"怎样培养人"这一教育本源问题。《北京十一学校学科德育纲要》将培养目标分解到各个年级及各个部门，对承担学生教育工作的岗位职责进行规范，从初中一年级至高中三年级，根据学生的年龄、心理特点，进一步明确教育目标、工作重点、活动序列。同时，根据学科特点，确定育人目标及实施途径，提供具体案例，包括与学生相处的方式，等等，使教书育人工作有了制度基石。

对《学生手册》也进行了重新修订，既有规范要求，又有服务指南，内容包括如何进行人生规划和学业规划、选课不合适如何调课、如何选好自习教室、如何保证自习的高效率、如何获得咨询师的帮助，以及入团流程，还有与学生在校学习生活密切相关的作息时间、考试时间、任课教师的联系方式等。总之，对学生在校的基本行为规范提出具体要求，对学生在校生活的方方面面给予具体指导，使学生知道在什么时间干什么事，在什么地方干什么事，干什么事就要干好什么事。

改革是一个循序渐进的过程，他们正在一步一步地进行。

再造组织的无限生机

2012 年 10 月 26 日下午，笔者来到教导处，看到邓家毅老师忙得不可开交，她对笔者说："过去，学校的各项活动及工作，只要找到班主任布置下去就行了，而如今，没有班主任了，你布置给谁呢？许多工作要直接面对学生，开学简直忙晕了，完全是全新的挑战，到现在还在找感觉。"

走班教学，给长期形成的班级管理格局带来了巨大冲击，学生管理工作由过去面向一个班级到现在面向每一个学生，工作量骤然增大，所有人都表现出极度的不适应。这个时候，李希贵校长提醒大家，改革进入深水区，难度越来越大，必须以更大的勇气和智慧推进。有些事情仅仅靠服务已经没有办法应对的时候，我们就要改变机制，必须打破僵化的组织结构，管理部门需要重新建构，管理职能需要重新定位。

接下来，调整组织结构、减少管理层级、分布式领导、扁平化管理、成立学生服务中心、建立学生管理学院等，一项项以转变职能与理顺职责关系为重点的改革起步了。这次改革不是对原有组织结构枝节的、细微的修改，而是指向深层结构的根本变革。

为适应学生的需要，学校为每个年级配备了一名专职教务员，他们承担起了学生事务管理的职责，负责学生校服的发放、需求的调研处理、提案的收集反馈、着装的检查、礼仪的常规检查等工作。这样一来，学科教师不再担负管理学生事务的职责，学生事务与学业指导开始分离，教学人员的角色开始发生转变。这一转变的核心意义在于，它标志着独立意义上的学生事务管理的诞生，标志着"学生管理"进入了"学生服务"时代。当然，学生事务管理人员也是教育工作者，他们与教师共同承担着育人的责任。

年级的组织结构也在发生改变，年级主任不再包揽所有事务，借用"分布式领导"的概念，设置了学生管理学院、咨询师、自习管理主管、课程管理主管、小学段与研究性学习主管、诊断与评价主管、教育顾问、导师等，实行分布式领导。这些人员相对固定，形成专门项目组，以更为专业的视角担负起领导学生内心的教育使命。年级还增设了教育顾问，由年级里威信高、有经验的老师担任，对违纪学生进行帮助教育。为增强学生的内动力，引导学生做好人生与职业规划，年级还请两至三位教师担任咨询师。

学校教育处的职能也变了，它更名为"学生成长服务中心"。学校为解决学生选课面临的新问题，增加交流分享和互助，利用网络搭建了一个面向全体学生的咨询、查询和建议平台，服务内容包括各项德育课程的学分查询、书柜损坏报修、到达学校的交通路线查询等。学校还通过学长有约、校长有约、家长互助中心等，多渠道、全方位为学生的发展服务。学校还成立了学生咨询中心，为出国留学方向的学生准备国外大学申请提供咨询服务。学校课程办、教务办、教导处、团委、信息管理中心、图书馆、医务室等，所有部门的职能都在发生转变，每个人都参与到整合教育的大环境中，履行专门的职责和义务，每个人都对自己的工作负责，为整个学校的育人大目标负责。

一个个细微且息息相关的改变，鲜明地勾勒出权力向专业人员转移的路径，其背后隐含的价值观表明，学校在转型，学生工作正在由"管理"向"服务"转变。学校、中层管理部门与年级三种力量汇合在一起，使学生学习、生活的每一个细微之处都处于被关注之下，学生的事，无论大小，事事有人管，件件有专人负责。

在改革的惊涛骇浪中，负责学生工作的各个部门做了一次深呼吸，终于迎来了浴火重生。一个全方位服务于学生成长的运行机制诞生了，发端于工业时代的等级化、结构化的垂直管理转向了更为开放灵活的网状结构管理；一种更为方便的横向协调的形式出现了，这种多边相互依存的关系，使教育变得更有活力。

众多学生参与管理

2012 年 9 月的一天，四年制高一的莫嘉轩同学收到刘丽云老师的一条短信："你愿意做我的助理吗？"他高兴地回复："愿意。"从此，他便与刘老师如影随形，了解学生的状况、发通知、提醒同学带齐学习用具，一件件不起眼的小事，伴随着他的高中生活，使他既忙碌又兴奋。由于他的热心与认真负责，周围同学都心悦诚服地称他"莫助理"、"莫老大"。

为了帮助学生实现自我管理，学校成立了学生管理学院，将其职能定位为"学生服务于学生"。学校精心设计了各种各样的"服务项目"，"名家大师进校园"主持人、接待员、电影放映员、票据收发员、计算机录入员、学生食堂志愿者等，所有的岗位都面向学生招聘，根据工作时间和工作质量赋予学分。

随后，各年级的学生管理学院也应运而生，设立了多种管理岗位，教室卫生管理员、图书管理员、安全管理员、自习管理员、红十字委员、常规协管员、升旗协管员、报刊收发员、卫生委员、教学助理、教室安全员等，给予学生参与学生事务管理的机会。

接下来，学校将学生管理开发成一门课程，除了必修岗位，如教室卫生打扫，还有大量的自选岗位，学生可以根据自己的需要选择合适的岗位。所有岗位都纳入课程管理，参与其中的学生可获得相应学分。对于这一举措，学生空前欢迎。参与管理的学生越来越多，学生管理学院已经成为一个庞大的机构，仿佛是一个个流动的工作站，哪里有需要，他们就出现在哪里。

学生成了校园里学习、生活的主人，宿舍、食堂、图书馆、计算机房、体育运动场馆里到处都是志愿者的身影，他们热情高涨，积极想办法，献计献策，充分显示出青少年的活力与创造性。在为他人服务的过程中，他们也变得更加自律。"真没想到，学生做得这么好。医疗保险收费原来我们认为特别难，居然在学生的帮助下完成了。学生最了解学生，学生完全能够管理好自己。"教导处邓家毅老师逢人就夸奖这些学生。

学生的管理能力不可低估。2013 年暑假，李月芹老师要外出集中学习，初一入学前的准备工作迫在眉睫，需要学生志愿者参与，当时学生已经放假在家，怎么办呢？李老师想到了学生管理学院，她打电话给院长张梓涵同学，说明了情况。真没想到，一个电话打出去，所有的困难都迎刃而解，学生志愿者迅速到位，各项工作开展得井井有条。当李老师学习结束回到学校时，望着眼前的一切，她一个劲儿地感叹："这样的效率在过去真是连想也不敢想啊！"

由"管理"到"服务"

权力：从控制变成影响

学校在转型，各个部门的职责在转型，工作方式在转型，教育观念在转型，方方面面都在经历着不可逆的转型，身处其中的每一个人也在不同程度地经历着"转身"，尽管这个过程有时候会十分痛苦。

一天，刘丽云老师找到英语学科主任侯敏华布置奖学金颁奖准备工作，没想到，侯老师毫不客气地说："学生奖学金要放到信封里，谁来装？我们英语老师可不能装，我们的主要工作是教学；学生你们也别指望，他们太忙了。"刘丽云老师反问："那怎么办呢？""你们装啊！你们教导处不是为我们服务的吗？我们现在就需要你们提供这个服务。"侯老师的几句话，刺到了刘丽云老师的痛处，她突然意识到自己对"服务"竟是如此的抗拒。

这逼着刘丽云老师去思考：在新的形势面前，教导处如何改变工作思路？如何增强服务意识？如何立足于服务，服务于学生，服务于年级，服务于学科？为什么我们如此拒绝"服务"？其实背后是对权力失落的恐慌。在行政权力消失之后，我们应当如何重新建立"权威"？

过去，对升旗、纪律、卫生、就餐、校服等进行检查，是教导处的常规工作。发现问题扣班级的分数、对违纪学生通报批评，对学生很有威慑力。如今，没有了班集体，扣谁的分呢？严峻的形势迫使教导处做出改变，首先，常规检查的流程变了，由原来的检查、公示、评优变为检查、发现、沟通，协助学生进行自我诊断。检查不再是简单地纠错，而是发现问题，提供数据，帮助年级进行诊断。其次，对检查结果的处理发生了改变，一贯板着生硬面孔的批评通报大变脸，变成了温馨的沟通平台，对年级好的做法大力表扬，把休闲区的环境布置、走廊上的"思考吧"、良好的自习秩序拍成照片，与大家交流分享；当然，对问题也提出改进建议。

同时，关注问题背后的原因，关注学生的需求，研究学生的需求，不断创新服务的方法和途径，使管理更加人性化，成为教导处工作转型的一个重要目标。一段时间以来，教学楼公共学习区秩序不够好，这是什么原因呢？调查后发现，学生学习累了，需要吃东西、喝水、用手机，这些正当、合理的需求应当受到尊重。于是，教导处与年级商量，在高中楼开辟出专门的休闲区域，这种顺应人性、尊重需求的管理，受到学生的欢迎。

初春的一天，雷露老师在校园里发现学生拿着篮球一路拍着走，路面扬起了灰尘，影响其他学生走路。雷老师很生气，刚想冲上去记下学生的名字，扣他们班级的分，又一想，没有班级了，我该扣谁的分呢？她迟疑了一下，走开了。过了几天，在学校各个教学楼的拐角处，出现了一个个"爱心网兜"，旁边还有一句提示的话："球类专用，用后归还，请不要边走边拍球。"这是教导处专门为学生准备的小网兜。很快，从操场回来的同学都会将球放在网兜里提着，操场旁的林荫路上，再也没有人拍球了。这一小小的改变，使多年未解决的问题在不动声色中顺利解决。

年级的服务意识也在升温，过去，无论是学习还是生活，学生有什么需求，都会去找班主任，现在找谁呢？组织结构变了，流程变了，要让学生知道。高一年级在楼道信息栏中公布了每位教师的职责及联系方式，温馨的话语让人感到十分温暖。

我们在你身边——

史建筑老师（529教室），困惑时的一句话，便会让你如醍醐灌顶，茅塞顿开。

魏勇老师（621教室），是用智慧帮助你的咨询师。

拥有严密逻辑与丰富想象力的贾祥雪老师（603教室），可以帮助你更好地规划和管理你的课程。

严谨细致的梁淑惠老师（427教室），会提供给你各种活动信息，帮助你管理好自己的实践活动。

善于引领的邹素芳老师（409教室），是白天自习管理的负责老师，她会帮助你在一个良好的环境中自习。

善于优化的武会林老师（521教室），是晚自习管理的负责老师，他会帮助你从时间和效率上更好地管理自己晚上的时间。

干练爽快的朱兰老师（505教室），会帮助你更好地了解和参与年级团支部工作和学生会工作。

温和周全的李美强老师（617教室），可以为你提供小学段学习、研究性学习的相关帮助。

认真负责的霍文娟老师（507教室），可以帮助你了解任何与出国班学习有关的事务。

极具人文关怀的李亮老师（621教室）、赵蓓老师（501教室）会帮助你规范自己的言行。

有任何需要帮助的事情，都可以来找我们的"万事通"——年级教务员郭淑敏老师（六层教务室）。

同时，储物柜、门禁系统有问题如何咨询、高中教室分布图、本学期校历等都告诉学生，无论学生有哪方面的需求，都可以寻求帮助。

服务意识处处都得到体现。走进初中楼，在一层大厅醒目的位置，可以看到这样的话："节约公共资源是文明行为"、"整洁的环境令人心情舒畅"、"低声说话体现出你的教养"。这些温馨的提示给人不一样的感觉，同样是提要求，但口气变了，冷冰冰的限制、生硬的"不许"不见了，似乎有了商量的感觉，你能从中读出尊重，体会到平等。

刚开学的一段时间里，教室卫生一直不够好，楼道里秩序也不够好，这时，宣传栏里出现了温馨提示："扫教室，扫天下。""你让让我，我让让你，开心大家行。"有的学生课间在楼道里练摸高，曹书德老师写了一篇风趣的古体文章贴在墙上，学生们看了之后，便不再做这项危险的活动了。善意的提醒、委婉的忠告，悄悄改变着过去生硬的管理。

"教育是一种服务"，这一理念已被越来越多的教师接受。

不断升温的服务意识

"贵哥，从刘丽云老师那里听到您希望组建学生成长服务中心，我将我的个人意见发给了刘老师，也给您转发了一份，希望您能过目并指点。新高一徐子晗。2012 年 8 月 10 日。"这是学生徐子晗发给李希贵校长的一条短信，他听说学校要成立学生成长服务中心，立即将自己的想法提交给教导处的刘丽云老师，学生对改革的热望深深地感动着教导处的每一个人。

2012 年 9 月 1 日开学，伴随着后行政班时代的到来，一个新的机构诞生了，学生成长服务中心（SSC）成立。学生成长服务中心成为学校相关部门与学生沟通的桥梁，它直接面对学生，了解学生的真实诉求，通过网络平台提供集服务、咨询、失物招领、意见建议、信息发布等于一身的一站式服务。这一机构的建立，从根本上保证了为学生的发展提供服务。

学生成长服务中心毗邻学校教导处、团委、教务处，在学校图书馆一层北侧。这里是一间很大的房子，东西两面墙上的柜子里，摆满了学生丢失的物品；房间的西面立着两个很大的衣架，上面挂着学生丢失的衣服；圆形的沙发椅上摆放着七彩靠垫，茶几上摆放着水果、酸奶，还有鲜花，十分温馨。墙上的宣传广告更是惹人注目："获取各类信息，发现实践机会，找寻丢失物品，提出珍贵谏言，或者小憩一会儿，请来学生成长服务中心，我们在这里等你。"

一个"等"字，多么好哇！透出了一种全新的教育理念，彰显了一种教育工作者的姿态，充分尊重学生，提供服务，体现了以学生为本的理念。来来往往的学生，一拨又一拨，他们脸上那轻松惬意的笑容，和在家里才会有的那种放松，让人感觉他们像是回到家了。

这里不大有教育的痕迹，更没有"管"的色彩，是十一学生遇到困难时想到的第一个地方。每天，学生管理学院的学生轮流来这里值班，他们秉承"最高的道德就是不断地为人服务，为人类的爱而工作"的理念，把每一件事都做得更好一点儿。

2013 年 9 月 9 日中午，笔者来到这里，两名初中女生正在值班，她们的任务是负责登记学生认领或丢失的物品。笔者问："在这里工作不会影响你们午休吗？"一名女生说："不会的，我们每周只值班一次，一次半个小时，我们已经吃过午饭了。""半小时之后呢？""会有其他同学接班。"另一个女生回答。"那你们的工作如何交接呢？"她笑着递给笔者一个本子，笔者翻开一看，上面清楚地记录着物品登记、学生认领的情况，还有值班志愿者的签字。笔者暗暗佩服："呵呵，还很规范哪！"

除了学生成长服务中心，学校还创新成立了很多服务机制——校长有约、家长有约、学长有约、家长互助。学校每天中午确定一名校级领导与学生共进午餐，学生自愿报名，由学生社团按照报名顺序安排就餐的学生，教导处每月对学生反映的情况进行汇总，及时反馈给相关部门。虽然每次只有六七名学生参加，但日积月累，每年有近千名学生与校领导面对面交流。

每天下午 4:10—5:30，是学生成长服务中心最热闹的时候，高年级的大哥哥、大姐姐作为学长，与有困惑、需要帮助的弟弟、妹妹座谈。这是学生成长服务中心推出的学长有约活动，是学校为学生之间的交流搭建的平台。前来服务的段宇光同学像一位成熟的大姐姐，热情接待各位学长和同学。

2012 年 10 月 8 日下午，海洋星空基金会社长、首届年度荣誉学生提名奖获得者、Learn with Julia 英语课堂创办者叶枫同学，就学习方法等问题与学弟、学妹们进行了交流；十一学校圆梦银行行长张天实、李梦天同学，和学弟、学妹们分享了申请出国留学的体验和经验。

随后，学生电视台台长、首届中学生媒体峰会策划人杨睿远同学，校服文化中心负责人刘毅伦同学，学校蒲公英社团负责人张航达同学，北京市中学生刊物联盟发起人贾昕平同学也先后来到这里，与同学们交流。还有一批批已经上了大学的毕业生回来，与学弟、学妹们探讨专业选择的问题。

学长有约受到学生的空前欢迎，每个人的成长路径和感受各不相同，同伴间的分享因此成为必需的，也是自然的，这种影响成为一种巨大的力量。目前，学校已经形成学长服务、学长制等系列课程，让这种分享成为一种文化、一种生活。

家长的力量也被调动起来，2012 年 11 月 12 日，家长互助中心挂牌成立。周一是面向学生的家长职业咨询，各行各业的家长来与学生交流；周二是家长有约，家长与学生面对面交流；周三、周四是家长互助日，侧重于家长与家长之间的沟通——家长们带着自己教育子女的困惑与苦恼，带着成功的经验与喜悦来这里分享交流，除了面对面的交流，学校还安排一些家长担任网上某个板块的版主。越来越多的家长志愿者加入互助活动中，他们还根据自己的专业特长研发出一系列课程，定期到学校交流。

家长互助中心现在已经成为一项常设性活动，每周一到周四下午 4:00—5:30 都有家长咨询活动。许多家长主动申请加入家长义工行列。王涵玉同学的母亲开完家长会后，当即向学校表示："十一学校为学生想得太多了，做得真细呀！我们也想为学校做些力所能及的事情。"

付诗雅同学的家长说："诗雅在十一学校度过了三年初中生活，高中也选择了继续在十一学校学习。我们家长和孩子都非常认同十一学校李希贵校长的办学理念和育人模式，对学校开展的各项活动积极支持，同时也希望能为学校的发展和建设尽绵薄之力。"

一次次碰撞与摩擦，催生着一种新的文化、新的组织、新的结构，所有的焦虑、困惑、痛苦、摩擦、冲撞，都成为新制度诞生的砺石，它磨出了一种新的形态、新的关系、新的秩序。"当我们以开放的眼光面对调整的时候，办法就自然地进入我们的视野。"这是刘丽云老师最深的感受。

放逐与回归

穿行在自由与规则之间

学生自由了，到底是怎么个自由法儿呢？

成规的枷锁被无情打破了，自由开放的校园环境从来没有像今天这样更需要规则。面对一个个蓬勃生长的个体、一颗颗自由奔放的心灵，适度的规则是必需的，因为你不可能想做什么就做什么。自由不是轻松的，也不是无偿的，自由是自我约束和民主制度下的自由。为了这个自由，十一人付出了怎样的"代价"呢？

秩序与自由，从来都是一对孪生兄弟，任何自由都是有规则限制的，而把握自由与规则之间的张力，是一件微妙的事情。刚开始走班时，突然没有了重压，学生有点儿"失重"，出现了一些自由散漫的现象，有的在楼道里大声说话，有的甚至垃圾满地扔。一天，四年制高一召开年级会议谈规则，一个学生突然站起来，大声说："我觉得今天的会纯粹是在浪费时间！"这一声大喊，使全场的人都愣在那里。老师们坐不住了，一位老教师刚想站起来反驳，又一想，这不符合改革的目标，还是等一等吧！这个时候，一名学生站起来接过话筒说："我觉得今天的会很重要。"会场立刻形成了两种意见，学生们七嘴八舌，情绪十分亢奋。这时候，又一个声音传来："如果让我带学生出去活动，平时不讲规则的，我是不愿意带的。"借着曹书德老师的这句幽默，一名女同学站起来说："是啊！是啊！我们不喜欢不守规则的同学。"

这场唇枪舌剑持续了很长时间，一直到该上晚自习时，几名女生还在和那名"放炮"的同学争论。非常可贵的是，谁也没有指责他，也没有急着说服他，更没有将之当成一个事故来处理。等待，可贵的等待，发挥了神奇的作用。到了学期末，年级事务管理委员会成立，这名学生第一个报名参加，要求承担休闲区管理工作。通过这件事，老师们最深的体会是：我们听到了不同的声音，全年级都在反思，都在成长。

给予学生选择的权利，并不意味着对学生的放任不管。十一学校的做法是，不仅把该放的放下去，也把该管的管起来。放与管是改革的两个轮子，两个轮子都做圆了，改革才能顺利推进，学校才能平稳转型。然而，把自由与限制两种对立的成分熔铸在一个系统之中，这是一个艰难的平衡。

法国哲学家、教育家雅克·马里坦曾经深刻地指出："必须既培养人的自由感，又要形成其责任感；既要注重人的权利，又要注重人的义务；既要培养为普通的利益去冒险和行使权威的勇气，又要培养对每一个体的人性的尊重。"（雅克·马里坦《教育在十字路口》）

为了达到平衡，师生花大力气研究、制定规则，因为他们知道，没有秩序的自由和没有自由的秩序同样具有破坏性。规则就像轨道，当你尊重它、遵循它的时候，它就尊重你，给予你想要的速度；当你蔑视它、偏离它的时候，它就蔑视甚至颠覆你。

在十一学校校园里，只要留心，你就会发现规则和自由始终是绑在一起的。自习教室、图书馆、食堂等大大小小的公共场所，都会有各种"规则"照看着。当学生严格要求自己时，他感觉不到规则的存在，而一旦他放松对自己的要求，便会与规则迎头相遇，发生碰撞。

学校建立了信息化管理平台，为每一名学生建立了一个电子档案，对学生的表现随时做记录，一旦学生违反了规则，就会被扣分，分数被扣多了，就会有教育顾问"光顾"。这是学生自由后，学校教育教学还能够保证"不乱套"的重要原因之一。

一边是高度自由宽松的环境，一边是严格的规范要求，在这一放一收中，我们可以看出他们对自由与严格规范的双重追求。

在各个年级，这种严格要求都有充分体现。年级制定了学生公约，可仅仅凭一纸公约就能管住学生吗？再出现问题怎么办？找谁呢？学生犯了错误，怎么办？肯定要找他谈话，那么，这个机构叫什么呢？大家集思广益，有人说，暂定为"谈话组"吧；有人说，"不妥，口气太硬"，改为"教育顾问"吧。光名称就改了好几次。那么，教育顾问与班主任、咨询师、导师的区别是什么呢？班主任集管理、教育于一身，管理色彩浓；咨询师答疑解惑，帮助设计、规划人生；导师是一对一沟通，用"心"去教育，用"信"去交流；而教育顾问是对个别问题进行矫正。"如果教育顾问仅仅是处理问题，那不就又回去了吗？""不，我们并没有回到原点，而是在一个新的层面有了新的认识、新的做法。"

在自由的环境中，年龄较小的初中生管不住自己，出现了一些自由散漫现象。年级开展了一场关于"自由与责任"的对话，老师也与学生一起参加讨论。吕硕彦同学认为："在这种自由的环境中，没有人像小学老师那样时时刻刻监督你，学校就像一个微型社会，你将面对种种诱惑——零食、手机、电脑……在这样的过程中，应当很好地提高自己，规划生活，培养良好的公民意识。"王晨辉同学说："自由与责任两者是共有共失的，如果你不负责任，那么自由之门同时也会向你关闭。"张子洋同学说："凡事皆有两面性，不当地使用自由会造成纪律涣散，自由对大家的挑战远比被约束要大得多，良好纪律的维持并不能只依靠老师的管理，更重要的是依靠我们本人的自律与责任。"

这个过程让学生懂得了，自由是通过平等的限制来实现的，这种有限制的自由是一种结构，充满智慧。

2013 年考入美国普林斯顿大学的程佳宁同学对此给予了极高的评价，这是她的文章《论那些让我们爱让我们恨的常规》中的话——

做了六年的十一人，"思方行圆"是一个我再熟悉不过的概念了。仍然依稀记得当时的老师们对十一精神给出的简洁解释：行为规范，思想活跃。更清楚地记得的是自己当时内心的思索：为什么"行为规范"排在"思想活跃"之前呢？难道对于我们这些正以迫切的心情求知的学生，思想的自由与创造性，不是最为重要的吗？

在之后的日子里，我才慢慢懂得，行圆方可思方，那些看似在禁锢着我们的规范，或许才是真正在保护着、稳固着那片让我们的思想成长的土壤。

我和每个学生一样恨过那些烦琐严格的规章制度，抱怨过它们让我的青春死板、辛苦、充满束缚。可是在几年的坚持中反思，在一步步成长中回首，我慢慢开始理解、感激，开始发现它们怎样不断提高着我对于自己的要求，监督着我发掘自己最大的潜力，真正地付出与投入，真正地成功与收获……

严格坚持每天提前到校早读，让我不得不放弃舒服睡懒觉的机会，却也让我每天早晨都能在读书中以饱满的精神状态开始一天的学习；执着坚持，从不缺勤、迟到，是一种比想象困难许多倍的自我承诺，而那些忙碌到疯狂的时间表逼着我学会了规划时间、提高效率，那些穿梭、奔跑于每间教室的时光让我没有错过任何一位老师精彩的课堂演讲或是风趣的旁征博引；自习课时做到完全安静无疑是种巨大的挑战，虽然放弃了与同学谈笑风生的机会，我却也在不知不觉中理解了全神贯注的快乐，同时收获了最好的学习环境；从不忘记一次值日，也从不在任何一次值日中偷懒，意味着不怕每一次扫地时都弯腰超过九十度二十分钟，不怕跪在地上、钻到桌下去扫出角落里的灰尘，不怕在冬天用凉水一次又一次地投洗抹布，也意味着我们总能在最整洁的环境里感到一份自己曾做出贡献的自豪，也总是能在一切东西都摆放整齐、地面清洁无杂物的教室里轻松找到任何掉落的文具；永远不用班里公用的电脑玩游戏或看电影，这是对一个所有人都难以抗拒的诱惑坚定说"不"，然而当身边的同学们都能坚持这条准则的时候，我们发现我们每个人都能在需要的时候及时用上电脑……

经常有人问我，其实你知道很多时候你并不需要，可是为什么还要坚持遵守每一条规章制度呢？我的答案总是很简单：对于我来说它们不是束缚，只是对自我每时每刻的督促与永远高标准的要求。即便它们不是明文写出的规则，也会是我内心行事的准则。习惯之后，其实就已经感觉不到它们的存在，只感到一切都是自然的。

协商中诞生的规则

由于增加了大量的自习课，为了保证学生的学习效率，各年级制定了相应的自习管理办法，经过一段时间，某些管理办法暴露出了一定的问题，有的过于严格，有的又过于宽松，有的与学校改革的理念不符，教师与学生之间的沟通不够，自由与限制之间常常出现摩擦。比如，关于手机的使用，由于要求不清晰、模糊，遇到问题时容易处理不当，最多的时候，学校一天暂扣了30多部手机。到底有多大比例的学生在玩手机？不能因为个别人玩而把大多数人管死，如何使规定更为灵活有效？

为了防止学生上课玩游戏，有的年级规定放学后才可以打开手机，学生提出疑义："为了管理方便、好操作，搞一刀切，管住了少数人，却忽视了大多数人的需要，这并不人性化，与学校的文化相冲突，应当让校园生活更人性化。"学生的话一针见血，老师们说："那你们拿出个方案来。"

一项由学生发起的"关于学校自习管理问题"的调查开始了，他们广泛了解同学们对于自习管理条例和现状的意见与看法。

你认为手机是否应被准许带入教学楼？你认为手机管理办法怎样才合适？你认为你所在年级的自习管理在哪些方面做得比较好？仍旧存在怎样的问题？你希望改善后的状况是怎样的？请你为制定合理的自习管理办法提出宝贵意见。

结果学生真的拿出了方案，他们的思维方式比大人更精细，更严谨，更人性化。

经过一番调查研究，学生就自习管理给学校提出建议：晚自习不让用电脑，很不方便；教师应尽量避免在自习课安排学生做事，应让学生安静自习；希望强调自习秩序和纪律；希望导师引导学生做好规划；希望控制教室自习人数；希望允许自习时小声讨论；对少数自制力薄弱、沉迷于手机的学生，以协商的方式由老师代管手机一段时间。对于学生反映的情况，校方积极回应，认真对待，多方协商修订方案，使之更加符合实际需要。

一次，《来真的》杂志主编李枝蔚同学电话采访于振丽老师，谈到晚自习的管理问题，于老师解释说："年级对晚自习讨论的限制是，两三个人还可以，五六个人容易演化成聊天儿，因此将不被允许。"这时，李枝蔚说："一些同学认为管得太严，不自由。"不料，挂掉电话不到 15 分钟，李枝蔚的手机又响了，是于老师打来的。她告诉李枝蔚，刚刚与主管自习的孟晗老师商量了，决定专门设立一间"讨论教室"，想要讨论的同学直接过去就好，自习管理老师只会偶尔去"转转"，出现问题时才出面干涉。对于如此迅速地做出调整，有人表示十分惊讶，于老师认真地对他说："我们不能只为了管理方便让孩子们感到这么不舒服。"

由此可见，规则不再由学校单方面制定，而是充分尊重学生的意愿，多听取学生的意见，使规则真正成为每个人必须遵守的规章和行为规范，成为学生自我约定的"公约"。与此同时，为了培养学生遵守规则的愿望和习惯，使遵守规则真正成为学生内在的需要，在执行规则的过程中，老师也充分与学生交流和协商。

一次自习课时，一名初中女生的手机响了，按照规定，她的手机要被老师暂时保管，可是她强调自己并没有接听，不算在教室里使用手机。第二天，晚自习管理委员会的一名学生拿出一份协议交给这名学生，她接过来一看，上面写着："针对晚自习手机使用情况，经晚自习管理委员会讨论商量后，我们决定如下：'手机出声影响了其他同学，针对这种情况，必须将手机上交给老师保管一周。'"在这份协议的下方，还有一行话："我们三名同学做出评定，两票支持，一票反对。"这名女生看完了决定，很服气，当即掏出手机交给了老师。她的态度十分干脆："没有问题，托管吧！"按照规定，她的手机将在老师那里托管五天。当然，为了不影响她正常使用，她需要的时候可以随时到老师那里去索取。

在执行规则的过程中，学生参与其中，自主"立法"，自主"执法"，懂得了应当同意他人的决定，并且要遵守自己同意的"约定"，逐渐学会自律和他律，慢慢发育出一种自我矫正、自我纠偏、自我调适的能力。

在师生的共同努力下，规则日臻完善，秩序也越来越完美，在这样的制度里，学生时时体会着自由，又处处感受到规则的存在。

秩序越完美，人类就越自在，越是感觉安全、可靠。在自由、开放的环境里，一群富有热情、尊重规则、充满人文情怀的孩子在茁壮成长。

管好自己就能飞

学会自己看通知

当学生有了更多自由的时候，又该如何利用这种自由？这时候，学生需要一套新的技能，未来的学习也越来越倚重他们分析、评估、调整、控制的能力，而学生是否具有这种能力，就要看教育者的功夫了。

习惯于被别人安排的学生，一下子离开了老师的提醒和督促，一时感到无所适从。2012年10月12日下午，笔者去高中教学楼，看到大厅壁挂电视里播出通知："各导师助理明天下午 1 点 30 分到教务室核对保险交费名单。"一问才知道，开学不久，学校让高一学生填写保险回执单，已经过去了三周时间，仍有 6 名学生没有填回执单、交保险费、注册公交卡等。当老师问他们时，他们很生气，理直气壮地反驳老师："没人通知我呀！怎么知道哇！"其实，每天，楼道里的电视都在滚动播出通知，却没有引起他们的注意。很显然，这是一种能力的欠缺。

过去，学校有什么事，通知班主任后，班主任会一遍又一遍地提醒学生。如今，学校教学楼里每一层最显眼的地方，都出现了一台壁挂式大电视，上面 24 小时滚动播出学校、年级的各项通知。满校园到处都是信息，都是提示，也都是机会。但要学生自己留心去看，去发现，去获取，这也是一种能力。

周锐老师碰到过一件事，一次，学生管理学院教室卫生岗位报名，一名学生没注意，错过了报名时间，没有上岗服务，影响了评优的学分。到了学期末，这名学生着急了，与家长一起找到老师。经过老师耐心的解释，家长心悦诚服地说："这一课，对孩子今后的成长是有益处的，对他的一生都会有益处的。"

一名初中学生总是丢三落四，以前有班主任和家长提醒，也没误过什么事。这回，没有了班主任，一切都要靠自己了。他准备了一个小本子，没事就到楼道里去看年级的那个告示板，看看有没有什么通知，随时记下来；课间休息时有空就问老师、问同学，生怕落下什么重要的事。一个学期下来，小本子上记下了密密麻麻的提示。

走班选课之后，一名初中学生家长发现自己省心了，再也不用到学校给孩子送东西了，为什么呢？原来孩子已经可以自己管理自己了。过去，学校每次发通知时老师都会给她打电话，让她叮嘱孩子。即使这样，家长还要经常到学校去送东西。

快放寒假时，一天，高一年级的大屏幕上出现一个通知："周五下午 4 点 10 分到图书馆一层参加健康测试。"这个通知滚动播出了一周，结果，到了周五，全年级只有两名学生因外出没有参加，其余学生都准时参加了。这种变化，让年级主任于振丽十分感慨：过去通知什么事，老师要一遍一遍提醒；现在没人提醒了，逼着孩子自己去关注，自己去留心，要为自己负责了。

越来越多的学生学会了主动看告示，有了主动搜集信息的意识。一天，笔者在楼道里碰见已经上高二的胡梦雪同学："学校里有什么事，你是怎么知道的？"她十分轻松地回答："楼道里有电视，注意看就行。"旁边的一名学生说："现在，我也习惯了自己去看那个信息板。"

春天的一个早晨，在学校操场旁边，笔者遇到了高二学部主任于振丽，她按捺不住内心的喜悦与激动，一边比画一边说："过去，年级开会，学生排着整齐的队伍走进会场，齐刷刷地坐下，一动不动，横看成行，竖看成列，全场鸦雀无声，看着就特别顺眼，特别踏实。如今，没有了行政班，我们提前在楼道里的大电视屏幕上滚动播出通知，就什么也不用管了。到了开会那天，400多名学生三三两两、有说有笑地往会场走，进了会场，随便找个地方坐下。看着好像有点儿零乱，没想到，一宣布开会，一数人数，嘿！一个也不少。"于老师笑了，眉宇间带着特别的成就感。

让自律慢慢发育出来

没有了行政班，人是自由的，一举一动对谁负责呢？改革的目标十分清晰——帮助学生学会自律，学会对自己负责。如何达到这样的目标呢？老师们是有一个认识过程的。

一天下午3点30分，笔者在高中一间教室观察学生的自习课，一位老师进来了。原来，他所带的学生在这里上自习，每天放学前见学生一面，他心里才会踏实。尽管这位老师很负责，但年级并不提倡这样做。为什么呢？原因很简单，如果总不放心，那么课余时间呢？

人只有在自由的状态下才能逐渐学会自律。为了帮助学生学会自律，老师们必须表现出极大的耐心。

这个等待的过程让贺思轩老师感到十分痛苦，他需要经常克制改变学生的冲动。刚开始，学生并没有把自习当成课，表现出一种且学且休息的状态，喝水，吃东西，进进出出，摆弄手机……问题暴露出来了，怎么办？令贺思轩老师苦恼的是，不是管不了，而是不能照搬传统的管理方式，不能靠行政的力量去控制、去干预。开个会吧，不允许；把不听话的叫到一起训斥一顿，更不可行。过去用来约束学生的手段已经所剩无几，面对违反了纪律的学生，贺思轩老师感到很无奈，只好微笑着"扣分"。没想到，这样做了一段时间后，学生在悄然发生变化。当笔者采访他时，他兴奋地挥挥手，以略带夸张的表情说："学生的转变是需要一点儿时间的，教育是等待，教育工作者所要做的是微笑着坚持。"

　　于振丽老师的感受更为深刻，临近期末，高二年级期末考试一门接着一门。这天下午是物理考试，离进考场的时间还有 25 分钟，于老师路过高中楼三层公共答疑区时，见不少学生还不慌不忙地坐在那儿看书。她心里很着急，按照规定提前 20 分钟进考场，现在还有 5 分钟就可以入场了，他们怎么还在这里坐着呢？还不赶紧到考场门口去？过去，每次考试时班主任生怕学生迟到，一遍又一遍地提醒。"此刻，我该不该提醒一下呢？"刚想到这里，于老师就否定了这个想法，"不行，这不符合改革的要求。"她忍住了，继续往前走，又过了 1 分钟，她又犹豫了。"还是提醒一下吧，万一学生忘了呢。""不行，忍住。"内心异常纠结的于老师强迫自己离开了。3 分钟后，当离进考场时间还有 1 分钟的时候，她实在是放心不下，跑出来一看。眼前的一幕让她惊呆了：一个学生也不见了，几十名学生像瞬间蒸发了一般，全去考场了。一颗悬着的心终于放下了，她的眼睛湿润了，她喃喃自语："孩子们真的长大了，我们真的该相信他们。"

　　只要有适宜的环境，学生的自律意识就会慢慢培育出来，这一点，于振丽老师的感触尤其深刻。高一时，刚开始走班，没有了班主任检查卫生，教室里常有矿泉水瓶、食品包装盒、纸屑等，老师要不断地提醒；高二时，教室里每天都有人扫地、倒垃圾；高三时，不仅每天有人打扫卫生，为了防止擦过的地面有水印，学生还专门买来可以拧干的拖把。物理教室卫生的变化，让我们看到了学生的变化，他们在自由的环境中养成了讲卫生的好习惯。

　　高三临近毕业时，全年级 400 多名学生到医院参加体检，抽血结束后，他们开始吃饭。午饭结束离开的时候，负责清洁卫生的大爷激动地说："哎哟！没见过这么高素质的学生！地上竟然没有一片纸屑！"当时，于老师看见一名学生起身的时候塑料袋落到地上，他没有在意走开了，旁边一名学生赶忙俯身拾起来，将塑料袋扔进垃圾桶里。这个动作让于老师十分感慨：尽管实施选课走班才几个月，但它对学生的影响已经显而易见，他们的规则意识、自律意识明显增强，教育竟是如此的神奇！

最好的管理是自我管理

对于自习大尺度放开，很多人担心会乱，但是，事实上并没有乱套。为什么呢？因为自由。在自由的领域里，始终会有一只"看不见的手"在起着调节的作用，自由通常会比行政控制更有效、更合理、更自如地调节着供需平衡，保证不乱套。

在高中楼三层学生活动区靠近窗户的地方，坐着一名文静的女孩子，她叫刘佳琪，是高二的学生，她正在学习语文，我们聊了起来。笔者问她："感觉怎么样呢？"她笑着说："每周十几节自习课，自己支配的时间多了，白天写作业，晚上复习和阅读。我很喜欢这种学习，有了更多的时间做喜欢做的事。我是校团委委员、年级学生会副主席，上高中以后，日子过得很快，也很快乐。"

"你能管理好自己吗？"刘佳琪坦言："虽然没有了行政班，没有了班主任，反而更自觉，学习更有主动性。不过学习仍然很辛苦，很有压力。""那么，压力来自哪里呢？"笔者追问道。"过去，在行政班里，按照各门功课的总分排名，某一科不好，其他强项的学科还可以弥补一下。现在，在教学班，是一科一科比较，很有压力，同学之间是没有办法按照总分比较成绩的，因为学的不一样。现在，每个学生学的都不一样，每一科都要学好，因为是你自己选的，这个是适合你的课，如果你还学不好，总是说不过去。压力来自同学科的学习者，每科都不敢放松。过去，总有个人在你身边帮你监督自己，现在没有这个人了，反而害怕自己做不好。"

王师萌同学自豪地说："我以前是一个很拖沓的人，经常被老师千催万催，却总也交不上作业。可一到选课走班了，就感觉有一双无形的大手在催促你做作业。每次看见过程性评价低了几分，心里就像猫抓一样，总是想着要去找老师把作业补上。"

终于下了最后一节课，忙碌的一天也暂时告一段落。李玉童同学刚想抄一下黑板上的作业或者找同学对一下答案，却突然想起来，现在每个人都有自己"独一无二"的课表，不像以前每个班的课表都一样，而且不再有课代表每天把作业抄在黑板上，不断督促同学们交作业了。

在一篇文字中，李玉童描述了自己当时的心情："有一次数学课上，老师刚讲完一道妙题，同学们有的还在消化，有的还在与同学讨论，有的已经收拾书包准备走了，此时老师说布置一下今天的作业。突然，全班安静下来，认真听老师讲作业。回想初中时，老师布置作业的声音会淹没在同学们的喧哗声中，而全班安静的情况，也只会发生在自习班主任进班时。从这一静一闹的对比中不难看出，在没有固定班级的日子里，我们已经渐渐知道要为自己负责，要进行自我管理。"

在高中教学楼六层电梯出口处，贴着十分漂亮的宣传海报，那上面是学生对自习课最直接的心灵吐露。

自习课受到学生的空前欢迎，学生收获的不仅仅是知识，还有很多很多。自习课是自己发现、自己研究、自己探索的过程。在此过程中，我们无须他人约束，而是需要自我约束。唯有如此，我们才会彰显独特的人格力量。我们不是重复他人的思考，而是建立自己的判断。唯有如此，我们才会变得内心强大。我们不忽视任何一个细节，而是关注每一个细节。唯有如此，我们才会成就未来的卓越。

一名同学写下这样的感受。

渐渐地，我们学会了安静地自习，翻页、凝视、屏息、深思，时间凝固，凝固在方寸之间，凝固在每一间教室的静谧之中。这里，有你，有书，你的存在凝聚成了这个教室的生命。这是你的力量，这也是教室的力量。

学校电视台的杨睿远同学带着几分神秘诉说着他的发现。

从这个学期开始，学校电视台被安排在科技楼五层的一间屋子里。晚上，我拍完电视归还机器时，经常一个人走在空荡荡的楼道里，整座楼所有教室的灯都亮着，里面全是人，就是一点儿声音都没有，太安静了。

随着学生自律习惯的养成，老师的工作量慢慢减轻了。初中的张兆利老师每次查自习时，好像觉得自己不是刻意在查什么，管什么，而是一种探望。每走进一间教室，看到同学们都在安静学习，几乎每个人都在做自己的事，很少受周围人的影响，都在做事，但做的事都不一样。张老师非常感动，临离开时，他会在黑板上写上一句嘱咐语，比如"雨天路滑，注意安全"。做这项工作让张兆利老师觉得心里美滋滋的。

学生拥有了自由，慢慢学会了"消费"自由，享受自由，这是一种特别美好的生活状态。一个个青春美少年穿梭于五彩缤纷的教学楼间，在千姿百态的课程中，扮演着不同的角色，吸收着不同的营养，奔跑在属于自己的"跑道"上，那舞动的青春、那欢声笑语、那静静的沉思、那低低的呢喃，都是心灵拔节的回响啊！

一个又一个的难题，在十一人手底下得到解决。人们敬佩他们的胆识和勇气，看着他们在布满荆棘的路上逐渐远去。

第六章　教师角色被重新定义

> 班主任退去了，谁来呵护孩子们的心灵？导师制浮出水面，由班主任到导师这一角色的转变，给教师带来了刻骨铭心的阵痛。

走出"双轨"的尴尬

导师和班主任戏剧般博弈

实施走班上课之后，如何帮助学生解决学习、生活、心理方面的困惑，这是改革者考虑得最多的问题。

2011年9月23日，年级主任于振丽带领几位老师到美国的学校考察，发现他们每个学生都有自己的导师，这给了于老师很大启发。同行的侯敏华老师给于老师建议："咱们要在班主任的基础上再配备导师，是不是可以照顾到每一个孩子呢？"于老师认为这是个好主意，经过商量，她们决定在高一年级实行班主任与导师双轨制。

回到学校后，经过精心准备，2011年11月份，高一年级首次出现了导师。35位老师全部当上了导师，每位导师负责带十几个学生，全年级436名学生人人都有了导师。年级对导师的定位是：对学生进行人生引导、心理疏导、学业指导。

为了使选课走班这项具有一定风险的变革实现软着陆，让学生和家长有一个心理上的适应期，年级决定不急于破除行政班制度，班主任暂时不退出，这样就形成了导师制与班主任制并行的双轨制。

刚刚做了导师，老师们很兴奋，人人都跃跃欲试，而班主任因为多年的习惯，不但不敢撒手，反而攥得更紧。结果，两种力量迎头相遇，冲突在所难免。学生自习的时候，几乎所有的老师都在教室里溜达，而导师做的还是班主任的工作，从早到晚盯着十几个孩子，好大一阵子找不着头绪。

有的班主任找到年级主任于振丽反映："两种角色职责不清，有些事不知该谁管。"导师也有苦衷："学生总在原来班主任的教室里扎堆，你让我指导谁去？"管，怕越位；不管，又怕出现漏洞。

由于多数老师既是班主任又是导师，分寸如何拿捏呢？有人建议："当导师没有冲上去的时候，你要做个隐形班主任，支持他，但不能在前台。"可究竟如何做？分管此项工作的霍轶老师希望能有一个模式；年级主任于振丽认为："应该放开手脚，让大家用适合自己的方式。"

一次年级会上，侯敏华老师提出质疑："没有人能把班主任和导师同时做好。"霍轶老师不服气，大声反驳："我兼顾得很好哇！"话一出口，立刻感觉太尖锐了。

年级实行分布式领导，霍轶老师的任务是负责导师制项目管理，一时找不到办法，她焦虑到了极点，一说话就想掉眼泪，跟谁都不敢说这事，可不说又不行。在做与不做、什么该做与什么不该做中纠结、徘徊，非常痛苦。初冬的一个晚上，刺骨的寒风阵阵袭来，月光冷冷地笼罩着北京城，霍轶老师乘坐出租车一路哭着回家了，爱人问她："哭什么？"她说明了原因，没想到爱人说："哎哟！你们实行导师制，不就是要给学生自由吗？现在学生自由了，你们又害怕了。"丈夫的一席话，一下子点醒了她，她好像突然明白了许多，也轻松了许多。

老的问题没解决，新的问题又出现了。虽然是自己选的导师，但经过一段时间的交往，有的学生挺喜欢，有的学生不太满意。渐渐地，老师们发现，有的学生与导师的性格、脾气等相差甚远，给交流带来一定难度，导师如果不通过细致的工作与人格的影响吸引学生，便会面临学生要求调换导师的尴尬。

一天下午放学后，刘作亮老师带的两名学生找到他，直截了当地提出：

"我们要找别的老师做导师，希望导师的性格类型、工作方式与自己更加匹配。"刘作亮老师的心里咯噔一下，说实在的，他感觉有点儿不舒服，但他很快调整了情绪，孩子们长大了，能不断地发现老师，发现自己，应当为他们感到高兴。其实，希望调换导师的不是个别人，学生们觉得："如果我有固定的导师，我又去找别的老师，心理就会有障碍，我就会想我的导师会不会不高兴。"

改革越深入，遇到的问题越严峻，更多的改变正蓄势待发，每个人都受到了极速发展的冲击。

选课走班后，学生已经不可能时时在老师的视线之下，而他们的自我管理能力又尚未完全形成，学生管理很可能会出现"盲点"。于振丽老师心里十分清楚，这项工作对他们是一个全新的挑战，对年级层面的挑战更大。为了规避风险，每个人都在延伸自己的工作，因为大家知道，学生没有了班主任，每位老师都要关心他。虽然有分工，但不绝对，因为教育不可能截然分开。人人负有教育的责任，学生不是我带的，但我遇上了，我也要承担教育的责任。人人都是导师，都要关心每一个学生，对每一个学生负责。

那段时间里，无论老师们多么焦虑，也无论他们怎么争吵，大家都小心翼翼地面对学生的问题；无论是学习还是生活方面的问题，都绝对慎用"不知道"，即便不是自己教的学生的，也会想办法帮助解决。老师们用自己的爱心与责任，避免了问题的发生，平静地渡过了改革的风口浪尖。

对于一个教育工作者来说，热爱的分量实在是太重了。十一学校的老师爱学生是一贯的传统，正如一名学生所说："老师对我们的爱是发自内心的，这种爱绝不停留于言语，绝不局限于表面，而是在不经意间直达我们的内心。"

为什么十一学校的教师那样坚持地爱学生？在学校待久了你会发现，这是十一学校的传统，是刻在十一人心里的深刻信条。十一学校的文化，是在发展的进程中由历史的大锤一锤一锤锻造而成的。

原来，那沉重的眼泪竟都是爱的负荷。

取消导师制

一个学期过去了，班主任的力量还是很强大，导师的影响微乎其微，大家都想履行职责，又都怕越位，双方都不敢往前走，处在一种胶着状态。

在年级会议上，一开场，争论的问题就十分尖锐。

"取消行政班，不要班主任，不就是为了给学生自由吗？把他们的一举一动全方位置于我们的监督之下，这样下去，我们什么时候才能放心？他们什么时候才能长大？"侯敏华老师首先开炮。

"导师制起到的作用到底有多大？"

"导师制是'鸡肋'，食之无味，弃之可惜。"

"我不知道未来会怎样，我不敢为一个不知道的未来放弃现在熟悉的东西，真的不敢。"

"别说我们没办法，别的学校也没有哇！"

从2011年9月实行走班选课到2012年春天，半年的时间里，老师们的内心经历了旁人无法想象的冲撞，除了挑战，还是挑战。

这次"争吵"迫使李希贵校长下了最后的决心——取消导师制。

"取消导师制怎么样？能不能不再设固定的导师？"李希贵校长以征询的口吻与于振丽老师商量，"你能不能胆子再大一点儿，连导师制也不要了，让学生完全凭个人的规划学习？"

"我得想想。"于振丽老师下不了决心。

"我们最终要让孩子们学会自我管理。"李校长进一步鼓励她。

"那怎么跟学生说呢？"于振丽老师还是有顾虑。

第二天，于振丽老师找老师们征求意见，结果，一半赞成一半反对。接下来，于老师又约了8名学生征求意见，没想到，只有一人反对。

2012年8月，利用暑期，学校组织教师外出研讨，其主要议程是研究导师制问题。经过了几天激烈的头脑风暴，仍然没有答案，直到返程的路上，讨论仍在继续。

坐在车上的于振丽老师，望着窗外，内心极不平静，极度矛盾、纠结、担心，她在下最后的决心。

许久许久，于振丽老师终于鼓起勇气，语气坚定地对李希贵校长说了一句："就这么的吧！"李校长笑着回答："好哇！"

笔者听着他们的对话，感到很震惊，因为笔者知道这几个字对他们意味着什么，对十一学校意味着什么，这是决定这场变革胜负的关键一步。从昨晚到今晚，整整24个小时，他们都在为一件事纠结——是否取消导师制与班主任制并行的双轨制，让导师放开手脚干。碰撞，碰撞，还是碰撞！从昨天晚上到现在，所有的人都在焦虑，确切地说，是从一年前的今天开始，现在到了痛下决心的时候了，索性一步到位，要不然总是别扭着。"我这一路整整想了两个小时。"于振丽老师一脸的轻松与释然。接下来，李校长和于振丽老师详细谈了具体实施办法。

就这样，一个改变学校管理模式的重大决定诞生了，它对学生的成长与发展的影响是不可估量的。

在返回学校的车上，坐在笔者身边的李希贵校长显得有些兴奋："为了稳妥起见，本打算走到这一步需要两年的铺垫和准备，没想到这么快就走到了这一步。"

晚上8点31分，一辆大巴满载着刚刚经历了一场"头脑风暴"的老师们，向着北京西隅的十一学校急驶而去。

一场温情的致敬与告别

第二天，李希贵校长走在校园里，学生李睦麟碰到他，开口便问："你们暑假干什么去了？"看到他一脸的稚气，还有点儿诡秘的神色，李校长真是又惊又喜，喜的是，一名高中生，竟然这么关心学校的发展；惊的是，小小年纪，俨然一副主人的口吻，他的神态与语气折射出他真实的内心，在他的心目中，他与校长是平等的，交流没有障碍，也没有距离。这让李校长感到十分欣慰。

"我们在研究是不是可以不再设固定的导师，取消导师制你觉得怎么样？"李校长认真地对李睦麟说。"好哇！那就是说，谁都可以是我的导师了！"喜悦在李睦麟的脸上绽开了，他孩子般地飞奔而去。望着他远去的背影，李校长十分感慨："孩子们这样理解我们的改革，多么可贵呀！有了他们的理解和支持，再大的困难我们也可以克服。"

在 8 月 31 日的年级大会上，年级主任于振丽将要宣布取消固定导师。说实话，她特别紧张。"一下子什么都没了，学生能适应吗？"她反复向学生说明取消导师制的缘由："学业上有问题找任课教师，其他问题可以向任何一位你信赖的老师求助，还可以找教育顾问，找咨询师……"她终于忐忑不安地说完了，足足讲了 40 分钟。

散会了，学生陆续走出会场，于老师也随着人流往外走，碰到了她当导师带的学生，心里有点儿难受。"没有了固定导师，学生不属于自己了，心里还真不是滋味，好像自己的孩子被别人抱走了，挖心挖肝的，感觉很不舍。"没想到，这名学生跟没事人似的说了一声"老师再见"，笑吟吟地走了。这时耳边传来一个声音："不就是取消固定导师吗？于老师怎么讲了这么半天哪？"学生的话让于老师愣在那里，她想了许久："是啊！我们究竟担心什么呢？"

其实，改革中任何一项新举措出台，学生都比老师适应得快。一天，笔者在校园里碰到胡梦雪，她是语文课代表，一名非常清秀的女孩子。笔者问她："实行导师制，你感觉如何呢？"她笑着回答："我觉得挺好的，我喜欢她，她也了解我，可高一时她不教我了，我就被迫选了另一位老师，交往起来不那么顺畅、自如，挺别扭的。"停了一下，她又接着说："当然，也无所谓了。现在好了，固定导师取消了。8 月 31 日那天宣布的，我可高兴了，改了算了！"

"那有问题怎么办呢？"笔者继续追问。"学业上有问题就找学科教师，哪科有问题就找哪科老师呗！""那生活上、心理上有问题呢？""那就找我喜欢的李艳琴老师，我选柜子时特意选在她的教室 219 门口，我在她的教室上自习，反正总能看到她，她总在那里。"这时，胡梦雪的脸上露出甜甜的笑容。忽然，她又表情严肃、十分认真地对我说："并不是每个学生都能选到心仪的老师做自己的导师。以前，要想和某位老师多接触，唯一的办法就是当他的课代表，没有其他途径。现在好了，你想找谁就找谁。"

高二取消了导师制，每位老师都是学生的导师，用一位老师的话说，是"从包办婚姻到自由恋爱"。又过了一段时间，笔者问霍轶老师："没有固定导师行不行呢？""还行！"霍老师的脸上终于有了笑容。

就这样，这项在一般人看来根本不可能实现的变革，并不是靠勇敢者去触碰勇气的上限，而是靠一位位普通教师一点点抬高勇气的下限去实现的。

教师角色：不可逆的转型

教师角色的重新定位

在行政班体制下，班主任除了要完成教学任务外，不得不履行常规管理职能。而导师制对于班主任制的一大超越在于，把教师从琐碎的事务性工作中解脱出来，让其真正担负起对学生的高位引领，它迫使人的思想观念发生不可逆转的改变。

教师角色由传道、授业、解惑者变成学生学习的促进者，由具有权威的管理者变成心灵的导师，对学生进行人生引导、心理疏导、学业指导。坦白地说，在中国基础教育的现实环境里，真正做学生的导师，并不那么容易。

"导师究竟如何当，还真难坏了我们。"侯敏华老师直言不讳，"实际上，我们的教育是有问题的，它的问题在于教育的担子只挑在一部分老师身上，而另一部分老师只挑教学这副担子，课教得好就是好教师，跟一个孩子坐下来，除了讲题不会说别的。"说这番话时，侯敏华老师满脸焦虑，情绪有些低落。

一向伶牙俐齿的她变得语气缓慢，她低声向笔者倾诉内心的焦虑："孩子需要照料的时候谁来照料？如果他们出了问题，这都是我的责任，都是因为我的工作没有到位，可是我又真的找不到工作的切入口。""那你还像以前那样，把孩子们叫到一起说说？""你怎么做得到呢？"她急了，"你没有这个时间哪！你抓不着他呀！"

焦虑的不只是侯敏华老师，又过了一个月，导师们还是没有找到感觉，有的在观望，有的在等待，还有的在慢慢尝试与学生接触。

这个时候，校园里带有民间色彩的沙龙一个接着一个出现，大家面临着同样的困难和问题，亟须研究与指导，他们对参加这样的活动充满期待。虽然讨论采用茶话会的形式，会场氛围非常轻松、温馨、和谐，但讨论的话题却十分深刻。

"导师不是这样当的。"思维敏锐的侯敏华老师又一次"开炮"。

"把导师当成了小班主任，这改革就走回了老路。"她对导师争相给学生开会的做法提出质疑。

"那你说怎么办？不开会怎么教育学生？"一位老师反问。

"是不是跟孩子关系特别好就可以了，其实并没有走到孩子的心里？"又一位老师插话。

"做导师并没有觉得比做班主任轻松，总觉得好多工作没有做细，很焦虑，很愧疚。"霍轶老师的感觉完全不同。

"导师实在是太好了，把教师从烦琐的事务中解放出来，过去每天早上7点20分到校，中午、晚上都要照看学生的自习，很晚才回家。现在完全不同了，学生也没出什么事啊。我那时候到底干了些什么？为了心里踏实，死死地盯住学生，时间都耗费在这方面，究竟有没有意义呀？"做了多年班主任的曹书德老师对教育有了重新反思。

"导师制是对人性的解放，我非常赞同。老师用朴素的语言、用心去交流，很容易走近学生，无痕的教育是大教育。"对于导师的角色，张兆利老师做了一个形象的比喻，"班主任就是我们常说的船长，带领着大副、二副、轮机长扬帆远航，他们有严密的纪律和管理制度，大家各有分工，严格遵守规则，向着同一方向奋力前行。航行中出现的任何问题都要船长决策和担责。而导师就像是导游，只不过游历的是成长的旅程，他是学生的知心朋友，是孩子求学路上的帮手，所做的是人生引导、心理疏导、生活指导、学业辅导、品格向导。导师要贴近学生的心灵，不做评判者，更不做简单的批评者，而是热心的伙伴和知己。而学科教师的身份呢，应当是学科思想、方法的传导者，创新启智平台的搭建者，学科知识的传授者，求知、求真路上的榜样和同行者；是学生学习过程中某个领域的灯塔。"

"导师不是小班主任，没有行政权力，火候如何拿捏？"

"导师是发现需要，提供帮助，不能随便下通知开会，用硬性规定控制学生的行为。"

"不能用行政的力量管学生。"

"过去，我们用行政管理代替了教育，现在真实的教育出来了，学生把真实的自己端给你，面对真实的内心，教育有了真实的起点，这是一个重大改变。"

"做导师让我们变得平和、宽容、愿意等待。"

"最好的教育是让学生感受不到教育，是随机的、自然的，教育就发生了。当学生没有感受到教育的时候，教育才是有效的。"

"如果青少年是涓涓流水，导师不应当是漂白粉、添加剂或是容器，而应该是沟渠，将流水引入麦田或汇入江河。"

争论在继续，思考在继续。

他们所面临的是新的精彩、新的极限考验。

由"管"转向"导"

刚刚过了期中考试，一名男生和一名女生找到老师，诉说他们的苦恼："我们互相有了好感，又怕影响学习，我们不知该怎么办了。""哎哟！我没备课呀！"面对这突如其来的求助，李亮老师慌了，"这样的问题过去从来没有遇到过呀！"

自从"学业指导、心理疏导、人生指导"三副担子放在肩上后，贺千红老师感到压力巨大："一名学生立志报考卡内基梅隆大学，听说那里的计算机领域特别牛，暑假做了非常细的规划表拿给我看，学生说的你都不知道，你都没听说过，你怎么去当他的导师？如果我们拿不出东西，学生还要我们干什么？"

翻看着对学生未来职业理想的调查，侯敏华老师的心里一阵阵发紧。学生 A 写道："希望将来在世界 500 强的公司担任总监，能有 300 万美元的年薪，周围的同事都很上进，都热爱自己的工作，执行力很强，有一种很有效率的工作氛围。"学生 B 写道："希望和弟弟合作写几本关于几何学、物理学与旋律艺术的书，在感兴趣的领域进行相关研究。"学生 C 写道："希望在世界顶尖研究所从事可以让自己全身心投入的项目，同事都是学术人员，生活单纯而不单调，大家乐于谈论政治和书籍，有一套成熟的世界观和自己的行为准则，有固定的朋友、书伴。""仅仅从这三个孩子的叙述里，就能看到给了我们多少挑战。我们怎样去发现他们，改变他们，助推他们？"

一天，于振丽老师用商量的口吻对一名学生说："我们谈谈好吗？"没想到，学生当即反问道："谈什么？"于老师十分委屈地对笔者说："哎呀！太直截了当了。当时就把我打蒙了，这种情况过去从来没有遇到过，真没想到，有没有班主任身份，在学生心里的反应实在是太强烈了。老师上赶着跟学生说话，学生根本不领情，上完课，背着书包转身走了。如何接触他，走近他，了解他，还真难坏了我们。"

初中老师来凤华也有同感："哎哟！这种变革抹杀了神圣性！随着学校形态的改变，我发现教师没有了神圣感。过去，我往讲台上一站，一挥手，鸦雀无声。而如今，这种感觉没有了，我必须做出改变。如何让孩子们认可我、接受我，如何与他们沟通，成了我思考的大问题。"

"几乎所有的问题都是全新的，没有现成的答案，没有可借鉴的模式，都说摸着石头过河，可我们根本连石头也摸不着哇！"面对老师们的焦虑，李希贵校长耐心地开导大家："我们确实在摸着石头过河，走一步看一步，挑战是很大的。说教太多，学生就烦了，一定要淡化指导、教导，让学生学会倾听，让学生互相听。比如，这位学生介绍寒假的经历与收获，那位学生谈一谈职业目标，还可以谈一谈近期的困惑和他认为可能的解决方式，以及某一学科的学习方法，大家在一起分享，这都很好。或者共同读一本书，这样就有了共同的话语。交流并不一定非要坐下来，很正式的，有时候在参观时、在活动中，随便一点拨，就有效果，比平时说半天都好。"

时间一天天过去了，老师们渐渐找到了感觉。

"习惯在支配我们，使我们很难从惯性思维中脱胎出来，总想控制和管住学生。我突然意识到，我永远不能再说'你为什么不穿校服'、'你又给班集体丢分了'这样的话了。"廖丽娜老师说。

"要让孩子看到你的微笑，要让孩子知道你有多喜欢他。"于晓静老师说。

"教育只有走进学生的心灵才有力量。老师不再充当警察的角色，学生才有可能接近你，教育才有可能发生。"朱则光老师说。

"导师与班主任不同的是要了解学生的需求；要尊重、对话、引导与陪伴，不是说服；要真正成为学生生活的长者。"这是闫存林老师给自己的定位。

"要让学生感到遇到生活问题也可以依赖我，信任我。要做思想的引领者，更要做学生的朋友，亦师亦友，从学业导师变成人生导师。"这是张国春老师的感受。

"有的教室冷冷清清，没有什么人气，学生像候鸟一样，来了，又飞走了。教室要成为学生灵魂的栖息地，要让他觉得温暖，不再是匆匆过客。导师要靠魅力影响学生，教师的业务水平、教学风格、人格魅力是吸引学生最重要的方面，有了这些，才能够凝聚人气。现代社会，互联网成为学生主要的沟通方式之一，所以，我的经验是，加入他们，在教授他们知识的同时，从他们身上学习新的知识和技能；听听他们喜欢什么，了解他们每个人真实的内心。切记，你教授的不是一门课程，而是一群朝气蓬勃的孩子。"来凤华老师有了不一样的体会。

"导师是心平气和的，班主任是较劲的。"做了十几年班主任的于晓静老师发现，最近与学生谈话，有点儿不一样了，从来没有过的轻松，没那么焦虑了，也不那么生气了。"过去也找学生谈话，现在也找学生谈话，究竟有什么区别呢？""最大的区别是不再死乞白赖地较劲了，真的不一样了，心情好了，也不觉得累了。过去，一旦学生犯了错，就要扣班级的分数，一天被扣几次分，心情十分沮丧，有极度的挫败感，有一肚子的火想冲学生发。现在，一个学生上课违反了纪律，下课我找他谈话，他非常真诚地点点头，我感到心里很舒服。也许人只有在放松的时候，才会离真正的教育更近一点儿。"

"学生违纪了怎么办？"李亮老师把学生违纪看作他们成长中不可或缺的"因素"，他一次次耐心地与学生谈话，理解与尊重学生，不以规则压服学生，师生间达成了新的共识。这既尊重了学生，也尊重了规则，更尊重了神圣的教育工作。

十一学校的老师们正在实现由班主任向导师的华丽转身，我们看到了教育本来的样子。

发现学科教师的神圣使命

关注学习之外的事

化学老师兰玉茹发现自己要操心的事多了，以前学生听课、作业有问题时直接找班主任，现在没人找了，自己不但要教知识，还要关心学生的情绪、心理、学习状态等。她说："以前天天琢磨题，现在还要琢磨人。"

在地理老师赵蓓的电脑里，有一份她所教的学生的名单。打开一看，密密麻麻一大片，学生各科的学习成绩一目了然，用不同的颜色标注得清清楚楚。一位记者问她："这是做什么用的？"她认真地说："便于对学生的全面了解。"过去，老师只要完成所教学科的教学任务便万事大吉，其他学科的学习情况是不需要过问的，更不需要关注学生的思想、情绪、心理活动，那是班主任的事。如今不行了，赵老师在地理课上要时时观看学生的脸色，关注他们的情绪、学习状态，甚至今天学生高兴不高兴都要留神。

赵老师每天除了上课，更多的是与学生做个别交流，一天也不知道要发多少飞信。下面是学生给赵老师的短信。

赵老师，你是学生的正能量。

赵老师，我们是一生的朋友。

老师，我正在墨江北回归线标志园，好热呀！今天就可以到版纳了。什么事情都没有，就是与您分享一下心情。学了地理后，一路上的关注点好像都不一样了，真好。提前祝您新春快乐。子宜。

赵老师说："这样做教师，很辛苦，但内心是甜蜜的。"

化学老师章异群把做导师描述为"人生美丽的转折点"。

一名学生脸上没有笑容，总是闷闷地坐在角落里看书，这引起了章老师的注意。一天，这名学生对章老师说："老师，我能把乐器暂时放在您这儿吗？"章老师爽快地答应了："可以呀！"后来，章老师发现她的作业不符合要求，就耐心地告诉她如何写作业。过了几天，章老师又给她发了一条短信："经过一个星期的学习，你有很多体会吧，老师看到你认真学习的样子，很高兴。我在想，你又要学习，又要练琴，顾得过来吗？你是自愿选择练琴的吗？我能帮你做点儿什么？我能让你感觉多一些快乐和轻松吗？"经过一次次的交流，这名学生的作业情况越来越好。

一天，章老师给一个学生发短信："我看到你的规划了，我能不能与你交流一下？我知道你想学经济，你想到哪里学呢？"学生回复："我不好意思说。"章老师说："最好的经济专业是北大光华管理学院，有什么不好意思说的呢？高一只有你想不到，没有你做不到的。"一个学期过去了，章异群老师惊奇地发现，师生间的密切接触、彼此间的亲密关系，使学生的学习发生了很大变化。

在一次年级会上，张兆利老师的一番话，引起了大家的反思。"学生为什么玩游戏？也许他们太累了，想休息休息。我们更多地关注学生的成绩，很少去关注他们的内心。他们内心的真实需要是什么？你问过吗？我们好像太急躁了。孩子做每一件事情，都有自己的想法。如果大人觉得某事不太符合常理，希望孩子加以改正或不许孩子去做，那么，先要搞明白其行为背后的真实想法。或许在了解了之后，你反而会认同孩子的想法。"

一次，夏伟老师发现一名同学在踢电梯，问他为什么这么做，他回答不出来。夏老师说："你知道这样做是错误的吗？"这名同学点点头。"你知道是错误的，为什么还这样做呢？"这名同学犹豫再三，终于爆发了："我累了！"表面上看这样的回答有点儿文不对题，但夏老师突然意识到，这个孩子最近有三科要补习，一下午都在接受老师的"帮助"，他的确是累了。这件事让夏老师体会到，看似是行为习惯问题，其实往往有更深层的原因，一味地遏制可能更加伤害孩子。

曹书德老师的年级有个男生喜欢摄影，专门负责班里照相、录像、制作视频等，可这学期他上课总爱睡觉，连早自习时都在睡。原来他夜里打游戏，家长也制止不了。他为什么沉溺于游戏不能自拔呢？曹老师经过一番细致的了解发现，很重要的原因是他失去了在班里照相、录像、制作视频的"风光"。因为他的拍录、制作水平属于中等，学校电视台和社团他肯定进不去，他的内心很失落……

很显然，学科教师开始关注深层次的东西了。

2013 年 4 月 10 日中午，笔者在食堂用餐，于振丽老师端着盘子坐在我的对面，兴奋得脸上直放光。"哎呀！你知道吗？老师们已经渐渐找到做导师的感觉啦！一位特别内向的老师，过去很少与家长打交道，现在主动与家长联系，学生的成绩出来后，不用找班主任，而是自己想办法解决。这回我算是踏实了，真踏实了。"

她接着说："教师终于有了使命感，对育人有了系统思考。每一位教师都集教育、教学于一身，每一个人都是学生的导师。这个力量太大了！真好！"

教育长期追求的东西出来了。过去，教书是教书，育人是育人。而如今，立德树人落实到每一位教师身上，落实到具体的教育教学活动中，教书和育人不再是两张皮，困扰基础教育多年的问题得到了有效解决。

谁在悄悄影响学生

悄悄走进学生的心灵

何谓导师？女作家伊丽莎白·本尼迪克特说，导师是"我们的典范，我们自己心底的名流，我们要努力赶上的人，会让我们爱上他们的人，有时候，还是我们悄悄追随的人"。

在学习设备可以随身携带，学习行为无处无时不在、获取知识信息十分便捷的今天，教师存在的价值是什么？纽曼在《大学的理念》中曾经说过："任何学科的一般原理，大家可以足不出户，通过书本而知之，可是细节、色彩、口吻、氛围、生气、使得一门学科融入我们血脉的那股生机，凡此种种都要从师长那里把捉，因为学科已经在他们身上获得了生命。"

在一次会议上，李希贵校长用自己春节回家时过去的学生去看望他的经历，深刻阐述了教师对学生的终身影响是什么，他说："他们并不跟你说学习，而是跟你说别的事，说学科之外、作业之外的事，不断地跟你说这说那。就是这些看似没什么的这个那个，过了二三十年，学生还深深地记着，甚至会影响他的一生。那么，这个别的事是什么呢？老师和学生除了说学习，还能说什么呢？这就是我们教育工作者要重新思考的问题。"

"方习鹏老师改变着我们每个人的科学观，他用'冷峻'和爱引领我们认识物理科学的本真，保持严谨、细致的态度，让科学素养注入我们内心最深处。"这是一名学生认为的老师对他的影响。

上课不苟言笑，是方习鹏老师的一大特征，但学生却深深热爱这种"冷峻"，它使得物理课堂变得神圣起来，是科学的神圣，是一位理想主义者的自然、质朴、高屋建瓴。他言简意赅，他的问题情境设置精妙，他对学生的深度思维有所启发，他的教学内容起点低落点高，他关注着不同层次的学生……他的每一节课都是物理学、逻辑与美的展示，成为学生理性思维形成过程中的一级台阶。

他的班上一名女生高考前紧张，深夜给他打电话。这位以熬夜和晚起出名的老师，第二天早上 6 点 30 分来到学校，打着雨伞出现在学校北门。别的老师见到他，感到很奇怪："'方爷'怎么这么早就来了？"原来，这名女生要到外校去参加考试，希望方老师为她鼓劲加油。这件事深深地刻在老师们的脑海中。老师对学生的责任与挚爱，潜移默化地影响着学生，他们也在学生今日之爱戴与明日的回忆中享受着富有乐趣的教育人生。

这是阳依伦同学写给杨文学老师的话："或许听您讲课的时间很短，但这不是事啊！您依旧是中学时期对于我来说意义非凡的老师，感谢您的教诲，一堂堂人生大课是我最宝贵的财富。"

"老师，超喜欢您的板书，高一第一节数学课，您在黑板上写下'数集'两个字，让我瞬间爱上了数学。"周静怡同学因为板书爱上了数学课，从此之后，她总追着杨老师问这问那，什么事都找杨老师。老师很细小的一个动作、微不足道的一件事，却深深地影响了学生。

"鸡蛋从外打破，是食物；从内打破，是生命。人生，从外打破，是压力；从内打破，是成长。"这是高中教学楼六层拐角处张贴的一段话，是地理老师赵蓓写给学生们的。她是年级的教育顾问，经常会写一些话语激励学生，这些话语被学生亲切地称为"赵姨心语"。学生上下楼梯不经意间会看到，也许，它会让学生停下脚步，沉思片刻；也许，它会在学生心中留下一点点启示，或者是一丝丝温暖的记忆；也许，什么也没有留下。但是，它的存在已经是一种证明——发自心底的温馨提示越来越受到重视，说教的痕迹渐渐远去。

一天自习课上，一名学生在廖丽娜老师的办公桌前看书。这是廖老师最近新买的《背影》。学生看得津津有味，廖老师心里更是美滋滋的。廖老师平时喜欢看一些数学之外的书，看完了就随手放在办公桌上，或者窗台上，久而久之堆了不少书。渐渐地，她发现学生在看这些书，这让她感到很欣慰。

苏霍姆林斯基说过："教师在课堂上跟孩子们的交往，只是教育工作的一部分。孩子的教养、精神上的发展、道德面貌的形成，所有这一切在很大程度上都有赖于在课余时间内进行的、不列入课表的工作。一个教师，只有当他成为孩子们在其中度过其精神生活并建立彼此间道德关系的那些集体的组织者和领导者的情况下，才会是一个教育者。"它提醒我们，除了父母之外，对一个孩子的成功影响最大的是站在教室前面的教师。

成为学生追随的人

在十一学校，历史老师魏勇是个特立独行的人。他喜欢和人聊天儿，喜欢批判性阅读和写作，关注人性、精神、政治等方面的书籍和电影。正因为如此，他成为颇受学生青睐的一位导师。

的确，魏勇老师做导师和别人有点儿不一样，其实是他对教育的理解不一样，他把做导师形容为"美好的青春遭遇了美好的教育，我愿意做一切美好事物的'走狗'"。

谈起做导师的经历，他颇为自豪地说："我和我的学生相处得很愉快，我们能玩到一起，很多时候，我感觉不是在教育，而是在玩，是在分享。这样，彼此心灵的成长更快。我们的活动从来没有硬性规定，是有组织，无纪律，想来就来，想走就走，非常宽松的。可奇怪的是，学生从不缺席。我们一起看电影《一九四二》《禁闭岛》《林肯传》等。看完电影《一九四二》，我们一边吃一边聊：'电影反映的是不是真的？如果是真的，还有没有没被披露的？为什么会选择这个层面？'"

春天来了，魏勇老师与学生去颐和园，在草坪旁边休息，忽然发现一群蜜蜂飞来飞去，不经意间有了话题，他问同学们："工蜂将自己奉献给蜂群，自己辛劳而死，算不算高尚？"有的说"这是本能"，有的说"这是高尚"，争论持续了很长时间。"我们还在一起讨论反腐败问题、钓鱼岛问题，这种讨论很随意、随机，像小鸟自然地啼出黎明。非正式场合对学生的影响更为深刻，学生没有感觉你在教育他，这时候教育的力量是最强大的，会让他终生难忘。"

导师是干什么的？他归纳为"三陪"——陪读、陪聊、陪看，就是陪读书、陪聊天儿、陪看电影。他认为作为学生的导师，要在他们最美好的年华，告诉他们应该读什么样的书，看什么样的电影，听什么样的报告和讲座。为了让学生能够全面了解将要阅读的内容，魏老师做了一个书目，并写下推荐理由。比如米兰·昆德拉的《被背叛的遗嘱》，"要在世界文学的海拔上来了解什么是好的文学，这本书是绕不开的"，所以他推荐了。他还推荐了麦克里兰的《西方政治思想史》给学生。他们的学习方式是读完之后，每个人负责讲一个单元，在讲的过程中随时接受质疑。

"陪学生看书，是导师工作的主要内容。我们一起读《西方政治思想史》。这是西方高等学校的教材，60多万字，是一本很畅销的书。我们每人重点读一个章节，讨论时做主发言，比如'什么叫人民'、'通过什么方式造就好的社会'等。"魏勇老师指导学生读书，与其他人的方法不一样，不是简单地开出书目，而是与学生一起读。师生共读一本书，教师与学生的心贴得更近了，这在从前的行政班是不可能的。

一天，魏勇老师走进他的教室，发现办公桌上放着一本书《了不起的盖茨比》，书里还夹着一张小纸条，上面写着："老师，这是您的书。抓紧时间读书，导师会上共读哦！别忘了。"落款：叶枫。魏老师笑眯眯地将书收起来。这是他与学生的约定，师生共读一本书，大家分别阅读，导师活动日时一起交流。

"学生也向老师推荐书，《了不起的盖茨比》就是叶枫推荐的，她认为英文版的更好，所以要求我们中英文对照读。这本书我过去读过，按照学生的要求又认真重新读一遍，我们的阅读生活就这样开始了。学术类、文学类的书都读，比如《林肯传》《温故一九四二》《逃离岛》《月亮和六便士》等。除了看书，我们在一起更多的是聊，聊历史，聊人生，聊社会热点，学生常常是妙语惊人。他们写读书笔记，我也写，在导师会上大家声情并茂地朗读。"魏勇老师自豪地说。

就这样，一群有独立个性、自由思想的中学生，在十一学校开始了他们的读书生涯，也开启了他们的哲学探究之旅，而为他们燃灯烛照的，是他们的导师魏勇。

这是一位能真正影响学生心灵的导师，他与学生的对话让学生获得了什么呢？魏勇老师认为，对话的基础是平等，对话的方式是民主，对话的目的是自由。他们构建了一个自由的学术空间、精神自留地，在与学生讨论的过程中，他感觉已经有了"高手过招"的意味。在这里，没有权威人物可以主宰对话，师生之间是平等的。学生不用屈服于权威，而是学会用自己的头脑提出问题，有逻辑、有证据地思考，学会与他人平等对话。

"当两个人是平等的主体的时候，在身心自由的前提下进行交流，才会把内心最好的东西拿出来，双方最后得到的东西必定是大于两个人的。相反，如果交流是以说服对方为目的，最后的结果可能就是'一加一小于二甚至等于一'。"魏勇老师说。

人们都说名师难求，其实，天资过人的学生更难求。但是，在变革年间的北京十一学校，一位特立独行的老师、一群想法过人的学生，就这样风云际会了。

"我为什么会感到快乐呢？学生年轻的生命充满了灵感、创意和想象力，我们在一起聊天儿，他们分享我的阅历，我分享他们的成长，彼此都在成长。和学生平等地坐下来交流，才发现他们不是小孩子。如果不是学校形态的改变，我和学生之间是不可能有这样的交往的。在这样的形态下，做这样的教育，我很开心。"魏老师觉得这是他教书20多年来最开心的一段时光，他打算"将来退休后，把这些故事编成32个回合，每天在北京天桥下说一个回合"。

没人能说出认真、热情、有爱心并且真挚的导师，对文明的影响有多深。但我们知道，从他们开始，我们有了一种全新的科学的教育方法，我们有了真正平等的师生关系。

第七章 学生的内动力从何而来

人生是一种能量。然而，开发人的能量需要交付巨大的成本，谁掌握了开发生命能量的知识，谁就能创造出生命的辉煌。

按下你的动机按钮

被自由"逼"出来的规划

"选择"的背后是"责任"。仅仅给学生选择权就行了吗？如何帮助学生把责任感建立起来呢？

每一项改革都是一块难啃的骨头，每一步都带出后续更为深刻的改革。

由于实行选课，自习课大幅增加，学生一周最多的 13 节自习，连初中学生的自习每周也不低于三四节。而且，学校规定每天下午 4 点 10 分放学后，全部是学生的时间，任何人不得占用。这些自主支配的时间，学生在做什么呢？他们在学习吗？他们能管好自己吗？这几乎成了悬在所有老师心中的问号。

一段时间以来，找不到学生让朱则光老师特别郁闷。"等他们他们没来，找他们又找不到，他们都去了哪里？"来凤华老师连连感叹："学生上完课像候鸟一样飞走了，你上哪里去找他呢？"

对于刚刚入学的初中学生来说，校园中的一切都十分新鲜，中午一吃完饭他们就往外跑，像一列列小火车似的"嘟嘟嘟"开走了，满校园里转悠。

中午两个小时的宝贵休息时间，不少学生都在"瞎晃悠"。规定孩子们必须做什么很容易，但这与学校的改革目标有冲突，怎么办呢？王鲁豫老师一时急得不知如何是好。这反映了学生缺乏规划，应当帮助学生学会规划，有了可靠的规划，学生的时间利用才会变得更为有效。

一天，王鲁豫老师让同学们把中午休息和下午4点10分放学后的时间做个规划，结果，一名学生交上来的规划如下："中午——玩、玩、玩，下午——社团、社团、社团。"王老师一看更着急了。统一规定吧，不行；帮助他规划吧，他能接受吗？

什么才是选课走班最大的风险？在行政力量消失后，让老师放心、放手的是什么？一些学生难以适应高度自由化的学习环境，在多种多样的课程选择面前，感到无所适从。自习课上有的迟到，有的玩手机，有的随便出入教室，表面上看好像是纪律问题，其背后实际上是学习状态问题，学生缺乏对自己学习的管理，缺乏规划，缺乏目标。这个时候，帮助学生制定学习规划，就显得特别重要。

学校反复强调："好的学习，在某种意义上说，是出于自愿，是自我驱动的。我们要构建学生自我发展的动力机制，为学生装一台属于他自己的发动机。当学生有了明确的目标，有了内动力时，才能规划自己每一天的学习生活，也才会有成就感、自制力、责任感。"

李希贵校长在会上多次谈道："关于东西方教育，我们可以说出无数不同之处，但最大的不同之处是什么？西方的孩子往往都有一个属于他自己的发动机，而我们的孩子的发动机则在家长和老师手中。我们要在基础教育阶段，帮助学生建立起自我发展的动力系统。全校几千名学生，每个人都不一样，如果他自己不去规划，不会安排、调控自己的学习，老师怎么办？改革的目标就是把每一个孩子唤醒，给他们装上发动机，找到他们发展的起点，找到他们今后人生的'发力点'，帮助他们成为成功的学习者、自信的个体、负责任的公民。一旦装上发动机，他就会变得大不一样——特别有干劲，特别有动力，内心会变得十分强大。有了这个动力系统，他将来走上社会，便会走得很远，发展得很好。不然，离开了学校，离开了老师，他就会茫然不知所措，就会停滞不前。12年的基础教育，我们该给孩子们打下什么样的基础？其实就是这个动力系统。"

为每一名学生的发展注入动力，成为选课走班后的第一要事。

动力从何而来？有目标就有动力。有了清晰的目标，孩子才能够战胜各种诱惑，主动离开电视机，离开电子游戏，离开懒散的沙发，头脑清醒地坐在书桌前。只有目标才能使孩子战胜惰性，成为自主的、积极的、努力的人。"孩子，你的目标是什么？"王鲁豫老师鼓励学生自己设定目标，为了引领学生对"目标"有所感觉，她从一个个具体的、熟悉的事物出发。她告诉学生们，对于英语成绩一般的学生来说，英语考试80分就是目标；对于阅读有困难的学生来说，阅读就是目标。

下课了，一个又一个同学找到王老师，俯在她耳边小声说出自己的目标，王老师认真地记录了下来。没想到，小小的目标像催化剂一样，极大地激发了学生的积极性，期末考试学生的成绩大幅度提高，有1/3的学生实现了自己的目标。放暑假前，一名学生找到王老师，悄悄地问："老师，下学期还这样吗？"王老师大声地告诉他："还这样！"

在一次次完成目标的过程中，"目标"这个抽象的概念变得具体、丰富起来，孩子们从日常生活中的一个个小目标逐渐想到自己理想的大目标，并将小目标与大目标联系起来，小目标成为通往大目标的一步步阶梯。

初中学生年龄小，自控能力差，对于出现的问题，朱则光老师不单纯从行为入手，而是从行为的上端——规划入手，以此推动学生逐步明确自己的发展方向，学会规划和管理自己的学习生活。每一次做规划都渗透目标意识，引导学生从学会管理好自己的时间开始，一步步上升到学会规划好自己的人生。朱老师为学生设计了一张规划表，表的正面是周一至周五的每一个时间段，背面是任务清单，也就是每一个时间段该做什么事，学生将任务和要求分解到每一个时间段，以此督促自己完成。当学生学会了安排一天的生活时，朱老师又指导他们按照学科做规划，再按照培养目标做规划。规划不断升级，从普通版到任务清单版，再到追求卓越版，学生对自己的要求越来越高，自我发展的动力也越来越强。

制定规划的过程，让孩子们懂得了，自由，意味着快乐，但快乐不是生活的全部。要给自由赋予意义，要快乐而有意义地过好每一天。

有了规划的孩子，学习变得大不一样。张屹萌同学这样描述自己的变化。

刚开始听到"自习课"这个词时，可把我高兴坏了，没有老师的监督，不是想干什么就干什么了吗？在自习课上，我一会儿写字，一会儿看书，一会儿左顾右盼，还想写个小纸条和同学聊天儿。没想到，好景不长，当我拿到考试成绩单时，我呆呆地看着自己的卷子，不是空白就是叉，后悔自己没有利用好自习课。我开始反省自己，认真地做了规划，并自我约束，严格按照规划学习。一节课45分钟，前20分钟复习数学，完毕后学习英语单词，临近下课的5分钟背一首古诗。我坚持了下来，每天都在进步。

下面是博尔嵩音同学的规划。

周一是我自习课较为集中的一天，一共有三节。我充分利用第一节的宝贵精力预习一整天甚至一周的学习目标。下午两节自习连排，我会抽出一节进行自我放松，读一些经典名著；另一节用来完成作业或对一天学习的知识进行总体复习。

对于高中生来说，是否具有内动力，是能否对自己负责的关键因素。动力来自目标，压力来自任务，有了目标和任务，学习才会真正成为学生自己的事情。开学之初，老师将一个学期的学习任务提前告知，让学生总览学习任务的全貌，对目标有清楚的认识。"当他们知道了要学习的东西时，无一例外地对学习表现出主动的兴趣。面对任务，他们本能地寻找完成任务的最佳途径，开始细致地安排、决定每个月和每周要采取的步骤，以使自己能走完全程。这时候，他们会按照决定来实施，而不是盲目地既不知道路线又不知道目标地乱窜。假如他们的计划与目标不符，他们会尝试其他办法。在这种情况下，他们不仅学得更多，而且学得更好。"学生的表现，让陈秀波老师大为惊喜。

她发现，信心、目标与方法在学习和生活中起着举足轻重的作用，有时候是决定性的。"当他们对自己满怀信心的时候，他们会有更高的目标、更多的行动、更好的方法，从而获得更大的成果。每一个学生都有无限的潜能，每一个学生都可以成为'学霸'或别的什么'霸'，身边学生的变化在不断地印证这一点。"

教育是发现

"装发动机可不是个简单的活儿，一试才知道，真没那么简单，太有挑战性了。"老师们坦言。

一次，一名同学学习出现了波动，于振丽老师想约他谈谈。"谈什么?"学生反问。"谈谈你的学习，我觉得我得关心你。""我这会儿没空，以后再说吧!"说完，学生一扭头走了。

类似的尴尬，并非只发生在于振丽老师一个人身上。一天上完课，朱则光老师问一个学生:"你中午来我这儿吗?""老师，我第六节有课。""那下午4点10分以后呢?"朱老师又问。"我有社团活动，然后和英语老师约好了。"学生的回答十分干脆。

这时候，大家才发现，这项工作的难度在于，学生的兴趣、潜能和趋向不同，而大部分潜能潜藏在"冰山"下面，处于沉睡状态。这种潜能只有在有充分的外部条件触发的情况下才能够实现，需要借用教育的力量去唤醒。

雅斯贝尔斯说得更直接:"没有一个人能认识到自己天分中沉睡的可能性，因此需要教育来唤醒人所未能意识到的一切。"英国著名作家肯·罗宾逊在《展开学习的革命》中说:"人的潜能犹如矿石资源，埋得很深。"

是的，每一个学生的心中，都有一扇成长的门虚掩着。每一扇门的背后，都是一个不可估量的宇宙。每一扇门的开启，都是一个无法预测的未来。重要的是，你能不能温柔地推开它。

围绕着"发现"与"唤醒"，学校里各种会议、研讨、沙龙一个接着一个，大家在焦急中寻找办法。

"我们必须有勇气让他们来欣赏这个世界，来理解这个世界，并且按照自身的特点积极地参与这个世界。"

"要让孩子发掘生命里的一切。"

"你真的了解学生的千里之志、心之所向吗?"

"仅仅靠检查纪律能查出动力吗?"

"不要总是想着怎么管，总是盯着犯了什么错，总是想着用什么办法去惩治，而要将注意力放在发现上，发现每一个学生的不同，发现每一个学生的潜能，默默地关注、等待、寻找契机，适时地引导、点拨、唤醒。"

"有时候，我们要发现、唤醒每一棵树，让其知道拔节的时候到了，我们还要'作为树的形象和你站在一起……'。"

"拨动孩子的心弦，要靠沟通。要了解学生，首先要走近学生，进而走进学生的内心世界。"

"要关注每一名学生，研究他们的真实需求。"

"沉睡于内心的需求，是需要以恰当的方式激活的。"

"有时候，发现比教育更重要。"

"教育要实现为学生的成长服务，就要清楚每一名学生的内心图谱，如果他要登上100级台阶，他现在到了哪个台阶，他还缺多少个台阶，他应当如何攀登。"

一次次的学习、探索与实践，让老师们的观念在悄然发生变化。

眼看一名学生管不住自己，成绩出现下滑，怎么办？刘作亮老师十分焦虑，再这样下去不行了，必须做点儿什么了，但怎么做呢？又不能退回到从前用老办法，他一遍又一遍提醒自己"不要做警察"。可是，"导"和"管"之间的火候到底怎么把握？刘老师想了一个办法——由管到谈，不就事论事，不提这件事，就聊天儿。于是，他和这名学生坐下来开始聊，一会儿谈谈未来，一会儿谈谈规划。结果，聊着聊着，这名学生自己说道："老师，我管不住自己。"这句平平常常的话，让刘老师心里甭提多高兴了。这说明学生已经发现了自己的问题，有了要改进的愿望。

刘作亮老师突然醒悟了："教育是需要等待的，给学生装发动机，有时需要一个契机，老师要有所准备，要有足够的耐心，还要有敏锐的观察力。"他想起李希贵校长在一次会议上说的话——"教师是给学生拧螺丝的"。他现在对这句话好像有点儿理解了。"可是，契机在哪里？或者，当契机真的出现时，我能不能把握住，一下子给他装上呢？"他突然感到自己面临着更大的挑战。

王晨瑀，一名头戴鸭舌帽、清秀白净的大男孩儿，很小的时候就开始画画儿，上了高中，仍然没有放下手中的画笔。到了高二，学习遇到了困难，他内心很苦闷。一天，老师将他的十几幅画贴在教室的黑板上。这一贴，引来了同学和老师赞叹的目光，让他有了被重视、被认可的感觉。这一教育环境的刺激，像一个驱动程序，激活了他原来死水微澜的生活，激发了他更为强烈的绘画欲望，唤起了他心中渴望已久的成功感觉，内心深处的渴望逐渐苏醒，他听到了自己内心所发出的声音，突然对自己有了信心，未来的发展方向变得越来越清晰。他决定全力发展自己的绘画能力，报考艺术类大学。于是，他找老师辅导，整理画作，出版画册，办画展，连续几个月，每天下午放学后4∶10—6∶00，他都会到艺术楼敬一老师的教室里静静地画画，欲罢不能，简直达到了痴迷状态，绘画水平大幅度提高。

2014年寒假的第一天，他收到了美国纽约视觉艺术学院的录取通知，真是喜出望外。他激动地说：“要是换作一般的高中，我早就被淹没在题海里了，哪有工夫追求自己的个性呢？多亏了十一学校先进的教学理念，我才能走到今天这一步。”在王晨瑀举办的个人画展上，前来祝贺的李希贵校长高兴地说：“教育的本质是帮助学生发现自己，唤醒自己，成为自己。学校所做的一切只有一个目的，就是让老师发现每一个学生，让每一个学生发现自己。”这番话，进一步阐明了学校改革的初衷。

文学阅读是一把钥匙，引领学生向人性的深处开掘。走进学生的内心，了解他们的真实需求，寻找契机，让每一个学生在课堂上得到适切的关注，这是语文老师孟邻的尝试。

2月初一开学，孟邻老师发现，升入高中刚刚一个学期，理科男庞皓天同学突然对散文有了兴趣，晚自习时，他常常到语文教室里捧着《丰子恺散文选集》看。他坐在语文教室里，或者望着窗外的景物发呆，或者回忆过往的事，或者写几句诗。这种自由自在的学习状态，让庞皓天对自己的兴趣有了深入了解。也许，是语文教室的环境、宽松的氛围、自主学习的自由、适宜的教学方法，将他唤醒了。

一天语文课上，尚炳君同学深情地朗读唐朝高适的《别董大》：“千里黄云白日曛，北风吹雁雪纷纷。莫愁前路无知己，天下谁人不识君？”教室里的静谧安详、老师与同学和蔼的目光、诗人描述的情境、送别的千古绝唱、发自肺腑的慷慨悲歌、坚强的信念、豪放与健美、真诚的友谊，让原本认为古诗词枯燥乏味的她突然有了感觉，对其中的意境有了强烈共鸣，她一下子被这种美妙的感觉抓住了，产生了强烈的心理震撼。从此，她对古诗词着了迷，渴望读更多的诗，开始有意识地阅读这方面的书籍，充实自己，打开自己，意志坚定地走在了文学求索的路上。

和尚炳君一样，将来准备从事传媒工作的史哲文同学也喜欢上了古诗词，她们俩每天 4 点 10 分后相约来到语文教室读书。一天，她们每人捧着一部厚厚的《宋词鉴赏辞典》专心致志地读，站在她们身边，笔者真不忍心打扰她们，抬头看了一眼书架，上面整齐排列着《中华古诗文赏析丛书》，一数，好家伙，19 本。笔者忍不住问了一句："你们三年能不能看完呢？"她们望了望笔者，没有回答，甜甜地笑了。那惬意的笑表明，能不能读完已经不重要了，重要的是，她们对古诗词开始读上了，爱上了。

"装发动机需要很长的时间，所以，我们要学会等待，学会陪伴。孩子就像花圃里的玫瑰，有不同的花期。最后开的花，与最早开的花一样美丽。"孟邻老师用"赢在内心，充满激情、苦涩和甜蜜，就像谈了一场轰轰烈烈的恋爱"来形容这个过程。

唤醒心中的"巨人"

由未来规划现在

走进高中楼楼道，抬眼就能看到这样的话："你处于哪个位置固然重要，更为重要的是你必须清楚往哪个方向去。"它时时提醒着同学们，长远的目标就是未来的路，要知道到哪里去、将来会成为什么、现在需要什么样的准备。在十一校园里，随处可以看到这样的标语。这是学校有意而为之的，为的是帮助学生厘清志向，导航人生，做好人生规划，把今天的学习生活与未来的人生目标联系起来。

一名刚刚走进中学大门的男同学，对一切都觉得新鲜和好奇，没事就在校园里这里走走那里看看。一天，当他走进国际部大楼的时候，发现大厅里贴着一张醒目的宣传画，大标题是"你离这个位置有多远？"。这个有意思的题目深深地吸引了他。他走近一看，社会上各类人才——长江学者、客座教授、特聘教授等的素质要求赫然在目。他的心里动了一下，这些只有在报纸、电视中才能看到的精英原来和我有关系？

这是十一学校特别用心做的一件事，在学生有了自己理想的职业目标后，学校及时将未来职业的素质要求告诉学生，在学校网站、公告栏、教学区公布，引导、启发有相关职业目标的学生思考。

学校还通过多种途径帮助学生了解出国的需求，介绍国内外高校的情况。所有这些努力的指向都非常清晰——帮助学生尽早认识自己，了解社会。

学校认为，高中教育有其特定的任务和独立价值，中学阶段，尤其是高中阶段，是人生重要的抉择期，即使一般孩子，也要开始谋划自己的人生了。在中学阶段应当注意培养学生的独立人格，让其能够正确认识自我，驾驭自我，在社会发展的进程中，在迷离的人生舞台上，选择好自己的人生坐标。也就是说，要明白，你是一辆什么车，你想最终去往哪里，你会以什么速度，走在什么路上。

"学校的使命就是要为学生提供一个非常具有挑战性的学习环境，提供一个平台，让他们能够发现他们的兴趣，找到今后人生的'发力点'。其目的是让每一个学生找到他可以变得伟大的地方，并且在通往伟大的道路上稳健地前行，勇敢地去追求他们的梦想。"李希贵校长的这番话道出了学校改革的真谛。

为了帮助学生更加深入地了解社会，学校开设了33门综合实践课程，包括75个领域的职业考察课程，涵盖金融、经济、法律、信息技术、科学、艺术、文化出版等领域。聘请200多位名家大师进校园与学生面对面交流，还开辟了职业体验基地，如广告公司、学生电视台、热点电脑俱乐部、动漫设计中心、咖啡厅等，还有内容丰富的研究性学习、社会实践和义工服务。所有这些活动都实行学分管理，从制度上保证学生广泛参与。通过不断地接触社会、职业体验，使学生对自己选择的职业有更深的了解和体察，并知道要实现自己的规划需要做出哪些努力，帮助学生正确地认识自己，认识社会，不断地修订自己的职业与人生目标，以期最终接近和找到一条适合自己的通向伟大的人生道路。

丰富的职业考察课程，如同给了孩子们一个珍贵的罗盘，带领着他们进入未知领域。

一名学生一心想当律师，为社会伸张正义。可通过职业考察，她发现律师的职业状态不是自己想象的那样，律师既不是天使也不是魔鬼，既不代表正义也不代表邪恶，而是通过参与司法活动的整个过程去实现并体现正义。简言之，律师就是以依法维护委托人合法权益的方式去实现维护正义的目标。于是她的想法改变了："我觉得不适合我，我不想当律师了。"

学生电视台的主持人李佳颖同学，高一时还不清楚自己长大了想干什么，一天，她走进了学生咨询中心，向职业咨询指导老师请教。李佳颖得到的建议是，到社会上做职业考察和体验，加深自己对梦想职业的感性认识。咨询指导老师的一番话，让她茅塞顿开。接下来的日子里，她经常到北京电视台参与节目的制作，对电视台的工作有了初步体验。

是什么使孩子的内心有了美好的憧憬，有了自我发展的强大动力？每周三下午，学校都会邀请一位名家大师走进十一学校，来自不同领域的200多位专家、学者、文化名人、政治精英、科学巨匠、商界领袖、学界泰斗、艺体明星与孩子们面对面，讲述成长的故事，揭示成功的秘密，诠释人生的哲理。著名主持人倪萍、白岩松，篮球明星王治郅，航天英雄杨利伟，天文学家李竟，童话大王郑渊洁等都和孩子们有过亲密接触。

对于中学生而言，偶像在他们的职业和人生规划上有着巨大影响。走出报告厅，孩子们有了这样的感受和体会。

"从此我立志要发展中国的公益事业，并要成为一名诺贝尔和平奖获得者。"

"他的志向真远大！"

"感受名人的成功经验，体会心酸，体会失败，体会坚持，体会收获。思索自己的人生目标，寻找热爱的，寻找适合自己的，寻找梦想，寻找方法。"

这份宝贵的经历，让学生获益匪浅，他们懂得了不论将来做什么，只要努力奋斗，就会有光明的前途；不论将来从事什么职业，现在都需要好好学习。学生孔德泽说："与诺奖大师面对面，实在难得，从他们的经历中不难发现，他们之所以取得了如此成就，不仅仅是因为知识精通，更重要的是因为他们对自己所从事的研究有一份热忱。这份热忱，使他们有恒心研究下去，在错综复杂的数据中找到规律，精心总结，并最终得出自己的理论。想到这些，我不禁亢奋起来，大师的道路激励着我向前。"

在姜又升同学看来，大师的奋斗历程成为她内心最深层的驱动力，是一种永不匮乏的资源。她说："它是我体内的一座小引擎，永远驱使着我，停不下来。真的，我喜欢这样。"梁清馨同学深情地表达了对大师的感激："您改变了我对这个世界的认识，让我知道小人物也可以有大梦想，真心感谢您！"

聪明的李佳颖同学抓住机会，近距离采访了40位名家大师，尤其是面对面接触了自己十分崇拜的央视主持人，倪萍、李瑞英的风范深深地影响了她。她说，这段经历对她来说是十分珍贵的，对她的人生志向有非常大的影响，她立志要成为一名电视人，想考传媒学院。因为她的心中已经出现了一个清晰的价值衡量标准，她现在更懂得如何把当下的时间和精力用到更有利于自己发展的方面。

获得更多的人生体验

丰富的职业考察课程、名家大师的人生经历，使学生对未来的理想有了初步认识。这个时候，学校搭建了一个又一个平台，让学生亲身实践和锻炼，获得更多的直接体验，进一步坚定自己的理想、信念。

李希贵校长说："我们试图创造一个真正属于孩子们的学校，给他们搭建舞台，提供空间，创造条件；我们希望在所有的教育教学包括管理活动中都看到学生的影子。我们这样做的目的，就是推动孩子们慢慢脱离家长和老师自己去做事情，我们甚至让自己的虚荣心丧失殆尽而看着孩子们的作为不断地超越我们。当我们的校园能够成为学生生长想法的地方时，我们的国家和民族的未来才有希望！"

走进十一学校的校园，到处可以见到制作精美的海报、充满稚气的宣传广告，它们均出自一个学生社团——十一学生广告公司。这是一个由学生创办的自主经营、自负盈亏的公司。它已成为学生的职业体验基地，包括海报的设计与打印、覆膜技术的学习，以及签订单、跑客户、工资分配等业务的训练。一群热爱创意设计的孩子，在这个不足20平方米的小天地里，成长着自己的职业理想。

除了广告公司，还有类似的机构，如复印社、松林书苑、学生银行等也全部由学生管理。学校把这些机构定位为学生的职业体验基地，使学生接触到丰富的职业体验，了解自己的职业兴趣和能力倾向，可以更多更远地介入社会事务，了解真实的社会，增强公民责任心，在社会性服务中丰富自己的精神品质。

十一学校里有一个"校园机会榜"，学校将一些日常管理工作通过招投标的方式向学生公布。学生可以自主选择，自行申报。比如，设计学校吉祥物和文化标志，策划各种大型活动，制定各种活动预案，管理学生影院，主持国际文化日、校园文化日、毕业典礼、成人仪式、升旗仪式、名家大师进校园讲座，接待国际友人，这些本来可以由老师做的事情全部由学生承担。学校里有五个书店，全部由学生承包经营；校园里有两个电影院，从播放规划到经营管理也是由学生轮流负责。

许多学校日常管理工作的改进也向学生征集方案，比如，关于十一学校礼仪文化的调查研究、艺术楼资源配置及器材高效使用的研究、科技楼资源配置及器材高效使用的研究、体育馆和操场规范使用的研究、学校食堂资源配置及使用的研究等，都有学生参与。学校购买室外体育活动器械，从制订采购计划、规划器械安放位置及管理办法，一直到招投标，都是由一个学生团队完成的。学校给学生提供的不仅是参与学校管理的机会，还是一种全新的成长体验。

一个又一个选择的机会向学生公平开放，吸引着全校学生跃跃欲试，平静的校园里出现了"海阔凭鱼跃，天高任鸟飞"的欢腾场面。

学校从"广泛开展社团活动"到"成立少年科学院"，大手笔铺设着唤醒学生潜能的空间。学生社团数量已达到 200 多个，名称五花八门，具有鲜明的时代特色，包括社会公益类、创业体验类、时政社科类、科技探索类、文史研究类、新闻传媒类、影视动漫类、娱乐文化类等，为全校 4000 多名学生搭建了发现潜能的大舞台。

200 多个社团把学生的未来放大了，为学生寻找自己的未来之路提供了更多机会。学生参加社团不仅仅停留在兴趣层面，更深层次的追求是使兴趣上升为志趣，进而影响未来人生规划，使今后在成长道路上迈出的每一步都与自己的兴趣以及对人类社会的责任感联系起来。

每天 16 点 11 分，是学校社会活动的开始，毫不夸张地说，无数的机会如万箭齐发般向我射来，让我站上了属于我的舞台。我们接待崔永元、李云迪等名家到访，管理咖啡屋、松林书苑，一个接一个的新任务，让我们乐此不疲。这里可以自我锤炼的社会工作浩如烟海，我们面临的是难以想象的紧迫感，要不断接受各方面的考验。也正因此，我们得以积蓄前所未有的力量。

　　这是高中学生李睦麟写下的一段体会。

　　中学生模拟联合国活跃在校园里，一系列模拟国际组织如联合国大会（GA）、联合国安全理事会（SC）、联合国秘书处（秘书长、学术总监、会议总监、外联部、后勤部）、世界卫生组织（WHO）、欧盟、北大西洋公约组织、世界原子能机构、中日韩六方会谈、中美战略经济对话论坛、国际气候变化框架公约组织（UNFCCC）、机器人问题联席会议等在校园的出现，让十一学校真的变成了一个世界。

　　自 2010 年起至今，先后有近千名学生来这里参加各种会议，在电视新闻中听到的术语名称变得近了、可触摸了，国际事务、世界问题变得不再遥远，"家事、国事、天下事，事事关心"，他们以一个中学生的力量关注人间疾苦、人类命运，并付出点滴行动，多么难能可贵。在观点的碰撞和智慧的交锋中，同学们早已超出了模拟的感觉，俨然以能够改变世界的姿态出现，成为有力量改变世界的人。

　　"一进模联会议大厅，我真是被震撼了，无数次在电视上看到的联合国会议大厅出现在眼前，给人一种庄严感、神秘感、使命感，我全身热血沸腾，一个新的世界在我眼前打开了，我要做一个不一样的我。"姜又升同学将手里的资料抱在胸前，默默地说了一句话："感谢校长给了我们这么大的屋子。"

　　高中三年，姜又升做过班长、年级学生会负责人、英语课代表、学校模联会议总监、北京市模联气候委员会会议主席团成员，组织过合唱、话剧演出，参加过辩论、英语比赛，策划过入境教育、毕业典礼，尤其是参加过国际模联会议，接触过各国的同龄人，见到过真正的"牛人"，动力倍增。回到学校后，她发奋学习，成绩由年级前 100 名提高到前 20 名，直到高考，一直保持着年级前 20 名的好成绩。考入北京大学后，她继续从事模联工作，成为北京大学全国中学生模拟联合国大会主席。

在我们的生活中，有一种"飞轮效应"，为了使静止的飞轮转动起来，一开始你必须使很大的劲，一圈、两圈……每转一圈都很费力，不过飞轮转动得越来越快，在某一时刻，飞轮基本可以依靠自己的重力做推动力，你不需要使更大的劲，飞轮也会快速转动。在十一学校，这样的"飞轮效应"正在发生。

学生在校园里闪耀着青春活力，力与美是他们行走的音符，充满了校园里的每个空间。

认识你自己

中学校园里有了咨询师

在十一学校，每一步的选择都会让学生思考：你究竟要往哪个地方走？你最擅长什么？你的才华在哪里？你对什么问题感兴趣？你做什么的时候感觉最享受？什么会让你发光发热？这样做的目的，是要帮助学生更好地认识自我，确定符合自己能力和兴趣的职业发展方向。

指导人生与职业规划是一个高难度的职业，必须由专业人士来承担。2010 年 9 月，十一学校成立了学生咨询中心，聘请在这一领域里有经验的老师担任专职咨询师，同时，从欧美国家在这方面已经取得成熟经验的友好学校中，特聘了三位富有经验的咨询师来校指导。这一机构的诞生，使中学校园里首次有了职业生涯规划方面的专门机构，使高中生职业生涯指导有了制度保障。

咨询师对学生的指导，不是仅仅局限于选择专业，而是着眼于学生的人生规划及未来发展，他们针对每名学生的兴趣、爱好、特长等，引导学生通过确立切实可行的职业目标而明确人生理想，帮助学生制定适合自身发展的个人职业生涯规划。

一天，笔者采访了咨询师蒋小波，他说："这项工作使我进入了一个全新的领域，对我来说是全新的工作、全新的挑战、全新的成长。我们对学生的帮助是深刻而长远的，要对他的一生负责，必须了解他的全部，工作量大得惊人，根本无法估量。"

考上美国大学的杨路得同学是一名十分优秀的学生，毕业前夕，她无限深情地表达了对学校的感激，她说："我非常感谢咨询师对我的帮助，他会仔细地帮你分析，提供人性化的指导。我是一个什么都想尝试的孩子，对什么都感兴趣，对于究竟去什么样的学校，开始时很茫然。后来，咨询师告诉我，关键要看学校文化是不是适合你，是不是自己最适合的。咨询师对我的成绩、性格、潜力进行了综合分析，给了我非常具体的指导和帮助。我真的好感动。我们聊了两个多小时，我最终选择的与开始选择的有很大差别。"

"这是一个需要用心的职业，需要长年累月精心灌溉，需要花费很长的时间了解学生，与学生沟通。"马文华老师说道，"教会学生选择真的很重要，教会选择需要过程，要一点儿一点儿推进。"

在蒋小波老师看来，选学校不只是看排名这么简单，一切观察的焦点都集中在人的身上，了解他们内心的真实渴望，有如激情的涧水，在时间的乱山碎石中流过，两岸的景致并不重要，重要的是它将流向沃野还是沙漠。

王桄正，一名个性十足的学生，父母希望他学医，而他沉迷于绘画，一心想走艺术的道路。学校为他创造条件，让他有了自己的"工作室"，他没日没夜地在那里画画儿。一次，美国一所艺术院校来学校宣讲，王桄正将自己的作品拿给他们看，没想到他们大为吃惊。咨询师 Paul Svaren 了解了这个情况后，立即邀请他设计学生专用申请表。王桄正将手绘的校园风景作为元素设计进去，使申请表有了十一的文化韵味。咨询中心的老师还将王桄正的画作、照片收录好，制作成册，为他举办个人画展。同学和家长都参加了，王桄正很受鼓舞。当学校将证书和画册交给家长时，家长十分感动，忽然发现自己的孩子"太有出息了"，终于对孩子弃医从艺的选择释怀了。

美国驻中国大使骆家辉来十一学校时，王桄正给骆家辉画了一幅全家福，还给奥巴马画了一幅全家福，并委托骆家辉带给奥巴马。骆家辉十分高兴。2013 年夏天，王桄正被全世界最顶尖的艺术学院美国芝加哥艺术学院录取。

临近毕业的胡少萌同学一直对广告和公关感兴趣，而郭强老师多次与她沟通后发现她是个多才多艺的女孩儿，性格开朗、活泼，喜欢与人打交道，特别适合做管理工作，经过与家长协商，建议她学习管理科学，推荐她报考全球顶尖的瑞士洛桑酒店管理学院，学习旅游管理专业。胡少萌欣然接受了这个建议。帮助学生找到自己的位置，让郭强老师感到特别欣慰，也让他对咨询师工作有了特别的感觉。

憨厚、踏实的王子赫同学从小就喜欢小动物，经常参加保护小动物的公益活动，立志将来学习兽医专业。当蒋小波老师了解了这个想法后，想方设法给他创造条件，向美国华盛顿与杰斐逊学院招生官推荐了他。他们看了材料，立即回复："我们非常喜欢这个孩子。"并鼓励他积极申请。20 天后，王子赫收到了华圣顿与杰弗逊学院的录取通知。招生官和这所学校的老师、同学纷纷与他联系，还帮助他联系了一个兽医宠物机构的实习项目。

"咨询中心是给人装发动机的地方！"这是许多学生和家长对它的赞誉。自成立以来，咨询中心先后帮助 600 多名学生成功申请到国外大学。

陪在身边的咨询师

实行选课走班后，行政班没有了，班主任消失了，有的学生很适应，有的学生感觉很失落。那么，他们应当到哪里去寻找心理安慰和支撑呢？伴随着选课走班的起步，高中年级有了咨询师，侯敏华、贺千红、杨茹、刘世洪、孙文利 5 位老师为首任咨询师，面向 400 多名学生开展工作。

咨询师是干什么的呢？年级手册上是这样写的："帮助学生明确自己想要什么，每个人为自己的目标而努力。帮助学生了解自己，了解社会，选择自己爱好并擅长的事业，使人生多一些成就与贡献，多一份快乐与充实。"

咨询师一般由年级里威信较高、经验比较丰富的老师担任，他们不仅要关注学生的学习，还要关注学生的情绪、心理、志向，以及大学专业设置和招生、就业行情等，以便为学生的选课和未来规划提供帮助。"把握方向，助力起航"，这是他们给自己的定位。在学生焦虑时，他们帮助学生合理规划，科学减压；在学生成绩起伏时，他们帮助学生分析不良心态，和家长一同研究如何克服浮躁。

他们隐去了教育者的身份，以一副全新的面孔出现在学生面前，没有训斥的口吻，更没有指手画脚，而是以一种平等的姿态，在倾听与陪伴中，帮助学生平衡情绪，疏解成长中的困惑，发现潜能和需要，向全年级同学辐射正能量。

"最理想的状态是学生走近你，即使你发现了某些学生的问题，在学生没有主动找上门来的情况下，也必须保持'高贵的缄默'，否则可能会面临最严重的风险——失掉学生完全的信任与亲近。"这是他们最深的感受。

"咨询师与班主任最大的不同是，不能主观臆断学生的问题，而是引导学生将自己的问题说出来，寻找学生独立解决问题的可能性，一起商量解决问题的对策。"侯敏华老师给这样的工作方式起了个好听的名字——"咨询工作坊"。这当然是他们自己造出来的一个词，但颇为传神，反映了工作方式的与众不同。

"其实就是聊天儿。"侯老师用这句话描述他们打造的工作坊，他们自称这个群体为"走向倾听，走向具体，走向情境，观察，观察，再观察；沟通，沟通，再沟通。在这里，每个人都平等对待，是心与心的交流"。

小小工作坊，就这么平常，可在学生心中却很不平常。

学生刚上高一，咨询师便不断地问学生：什么样的人生最可爱，最有可能得到幸福？理想大学与专业选择现在有没有必要思考？让高考成绩决定一切是不是合理？我到十一学校来干什么？这所学校能帮我实现什么样的理想？在高端人才越来越年轻化的今天，改专业是不是明智之举？开始，对于这一做法，学生很不理解："提前两年想这个问题，有这个必要吗？这些原本要高三才考虑的问题现在就挂在嘴边，是不是有点儿烦人？"到后来才发现，对于选课走班的学生来说，此举不仅有必要，而且是非常有必要。

学生刚一升入高一，咨询师就从帮助学生做规划入手，针对每一个学生的问题，深入细致地研究，每一次谈话要两个小时左右，学生很有收获，每谈一个学生都要建立一份档案。主动找老师咨询的人越来越多，有时候都排不上队。

"你目前最大的困惑是什么？你遇到的最大的挑战是什么？你高中生活的规划是什么？什么样的人适合学工科？什么样的人适合学经济？知道自己想要什么，这是了不得的事，我们的教育并没有给孩子这些。这些问题一提出来，孩子当时就傻了，对他们的触动是蛮大的。"学生的反应，让侯敏华老师对这项工作的意义有了更深的理解。

每当遇到带有普遍性的问题时，咨询师随时开工作坊，可大可小，多至全年级，少至几个人，有时请毕业生与同学座谈，有时做专题心理辅导或专业选择指导，有时到大学参访，许多问题都在工作坊里得到解决。

高三临近了，学生的压力大了起来，他们明显有些不知所措。于是，年级利用高三入境教育的时机，开了一个咨询工作坊，请毕业生给同学们介绍规划，提出建议。在北京大学、清华大学、北京航空航天大学、中央财经大学等高校，咨询师带着学生与大三、大四的学哥、学姐深度访谈，围绕"这所学校的价值取向是什么？你的生活、学习怎么安排？你为什么选择这个专业？高中的成长过程是怎样的？"等问题深入探讨。

一个人面对世界的时候，特别容易紧张，也容易怀疑自己的能力，从而导致自信心和内动力不足，此时，咨询工作坊的智慧成为学生"撬动地球"的那个支点。

通过一次次聆听大师、参访高校、学长有约、职业考察、社团锻炼，学生的思考越来越深入，职业理想进一步清晰，人生规划进一步升华，小小年纪便清楚地知道"我将来要做什么，我将来要成为怎样的人"、"为了我的目标，我该做什么，不该做什么"。

认识了自己，就有了力量往前走。据侯敏华老师介绍："这一届高三填报志愿出现了几个明显变化。以往，一个年级400多学生选择的大学最多不超过10所，多数学生对专业选择感到迷茫，不清楚该选择哪个方向，大多是家长与老师谈。今年，第一次出现学生自己与老师谈，家长不再做主，而是与孩子充分商量，协助孩子选择未来。而且，有的想学动漫，有的想搞建筑设计，有的想当公务员，十几个同学说的都不一样，这在以前是不多见的。"

科学实验班的张予钊同学喜欢动手制作，没事就往科技楼机器人研究室跑，和几个同学一起做灭火机器人，参加FLL机器人工程挑战赛，忙得不亦乐乎。高考前填报志愿，他毅然决然地报考北京理工大学机器人专业，内心特别坚定。陈佩彤同学两次放弃保送的机会，因为专业不是自己喜爱的，因为有了规划，目标特别清晰，她知道自己想要什么，坚定地走在自己选择的路上，坚守自己的梦想。

2014 年高三毕业了，做完这一届的咨询师，侯敏华老师对这项工作有了更深的理解，她发现这是一门专业性很强的工作，是一项需要专业训练的职业。"不是劝说、教导来询者，而是运用聆听的技巧，先共鸣，后行动，可谓人之心灵沟通的艺术。咨询的行为是建立在沟通基础上的。咨询的首要任务是思想沟通。而沟通的目的就是要建立思想共鸣。有了思想共鸣，来询者才会心悦诚服地与你沟通。要尊重他的想法，激发他独立决策的能力，帮助他更好地认识自我，激励自我，重要的是使人成长。"这一过程被侯敏华老师看作是咨询师与来询者的一种心灵的"和声"。

谈起这项工作的高难度，侯敏华老师心中充满了敬畏与忐忑，她用两句话来概括自己的感受："术业有专攻，乐在其中，劳心劳力，不容易。"

这一机制的建立，为中学生的学业、心理、未来发展起到了保驾护航的作用，真正实现了由"管理行为"向"领导内心"的转变，体现了教育服务于学生成长的理念。这一带有实质性的突破，对于基础教育领域创新人才培养模式，具有十分重要的现实意义和深远的历史意义。

生长的力量势不可当

一旦立志，势不可当

"我很清楚我每天为什么而努力，我很清楚我想要什么。"这是唐逸伦同学每天充满斗志的力量之源。在十一校园里，你很少能见到东游西逛的闲人，每个人都行色匆匆，因为他们有明确的目标，知道自己要什么，也知道今天该如何努力。学生的表现让老师们兴奋不已，他们说："当我们把教育该做的事情做好了时，教育就会进入一个新的境界。"

2008 年 9 月 1 日，12 岁的陈天泽同学走进十一学校的大门，一眼看见报告厅的门口挂了一条红色的标语，上面写着"梦想的起点"，他迈开大步郑重地跨了过去，却不知道自己的梦想是什么。后来，他参加了"模联"，当了校学生会副主席，主持过全校升旗仪式等几十次大型活动。他除了在学业上力争上游，还广交朋友，简而言之，就是要拥有"无限"的美妙时光！

现在，他是学校少年社科院的院长，经常组织"院士"们讨论《1984》《动物农场》《通往奴役之路》一类的书，还举办过校园版 TED 大会，并联系美国方面获得了正式授权。高中三年，他组织并参与了六个学生社团及其社会实践活动，读了大量的课外书，考察了三个从未去过的地方。一天天长大的陈天泽怀着对未来的无限憧憬，一步步踏实地走在实现梦想的路上。

　　一旦兴趣的闸门被打开，生命的潜能便会奔涌而出。朱胡安同学特别喜欢赛车，他以中国赛车事业为己任，愿意为中国人实现 F1 梦想做铺垫。学校枣林村书院的田雨同学，一边学习文化课，一边学习马术，她十分坚定地说："我的人生我做主，我会认真地对待我人生的每一个阶段，可能有憾，但不会有悔，这才是我对自己的责任。"正是这份勇气和动力，使这个花季女孩儿在马背上飞扬青春。

　　郑曼琪同学喜欢生物学，很明确自己的职业方向，她报选的都是与医药相关的职业考察，每次考察之前做好相关的数据表格、资料搜索等。2013 年校庆时她还参加了医学行业校友会，在合理安排其他学科学习之余，花更多的时间在生物学科和实验上。为了理想而学习，使她的身上散发着动人的光彩。

　　文科生秦雨菲突然有一天对生物产生了兴趣，毅然决然地拿出时间学习理科的生物，并且参加了高难度的生物竞赛的学习，冲刺全国中学生生物学竞赛。没有人能改变她的决定，只有望着她朝向自己的追求渐渐远去。

　　一群中学生乐观、自信，成为积极的生活者，他们的视野延伸到社会，他们很乐意去做别人认为"很费时间"的事。贾昕平同学从高一时就办杂志，办校刊，还发动京城其他学校同学一起创办北京市中学生刊物联盟，与京城 28 所学校的同学做了交流。热点电脑俱乐部所创的网站获得团中央嘉奖，青年志愿者协会多次获得海淀区志愿服务集体标兵，海洋星空基金会是国内首个由中学生发起的关注自闭症儿童的公益社团，他们待人友善，奉献社会，用一颗颗激情的心去感受生活中最平淡的美。蒲公英社团举办支教活动，为贫困地区的孩子上课，或者一对一辅导，付出了辛勤的劳动，换来了宝贵的经历。学校乐仁咖啡厅第一任董事长马鸟鸟经营有方，她用咖啡厅的盈利设立了"乐仁奖学金"，专门奖励那些从事公益活动的学生。

　　梦想和学业，看似是分离，好像永远不会交汇的平行线，但在十一学子的演绎下，却彼此靠近，靠近，最终交汇成一幅五彩斑斓的图画。他们默默地找到自己喜欢的东西，然后一头扎进去，为之付出，为之奋斗，他们认为"要对得起曾经吹过的牛"。

这是一种积极的教育力量，引领学生向积极的方向发展，也让教育变得美好和富有感召力。就像一名同学总结的那样："十一学校是一个神奇的地方，我非常幸运地从那里获得了很多东西——一大群朋友、许多经验、丰富多彩的体育活动、对学习的浓厚兴趣、成功的体验，以及快乐的生活。"

一次，电视节目主持人柴静问剑桥大学校长乐思哲爵士："你们希望剑桥培养出怎样的学生？"乐思哲爵士回答说："理想的学生，应该拥有相当的学术天分和刻苦学习的潜质，同时他必须有独立的人格，并在学术上有自由思考的能力，他要有志向去不遗余力地驱动自己，同时拥有改变世界的雄心壮志。"

这也正是十一学子的追求。

紧紧抓住自己的路跑

一名高二女同学在日记里无限深情地描述校园里莘莘学子的生活图景："我向自己的天空放了一只风筝，从此追逐。"

2013年9月开学前，总能看到一名男同学在校服文化中心忙活，他带着几个同学搬运、整理服装，一干就是一天，累得满头大汗。他可不是凑热闹，瞎忙活，工商管理是他青睐的专业，他把校服文化中心的工作看作难得的锻炼机会。他就是贾昕平同学。当得知成立校服文化中心的消息时，贾昕平异常兴奋，心中像被一股电流击过，他立刻给李希贵校长发了一条短信，表达了自己的愿望。后来，他和刘毅伦同学一起为中心选址，布置环境，制定规则，一同经营。

显然，贾昕平找到了自己的"发动机"，他觉得自己在十一学校读书这几年，正是学校创造了如此自由的环境，使自己学会了"如何去选择，如何去规划，如何对自己负责任"。

在十一校园里，这样丰富而充满挑战的生活并不仅仅属于贾昕平，许多同学都与他一样，在通往理想的路上坚定地走着。

作为理科生，蔡立德同学的必修课有数学和物理，这两门课都按难度分为 5 个层次供学生自主选择，蔡立德选择了代表最高难度的 V 级。在课程说明"适用学生"一项中，对数学 V 有这样的描述："四年制高中数理方向、酷爱数学、具备较好的数学思维的学生，对初中、高中和大学的内容进行统整。"蔡立德为什么会选择数学 V 呢？他认为，数学 V 对思维很有挑战，他非常喜欢学，不管多难的题，一定要想出来。这样的学习特别有意义，虽然会花费许多功夫，但他会不遗余力。他说："学校特别鼓励、支持我们，你有什么想法，你想做什么，只要你有明确的目标，你都可以做。资源配置很为学生着想，很方便，我在做第六届丘成桐中学数学奖参赛论文时，参考资料非常多，都是非常专业的资料。"

孩子们的心灵深处有一棵树在悄悄发芽、长叶，在向辽阔的空间伸展自由的枝干。没有一个画家能用画笔描绘出这样的景象，没有一个诗人能用诗句表达出这样的过程。这是一个无声无形的过程，但是它所引起的变化却悠悠长长，绵延不绝，改变着生命的成长，丰富着人生的色彩。

这种激励性的、渴望未来的构想，其威力之大让人难以置信。

一直喜欢化学的贺久恒同学无论在化学课上还是参加竞赛训练，都是一个十分活跃的高手。他平时喜欢看书，尤其喜欢看小说、历史、文化等方面的书，对新闻也挺感兴趣。在十一学校宽松的环境里，从高二开始，他有了大量自主研修的时间，书也看得越来越多。他除了在学业上力争上游，还参加学生社团，广交朋友，很快又加入了辩论社团。参加辩论大赛需要读大量的书，在准备的过程中，他愈发有了感觉，临近高考的一天，他发现自己的兴趣点并不是化学，经过慎重考虑，他毅然决然地改了自己的研究方向，决定学习新闻专业。化学竞赛的高手改学新闻专业，这个勇敢的举动，在同学中引起不小的震动。

临毕业前，笔者采访他，问他在十一学校最大的收获是什么。他十分自豪地说："最大的收获是认识了自己。"他的脸上露出了发自心底的自信。

他十分认真地说："年轻人最大的课题，就是找到自己，知道自己喜欢什么，要做什么。做自己喜欢的事，不懈地努力和坚持，成功离你就不远了。如果抱着功利目的选择专业，未来很难成功。冷和热并不代表专业重要与否，不要以为冷的学科就不重要，也不要以为热的学科就一定是重要学科。你可以受社会影响去选择专业，你也可以根据自己的兴趣爱好去选择专业，但是哪个占主导地位，这是非常重要的。"

采访结束时，笔者深深地被眼前这个勇敢的孩子所打动。坚持走自己的路，这需要有一颗多么强大而独立的内心哪！

非常具有音乐传播潜质的吴汉宵同学，14 岁开始接触音乐、舞蹈，对流行音乐十分感兴趣，对学校文化周、体育季、戏剧节、音乐活动充满激情，对未来充满信心，敢于为梦想奉献一切。他说："我宁愿去做一个赚钱很少，但是能让我快乐实现梦想的职业，也不去做一个虽然获利很多，但会让我后悔一生的行当。不为虚荣，不为面子，追梦的时候，相信自己。因为真实，就是梦想本身。"

走在选课的路上，十一人紧紧盯住两样东西——目标和规划。他们一手装发动机，一手抓规划，两手都抓，两手都硬。结果，因为有了这两样东西，获得了自由的小鸟，扑打着翅膀，朝向不同的地方，飞得更高、更远。

学生不仅有了高远的目标，而且有了为人类、为国家、为民族而努力的大视野、大情怀。

有人说，人生是一趟旅行。去哪里？怎么去？指引方向的叫"理想"，规范方式的叫"价值观"，这两样东西在时下非常稀缺。而在十一学校，它们被孩子们牢牢地握在手心里。

第八章　教育如何实现个别化

> 由面向全体到面向个体，由大一统的整齐划一到小而灵活的千差万别，教育模式似乎又回到了"精耕细作"中，个别化成为学校办学最深的根。

调整视角：面向那一"个"

停下来，想一想

选课让教学班变小了，对数学早已驾轻就熟的廖丽娜老师，第一次面对24个学生，竟然让她有一种"恐怖"的感觉。"课上，你是否解决了每一个学生的困惑？它们全写在学生的脸上，再也没法儿用大多数掩盖个别了。本想给学生分析试卷，可根本没有什么'共性问题'，大规模的讲课行不通了。"

班额变小了，每位老师教的总人数并没变，所教的班由两个变成了三个，增加了课时，每天3—4节，仍然按照过去的方式教学，讲得嗓子直冒烟，没多久，很多人的嗓子都哑了。赵蓓老师着急地说："地理课改为小班教学，我一周15节课，我得把课表涂成不同的颜色，要不然我都找不着哪儿是哪儿。"赵老师过去因为讲得精准，被学生称为"神枪手"，如今面对需求"整个扑上去还不行呢，直接变成'肉搏'了"。这时候，李希贵校长提醒老师："选课走班下的小班化教学是重大挑战，只有应对好，改革才会实现安全着陆。"

秦建云老师连续听了几位老师的课，眉头越皱越紧，他一遍一遍地建议大伙儿："小班教学中，我们要让每个学生找到学习的起点、学习的终点，帮助学生找到适合他们的学习方式。"尽管建议已经表达得比较清楚，可是面向个体的路径究竟在哪里？小班教学的策略是什么？大伙儿仍然找不到办法，群体焦虑在持续上升。

分层分类的课程照顾了某一类学生，选择给学生带来了前所未有的愉悦。然而，如此大费周章的"折腾"，仅仅是为了由面向 48 名学生转向面向 24 名学生吗？显然不是。教育的终极目标究竟在哪里？一道艰深的命题摆在十一人面前。这时候，校园中又一场转变观念的较量开始了。"为了每一个学生的发展"，这是国家第八次课程改革提出的全新教育理念，然而，如何落实到每一间教室里、每一堂课上、每一个教学环节中？这成了老师们眼下最焦虑的问题。

作家刘震云曾经十分深刻地剖析过我们现今的教育，他认为，中国教育最大的问题是中国教育本身就需要教育，我们通过传授标准答案的方式把一百个孩子变成了一个孩子，但是在有些民族和国度，他们却把一百个孩子变成了两百个孩子。我们和人家比，不说在其他方面，单是在智识上，或者在对世界认识的宽度和深度上，就存在一些差距。

著名物理学家李政道曾说过，西南联大的学生，不是一个模子出来的。每个人都像一粒种子一样，而教育是配合这个人的个性来实施的。

"有时候，教育需要一个回望的角度，需要调整视角，重新认识原本以为不是问题的问题。"李希贵校长与老师们一起反思我们的教育。改革开放 30 多年来，中国基础教育经历了三次浪潮（教育机会普及、教育质量提升、教育特色发展），今天，开始转向满足人群的"需求"。也就是说，学校由标准化教育的提供者转变成个别化教育的提供者。在大一统教育概念的支配下，门门优秀、全面发展的标准扼杀了众多可能性。今天，我们进入了一个新的时代，一个以学生为本的时代，以创造适合每一名学生发展的教育的时代。教育应当最大限度地关注每一个个体，关注一个一个有着自己成长规律的个体，尽我们最大的努力，为他们的成长创造条件，打破流水线式的培养模式，实现因材施教，将目光聚焦于每一个学生。

无论是在年级的研讨会上、教育沙龙里，还是在食堂吃午餐时，李希贵校长总是和老师们谈个别化："个别化是教育现代化的一个重要指标，如果没有个别化，现代化就永远是空中楼阁。发达国家的教育之所以发达，不在于校舍，不在于设备，甚至不在于师资条件，而是因为个别化。好的教育应当是服务于学生成长的教育，是满足学生需求的教育，那么，一定是个别化的教育。过去，我们曾天真地以为，经过我们的教育，学生变得越来越一样，合格了，毕业了，很是欣慰。今天，我们应当重新认识这个问题。"

　　"东方教育的传统之一，就是把孩子变得越来越一样，越来越有一种共同的东西。从某种角度来说，这有一定的好处，但如果再往前走几步，就会离真正的教育越来越远。因为真正的教育是让每个孩子做最好的自己，让每个孩子都富有个性，都能在校园里找到属于自己的独特的成长之路。"他说。

　　"孔子提出因材施教已经两千多年，至今仍未真正落实，原因何在？近年来，国家对教育的重视与投入不断加强，教育教学改革五彩纷呈，一切看起来似乎都很美好。然而，那些根深蒂固的问题却始终没有找到从根本上解决的路径，甚至有愈演愈烈的势头。比如，在高考和升学率指挥棒下的应试教育模式，由精英教育向大众教育迈进过程中的流水线式培养模式，青少年缺乏想象力和创造力等，这些事实表明，我们所开展的教育改革与实践，一方面在资源丰足中大踏步前行，一方面却并未接近教育的原点。我们要走出教育的现实困境，剥除不符合教育规律的做法，回到教育原点。也就是说，开展教育教学活动，实施教育教学改革，评价教育教学成败，都应该从这样的原点出发。"他说。

　　每个人的自由发展是一切人的自由发展的前提。中学阶段是一个人的个性形成的黄金时代，学校教育理应为个性的发展和完善提供广阔的舞台。每个人都有自己的特长，只不过未被发现而已，甚至被掩盖和压抑着。每个人都是人才，举头都有一片天空，只要顺性开发，人人都是不可多得的人才。大家对个别化有了进一步的认识，头脑中根深蒂固的观念在一点点松动，个别化进入视野。

发现那棵树

又是一年春草绿。

2012 年 2 月 21 日，十一学校召开教育年会，这次年会的主题是"发现那棵树"。随着研讨不断深入，大家的视线在发生转移。

理想的教育究竟是什么样的？无数人心中都有过这样的追问。对此，李希贵校长打了一个形象的比喻："长期以来，我们的教育一直是'不见树木，只见森林'。过去，评价一所学校，我们看重的是校风不错、管理严格、升学率高。我们更多的是俯瞰森林，一片郁郁葱葱，但我们不知道里面每一棵树木的生长情况。然而，当我们的目光从一片森林转移到一棵树上时，才发现我们忽略的东西太多了。哪棵树生病了，哪棵树需要施肥，我们却语焉不详，这样的教育是好的教育吗？教育最终关注的是每一个孩子，发现每棵树的生存需要和生存价值，这是对我们的新挑战。教育的重要使命是发现，发现每个学生不同的特点与个性，提供多样化的课程，最大限度地尊重学生的需求，尊重学生的学习差异，尊重学生的自我选择，使看上去差不多的孩子变得越来越像他们自己。"

在发言中，朱燕老师一遍遍反问自己："为什么已经小班化了，却还用过去的模式授课呢？为什么总以为自己讲明白了，学生自然就会了？你真正研究过学生是怎么学习的吗？学生需要什么帮助呢？有的善于听，有的善于看，有的善于想，有的学得快，有的学得慢，有的当别人有了第二个、第三个想法的时候他才有自己的想法。每个人都有成才的巨大潜力，每个人都有实现它的不同途径。了解每一个孩子的特点，并帮助他找到这条途径，才是真正地尊重了学生的个性。"

贺千红老师深有体会地说："学生 20 多人，不仅仅是人数的调整，其实，我们还可以调整很多东西，我们可以为两个学生出一份试卷，家长会也变成一对一沟通。课堂上到底还有多少文章可以做？教书育人，本来就是要深层次地接触，倾心交流才行。如果像赶鸭子似的赶一群，有一只鸭子生病了，你又怎么能知道呢？"

林森老师说："树木是各种各样的，既有参天大树，也有低矮灌木；既有挺拔如橡树的，也有娇艳如木棉的。个别化教育，不能把灌木往乔木方向培育，也不能指望木棉像橡树一样粗壮。必须允许各种各样的树生长在同一片林子里，让各种各样的树各得其所，各乐其乐。树木之间交错相连，使这片森林充满生机与活力。"

王笃年老师的体会是"先见树木，再见森林"。他认为："教育的本质是自我教育。个别化教育是帮助学生实现自我教育的最佳途径，教育不是控制，而是心灵对心灵的影响。"

魏勇老师发现："个别化是最事半功倍、最有效的教育。哪些学生是最有潜力的？显然是那些起伏大的。这意味着他们有很大的能量，但是不稳定，我们的教育要特别宽容他们，关注他们。"

研讨会，打开了教师的视野，使他们的视线发生了转移，从一片茂密的森林转向每一棵树。这一视线的转移，使教师们头脑中根深蒂固的观念发生了位移，使课堂教学方式也发生了位移，更重要的是，由此带来了人才培养模式的位移。

在严峻的形势面前，十一人重新做出了选择——"把集体中的每一个孩子当成个体，具体了解学生的个性，把握其心理特点和心理规律，服从他们发展的需要，提供丰富的成长土壤，匹配多样化的教育资源，并为他们制定符合他们特点的培养方案"。这对传统教学几乎是脱胎换骨的改造。

改革是持续的、渐进的，每一步都牵引着下一步，每一个转弯都转向不同的方向。

调整策略：针对每一"个"

被"小班"颠覆的课堂

面对 20 个人与面对 40 个人，区别究竟在哪里呢？贾祥雪老师为此经历了刻骨铭心的煎熬。贾老师毕业于清华大学数学系，知识功底深厚。他特别爱讲，也特别会讲，但终于他挺不住了，一周 15 节课，每天 3 节课，还像过去那样干讲，嗓子直冒烟，每天上第 3 节课时就浑身没劲了。一天，他找到课程研究院的秦建云老师诉苦，秦老师的一番话让他如醍醐灌顶——"学数学V的学生数学水平是最高的，这样的学生完全不用对他讲那么多。学生会的不要讲，学生自己能学会的也不要讲，应该在课堂上提出有挑战性的问题，引导学生讨论，提高学生的参与程度，注重教学组织形式的变化，指导学生自学"。

贾老师如获至宝，赶忙回来试，没想到，大获成功。"学生活跃极了，真尝到了甜头。"他激动地说，"学生的自主学习能力大大增强了，分数明显高于大讲的时候。由于学生人数减少了，师生交流多了，对学生的关注度也更高了，对中等学生帮助最大，以前很容易忽略中间地带的学生。"

在高中教学楼里，一位数学老师向笔者谈了他内心的挣扎："2011年9月，我们年级开始走班上课，课堂教学也在实行变革，我们试着把时间还给学生，课上让学生自学，并以学案辅助学生自学。就这样边试边改，摸着石头过河。两个月之后期中考试，考试结果让我大吃一惊，我教的班和其他班成绩相差将近10分！沉下心来反思，我找到了原因——我教的学生，一个文科班，一个理科班，一个理科实验班，是三个层次的学生，而我却忽视了这一点，对他们使用同样的方式进行教学，很显然是'一刀切'了。现在，我终于明白了什么是'分层教学'、什么是'因材施教'。虽然以前也看过类似的文章，道理很浅显，但还是事实给我上了深刻的一课。"

赵蓓老师深有感触地说："我知道退不回去了，只有硬着头皮往前走，学校要求给学生更多自主学习的时间，又不能加班加点，不能多留作业，教学内容如何完成呢？诸多的限制表明，过去的路走不通了，只有另辟蹊径，唯一的办法就是变革，甚至是革自己的命。"

"再像从前那么讲没意义了，教学方式必须改变，与学生交流的方式必须改变，课堂节奏必须改变，课堂结构必须改变。"一位化学老师无奈地说，"我们已经做到头了，成绩还不够好，那就只有改路了。"

小班授课，犹如改变传统教学方法的催化剂，在一间间变小的教室里，改革的热潮不断地升腾。那段时间里，学校里各种沙龙、研讨会、论坛十分活跃。为了研究新的教学方法，老师们聚在一起，夜以继日地琢磨，勇敢地向传统教学发出挑战。

《美国教育家百科全书》对个别化做出以下解释："在教师引导下，允许学生根据他自己的速度前进的教学方法。"《个别化教学》一书这样描述："个别化教学指在教师的指导下，使每门学科的学习进程按照学生各自的速度来组织。教学是不分年级的，以使每个孩子在学习每门学科时，根据他能力许可的程度前进。"这段话给了老师们不小的启发，他们逐渐意识到，无论课堂多么完美，都不可能满足每一个孩子的需要，要解决这个问题，只能靠给孩子们空间，让他们选择自己的学习方式，教师主要是提供支撑。"能不能把教室分成几个区域，有问题区、讨论区、学习区等，有深入研究要求的去看书，基本不了解的在讲授区听老师讲授，需要交流的在讨论区呢？"一个从来没有过的构想在老师们的头脑中森然隆起，一位女老师兴奋得哭了。

学习第四单元时，廖丽娜老师尝试让学生讲题，结果，耽误了时间，她一遍一遍问自己：有这个必要吗？让学生讲题，明显影响教学进度。但是，学生的能力是有提升的。于是，她鼓起勇气再试试。课堂上，上面有人讲，下面有人反驳，所有的同学都参与进来，有的学生甚至站起来大喊，数学课堂成了最热闹的课堂。没想到，考试成绩出来了，她的学生优秀率最高，成绩最好。

赵蓓老师尝试大单元教学，提供教学计划与要求，让学生自学，有问题提交给老师。每天，赵老师接连不断地接到各种小纸条。花花绿绿的小纸条攥在手心里，她心里美滋滋的。日子一天天过去了，纸条越来越多，这些问题怎么解答呢？如何与其他同学分享呢？赵老师又想了一个办法，她让同学们随时将问题录入电脑，并且向全班征集解答方案。这样一来，同学们的积极性更高了，一有空就在电脑上浏览，不断地提问题，不断地刷新，解决不了的问题才是老师上课要讲的内容。

数学老师朱燕让学生自由组合成小组，四人一组，充分讨论，可又耽误时间，完不成学习任务，实在想放弃。可一想，数学思维品质的培养需要长时间的努力，将来学生一定能够实现飞跃。于是她又坚持了下来。学生在悄悄地发生变化，表面上看，进度慢了一些，但能力提高了，没想到学数学 Ⅱ 的学生参加数学 Ⅳ 的考试，成绩超出了不少，一些学生甚至超过尖子生了。朱燕老师十分感慨："课堂上的变化真是太大了，学生越来越会思考了。"

所有这些举措，使课堂悄然改变，学生由过去的听讲、记笔记、大量做习题……变为自学自研、教师点拨、集体研讨。"课堂开始有活力了，学生兴奋了，眼睛里有光彩了，每个人都参与进来了，甚至会出现一组学生做实验、一组学生看书、一组学生接受老师指导的奇特景象。老师在教室里来回穿梭，轮流与每一组同学交流，每个人都在专注于自己的事情，这景象真是太美了。"王春易老师脸上露出幸福的笑容。

这样的课堂学生太喜欢了，白玥同学兴奋地说："这是第一个让我产生想要学习探索而非顺从老师要求、安排的学科。"孙天宇同学认为"每天抱着生物书去教室上课是最开心的事"。

刚参加工作不久的屈楠老师兴奋地描述着课堂上的变化，他说他以前的做法是"覆盖"，英文叫"cover"，即把所有的知识点都告诉学生。现在是"揭示"，英文叫"uncover"，什么意思呢？学生感到很朦胧，教师帮助他把面纱揭开，把窗户纸捅破。刚开始，学生对老师少讲特别不适应，渐渐地，自主学习的能力在提高，老师们发现，这个能力不得了，不但高中的学习能够从容应对，好多大学的书都可以看。

一幅崭新的教育图景已经被他们创造出来。

一对一最有效

这个学期，赵蓓老师有了一个很大的改变——不再统一批改作业、发放作业，而是一个一个改，一个一个面批，效果非常好。这让她有了更深的体会："一定要个别交流，必须个别交流，个别交流越多越好。"

为了让更多的学生得到老师的个别指导，学校明确规定，任何人不得占用学生的时间，每天下午 4 点 10 分之后，学科教师可以辅导学生，与学生沟通，但不可以集体补课或者组织考试。说白了，可以一对一，一对二，不可以一对 N。这一规定从机制上保障了老师与学生有更多的接触时间。对此，李希贵校长给出的理由是："要实现个别化教育，必须通过见面、接触、沟通才行，'一对一'是最简单有效的办法。"

那么，课堂上如何尽量照顾到每一个学生呢？老师们的教学策略是"活动切合学生的需要，让课堂紧贴学生前行"，具体做法是教室分区、学生分类、任务分层、课型分设、学习自主。这是一种更加适合学生学习的环境，在这里，学生可以享受更多的自由。有些课堂完全变了模样，有听的，有不听的，有选择性听的；作业有做的，有不做的，有做三分之一的，有商量着做的。

来凤华老师的做法是，首先分析学生，把分析进行到底，从分析中发现"个"，发现不同之处。"比如，关于成语运用，同样是80分的学生，有的是学习状态出了问题，有的是对词意的理解不够，有的是在语境中不会把握情感色彩，这个'个'的情况是什么？不研究这个'个'，我们的指导都是不到位的。"

对于学生的学习需求老师尽量满足。一次，学生学完课文，来凤华老师要求学生把描写的句子背下来，一名学生说："我不会背，我会画。""那你到黑板上来画。"来老师愉快地答应了。学生画好后，他与学生商量："你能不能根据你画的再背一下？"学生欣然答应，很快就背下来。又有一名学生说："我不会背，我会唱。""那好，你唱吧……"

段英华老师要求学生准备一个改错本，一名学生找到她，说："老师，我想将每次的试卷和改错的纸订在一起，然后用夹子夹在一起，行吗？"段老师说："也很好！"一名同学与老师商量："我可不可以将改错作为一次作业呢？""可以。"老师爽快地答应了。结果，他交上来自己选择做的作业，这也很好。

这样一来，每个具有独特性的个体，从传统划一的班级授课制的遮蔽中被解放出来。基于"每一个"，关注"每一个"的学习状态、发展空间，专注于自主学习品质和学习能力的培养，充分尊重、发掘、引导每个学生的个性潜能，促进"每一个"发展自己的不同优势，在"面向全体"中突出"个体发展"，在"差别发展"中实现"全面发展"，一批学习特别优秀的孩子涌现出来，他们被学生称为"化皇"、"物霸"、"英王"。

据十一学校课程研究院院长秦建云介绍，目前，学生对这种教学方式已逐渐适应，并喜欢上了，将来他们一旦真正适应了，就会产生很大的飞跃。

"按照这一方法来实施教学，可以想象，课堂一定比传统的课堂更喧闹、更忙乱。对此，我们认为，当学生互相交谈、四处走动、忙于找一些方法和途径来解决问题的时候，他已经获得了发展。"对于这种状态，李希贵校长十分满意。

这次"变法",使十一学校的课堂彻底告别了大一统的灌输式学习。对于十一学校的做法,一些教育界同行看了后十分感慨:"与其说是创新,不如说是回归,从面向一片森林转向面向每一棵树,从面向全体转向面向个体,从标准化的批量生产转向生命成长的精耕细作。"

你看,就是这样奇妙——当我们的思维发生改变时,世界也随之改变。有时候,转身就是方向。当被高山阻挡,被天堑拦截,无法直接逾越的时候,我们不妨尝试转一下身。方向的转换,也许可以帮你另辟蹊径,从另一个角度走向成功之路。

走向"一生一案"

在个别化的土壤上,"树"变得越来越不一样。以初中数学为例,全年级 820 名学生,其中学数学 Ⅲ 的有 220 多人,学数学 Ⅳ 的有 76 人,这 76 人中有 10 人 9 个月学完初中所有课程,4 人初二结束时全部学完高中课程,2 人参加高一数学竞赛取得优异成绩。选择数学 Ⅴ 的学生仍然吃不饱,而有的学生学习数学基础知识仍有困难。

每次上课,英语老师王鲁豫尽管准备了三四套教学方案,可心里还是发虚,为什么呢?"学生的差异太大了,即便三四套方案也难以应付。难道 24 套就够了吗?也许还要多,因为学生的需求是变化的。"

每一个孩子的起点都不一样,老师要为每一个学生制定个性化的学习方案,这对他们的挑战是什么呢?首先要弄清楚学生的方向在哪里、他的起点是什么,以此确定他的学习内容及学习方式。而且,老师要清楚了解所教的每一个学生,学生自己也要十分清楚。这样一来,工作量非常大。

优秀学生需要什么样的课堂?他们喜欢变化的课堂、深入的课堂、具有成就感的课堂。于是,邓靖武老师设计了富有层次的课堂,调动不同层次的学生,给予每个学生成就感。

廖丽娜老师根据每个学生不同的认知水平,将每个知识点分为 A、B、C 三个难度层级——了解和理解、掌握、应用,然后,针对每个层级编制相应的学习材料,包括例题、课堂反馈、补充练习、课后作业。学生根据个人情况自主选择。学生的课后作业也是不同的,自主学习学生的作业,可根据个人的自学进度完成，教师提前指明这部分作业的要求，并协助学生制订详细可行的计划。教学流程变为：学生自主学习读本，个人提出问题，小组探究，教师收集各小组不能解决的问题，并根据这些问题进行精讲、达标测试，对未达标者进行个性化辅导。教师的角色发生了改变，变为材料的准备者、课堂的组织者、学习的指导者。

提前布置教学计划，允许学生用不同的方式学习，这是初中数学老师屈楠的策略。他的班里有 11 个孩子是不听课的，用的资料也不一样，有时老师会提醒某个孩子："这一点你要听一听噢！"这名学生便抬起头听几句。

据潘国双老师介绍，目前数学有 5 个层次，以后可能会有 7 个或 8 个层次。因为学数学 V 的学生有 72 名，结果，学着学着，又分出了 5 个层次，我们用 A、B、C、D、E 表示，12 个学生学 V A，19 个学生学 V E……后来，12 个 V A 又不一样了，A 中又分出了 A、B、C、D、E，我们只好将学生的名字也写上，变成 V A 王健佑、V B 李延一。每个学生的学习任务、目标规划都不一样，进度也不一样，每个人按照自己的进度，用自己认为最好的方法去学习。这样的安排能使学生不受课表的限制，保证学生理解学习任务，并使学生有目标、有责任感。

教初中数学 Ⅳ 的屈楠老师，虽然学生都是全年级数学最顶尖的，但他的心里却一点儿也不轻松，因为他发现，每个学生都有自己的进度，初二已经有学生涉猎高等数学，有的在老师的帮助下已把高中数学全部学完。对于两三个极具天赋的孩子不可能开一个班，即便是 10 个学生在一起学，也有差别，这就是挑战。怎么办？

屈老师按照一个一个模块把教学内容分割开来，学生到老师那里领取任务单，每一道习题配单独的讲解，学生还可以去指定的平台看微课。老师不仅为学生提供学习内容，还提供相关书籍。学生学完后告诉老师，几个学生都学完时，老师组织一次测试。学生就像打"通关"游戏一样，如果感兴趣，可以投入更多的时间学习更多的东西。这样的安排能使学生不受课表的限制，并使学生有目标、有责任感，完全改变了"齐步走"的教学方式。

个别化教育既不完全是一对一的教育，也不是某一个或某几个教育模式的简单相加，它的本质在于基于差异性的个体关怀，关注个性特征对学生发展的重要价值，为学生提供兼具灵活性和反应力的细分化的课程，使每个人都有自己的学习方案，都可以按照自己的进度，用自己认为最好的方法学习，使得教育质量大幅度提高。这一针对学生的差异而实行的教学方法，克服了传统班级授课制的弊端，对传统教学几乎是脱胎换骨的改造。

云归青天，水入沧海。十一学校，在现有条件下，最大限度地实现了教育的个别化。

调整管理：为了不一样的"个"

一对一的培养

真正面向"每一个"，需要一件事情一件事情去做。为了服务于高端学生的成长，学校成立了高端实验室，比如数学进阶教室、物理粒子实验室、分子生物实验室、电子高端实验室、化学高端实验室、天文实验室、有机化学实验室等。目前进行的研究有数字电子技术、细菌中质粒 DNA 的提取、石墨烯的制备、温度对氧化石墨吸附多环芳烃的影响探究等。

在生物高端实验室的墙上，有一张表格。这是学生近期所做的研究——昆虫、植物激素功能分析，小麦蛋白质电泳分析，飞蛾翅鳞片的超微结构和超声波吸收反射功能、空气中 PM2.5 颗粒的成分分析以及对细胞的毒害作用等。一群普通的中学生，竟然进行这样专业的研究，这是学校专门为学生手中"高大上"的课题提供的帮助。

在高中楼 407 教室后面，摆放着 40 多个大大小小的塑料盒子，里面装满了土，张斌老师表情严肃地对笔者说："你看，这是学生养的昆虫，这属于生物专业方面的研究，高中生物没有涉及这方面的知识，这是一种特殊的爱好。"旁边一位外校来参观的老师看了一行行密密麻麻的数据，感到很是惊奇、很是震撼："太专业了！"这些数据是高二的武睿鹏同学为观察昆虫的羽化过程所做的记录。他是生物高端实验室的常客，在窦向梅老师的指导下研究昆虫。

武睿鹏从小就喜欢昆虫，下了课，常常到学校的小花园里捉虫子；节假日去香山公园捉甲虫、蝴蝶、蜘蛛、独角仙，装在小瓶子里，带回来做标本；课余时间他看了大量有关昆虫的书，许多都是大学的教材。他还经常到国家动物博物馆、中国科学院动物研究所参观、学习，对昆虫的研究使他对生物学科有浓厚的兴趣和超群的悟性。

2013年10月，武睿鹏买了几十只独角仙放到教室里养着。放学了他也不回家，写作业也在那里，教室里有他养的40多盒虫子，他要照看它们。每天，他在这里一边照看虫子，一边写作业。他对笔者说："如果被保送，我会利用高三一年出去捉虫子！""捉虫子"三个字他咬得很重、很重，看来，这辈子他是要与虫子干上了。

潘国双老师从小就喜欢数学，在中学时就表现出不一般的数学潜质，在这座校园中，他对学生的影响是什么呢？2011年9月，学校成立了"潘国双高端数学实验室"。每周三晚上，潘老师都会和十几名初中数学爱好者聚到一起，针对数学问题进行研讨。学生在这里心情放松地与老师交流，这里成为最吸引他们的地方。

他教学生看数学书，教学生如何寻找课题，鼓励学生研究自己感兴趣的东西。饶有兴趣的探究，照亮了人身上潜藏着的另一面，使处于潜伏状态的某种东西释放出来。这样，一名具有数学潜质的学生，如同一粒种子偶遇合适的土壤，便茁壮地成长了。

一天，潘国双老师给四年制高二的曾文远同学留了一道关于系数的开放性的题。曾文远很感兴趣，两个星期就搞完了。他写了一篇论文，答辩时，教授们不相信高中生会系数，可他对答如流。2011年12月在第四届"丘成桐中学数学奖"总决赛中，曾文远获得铜奖。

在学校艺术楼六层的音乐教室里，人们常常可以看到音乐老师张磊在给一个学生上课，这是学校专门为这个学生开设的音乐课。2012年的一天，从艺术楼五层的琴房出来，张磊老师听到隔壁的琴房传出一阵琴声，他停下脚步，仔细一听，"这是改编的周杰伦的《黑色幽默》呀"，再一听，"这是即兴创作的呀！哎呀！这个学生能创编！这是一般学音乐的学生达不到的水平"。张磊老师兴奋起来，他知道，即兴创作需要很强的能力，他决定认识一下这名同学。

这名同学叫王凯基，他从小就对音乐表现出浓厚的兴趣，一心想考美国的艺术学校，学校为他推荐了《古典钢琴》《视唱练耳》《作曲与配器理论》

等书，制定了古典音乐分析、乐器演奏、多媒体新兴艺术、录音棚软硬件操作、音频工作站制作系统等一系列专业课程。由于这些都是大学的课程，张磊老师针对他的需求对内容进行了调整，既保证了课程的专业性，又降低了课程的学习难度，使之更加适合他。就这样，每天下午，王凯基都会来到艺术楼六层的琴房学习爵士钢琴，在录音棚里视唱练耳。

适宜的培养模式，使王凯基尽早进入了实际创作阶段，在学校"五洲城市"运动会上，《让青春飞扬》的小合唱，就是他作的曲。学校容光钟落成开幕式上，合唱团演唱的《容光钟之歌》也是出自王凯基之手。这些激情澎湃的管弦乐曲，受到同学们的热烈欢迎。2013 年 7 月，王凯基被美国一所著名大学录取。

同样是喜欢音乐，王凯基同学喜欢音乐创作，陈仲熠同学痴迷于开发音乐软件的使用功能，吴汉宵同学喜欢音乐传播。于是，张老师专门为吴汉宵推荐音乐媒体类、文化类书籍，帮助他了解音乐策划等；创造条件让陈仲熠有更多的机会接触音乐软件。三个人虽然都酷爱音乐，然而在音乐的河流里，他们每个人都有属于自己的流向。

张磊老师体会到，发现学生起始于了解学生，生发于唤醒沉睡于学生内心的信念、勇气、态度，外化于管理学生的计划、守望学生的梦想、疏导学生的困惑、规划学生的职业理想。艺术教育是发现人、唤醒人的教育，它可以唤醒潜藏于学生内心的火种，帮助学生找到自己的路，找到属于自己的高贵的风姿。

十一学校的学生不仅在学校高端实验室里学习，有的学生还根据自己的专业兴趣、研究方向到清华大学智能技术与系统重点实验室、北京大学泰华机器人重点实验室、中国科学院工程塑料重点实验室等进行考察，其中不乏国家重点实验室。他们不是一般的参观、听报告，而是亲身参与，考察一个执行中的科研项目并参加部分实验，在科研集体中，与科学家一起承担一部分工作，真正体验贯穿在科研过程中的科学思想和方法，培养了基础实验操作能力、观察能力、质疑能力、思维能力，以及根据任务查阅资料、整理文献的能力。

科学精神、科学素质一对一传递，其微妙之处自不待言。让学生置身于科学气氛浓厚的环境中，在发挥科学敏感性和创造性的初始阶段得到启迪，真正接触到科学家，他们会因为在这个关口得到关怀和帮助而终生受益。

这一做法意味着更多人有了名副其实的个性化发展。正如李政道博士强调的，一对一的培养不能省，科学精神的传播要靠人与人的直接接触来完成，人和人之间是有感情的，这种夹杂着情感因素的传授是其他方式无法替代的。

教育的未来趋势终将走向一对一。

此言不虚，十一学校正走在这条路上。

一对一的会诊

2013 年 11 月底的一天，刚刚过了期中考试，赵继红老师走进高二年级主任王春易的办公室。王老师的桌子上摆放着教师刚刚做完的个别化诊断，她翻开一张英语诊断分析。这是英语老师刘笑给一名叫刘采薇的同学写的，密密麻麻地写了很多，有学习成绩，包括在教学班的位置；有几次考试成绩的对比，通过曲线图、数字可以一目了然；还有对学生听力、语法、阅读理解、词汇、写作等的掌握情况的分析，非常细致具体；最后还有给学生及家长的建议。赵老师接着往下翻，每一学科一页纸，每一名学生都是厚厚的一沓。赵老师流泪了。她说："太感人了，与过去冷冰冰的分数相比，太人性化了，太细致了，太深入了，这在以往是根本不可能的。"那一刻，赵老师深深体会到了什么是个别化。

王春易老师指着柜子里的夹子对赵老师说："这是全年级学生的成长记录册，这是学生的成长档案，里面有每一个学生的成长目标、阶段目标、当前学习中的困惑及需要改进的问题。还有个性化诊断通知书，上面有学生各科学习成绩分析、自我诊断与反思、学习表现、对每一部分内容的掌握情况等，这些都一目了然。"

赵老师边翻阅记录册，边听王老师介绍："为了使每一个学生都获得更好的发展，年级对所有学生都进行个别化帮助，任务落实到每一位教师身上。每位教师除了完成好教学任务外，都有'个别关注'的对象，他们不仅关注学生对自己所教学科的学习情况，而且关注学生其他学科的学习，包括学习状态、心理情绪、未来发展等，全方位关注，并持续跟进。尤其是那些学习能力和选择能力相对差一些的学生，则是老师主要关注的对象。这样，教育在关注全体的同时，走向'个别关注'、'重点关注'、'特殊关注'。"

采访中，笔者发现了一个细节，很受感动——邓靖武老师教王峻同学的物理课，每隔一段时间，他都会和教王峻课的其他5位教师一起研究王峻的学习情况。这样的研究，使老师能够更加全面地看待学生。

随着选课的施行，家长面临的共性问题越来越少，只能与家长一对一地个别交流。每一次家长会前，几位老师都会坐在一起针对一个学生的问题进行研究，对这个学生每一学科的学习情况进行会诊，然后再与家长交流。

一位学生家长到学校参加家长会，没想到的是，只有15位学生家长参加，更没想到的是，与这15名学生的学习相关的老师全部参加，每一位任课教师从学科的角度逐一分析介绍，使家长清晰地了解了孩子各个学科的学习表现。这种"会诊式家长会"被家长亲切地称为"小家长会"。

参加了家长会后，家长们完全打消了对学生选课的担心："亲眼目睹了课程改革如此完备的保障措施，我们完全放心了。"

一位家长听说学校开家长会，很不情愿地来了，没想到，只有他们一家人参加，两位家长和孩子与六位任课教师，只有九个人。这样的家长会令家长十分震撼："完全是 VIP 待遇呀！"学生的父亲站起身给老师鞠了一个大躬，全家人满怀激动的心情向老师致谢。这样的家长会被家长称为"非常 6＋1 家长会"。

被邀请的家长越来越少，由过去面向全体学生的"一对几十上百个"到"一对几"，再到"一对一"，最后发展到"六对一"，每轮家长会持续的时间也越来越长，断断续续，几个月下来，仍然没有完……

个别化在路上，"家长会"将永远在进行时。

"个"变得越来越不一样

曾经有一位记者问蔡立德同学："你们是不是都是特别优秀的学生？"蔡立德立即纠正他："你不能这么说，在我们学校，只能说是某一个方面比较适合他，他比较优秀。"的确，个别化教育，使学生的发展完全不一样了，一个学生一个样，不同的孩子开始显露出不同的特点，并在属于自己的路上朝着独特的方向飞奔。

"当我们的目光聚焦到一个个个体时，才发现看到的世界与想象的完全不是一个模样。当你面对一个整体的时候，对他们的感觉是模糊的、笼统的，你觉得他们似乎很弱小，而当你面对一个又一个个体时，你会忽然觉得他特别强大。"这几乎是所有老师的感受。

刚刚上完高二的郑子豪同学，一心想考北京电影学院影视编导专业，他的语文、数学、外语已经修完了学分，他想拿出更多的经历学习电影专业知识，学校全力支持。

张羽辉同学虽然比同班同学小两岁，但他的志向却很大，他最喜欢人工智能与虚拟现实技术，曾在清华大学智能技术与系统重点实验室和虚拟制造实验室进行过深度体验。高中三年，他做了三个"很厉害的项目"，在清华大学教授的指导下，模拟汽车撞车事故软件，将软件与外置硬件配合起来做成多米诺骨牌，花了一个多月时间推倒了第一块，又花了一个多月时间推倒了第二块；他还与一名高一学生合作开发无地图找路软件系统。毕业前夕他获得全国中学生计算机比赛北京赛区一等奖，被保送到北京邮电大学计算机系，并在第一届华北片大学生机器人大赛中获一等奖。

高中时赵一明同学就入选参加了"北京青少年科技后备人才早期培养计划"，进入北京大学北京分子科学国家实验室，跟随李国宝老师进行新材料的合成实验。他无限深情地描述这里的生活："这里是我感到无限神秘的地方，也是我无比向往的地方，我在实验台上亲手操作，去探索科学发现的奇妙。"

"汽车王子"于超凡同学的高中生活可谓精彩纷呈，他是学校首任少年工程院院长、第 11 期北京青少年科技后备人才早期培养计划学员。他进行的"燃料电池催化剂合成"研究，获得北京市青少年科技创新大赛二等奖。他入围"明天小小科学家"前 200 名，获得全国化学竞赛北京赛区一等奖，参加 2013 清华大学拔尖计划。他还获得校园歌手大赛第二名，在音乐剧《歌舞青春》中担任男主角，并多次参与成人礼、毕业典礼的策划、表演。

升入高三后，517 教室里来了一名女同学，她是文科生秦雨菲。她每天跟着理科生学习生物，大年初二还在教室里接生了一窝小兔子。虽然文科生只需要选修生物Ⅰ，但她偏偏选择最高难度的生物Ⅲ，还向全国中学生生物学竞赛发起挑战。"你高考又不考，何必浪费时间？"面对家人的不理解，秦雨菲回答："因为我喜欢，谁规定文科生不能学生物了？"正是因为学校将选课的权利交给了学生，秦雨菲这个文科生才有机会接触生物学科的前沿信息，这让她一下子被生命的奥秘所深深吸引。至于未来，她说："兴许会诞生一门生物与人文的交叉学科呢。"

徐子晗同学，一副典型的书生样，正如他自己所说的，他不是标准定义下的好孩子，初中最好的成绩也只是偶然一次爬到年级中游。到了高中，他的成绩飘忽不定。然而，如果你知道了他有多么丰富的社会活动，你就能明白为什么他总是说自己活得很精彩——他有诸多头衔，包括"星月共辉"文学社创始人、校文学院院士、模拟联合国骨干成员、松林书院特别管理员以及名家大师进校园常任主持人。

这是徐子晗内心的独白。

> 爱咖啡，爱奶昔，不爱柚子茶。
>
> 爱品读经典，爱享受生活，不爱枷锁的束缚。
>
> 爱16点11分的自由，不爱7点29分的紧张。
>
> 成不了学霸，也不期待大神。
>
> 我只是特立独行与非主流的代表。
>
> 我和你一样，都是世界的奇葩。
>
> 我在十一学校，很爱十一，十一也爱我。
>
> 三年，我活得很精彩。

面向每一个学生，不是一蹴而就的事情，它不仅仅是一个目标，更是一个过程。老师们一次次尝试，一步步探路，循着学生的需求，通过对一个个问题的解决，使十一学校一步步走上了个别化的道路，一点儿一点儿向教育的终极目标逼近。

从把学生朝着一样的方向培养到朝着不一样的方向培养，这是基础教育的重要转型。"处在转型期，发生在老师、学生、家长身上的碰撞太多了。我现在不敢出去，天天在研究。"李希贵校长带着十一学校的老师们在苦苦求索，他们的每一个举动都彰显出对教育哲学的深邃思考、对教育本质的敬畏之心。

2013 年年初，教育部部长袁贵仁接受记者采访时，勾画了自己心中理想的中国教育梦——有教无类、因材施教、终身学习、人人成才。对因材施教，袁部长的解释是，不同的学生，有不同的兴趣特长，可以选择不同的学校，接受不同的教育，学校要为每个学生提供适合他的教育。如今，这幅图景在北京十一学校已经出现。

来十一学校学习的外省市教育工作者，在与老师和学生深入交流后，感慨万千，写下了他们的感受：

"他们走得太快，往前看得太远。每一步都逼近那项使命——回归教育本质。"

"这一次破冰之旅，是十一学校对'因材施教'这一教育思想深邃的演绎。由此，他们发现了现代教育的新图景——真正意义上的以人为本的教育、促进学生全面而富有个性地发展的教育。"

"因材施教"这一教育界多年追求的梦想，终于"意料之外也是情理之中"地重返校园。

第九章　自主学习的能力从何而来

> 没有老师，没有作业，没有任何规定动作，完全独立自主学习。没有了"拐杖"，靠自己独立行走，尽管脚步蹒跚，却"犹如登天的感觉"。

放手的困惑与挣扎

一次勇敢的放飞

在十一学校改革的总体方案中，有一项重要的举措是设置"小学段"。学校把每学期 20 周划分为三个学段，包括两个大学段和一个小学段。大学段为 9 周，小学段为 2 周，两个大学段之间为小学段。

选课、走班、导师制、小学段、过程性评价……构成十一学校改革的重要内核。这一项项改变，勾勒出教育"服务于学生成长"的现实路径。小学段的出台，正是着力于培养学生的自主学习能力，谋求学生的长远发展。

谈到设置小学段的初衷，课程研究院院长秦建云介绍说："这是对新教学组织形式的一种尝试。过去的教学组织形式过于单一，从青少年的生理、心理周期来看，期中考试后是学生最紧张的时候，他们容易产生焦虑、倦怠的情绪，应当给予适当的放松。另外，从开学到放假 20 周，持续时间太长，问题很难得到及时解决，因此师生都需要停下来一段时间，反思、总结前一时段的工作，对问题进行补救和调整，尤其是学习特别优秀的孩子，已经有了明确的发展方向及向往的研究领域，非常需要一段时间做自己喜欢的事情。当然，更为重要的是，通过小学段培养学生主动学习的精神，让他们学会科学合理地安排学习，学会自律，对自己的学习负起责任。"

学校明确提出，在小学段里，时间全部由学生自己安排，老师不给学生留任何作业，更不得在小学段后安排考试。"这样做的原因很简单，在一定时间里对学生全面放手，让学生学会自主学习，从自我规划、自主学习到自我诊断、自我反思，我们希望通过这样的机制让学生尽快长大，推动学生尽快社会化，使他们慢慢掌握一些走向社会的学习方式、实践方式和体验方式。"李希贵校长认为这是小学段最为重要的价值。

让秦建云老师没想到的是，学校宣布实施小学段，在老师中引起了不小的波澜，遇到的阻力远比当初实施课程分层要大得多。对于这一颇为大胆的举动，老师们很难接受："这不是放羊了吗？看着还不学呢，没人看着能行吗？""教他还学不会呢，让他自己学可能吗？""万一学生什么都没干，怎么办？"总之，老师们不相信学生自己能学好。

将两周时间全部给学生，实现真正的放手，这是改革者为自己划定的一条红线。为了守住这条红线，十一学校经历了两年多激烈的思想斗争。

毕竟是第一次让学生独自学习，放，还是不放，老师们很纠结。放，不放心；不放，与学校的改革目标不符。放与不放，都是内心的战争。

小学段的课程价值到底在哪里？放手与指导到底该拿捏到一个什么火候？

贺千红老师说："放手才真正有利于学生的成长，虽然增加了管理的难度，但对学生的成长有好处。我们老是这么背着抱着，学生永远也长不大，永远都没有能力。必须放手，只有放手，才能看见学生真实的表现；只有放手，学生才有锻炼的机会。"侯敏华老师说："一定要让他们自己安排，即使分数没有明显提高，即使什么都没干，也是收获，他们起码知道了下一个小学段该好好规划吧！"闫存林老师说得更明确："要做成每个人的小学段。"董素英老师认为："要保障学生有足够的可以自己支配的时间，老师不留任何作业，只能提建议，一切由学生自主决定。"

第一个小学段在老师们的期盼与惴惴不安中开始了。

上课铃响了，一个奇怪的现象出现了，几乎所有的老师都坐在教室里不出来，无论年级主任怎么提醒，仍有一些老师待在教室里。无奈，年级主任只好召集大家开会，这才把老师们从教室里"请"了出来。即便是这样，有的老师还是利用开会的间隙往教室跑。有的老师怕学生玩，悄悄给学生留了作业，还有的老师第一个小学段后组织了考试。

这一做法，很快遭到了学生的质疑。一天，年级主任接到学生的一条短信："老师，能不能不要在小学段后进行考试，真正把时间留给我们，让我们自己安排？"

第一次经历小学段，学生可高兴了，每天都兴致勃勃地干着自己的事。从他们的笑脸上，李希贵校长看到了希望，他兴奋地对高一年级主任于振丽说："不用看学生的考试成绩，也不用看课堂怎么样，就看学生脸上的表情，就不必太担心。如果学生个个灰头土脸的，就一定是有了问题。现在，高一学生乐呵着呢！"

尽管这样，老师们的担心仍然存在。

转眼到了 2012 年 4 月初，第二个小学段开始了。从表面上看，这个小学段，学生都很忙，秩序也井然，但深层次的问题出来了。由于担心学生的学习效果不佳，有的年级增加了援助课程，争议再次出现。

"学生是在自主学习吗？"

"建议就是变相的作业！"

"老师干预多的学生反而学得较差。"

"你安排了那么多课，学生就没有了自主，光听课了，哪有时间干自己的事？"

"补弱的人数如何控制？30 多人还能叫补弱吗？"

"学生特别不喜欢'被补'。"

"集中补和被补的效果很差！"

"这个小学段收获很大。"

"这个小学段全面失败。"

大家都十分激动，争得脸红脖子粗，甚至拍了桌子，谁也说服不了谁，最后不欢而散。接下来，答案再清楚不过，每个人都陷入了深深的思考。

改革的航船每前进一步，都伴随着两种观念的激烈碰撞与交锋，这个团队从来没有像今天这样，每个人都坐在驾驶员的位置上，每个人都有自己的想法，每个人都对这个集体负有重要的责任。这就是分布式领导的强大力量，彰显着十一学校文化的魅力。然而，无论怎样争吵，有一点是不变的，着眼于学生的发展，坚定不移地推进改革，始终是年级永不漂移的目标。

经过第一个小学段的尝试，大家发现，有的学生贪大求多，完不成任务；有的学生规划落实不了，变得很焦虑；有的放松了要求，收获不大。一时间，老师和家长开始担心，他们希望取消这种问题丛生的学习方式。对此，李希贵校长却不以为然，在他看来，"进一步退一步"就是在跳舞，有时候，前进一步后退半步，处于后退半步的进程中，也不必沮丧，因为总体趋势是向前的。任何一项改革都不可能一蹴而就，只要方向是对的，就要坚持。

他耐心地开导老师们："其实，支撑我们坚持下去的道理十分简单，如果我们今天不在学校里放手，不让学生将这些不适应、不成熟在校园里表露出来，他们就只能在以后的大学校园里或者工作岗位上表露出来。一旦他们带着这些问题走上社会，就把这些问题留给了未来。如果我们不放手，不让孩子们独自走路的话，他们就永远无法长大。一旦学校放手，教育机会便随处可见，而一旦管理的缰绳勒紧，教育便无从下手。"

对于这一点，学者周国平曾经说过，教育就是要培养学生自主学习的能力，让他们学会自己安排自己的学习，知道自己要朝着哪个方向钻研，应该看些什么书。事实上，人身上最宝贵的品质，包括智力品质和心灵品质，在一定意义上都是人性中固有的。每一个人，从他出生以后，这些东西都已经以萌芽状态存在于他的身上了，有了合适的环境，它们就会生长。所以卢梭提出一个观点：教育即生长。教育不是强行把一些能力从外面放到人这个容器里面去，这些能力在人性中本来就已经存在了，教育只是提供一个良好的环境，让它们正常地生长。对于卢梭提出的观点，杜威做了进一步的阐发，他说，生长本身就是目的，并不是在生长的前头另外还有一个目的。从教育即生长的观点看，教育者的使命是什么呢？就是为生长提供最好的环境。懂得了教育即生长，我们也就清楚了教育应该做什么了。

道理再清楚不过了，是毅然决然地"断奶"，还是继续呵护与控制？为了学生的成长，教育必须放手，虽然这个过程很痛苦，但必须"痛苦地坚持"。

一直空着的反思教室

2012 年 10 月，初中实施小学段的前一天，王烨老师几乎是彻夜未眠，毕竟是头一次放手让学生自己学习，虽然已经做了充分的准备，甚至给个别可能会违反纪律的同学准备了反思教室，但还是担心学生管理不好自己，甚至想到了如果不成，就把他们重新召集起来，在老师开会的大报告厅里看着他们学习。这一夜，她想了许多不好的结果。

第二天，让所有老师都没有想到的是，学生非常安静地自习，每个人都有事做。尽管准备了反思教室，可学生就是不犯错，也不需要进反思教室，为什么？因为他们与导师制订了详尽的计划，每个学生都在规划表上签了字，他们都非常珍惜这个机会。过去，总认为给学生自由，学生不会用，没想到，他们是那样珍视这份自由，谁都不想去反思教室。"为什么？"笔者追问王老师。"没有一个学生愿意以失去自由为代价而去违反纪律。"王老师的解释真是太给力了。

"初中的孩子竟然也能安静地学习，那劲头就像高三的学生。"这让邢凤玉老师没有想到，她激动地说，"当他们不受控制的时候，学得特别好，惊喜不断。当他们被控制时，显得特别弱小，需要扶持，而没有了控制，他们自身的力量显得特别强大，他们依靠自己的力量站起来了，释放出从未有过的活力，他们看到了自己的力量，看到了同伴的力量。其实，对他们的影响最大的不是老师，而是同伴。"魏小林老师也十分感慨："太过瘾了，终于有一个相对饱满的时间可以领着学生进行深入学习了。这种尝试太好了，可不可以多来几回呀？"

对这样的学习方式，学生觉得挺新鲜的，始终有一种好奇和热情。一名同学这样描写当时的心情："抬起头，眼前尽是伏案苦读的身影，翻动书页的声音是这片近乎神圣的寂静中唯一的背景。每个人都在为自己规划生活，在这样一个环境中，不专心盯着书本仿佛就是对这片难得的寂静的亵渎。"

一名同学激动地说："看看周围学校的同学都在按部就班地上课，而我们却可以自主安排学习，多么宝贵呀！而且有两个星期呢，学校真够慷慨的！"卫耘怡同学感觉过上了像大学一样的生活，真美！陈子圆同学认为小学段特别人性化，让自己有时间梳理、吸收、消化学过的知识，补习未弄懂的东西。曲铮同学激动地表示："小学段这样集中学习，效率非常高，太适合我了，这五天学习的内容相当于平时一个月学习的，我很喜欢这种方法。"

2013 年 11 月 26 日，刚刚过完小学段，笔者在团委碰到了高二年级的刘佳琪同学。我问她："喜欢小学段吗？""当然喜欢啦！"她一边笑一边说，"在完全放松的状态下学习，太享受了！这次我看完了史铁生的《我与地坛》、英文版的《傲慢与偏见》，这是我一直想看而没有时间看的书，这回终于如愿以偿。我们都盼着小学段，真的，很期盼！"坐在沙发上的刘佳琪，笑得可甜了，笔者被她那发自内心的对这种教育方式的满意深深感染了。

在小学段资源丰富的学科教室受到了学生的青睐，教室里总是满满的。214 语文教室的学习氛围特别浓厚，很多学生都在这里度过了小学段的时光。曲铮同学说，他经常去英语教室学习，因为那里的书特别多，他的英语复习都是在英语教室完成的。

孙文倩同学每天上午在 309 教室学习，下午 4 点 20 分去参加物理竞赛答疑。为什么到 309 教室学习呢？她骄傲地回答："309 教室比较亮堂，座位也很舒服。第一个小学段，我是在 214 语文教室里学的，那时比较闲，那里有许多好书吸引着我，很有阅读的氛围，我在那里静静地看书，很惬意。"喜欢 309 教室的还有王瑞姣同学，她说："这里的椅子实在是太舒服了，嘿嘿！化学之前没学好，现在补上！"

无处不在的"规划"

提前两个月的规划

小学段的价值究竟在哪里？很显然，培养学生的目标意识、规划能力和自主学习能力，让他们学会自我控制、自我反思、自我调整，这是小学段的基本价值取向。

为此，帮助学生制订规划，是实施小学段前最重要的一项准备工作，一般提前两个月就开始了。

这是一项十分周密细致的工作，需要老师和学生协商完成。为了帮助初中学生做好各方面的准备，初中部抽出专门时间，围绕"制订规划应做哪些准备"、"自习时遇到不会的问题怎么办"、"怎样提高英语阅读能力"、"如何选择语文阅读书目"、"如何利用好各类教学资料"等问题对学生进行辅导；高中部明确了每位指导老师的职责，特别提醒老师们只提建议不干涉。

为了使每个学生在小学段都有收获，规划每人一份，完全是"私人定制"。在制订规划的过程中，每一位学科教师都要与学生深入沟通，从各学科的学习现状分析、制定目标到学习资源的准备，再到学习效果的自查和反思，逐一提出具体建议，这个过程要花费很长的时间。规划制订好之后，学生要在自己的规划上面签字，每一位学科教师也要在上面签字。

这是于振丽老师看了学生的规划后给出的答复："仔细看了你的小学段规划，有些激动，有些欣慰与高兴。在不知不觉中，你已经长大了。我能感受到你的成长与进步。祝贺你！为你高兴。通过整个学段规划，能明确看到你有着重、突出要解决的问题与学科，也有全面的巩固复习，还有知识拓展与研究性学习任务的完成。不错。时间安排也比较合理。建议：结合研究性学习规划，读一本有关鲁迅文章方面的课外阅读书，安排在下午或晚上的时间里。为了检测你的学习与复习效果，需要做一些试卷或习题或学习指南。安排锻炼的项目。注意养成良好的学习习惯。坚持住！"

这是高二任宣霈同学的小学段规划（略选两日）。

周一　上午　1.地理——中国区域地理：北方地区（课本：区域地理教程、地理相关幻灯片；要求：归纳知识，整理出笔记）；2.数学——数学校本：平面几何（课本：数学教材、历次作业；要求：梳理作业中的错题，必要时可记在错题本上）。　下午　1.援助课程（数学/地理）；2.研究性学习：还原一个真实的鲁迅（以下略）。　晚自习　政治——《生活与哲学》第一、二单元知识点（课本：必修4、学习指南；要求：熟背知识点，结合试卷错题加深印象）。

周二　上午　1.地理——中国区域地理：南方地区；2.数学——数学校本：立体几何。　下午　1.援助课程；2.研究性学习。　晚自习　历史——第一、二单元知识点（课本：必修3、学习指南；要求：熟背知识点，结合试卷错题加深印象）。

这是高一李沐航同学一周要完成的学习内容："写作：约5000字的随笔，一篇1500字的作文，约3000字的小说；阅读：《乌发碧眼》《夜色温柔》《浮生六记》，多篇诗歌。学习生物第6—10部分。社会实践：打扫214教室卫生。交流：与语文闫存林老师随时交流。"

从学生的规划中不难看出，他们对自己的学习状况有比较清楚的认识，对今后的发展也有清晰的目标，对每一天甚至每一个时间段做什么都有详尽的安排。这样周密的规划，保证了每一个学生小学段的实际学习效果。

"规划好了的任务，做起来真是得心应手。"陈天泽同学是个比较会安排的学生，平时就经常做规划，每周做什么都有考虑，对未来也很有想法。他的规划基本没有什么调整，完成得很好，他在小学段学得津津有味。他说："到了第八天仍然没有倦怠感，状态非常好。"

对于学生来说，制订规划的过程也是一种学习、一种体验，更是一种收获。经过一次次的修改，他们对规划有了初步认识，对安排好自己的学习、管理好自己的学习有了初步体验，最重要的是在这个过程中获得了属于他们自己的成长。

一次全新的体验

精彩纷呈的小学段

在小学段，学生的安排十分丰富，有竞赛课程的学习，有大学先修课的学习，有科学实验班的科学探究、研究性学习，有针对补弱的援助课程学习。除此之外，还有丰富的活动及职业体验等。

高二学部为学生准备了电影专场等活动，比如《神探夏洛克》,《神秘博士》第四季,《汉娜·蒙塔娜》第一季第1、2集。学生每天上午自习；中午看一场电影；下午自习；15:00—17:30答疑，16点10分之后，年级组织辩论赛、"百家猫"学生讲堂、与家长面对面、篮球赛、研究性学习答辩等。

这是一种完全自主、开放且全新的学习形态。在外人看来，这样的学习有点儿乱，但每一位学生都根据自己的情况选择自己应该干的事，他们都感觉井井有条——有的进行研究性学习；有的外出考察；有的到大学或科学院、所的实验室考察、研究；有的补习英语；有的专心读小说；有的干脆躲到实验室里，把物理教材上的所有实验，学过的没学过的，统统做了一遍。

同学们利用小学段难得的时间，抓紧做着以前想做而没有时间做的事。第一天，董雨菲同学早早来到219教室，找了一个临窗的座位，从书架上取了一本《张爱玲文集》——整整一天，都在读张爱玲。语文教室里学习氛围非常好，很安静、很温馨，能静下心来读一本自己喜欢的书，让她觉得读书是一件很快乐的事。她骄傲地说："在这一周里，书完整了我的生活。"

沈亦波同学是个特别安静、内向的孩子，在这个小学段她一直在语文教室里学习，因为她喜欢这里的氛围，她觉得特别熟悉、特别亲切、特别有感觉。她是个非常喜欢阅读的孩子，在这里，她重温了巴金的《家》《春》《秋》，狄更斯的《大卫·科波菲尔》，又有了不一样的感觉，心里暖暖的。她说："上了高中能有时间读自己喜欢的书，真的很幸福。"

平时没有大块的时间用来读书，这一回终于如愿以偿。厉尚南同学利用小学段通读了《时间简史》《大设计》《上帝掷骰子吗?》等科普著作，这使他对物理的兴趣变得更加浓厚。科学实验班的车元孟同学终于看完了《红楼梦》，他过去曾经读过，但读不下去，这次读进去了。这个小学段让他发现，只要坐下来，就有成就感。天驰同学读《巴黎圣母院》的时候，就像身临其境一样，感情总是随着书中人物的际遇跌宕起伏。陈宇峰同学百感交集地读完了《乔布斯传》，内心被深深地触动了……

小学段使学习成绩优秀的学生劲头变得更足了，刘嘉煦同学学习化学竞赛十分专注，以前从未接触过的知识，居然能够自己学会，这让他很有成就感。曲铮同学整个上午几个小时都在学习化学，学着学着就进入状态了。这种十分完整的学习，较长时间不被打断，使他对知识理解得更深，效率更高，收获特别大。他十分感慨地说："以前时间是零碎的，只能挤时间看一点儿，看得快，忘得也快，有时刚找到感觉，又该上别的课了，思路完全被打乱了，更没有复习、消化的时间。"胡斌琪同学这样描述自己的学习状况："我伏在桌上努力地写着，眼前是模考题，左手边是电子辞典，右手边是笔记本，其余地方零零散散地摆放着各式各样做记号用的笔。是的，我在自主学习，在独立思考，我喜欢这样的自己。"

小学段，迈着轻盈的脚步款款而来，以它独有的姿态出现在十一学校每一间教室里。整座楼里安静极了，每一间教室里的学生都在埋头读书。214教室里，坐着七八名学生，他们十分专注地学习，外面小雨沙沙地下着，闫存林老师也在这里读书，那场景很是温馨。这一段美好的时光，给孩子们的中学生活留下了一抹难忘的记忆。

被自主"逼"出来的能力

两周的时间，要基本依靠自己的力量完成各学科学习，对学生来说是一个不小的挑战。一名同学没有很好地抓紧时间，新的学习开始后感觉不像以前那么游刃有余了，他开始反思自己，这次失败教育了他——下一个小学段他要好好珍惜。这种教育是很深刻的。

据初中部老师介绍，大约有10%的学生出现了这种情况，有的做了规划坚持不下来，有的没有按照规划去做，但失败也是收获，也是成长，有的学生经过了两个小学段后才慢慢找到感觉。

张妙格同学满心欢喜地为自己制订了计划——以物理为主，兼研数学。没想到，第一天问题就来了，因为钻进去了，遇到感兴趣的内容或者很难的题目要花很长的时间，常常耽误了其他学科的复习，逼得她不得不进行调整。事情太多，什么都想做，时间上必然会发生冲突，这样的经历让她明白了时间安排与周密计划的重要性。刘畅同学也是如此，本想多复习几门课程，后来才发现不能经常换学科，不能像上课那样一天安排好几门学科。一天最好只安排两个学科，时间相对集中，可以学得比较深入。

李东怡同学上午刚开始时学习效率比较高，可是一到第二节课时就犯困，学习效率明显下降。到了下午效率又有所提高，尤其是14点过后，也就是第一节课结束时，这段时间精力很集中，可以看不少东西。而晚自习是三个大时间段中感觉最好的。可他偏偏把自己最不擅长的数学安排在了上午状态最不好的时候，结果导致学习效率低，这个经历让他懂得了这个时间段应当安排自己比较感兴趣的内容，而在最佳状态时学习比较难的内容。

曲铮同学上午一般容易犯困，他就安排学习自己感兴趣的内容，这样就不会犯困。下午，他的状态已经调整好了，就安排补弱课程，学习物理和英语。"晚上呢?"笔者追问道。"晚上就随便了。"曲铮十分轻松地回答,而且一脸的自信。原来,"随便"也是学习。只是没有严格的规定,剩下哪科学哪科,有时读一篇古文,有时看看英语单词。

没有规定任务,没有老师干预,一切全凭学生的意愿,对于这样的学习,陶颂同学真有点儿不适应,放着大把的时间不知该干什么。发了几分钟呆之后,他开始按照计划行动,做练习题,背诵单词,预习课本,修改试卷,一项一项有条不紊地做着。100分钟有点儿长,陶颂学着学着睡着了,一觉醒来,看看周围同学都在聚精会神地学习,很不好意思。后来,她改变了策略,中间休息一下,读几页《老子》《庄子》,调整一下情绪,让心慢慢安静下来。

开始,厉尚南同学找了个临窗的地方坐下来,结果自习时被外界干扰,违反了纪律,被老师批评,对此他进行了反思,以后再自习时要选择合适的位置以不受干扰。而且,自我掌控能力是一种十分必要的能力,有了它,将来的大学学习或者研究就会比较顺利。

艾菁苪同学是一个特别善于听讲的孩子,长时间地一个人学习,对她是个挺大的挑战,虽然以前也上自习,但小学段的学习和以前的自习还是不一样的。离开了听,怎么学习呢?董雨菲同学是个特别喜欢和别人交流、擅长辩论的同学,她觉得只有在与别人的交流中才能激发出新的想法。幸运的是,在小学段她遇到了艾菁苪,有了交流的机会,她不断地和艾菁苪交流物理习题。她们将两个月里做的习题重新复习了一遍,一边查漏补缺,一边加深理解。渐渐地,艾菁苪发现自己也能安静地坐下来,也能看进去,也能看会了,也就是说,离开"听"也能学习了。在这个小学段,艾菁苪第一次经历自己学习,尝试了另一种学习方式,这让她兴奋不已。

用两周的时间,体验从未有过的体验,经历从未有过的经历,这对于中学生来说是第一次。这一次,让他们变得不再一样。

游学,别有洞天

2014年初春的一天,在中国历史博物馆,几位游客遇到十一学校的一群中学生,奇怪地问:"你们怎么不上课呀?""我们在游学!"学生理直气壮地回答。一位游客翻了翻学生手中的《游学课程指南》，他明白了："是的，他们在上课。"

　　游学既不是旅游，也不是纯粹的学习，它介于游与学之间，又融合了游与学的内容。因此，学生在游学中并不是走马观花，每个学生都带着明确的学习任务。

　　这是陕西线路的学习要求。

　　游学地点：西安古城墙、西安碑林博物馆、秦始皇兵马俑博物馆、陕西历史博物馆、半坡遗址。

　　学习任务：通过实地考察、现场体验、访谈等方式，获得历史、思想品德、地理、生物学的《课程标准》知识，了解西安古城墙防御战略体系、建筑历史和建筑特点。

　　学习目标：了解城墙建筑和城墙文化，了解西安城市规划和城市建设，感受现代与历史的时空交错。1. 了解城墙建筑文化及发展历史、建筑特色及各部分建筑名称。2. 了解西安城市建设，了解主城区"九宫格局、棋盘路网"的传统布局风格。

　　知识链接：女墙、垛口、城楼、角楼、城门、瓮城、砌墙、青砖，在游览过程中，亲眼看看这些建筑，而且脚下的墙砖都有刻字，想想这些刻字的意义是什么。

　　活动建议：1. 上网了解古城墙建筑特色和发展历史，找找中国现存的保存比较完好的城墙建筑。2. 以四人为一组交流，对这种建筑的形成增加了解。3. 找到女墙、垛口、城楼、角楼、城门、瓮城、砌墙、青砖，拍一张"九宫格局、棋盘路网"的照片。

　　带着这些学习任务，同学们在古城墙上一边翻书，一边对照寻找，一边拍照，他们边走边看，边议边记，在走近古迹对历史的轻轻触摸中，加深对古城墙建筑的理解与记忆，对教科书中的历史古迹有了生动、丰富、立体的感知，游和学有机地融为一体。

　　这是一门全新的课程，"前面没有人做过，我们在不断地摸索"。对于游学课程的定位，李希贵校长给出的建议是："有意思、有意义、有选择。"根据学校的安排，初中部成立了游学课程项目组，由魏小林、王烨、南晓军、李艳芳、刘静五位老师组成研发团队。

游学课程的时间从哪里来呢？初中从思想品德、历史、地理、生物中各拿出部分课时，组成游学课程课时。游学课程的内容是整合初中思想品德、历史、地理和生物学科的知识进行设计，充分利用北京市区、郊区及其他城市的人文和自然科学资源，在社会实践考察中进行探究性学习。年级安排了五条线路供学生选择，如西安、杭州、绍兴、沈阳、北京等。学校还制定了严格的流程，确保学生安全。

每学期开学时，游学课程成为最抢手的课程，用学生的话说是，每到这时真是"超级焦虑"，生怕抢不到自己喜欢的路线。

古人说过，读万卷书不如行万里路，行万里路不如阅人无数。学校利用一周的时间组织学生到杭州西溪湿地研究生态系统的组成，到中科院北京植物园观察植物的生长，到周口店北京猿人遗址了解考古发现对历史研究的重要性，到北京爨底下村研究影响村落形成与发展的自然因素。这种"行走的课堂"学习，学生感觉太精彩了！一名初中同学说："通过这次游学，我对以前去过的地方产生了新的认识，非常有意义；看到了许多平时看不到的东西，学习了知识，感受到了快乐。"

这是一种全新的学习体验，走出课堂，处处有资源，处处皆学问，学生不仅可以开阔眼界，体会地域文化的特色，而且可以在与同伴相处中增进彼此的了解，学会沟通与合作。

跳出小学段看小学段

我天天都是"小学段"

"虽然小学段只有两个星期，但我的学习效率远远超过以往任何两个星期，获得了以往从未有过的收获。当我伏于案前，按照预定计划进行研修时，突然发觉自己的学习效率大大提高，原来我也可以在两个小时内做完三篇2100字的英语阅读练习，原来我也可以在两个小时内学完两节数学归纳法的内容，小学段之后我天天都是‘小学段’。"这是胡斌琪同学最深的体会。

学生在小学段中的表现，让老师们对小学段的理解更加深刻了。小学段结束后，老师们聚在一起讨论，题目是"回望，对小学段再认识"，大家对小学段的价值认同发生了变化，头脑中根深蒂固的观念正在悄悄地解构与重构。邢凤玉老师十分感慨："比我们预想的好，大多数孩子都能学进去。经过了初一小学段，学生变化很大，到了初二，知道自己该干什么，他们能安静地学习很长时间，那种坚持的程度让老师都感到吃惊。这种能力将让他们终生受用，这是小学段最重要的价值。"

李希贵校长十分有信心地说："改变中国一百年来的学校形态，现在我感觉我们能够做到，我们可以办学生喜欢的学校，提供学生喜欢的教育。我们已经看到了亮光，有点儿找到感觉了。"

贺千红老师说："我已经不那么担心了，现在，我已经慢慢接受了这种做法。这个小学段，我不给学生布置作业，真的把时间还给了学生，我做到了。我也实实在在地看到了学生的成长，这个方向特别好，哪怕有的孩子因为开始不会安排浪费了一些时间，耽误了一些时间也值得；即便学生什么都没干，只是读了几本书，也不算荒废了。在这个过程中，他们学会了许多东西。虽然增加了管理的难度，但是非常值得。我们收获了太多太多。"贺老师脸上露出了欣慰的笑容。

经历了一波三折，老师们由不敢放手到完全放手，到了第三个小学段，高中年级完全取消了援助课程、拓展课程，没有任何规定动作，将时间全部交给学生，老师只是在公共答疑区随时"待命"，"恭候"需要帮助的学生。

有学者曾经深刻地分析，社会变革是一个水涨船高的过程，政治制度的变革源于公众政治观念的变化，而政治观念的变化又根植于人们生活观念的变化。水涨了，船自然浮起来，所以，一般观察社会变革的动力，不那么关注船上有没有技艺高超的船夫，而更关注水位的变化。经历了小学段的阵痛后，很明显，十一学校变革观念的"水位"在升高。

被改变的"被学习"

两周到底要改变什么？如果仅仅是知识补习，那学生到了大学段时还会落下来，改变他的学习方式、学习态度，让他学会自主学习，对他今后的学习才有帮助。没有主体性就没有教育，一切教育都可以归结为自我教育，学历和课堂知识均是暂时的，自我教育的能力却是一笔终生财富。这是许多老师对小学段独特价值的认识。

经历了小学段后，老师们发现，孩子们好像突然长大了，变得懂事了、特别有计划、会学习了。

一名学生在小学段后总结出"四会"：会订计划、会自学（理解、提炼、整理、提问）、会反思、会落实（检测自己的学习效果）。另一名学生说："小学段让我学会了自主规划、自我管理、自我反思，对我今后踏入社会大有帮助。"还有一名学生在总结中写道："小学段改变了生活节奏，改变了学习习惯，改变了学习态度，改变了学习方法。"

家长对小学段也表示赞同。张妙格同学的母亲兴奋地说："孩子的自我规划能力和执行力超过我所带的研究生啊！学生的目标意识、规划意识、自我反思和调整意识更强了，成长比以前更快了，成熟度比以前更高了。小学段虽然是短暂的，但它使学生有了一次真正的自主学习的经历，获得了自主学习的深刻体验。一个人在中学阶段获得这样宝贵的体验和经验，将会使他们终生受益。"

小学段的深远价值究竟在哪里？贺思轩老师有了自己的发现，他说："过去，总认为自己精彩地讲，肯定比学生自己学好。然而不行，学生仍然处于被动地位，永远是'被学习'，他的主体性、主动性难以体现，规划学习、管理学习的能力难以生成。如果你总是安排任务，学生永远是被动的；如果是学生自己规划好了，偶尔来找老师商量，这时候，学生是主动的。看起来，好像是简单地换了一下角色，其实是质的变化。有了这个变化，学生在平时的学习中也会主动。这是一种潜移默化的影响，必将影响到他们大学段的学习，甚至会让他们一生受用。"

李希贵校长的体会是："教育是一个互动的过程，不能只强调教育者一方的作用，夸大其教育的力量。如果不能让受教育的一方进入角色，没有他们自己的体验、感悟和内化，他们便不能成长。适当发给他们一些空间和决定权，让他们独立去做一些自己想干的事，对成长是很有帮助的。"反思我们今天的教育，学生缺乏学习的积极性、主动性，一直以来这都是让教师和家长十分头疼的。为了督促学生主动学习，教师不断加大作业量，重视考试排名，最终导致学生负担过重，却并未从根本上解决问题。自主学习不是简单一句话就能做到的，放手也不是一念之间就敢放的，必须有一套机制建立起来，而要建立机制，必然要付出巨大的努力。

在基础教育阶段设置小学段，无疑是一次大胆创新，此举意义重大而深远。这一次试练，使学生的自主学习能力实现了质的飞跃，他们的学习地位发生了改变，角色开始发生转移，不再被安排、被支配、被学习，他们变成了学习的主体，主动获取知识，他们开始尝试着自我规划、自我调控、自我反思、自我完善，对自己的学习负起责任。这一收获正在转变为一种比分数更加有价值的东西。

一种全新的学习、一种人们期盼已久的中学生学习状态、一种令学生和家长羡慕的学习生活，被老师们永远定格在十一学校。

谈到小学段的深远意义，有人对李希贵校长说："这件事，有可能影响他的一生。""是的，有可能！"李校长回答说。

第十章　新课程观魅力何在

在十一学校，课程观发生了重大改变，课程不仅仅是教师在教室里教教科书，还是一种体验、一种经历；课程可以在课堂里上，也可以在车间、厂房、实验室上。授课的可以是教师，也可以是工程师、艺术家，甚至可以是在校生。

找回失落的课程价值

最贴近人的艺术课

《基础教育课程改革纲要（试行）》描绘了一幅新的课程图景——课程是师生共建、动态生成、互动发展的，有多少学生就有多少课程……当它在十一学校落地的时候，竟然被师生演绎得如此绚烂。

第八次课程改革，对音乐、美术、歌舞、戏剧等进行整合，首次要求在中小学开设艺术课程，使学生受到综合的艺术熏陶，这是课程改革的一大亮点。然而，这一课程在十一学校是如何落地的呢？

学校根据育人目标及学生的实际需要，对艺术课程进行了大胆的拓展与创新，在国家艺术课程的基础上，增加了更为丰富的艺术元素，形式也有了较为大胆的突破，设置了 8 个类别 25 个课程模块，并将戏剧引入课程。

目前，可供学生选择的剧目有音乐剧《花木兰》《嘎达梅林》《歌舞青春》《音乐之声》，话剧《雷雨》，音乐情景剧《阳光路上》，京剧《三岔口》《贵妃醉酒》等。这些剧目分学期重复开设，一个学期完成一个剧目。学生若要达到毕业要求，至少需选择两个剧目。此外，为满足学生的兴趣、特长和学习专业艺术的需要，学校还设置了造型基础、书法、国画、油画、版画、摄影、音乐基础、声乐、电子音乐制作与录音、影视编导与制作、动漫、舞蹈等专业艺术模块，还有金帆合唱团、金帆交响乐团、民乐团、舞蹈团等。

与此同时，学校将艺术课定位为素质教育、通识教育，而非职业教育、专业教育，强调以人为本位的情感熏陶，而非以技术为本位的知识教育。强调遵循艺术教育的规律，鼓励学生体验、感悟。在课程学习中，学生除了担任不同的角色，还要兼做导演、副导演，或者负责灯光、音响、道具、服装、摄影、美术等某一项工作，在不同的岗位上锻炼自己。

李希贵校长特别强调："学生排戏，不存在对与错，演戏可能会乱一点儿。没关系嘛，重要的是让他们亲身经历。艺术课要释放学生，不要干涉学生的表演，不要用专业的眼光要求学生，不要在表演技巧上和学生较真，技巧并不重要。为表演一个端盘子走20遍，那是培养演员的办法，学校戏剧要寻求另一种指导或者指导的另一种特殊形式。"

戏剧课受到学生的空前欢迎。排演戏剧那几天，走在校园里，你随时可以听到学生在切磋他们扮演不同角色的心得。有的学生为制作一件道具忙到半夜，教室里、走廊中、校园内，到处上演着云谲波诡的精神大剧，激情和责任感在校园中升腾。

戏剧课给学生带来了什么样的变化呢？那段时间，许多老师都发现，自己的学生变得神神叨叨起来，下课时，嘴里总在念叨着什么。一天，一位家长告诉李希贵校长："这段时间孩子变化得很厉害，每天晚上10点多了还在自己的房间里大声朗读。原来，孩子扮演了话剧《雷雨》里的周萍，大段的台词，他很快就背熟练了，而且有激情。可是在过去，逼他背一些诗歌，比登天还难。"

在艺术课上，进入状态的孩子表演得越来越轻松，他们似乎忘记了周围人的存在，不再羞涩，动作也舒展了。在《雷雨》中演四凤的学生异常投入，演到动情处，咕咚跪下了，眼泪哗哗地流下来，站在一旁的人想不认真都难。马菲老师十分感慨地说："一直不被关注的艺术课，就这样走到了前台，成为学生生活中不可或缺的部分，艺术老师多年呼吁的课程地位问题，一下子解决了。"

艺术课给了学生多种体验，让学生尝试了很多，也改变了许多。性格内向的赵阳同学在一次交流会上这样描述自己的变化："在艺术课上我学会了操作聚光灯，我喜欢看它发出的色彩，喜欢它照在舞台上的感觉。虽然在操作它时我无法像其他人一样站在下面，但我感到了自己的重要。"

初二一名小男孩儿，很内向，排起戏来可认真了。他扮演周冲，给母亲繁漪端药，因为紧张手发抖，杯子哗哗地响，他一次一次地练，所有的同学都不笑，一遍一遍地鼓励他："真好，你这次声音大多了。"

戏剧是最贴近人的艺术。那么，演了戏的学生内心会有什么变化呢？

袁烨同学（饰演周朴园）说："我演技提高了，对人物的把握能力上升了，更体会到了一种人性、一种刻入骨髓的记忆，就好像认识了一位新友，并与之成了旧交。在他身上，我看到了需要警醒之处，我懂得了恶人心底的真情，我明白了做错一件事，会一辈子都愧疚。《雷雨》带给我的不是书中的大道理，而是一种亲身体验、体会，一种情感。"

思家同学（饰演四凤）说："在课程中我领悟到了话剧表演的真谛，学会了舞台上的语言、动作，以及与其他演员之间的合作。这些能力都是我在其他课中学不到的。为了准备戏剧课的演出，我付出了不少时间背台词、排练，但我乐于付出，因为这些经历将成为高中生活美好多彩的回忆。"

揣摩透了人物，把握住了人物脉搏，黄静怡同学一举手一投足都是自自然然的，怎么演怎么舒服。这个此前一直觉得自己跟艺术毫不沾边的女孩儿，在话剧《雷雨》中饰演四凤后，发现自己深深爱上了舞台，爱上了镁光灯。在一篇文章中，她写下了自己的感受："我的灵魂是属于舞台的，或许我一直把它藏起来了，可我的血液里还是蹿动着那样的因子，我觉得我已经依赖上了舞台上的那种感觉。这已经不是一门选修课，或许是一场命中注定的经历。尽管那段独白没有镁光灯的陪伴，但是我知道了，有那样一个灵魂，是为镁光灯而存在的。"

教育的本质是什么？是唤醒，是发现，是帮助每一个人发现自己，成为自己。这是在教育实践中，十一人对教育本质更为深刻的理解和诠释。

在《嘎达梅林》这场戏中，为了表现剧中人物嘎达梅林、妻子和女儿一家人幸福出游的场景，根据剧情安排，需要参演的男女生拉手上场。可就这么一个简单的拉手动作，难住了同在一个教室学习的少男少女们。青春的羞涩和传统的观念，让他们显得异常拘谨，无法达到预期的效果。但随着戏剧的反复排练，他们的"连接方式"在悄悄地发生着变化。最开始，男女学生会用一根铅笔做媒介，每人伸出一只手握住铅笔的一端进行表演。第二节课，那只铅笔不见了，他们选择拉住对方的衣袖继续表演。再后来，不知什么时候，他们已经拉起对方的手，自然、大方地站在了舞台上。

看到男孩儿、女孩儿在台上手拉着手唱歌、跳舞，李希贵校长笑呵呵地说："多好哇！为什么不给他们一个正常的异性接触的机会呢？这是他们生理、心理发展的需要。对异性的好感的萌动是人性，你不让他们接触，他们就不想了吗？提供健康正常的活动，对于青春期的男孩儿、女孩儿，这就是教育。给孩子们一个健康的、健全的中学生活，比什么都重要。"

这一做法的确有些不同之处。多少学校煞费苦心，做出种种规定，严守"男女之大防"。然而，防不胜防，管不胜管，禁令性的校规并不能约束学生的行为，更不会使学生的心灵生长出新的东西。依赖禁令防范、纠错、矫治，是教育吗？

校园戏剧的存在和价值无可替代，它是承载学子青春活力和创造梦想的最佳载体，它为青少年打开了一个奇幻、斑斓、洋溢着青春激情的艺术世界。

戏剧课上，学生可以经历不同的剧组，接触不同年级的同学，完全突破了以往的封闭状态。这样的课程形态使学生的成长成为常态，他们既兴奋又沮丧，虽处处碰壁却充满活力。

30 多名学生组建一个剧组，刚开始，剧组内一片混乱，每个人都觉得自己是老大，自己的角色最重要，争吵、碰撞、争执不断发生，每个人都在喊："道具必须配合我"、"灯光要为我服务"……经历了一次次的争吵，学生全变了，话语变成了问句："我要递给你一个什么道具？""我要打出什么样的灯光？"大家学会了相互配合，学会了换位思考，开始关注别人的需要，在乎别人的感受，主动为别人服务。他们终于发现，如果不考虑别人的需要，什么事也做不了，仅仅强调自己的重要性，这台戏是演不下去的。

胡溪同学担任音乐剧 *High School Musical* 的总导演，他发现协调能力太重要了。"你叫别人干什么，不干什么，得说半天，太费劲了。哎呀！灯光、音响、服装我不专业，人家都很专业，但我也要懂一点儿，在和他人的碰撞中懂得了很多。"

一名排戏的学生说："我现在已经离不开了。"担任过三种角色的他这样描述自己的经历："戏剧不仅让我认识了许多同学，也知道了什么是团队合作，还懂得了谦逊、妥协。如果我不能背好台词，就会牵连剧组中其他人，影响他们的进度。有谁会想到参加一出戏剧的排练与演出可以让人学到这么多东西！"

每个人都在努力发出自己的声音，同时又很有分寸地关照同伴的声音，并通过自我表现与自我控制达到整体和谐的最高境界。这种关照、妥协、合作精神的养成，是其他课程无法实现的。正如席勒在《审美教育书简》第二十七封信中所说的："只有美才能赋予人合群的性格，只有审美趣味才能把和谐带入社会，因为它在个体身上建立起和谐。"

在美国近代体育史上，有这样一段生动的记载："美国纽约州新监狱为了对犯人进行教育，经常开展体育活动。一次，在一场激烈的橄榄球比赛中，一个平素非常野蛮的杀人犯被人推倒而不还手，引起了监狱长的好奇心：为什么一个罪恶累累的杀人犯在运动场上会如此文明呢？这个杀人犯自白说：'如果我从小就经常参加比赛的话，今天就不至于坐监牢了。'"（《教育文摘》2013 年第 8 期）

每个学期戏剧课结束时，学生会以演出的形式进行汇报，每一个学生都要参加。2012 年 1 月 14 日，十一学校首届戏剧节隆重开幕，从上午 9 点到下午 3 点，42 个剧组向全体师生展演了 42 台戏剧，这是学生长达 5 个月的艺术课程学习的结晶。这天，全校停课，学生穿梭于不同的"剧场"，观摩学习"同行"的表演，分享着节日的快乐。台上演得慷慨激昂，台下看得心花怒放。一位家长看着自己孩子的表演激动不已，连连说："哎呀！怎么看怎么好。"

没有帷幕，没有布景，舞台看似简易、空旷，《花木兰》背景音乐缓缓流出，那声音很低，似远古的传承和呼唤，更是一次神圣的旅程。这种极简中的丰盛、极简单的美，深深地震撼着在场的每一个人。

图书馆二层的阶梯礼堂座无虚席，连过道上也坐满了学生，无论是老师还是家长都安静地坐在那里看演出。孩子们出出进进，几乎所有的人都在张罗着，忙活着，他们既是演员，又是协调者，个个脸上都化了彩妆，拿着各种道具，穿着花花绿绿的服装跑来跑去，甚至手忙脚乱。刚要开始，话筒却坏了，立刻有一名同学跑上去换了一个。背景墙上的画面歪了，道具掉了，台词忘了，退场时后边同学踩了前边同学的裙摆，差点儿摔倒……演出当中，几个扮演侍卫的初中孩子进来了，直接坐在过道的地毯上，一边看着台上同学的演出，一边小声地商量着什么，好像突然想起了什么，又匆忙出去了……虽然看上去有点儿乱，但是没有人笑，也没有人觉得有什么失误，大家反而觉得挺好，为什么呢？因为真实，因为常态，因为自然，因为"很本色、很朴素、很可爱"，更因为学生是这里的主人，孩子是戏剧节的主角。

持续了半个月的戏剧节落幕了，幕起幕落间，闪转出多少生命成长的精彩呀！

高二学生吴振邦，担任《音乐之声》总导演，这段经历加速了他的成长，后来，他在第十五届学生会竞选中被选为主席。

这是他的一篇文章中的话。

我也看到了众多演职人员的磨难和提升。杨一舸，这个一开始把剧组人员气得无话可说的分组导演，逐渐学会了认真，最后他们剧组的《晚安再见》和 Do Re Mi 堪称完美。崔鹏程，这个被逼着背台词的"叙事者"，终于做到台词能脱口而出……这样的例子数不胜数。那一段日子里，总是感觉压力颇大又难堪不已，但事后想想，我们也都成长起来了。有了改变，当时的难堪也就成了一份淡然。

公演前的那天晚上，我忐忑不安。作为导演，不管剧目最终成功与否，我都要为此而负责。然而，我心中却没有底，明天的《音乐之声》到底会如何呢？

当安宣成唱完最后一幕《雪绒花》时，我无法控制内心的狂喜。做到了，是的，我们做到了！一次超级棒的演出，一次已经深深地印在了每个剧组人员心中的演出！没有人会忘记今天，没有人会计较昨天，因为所有人，都已经改变，都经历了历练。

突然想起来，早上听见马菲老师给朋友打电话时说："昨天晚上怎么也睡不着，压力太大了。"

是的，谁没有压力呢？谁不曾陷入困境呢？在《音乐之声》剧组，处处是压力，没有时间让人去享清福。因为每一份工作都是一份独到的历练。

梦工场的体验

我国第八次课程改革首次将技术课程纳入高中课程体系，按照构想，技术课分为通用技术和信息技术两大领域，以模块构成单元教学，这样的课程设置在普通学校是如何落地生根的呢？

从 2010 年开始，在不到两年的时间里，十一学校根据学生发展的需求，对技术课程的信息技术和通用技术内容进行整合，开发出机械自动化与电子技术、多媒体技术、程序设计、设计与制作等课程。如玩转智能机器人、电脑平面设计与手工 DIY、电影特效处理技术、移动互联网的应用与开发、趣味编程、数据库信息管理、汽车造型设计，每一模块 16 课时，由学生自主选择。

同时，学校花大力气装备了机械技术实验室、服装设计工作室、汽车设计工作室、动漫基地、多媒体技术实验室、影视中心、机器人创新实验室、人工智能实验室、网络技术实验室、数据库技术实验室、建筑设计与制作工作室等。最为要紧的是明确课程定位，转变教师的观念。李希贵校长反复强调，开设这样的课程，就是为了增加学生的体验和感受，培养学生的技术素养；技术课最要紧的是不能单纯讲知识，而是让学生去做一件事，通过任务驱动去制作一个东西，可以个别辅导，但不能整班讲课；教室里要准备各种书籍，方便学生随时查阅；教师的任务是组织课程资源，组织教学方式，设计课程方案。

经过这样的改造，为学生铺设的"跑道"变得更为宽广、厚实。那么，学生在这条"跑道"上是如何奔跑的呢？

实验室像磁石一样深深地吸引着学生。"很多学生都是跑着去上技术课，下课铃响了也不愿离开，有的整天泡在实验室里，晚上很晚才离开。这里成了技术宅人的云集之地，由此带动了一批学生喜欢上机械工程、电子工程、软件工程、土木工程、生命工程。只要学生有想法、有创意，学校就会提供技术和经费支持。"技术课负责人介绍说。

"小川工作室"帮助学生圆心中的梦，这是谢小川老师给自己学科的定位。怎么帮呢？显然不是在技术概念上"死磕"，而是提高学生的综合实践能力，培养学生的兴趣爱好，发现和唤醒学生。"为学生的创新做准备呀！"这是谢老师常挂在嘴边的话。

他的工作室里摆满了平面设计激光雕刻机、曲向切割机等。每天，这里都会有四五十名学生来来往往。天已经很晚了，这里仍然灯火通明，寂静的校园里传来机器的轰鸣声，这里总是学校最晚熄灯的一个地方，有的学生甚至做到凌晨，家长和老师一直陪着。有的学生毕业了还回来，甚至把大学的作业拿到这里来做。

在这里，学生发现了自己的梦，并开始追求自己的梦。张梦同学是学校金帆交响乐团的黑管首席、学校工程院院长，在学习绘图时，他萌发了制作航拍器的想法："我有一个梦，想在天空看十一。"做航拍器需要电子技术与机械技术的整合，于是，他又选修了控制与技术模块。接下来，无数个日日夜夜，谢老师与同组老师一起帮助他做多旋翼模拟飞行器。没多久，航拍飞行器飞向蓝天，拍晴空万里的北京，拍金秋美丽的十一校园，终于圆了张梦的一个梦想。

一直喜欢美术的天驰同学，接触了建筑设计与制作课程之后，开启了她认识建筑世界的一扇窗，她喜欢上了建筑设计，坚定地朝着这个方向努力。到了高三，她的目标更加清晰，她买了十几本建筑专业的书学习，想将来去美国学习建筑设计。她把这比喻为成功"越狱"。她激动地对笔者说："我非常感谢这门课，看看是一码事，走进去又是另一码事，这门课让我发现了自己的兴趣，做自己喜欢的事，我会一直坚定地走下去。"

李洁涵同学初中时发现自己喜欢看结构设计图，很着迷。高一第一学期她选了动画设计、软件的应用，第二学期选了建筑设计与制作课程。这个文静的女孩子，在木工房叮叮咚咚的凿击声中，职业理想被唤醒了，她深深地爱上了建筑设计。高二时又选了这门课，而且挑战高难度的作业——制作

"流水别墅"模型，这是美国建筑史上的经典设计，其理念影响了美国的民居设计，是现代建筑的标杆。自从选了这门课，李洁涵和天驰便饶有兴致地做起"流水别墅"模型，课上的时间不够用，下了课就往木工房跑，做了一套还不够，还要把纸质模型变成板材模型。

2011 年 9 月，刘芳瑶同学找到李丹老师问："下个学期我还能选服装设计课吗？"李老师高兴地回答："可以呀！"结果，她毫不犹豫地又选了这门课。为什么还要选这门课呢？原因很简单，自从走进这间屋子，她的梦想便在缝纫机的"嗒！嗒！嗒！"的踩踏声中被唤醒了。这门课太对她的心思了，她太喜欢这门课了，太有感觉了。临近毕业的日子，她几乎天天泡在服装设计工作室里做自己的设计。放假了，她仍然会回到这里看看，这里给了她太多美妙的感觉，她已经深深爱上了服装设计这个职业。

刘芳瑶从小就对颜色特别有感觉，上幼儿园的时候就喜欢给布娃娃做衣服，她给芭比娃娃做了多少身漂亮的衣服，连自己也记不清了。家中柜子里全是她给布娃娃做的衣服，这让她特别有成就感。她追求美的事物，喜欢风靡世界的设计师香奈儿，喜欢看美术展览。从高一开始选课时，就第一批报名选上了服装设计，一周两次课是她特别期待的。在这门课上，她接触了缝纫机的使用与维护、画版型图、立体裁剪、打板、缝纫、制作、布料的整染等。高中时期的这个体验对她来说真是太宝贵了。

在服装设计工作室里，展台上第二个模特身上穿着一件淡绿色的衣服，特别引人注目，曾经得到许多参观者的好评。这件古色古香特有中国韵味的衣服，就出自刘芳瑶的巧思。她曾参加中央电视台《创意星空》设计大赛，圆了自己的一个梦想，心满意足地告别了高中生活。2012 年 7 月 6 日，她赴美国哥伦比亚艺术学院，学习奢侈品营销与管理专业，继续她的追梦生涯。

采访结束时，她意味深长地说出了心里最想说的话："十一学校最让我感动的是，你有足够的平台和自由去做想做的事。我尤其喜欢这间非同一般的教室，没事就往这儿跑，也不知道具体是什么东西吸引了我，反正特别有感觉。"

于超凡同学从小就是个汽车迷，进入十一学校高中后，他与几个车迷希望在汽车设计方面进行专门的研究，于是，他们向学校递交了一个开设汽车设计课程的提案。没想到，学校的反馈如此迅速，不但汽车设计选修课很快开起来了，而且还装备了专门的汽车设计工作室，聘请了著名汽车设计公司设计总监担任老师。于超凡自豪地说："我们学校，不是老师能开什么课才开什么课，而是学生需要什么课学校就开什么课，没有师资，学校会想方设法从校外聘请。"

汽车设计课是非常受学生欢迎的一门课，分为造型设计与模型制作，学生根据自己的爱好和兴趣选课。"未来汽车是什么样的？让学生用双手做出来。"课上，学生学习了基本的汽车设计的流程和方法后，开始动手设计自己心目中的概念汽车。他们先在纸上画出脑海里的概念车形态，再逐渐完善每个细节。手绘图画好后，再利用电脑软件画出精细的设计效果图，然后，制作出实体的油泥模型来。这与汽车设计公司研发新车型的流程完全一致。

没有任何限制，没有好坏之分，只要想法足够天马行空，好的设计便会脱颖而出。课堂上，学生迸发出无数的灵感和创意，各种奇思妙想不断涌现，一幅幅模型草图表达着中学生新奇的构想，令许多来学校参观的人叹为观止。2014 年，教育部基础教育司原副司长朱慕菊来到汽车造型设计室，她边看边说："这是一个载体，通过这个平台学生可以学到更多，比如工艺、流程、创意、设计、标准、程序。这是一个人的综合素质，是国民素质所需要的。"

在全体师生的努力下，服务于学生成长的"跑道"在无限延伸、拓展，课程形态也发生了天翻地覆的变化。技术课学习在以一种有别于课堂学习的特殊方式进行着，它立足于真实任务的完成，以主题展开，这些主题就像一个巨大的钩子，将所有其他信息拉拢在一起。为了应付一系列的问题，学生需要学习其他方面的知识，需要合作、探究，这样，他们组成了一个又一个团队，以兵教兵的形式学习。这非常有助于培养学生的耐心和自我反省、沟通、协作的精神。

在一个个车间、工作室、创意空间里……不同年龄的学生，不同学科背景的学生，一起切磋技艺，了解三维打印技术、激光技术、机床车削技术等，体验工业设计的奇妙，产品制作的标准、流程及规则，利用技术实现自己的想法、创意、设计。人与工具的关系给学生带来了如此美妙的感觉，这让他们活力倍增，似乎有了一种独特的力量，他们渴望做更多的东西，甚至一辈子都干这个。

一天，一位来学校参观的校长指着一组组机床问李希贵校长："你们这样不是成了职业技术学校了吗？"李校长认真地回答："职业技术学校学的是技术，我们学的是思维方式。"

除了丰富的技术课程之外，深藏在教学楼里的"发酵俱乐部"、"昆虫俱乐部"和"科学探究馆"同样吸引着学生。在学校和广西师范大学科学教育研究所合作创立的兴华科学探究馆里，学生利用各式各样的废弃物品和实验器材，进行主题探究和拓展活动，运用物理知识解决实际问题，在坛坛罐罐、拼拼凑凑中，学生获得的都是科学的大道理。

在十一学校看来，学科课程和实践课程不仅是两类课程，更是两种价值、两种视界，一种是学科的视界，一种是生活的视界，两者不能互相替代，只能互补、联系、整合。

为此，他们不遗余力地提高学校课程的丰富度，拓展学生学习实践的空间，延伸学校教育的时空，让学生在不断拓宽的"跑道"上飞奔。

校园里的枣林村书院

完全"私人定制"的课程

一天，魏勇老师正在重庆出差，李希贵校长打来电话，他谈了自己的想法："中国传统的书院，实行的是师傅带徒弟，一对一讨论式、对话式的教学方式，像针灸、按摩、曲艺、蒙古长调、传统体育、民间工艺、传统收藏等这样一些特殊技能，只有采用书院式教学才能取得好的效果。我们把古代书院和现代教育制度结合起来，为有特殊需求的学生提供支持和帮助。"魏勇老师十分兴奋地说："真是一个大胆的想法。对那些有特殊才能的学生来说，这种面对面学习的深刻性是课堂教学不能比的。"

经过多方努力，枣林村书院诞生了，这是西式校园里保留的一座小小中式书院，以枣树开花小而结果大得名，延续着传统的师傅带徒弟的方式，专门"收容"不拘一格的孩子。从小一直学习马术的田雨同学特别想上十一学校高中，可是分数差了一点儿，有人担心她会影响高考成绩，李希贵校长斩钉截铁地说："这样的学生用不着按部就班。其实，我们可以舍弃这个百分之百。"于是，学校招了学马术的女孩子田雨。李校长许下诺言："你要学什么，学校给你提供一切可能！"没想到，想学击剑的、赛车的、滑雪的……都来了。

对于这些已有明确的职业方向并在某一方面有突出特长及潜质的学生，为了使他们能够得到最好的发展，学校为他们量身定制课程，选择老师，配备导师。教学方式别具一格，比如讲述、茶座、网络、游戏、辩论、聊天儿等，时间和场所也非常灵活，个性课程在书院上，国家课程在教学班上，两者兼顾，两者具有不同的营养、不同的味道、不同的感觉，让学生拥有不同的发展。这样的课程极大地吸引着学生。

于是在学校4000多名学生中，有了一个特殊的群体，他们在这所学校里有了别样的生活、别样的精彩。

"马是上帝赐予人类最美的礼物。它们气质高雅，体态完美，几千年来驮着我们驰骋世界，从蒙昧走向文明。"这是16岁的田雨最喜欢的一句话。

田雨，一个眉清目秀、身材纤细的女孩儿，不了解她的人绝不会想到，这个看上去文静、柔弱的小姑娘，居然从4岁开始就学习马术，现在已经成为国家青年马术队中最年轻的选手。

她曾经有过一段十分痛苦的学习经历。为了应对中考，她必须投入大量精力补习数学、物理、化学，父母专门为她请了家教，而无论怎么努力，这些科目她也只能考40多分。这样一来，不仅没有时间发展兴趣爱好，连以前学得很好的英语、语文也给耽误了，她十分痛苦地对母亲说："再这样下去，高中我不想读了。"

2010年9月1日，她忐忑不安地踏进十一学校高中部，她不知道在这所高考成绩一流的学校里，还有没有时间和精力学习马术。"实在太出乎我的意料了，学校不但不限制我，为了让我能有时间练习马术，还专门为我设计了个性化课程。我的下肢力量比较弱，学校专门配了一位体育老师，每周单独对我进行训练，我的很多课程都是单独授课的。"优越的学习环境、宽松的自由发展的氛围，让她一下子有了重生的感觉。

对这样一个孩子怎么培养？怎样让她在十一学校获得最好的发展？学校

与她的教练沟通后得知，田雨马上的技术十分突出，但是下肢力量不够，于是，体育老师张琳琳专门为她设计了加强下肢力量的课程，进行一对一的训练。每周一、周三下午 3 点 40 分，田雨都会出现在学校体育馆，在张老师的带领下进行短跑、跳障碍物、小腿提拉等训练。她不但要练习下肢力量，还要通过转身、迅速折返、急停急转等提高柔韧性、灵活性。

田雨的教练是荷兰人，她要完全理解教练的意图，需要有良好的沟通，必须提高英语对话能力，而按照教材学习的英语有些用不上。因此，学校对她的英语学习重新进行了设计，淡化应试色彩，加强口语交流，培养她的口语交际能力，丰富她的体育英语词汇等，还专门为她配备了英语老师帮她练习口语。

"学习马术，要有丰厚的文化底蕴，我需要掌握很多门语言，如德语、法语、英语、荷兰语，都有老师教我。我随堂上的是地理、历史、政治，其他的课我都在图书馆自修，不会的就去问老师，语文、英语、口语、写作都有老师单独为我上课。"田雨说。

在教学形式上，枣林村书院采取适合田雨的形式。她不需要跟班上课，因为跟班上课对于经常外出参加比赛的她来说几乎不可能。很幸运，学校专门为她组织了一个教师团队，她可以根据自己的时间，提前一天与老师约定上课的时间，各科老师给她留作业，她在网上提交给老师批改，这样既不耽误学业，也不耽误训练。政治、历史、地理是通过和老师聊天儿来记忆；英语课有两个小时讲课，一个小时放英语电影。她自豪地说："我可以带着我的马参加高考。"

从小生活在国外的朱胡安同学，对车有着浓厚的兴趣，也有很多机会接触汽车，尤其佩服德国赛车手舒马赫，从其经历中受到了很多启发。2002 年的一天，他和哥哥一同接触了卡丁车，一下子被吸引住了。2004 年他第一次参赛，夺得少年组第三名，之后真正喜欢上了赛车，立志要做"中国的舒马赫兄弟"。

2006 年他开始参加方程式比赛，2007 年获全国卡丁车锦标赛国家甲级组珠海站、贵州站冠军，2007 年获 CFO 中国方程式公开赛威速方程式北京站、上海站、珠海站冠军，2007 年获 AGF 亚洲方程式年度亚军，2008 年获全国卡丁车锦标赛北京站国际 A 组冠军，2008 年 FFC 福特康巴斯首战北京站冠军，2008 年获 CFO 中国方程式公开赛上海站冠军，2009 年获澳门世界卡丁车大赛 KFZ 组别季军，这是中国车手卡丁车级别最好的成绩……

"赛车不是单纯地开车，而是要参与到车的制造与研发中，使车非常有个性。要具有相关的知识，对物理、空气、流通、动力学都要有研究，一听发动机的声音就要知道它有没有毛病。舒马赫作为一个神奇的赛车手，他首先是一个机械手。要成为顶级选手，就要提高内涵。朱胡安需要什么？如何实施？如何调动学校的资源？十一学校专门为他设计了机械课，这样，他的个性课程在书院上，国家课程在班级上，两者兼顾，每周上课 8 次。"枣林村书院的课程让朱胡安获益匪浅。

"赛车已成为我生命中不可分割的一部分，这是速度与激情的完美结合。我每分每秒都把自己的生命掌握在自己的手中和脚下，连睡觉时也经常进入比赛状态。赛车改变了我的人生，使我养成了坚忍、勇敢和顽强的性格。"在赛场上自信心十足的他，敢于接受任何挑战。"中国的方程式赛车刚刚起步，进入 F1 是每个车手的奋斗目标，这是一条曲折而又漫长的道路，最终到达终点的全世界也只有 20 人而已。作为一名赛车手，我清楚地知道这一点，现在我付出的努力，有可能只是中国人实现 F1 梦想的一个铺垫，但我愿意为它付出我的一切。"这是朱胡安发自内心的表达。

文静、腼腆的白瑞涵同学来自北京市朝阳区白家庄小学。一个偶然的机会，她喜欢上了击剑运动，从小学三年级开始学习击剑，父母很担心上了中学后能否继续学习。后来听说十一学校有枣林村书院，把她高兴坏了，她毫不犹豫地来到这里。她说："我会一直打下去，一直打到我打不动为止。"

虽然课程内容分层了，可学习数学 Ⅳ 和 Ⅴ 的学生仍然吃不饱，部分学生初中三年学完了高中课程，高中又学完了大学课程。教师敏锐的目光发现了学生的需求。于是，枣林村书院将高等数学课程引入中学，给有数学天赋的学生系统开课，聘请大学老师授课，学校成建制地、成体系地专门培养他们。目前，有 70 多名学生在学习高端数学课程。

"这是 7 年级（12 岁）学生学习的内容——数论、方程、图论、概率等；8 年级（13 岁）学生的数学有代数、指数和对数方程、解析几何、平行线等；9 年级学生开始用三角函数解决极大和极小问题等。高一学生开始学习大一的数学课程——向量、积分、复数、空间三角函数等。"据枣林村书院的魏勇老师介绍，这样的课程模式，完全改变了齐步走的教学方式，真正实现了个别化、差异化教学，教学内容与大学衔接，可以帮助学生早一点儿进入研究阶段，为探索人才培养新模式做出尝试。

十一学校课程多样性、开放性的程度令人吃惊，他们甚至可以为一个学生开一门课。四年制高一有几个孩子特别喜欢历史，于是，枣林村书院专门为他们开了一门课，专聊"历史原著"，每两周读一本书，然后讨论。有几个学生要上数学"实分析"，学校无人能开，便把北京师范大学的一位数学教授请来，每周授课两个半小时。还有专门为张瑞静同学一个人开的写作课，完全是"私人定制"。

谈到枣林村书院的未来，魏老师说，今后，还将开设按摩、中医、针灸、珠宝及古玩鉴赏、桥牌等课程，枣林村书院就是想帮助有特殊需求的学生成为他们想成为的人。这里所做的一切探索和努力，就是为他们积淀下深厚的文化底蕴，使他们在擅长的领域走得更远，使他们在学习专业技能的同时，注重人文精神的培养，注重深厚的文化底蕴的浸润，真正成为大师级人物，而不是匠气十足的工匠。

学生奔跑到哪里，轨道就铺设到哪里，利用一切可利用的资源，让学生获得最好的发展，这是十一学校秉承的理念，也是学校的大课程观。

学校无处不是课程

遍布校园的"微讲座"

一天，几个学生来到李希贵校长的办公室，其中一个说："老师，我是王枞正的学生，他没有时间来，让我把这封信交给您。"李校长脸上露出诧异的神色："怎么？你们是王枞正的学生？""是啊！他教我们画画儿，我们三个都是他的学生。"听到这个学生的回答，李校长内心甭提多高兴了。"王枞正是学校高三的学生，已经像模像样地当起了小老师，孩子们的能量远远超出了成年人的想象。"

在十一校园里，随处可以看到五彩缤纷的讲座广告，电梯间、教学楼大厅里、楼道里、食堂门口、学校宣传栏里，不断刷新的广告吸引着同学们的眼球，无论是初中还是高中，一场又一场的讲座受到同学们的热捧。

在学校科技楼一层，一进门，迎面就会看见墙上一幅很大的广告，十分惹人注目："'美文写作'主讲人：闻楚鸣、王立婷、洪嘉琛、毛治齐；'爱文学，从微型小说开始'主讲人：王婉婷；'唐诗可以这样读'主讲人：谢安琪。"据李红玉老师介绍，在小学段，一共安排了22场学生讲座，仍然不能满足学生的需求，场场爆满，许多学生都站着听课。他们说："这不是灌输知识，而是分享一份美的心得；不是为了考试，而是讲述一段快乐历程。"

就连学生家长也跑来开讲座，在科技楼大厅入口处，贴着一则广告："你知道什么是数论吗？你知道中国剩余定理吗？你知道费马最后定理吗？你知道当今世界最有名、应用最广泛的 RSA 密码体制吗？在本次名师大讲堂中，让我们一起来了解这些问题。"旁边是另一则广告："你对潜艇感兴趣吗？你想知道潜艇中潜伏着多少秘密吗？请参加'潜艇知识大解密'，家长志愿者陈泽家长孙燕桥女士。"这种校内讲座每周都有，每次有一位家长到学校开讲，内容涉及潜艇、理财、古琴、建筑设计等，学生可以根据自己的兴趣报名。

从科技楼出来，沿着平坦的林荫大道往南走便是图书馆，乘电梯上四层，会发现这里的课也上得趣味盎然。这是高一学生叶枫为初中学生开设的英语课，每周一节，很受学生欢迎。

主讲人叶枫是一个目光清澈、笑靥如花的女孩儿，她那专注的眼神，表现出她性格中内在的力量。叶枫上课的时候绝不儿戏，对学生严格要求，如果学生回答问题不积极，她时而从学生的角度想，时而又从老师的角度想："如何既有意义，又让学生有收获？"她尝试着从电影台词、寓言、歌曲中选取内容，用有意思的开放的小问题吸引学生。她讲课既幽默，又富有哲理。叶枫对这件事特别入迷，晚上说梦话都是用英语。"做的过程很辛苦，但很有成就感。"她觉得，"这是美事一桩，好开心噢。"让人没有想到的是，叶枫的课一开就是三年，来来往往听她课的学生有六七十个，她自认为："自己的课一点儿也不比老师的差，非常值得骄傲一把！"

这一勇敢的举动，成为十一校园的首创之举，在同学们看来实在是不同寻常。"朋辈教育",让学生在校园里传承文化,不仅获得了教学经验,还对自己有了更深刻的了解,这是一个多赢的结果。

穿过图书馆向西,便是国际部大楼,五层报告厅更是爆满,主讲人为北京大学哲学系的裴济洋学长。他在给学弟、学妹们上哲学课,通过系列讲座,引导他们进入精彩而丰富的中国思想文化世界,帮助他们对儒、道、佛三家智慧之精髓以及中国哲学的特质有一简略认识,并通过"四书"、《道德经》等经典文本,激发他们对国学的热爱。

临近暑期,高中楼213教室,80个座位座无虚席,身着不同颜色校服的学生来自不同的年级。原来,这里即将开始一场他们期待已久的出国留学讲座,主讲人是高三学生刘希瑞、曾与伦、张天实。他们以自己申请出国留学的经历,为同学们讲述美国高中暑期课程、如何修改申请文件、费用、面试注意事项等,帮助他们分析申请出国留学的注意事项。讲座生动具体,贴近学生的需求,深受欢迎,还吸引了不少家长前来听课。

2014年4月,满眼芳菲的校园里到处飘着花香,春意盎然的时节,作家余华走进学生的心里。科技楼404教室正在举行一场关于余华的讲座。黑板上是一幅十分醒目的照片——余华双眉紧锁,目光坚毅冷峻,坚硬的黑发倔强地向上竖起,平静的外表下汹涌着文学的波涛,以异常执着的精神做着文学的梦。这幅照片把学生带到了余华的内心世界。

主讲人黄竞锋同学说:"今天恰好是余华54岁生日,我们的相逢是久别重逢,这是我内心的一种感觉。"同学们像成熟的学者,在自由、宽松的氛围里研究着。听讲的人越来越多,教室里的椅子不够了,他们只好从外面搬椅子来听。

讲座刚一结束,王紫轩同学就找黄竞锋要联系方式,她说:"挺激动的,早就想来,有时读不懂,特别想和同学在一起交流。"

有人问黄竞锋:"头一次给同学讲课,紧张吗?"他挥舞着拳头回答:"兴奋大于紧张。"黄竞锋和王强同学一同讲课,过去,他们并不是一个教学班的,彼此并不认识,只是住在同一层宿舍楼里,算是眼熟。一次,黄竞锋看到王强的桌子上放着一本《余华小说选》,他知道了这个同学也在看余华。"这回熟了。""相当熟了!"黄竞锋笑了。

黄竞锋从初二开始喜欢余华的小说,看了《许三观卖血记》,还读了他的五六部其他小说，被先锋派小说家深深吸引。后来，他读《十八岁出门远行》，发现余华的风格焕然一新，决定搞一个讲座，于是找到王强商量，于是有了这场讲座。

选课，使同学们以前所未有的、更平的方式互相联络，互相竞争，互相合作。学生的学习变得更快、更直接、更深入、更有效率。

"同伴之间互相学习真的不一样！"李希贵校长兴奋地说，"如果同伴之间可以互相学习，那就无处不是学习了。"

时时有课程，处处是课程

5 月，鲜花开满了校园，艺术楼门前一幅三米高的大海报十分惹人注目："艺术人生，加布里埃尔·迪托马音乐会。世界著名的钢琴家、音乐家、指挥家，毕业于历史悠久的意大利帕多瓦大学，获艺术学硕士学位。"

2012 年 5 月 19 日，这一天是周末，最高气温 29 度。学校乐团的百余名学生兴奋地聚集在音乐大厅里，感受国际一流大师别具风格的指挥。结束时，笔者问初中学生、乐团团长李丰华："参加他的排练与以往有什么不同？"她说："风格不一样，他很细腻，很关注细节。"

加布里埃尔·迪托马的妻子脖子上戴印即有十一学校文化标识的丝巾，高兴地观看学生排练，她告诉笔者："我们来自威尼斯——马可·波罗的故乡，北京之旅给我们带来了非常愉快的回忆。我们来十一学校看望在国际部教授经济学课程的兄长，发现十一学校竟然还有一个这么棒的乐团，所以，加布里埃尔·迪托马说：'我开个音乐会吧！'学生非常勤奋，有天赋。他希望把意大利的风格、情感、细腻带到交响乐的表现中，这是我们为什么来你们这里的原因。"

当艺术老师得知这位艺术家愿意和学生在一起时，立刻问他："能不能给我们的乐团做一次指导？""《火鸟》我非常熟悉。"加布里埃尔·迪托马愉快地答应了。他还对意大利驻中国大使馆说："我在中国，我在十一学校，将举行一场音乐会！"意大利驻中国大使夫人也高兴地来了。

音乐与音乐的交流多么美妙，教育是一项多么美好的事业。

别看中提琴手李丰华只是一名初中生，但她初一就参加了乐团。这回李丰华担任了排练的翻译工作，加布里埃尔·迪托马常常会俯下身子，小声地告诉她什么，她再用中文传达给自己的伙伴。她神态自若，丝毫没有胆怯，有时她没听懂，便回头看乐团的老师，老师与她短暂交流，她频频点头，然后，郑重地对同学们说："这个地方非常重要！"

西方人对音乐的理解在于表现力、活力、激情，大师时而俯下身子，时而用手挡住耳郭，仔细倾听，边讲边比画，一群十五六岁的孩子，在世界级音乐大师的指挥下，在他的情绪调动下，一个个都变成了"火鸟"，非常投入地演奏，曲调时而低沉，时而高昂，让人震撼。

在短暂的两天里，艺术大师找了几名学习钢琴的学生，每人辅导了20分钟。国际部初三英语实验班的陶思聪同学，在与大师短短的接触中得到了灵感和启发，非常想继续学习。2012年7月暑假，他在家长的陪同下飞往意大利跟随大师继续学习。

2012年10月，从斯德哥尔摩发出一个声音——莫言获得诺贝尔文学奖。这件轰动世界的大事牵动着十一人的神经。第二天，校园里出现了六大块宣传板报，学生一进校门就看到了，刚刚发生在地球那一端的事瞬间与十一学校联系在一起，一下子拉近了学生与这个世界的联系。当天下午，文学爱好者们聚集在一起，热议莫言获奖和莫言的作品，少年文学院在学生食堂门口举行了"祝贺莫言获诺贝尔文学奖"签名仪式。没过几天，莫言来到学校与同学们进行了面对面的交流。

2012年9月1日开学典礼，奥运冠军张宁出现在十一学校的操场上，她刚刚参加完在英国伦敦举办的第30届奥运会，一路风尘仆仆，来到了同学们中间。"昨天还在电视中仰视的人，今天，就站在自己的身旁，什么感觉呀？真的，有一种巅峰感哪！"一名个子高高的男孩子连蹦带跳地说着。这些感人的经历，让学生深刻体会到，无穷的远方无数的人都与他有关，校园与世界没有距离，他们与世界息息相关。

作为教育界的知名人士，李希贵校长经常受邀参加一些重要活动，每当这个时候，只要有可能，他都会带一两名学生参加。在他眼里，一切资源都可以变为使学生受益的课程，他巧妙地将这些邀请转化为学生参与的活动，他认为这是学生学习的极好机会。于是，罗马尼亚驻中国大使馆最为隆重的国庆招待会、教育部新春联欢会、国学沙龙与台湾著名国学大师傅佩荣现场交流等活动中频频出现十一学校学生的身影。

在教育部新春联欢会上，学校金帆交响乐团双簧管首席张诗雨同学与著名小提琴演奏家、中国国家交响乐团乐队首席刘云志的交往，给她留下了极为深刻的印象，张诗雨觉得他是多么的耀眼夺目："这位曾与世界著名音乐家、指挥家小泽征尔、梅纽因多次合作，让大师们众口一词惊叹的乐队首席，此刻就站在我的面前，并和我亲切交谈，还把鲜花转赠给我，我被一股巨大的幸福感包围了。我简直没有想到我一个普通的中学生，竟能与这样的'雷人'面对面，真是莫大的幸福！"

一次，一位朋友邀请李校长参加一个国学活动，其间有台湾著名国学大师傅佩荣先生的演讲，李校长便带上对国学有兴趣的张昊旸同学一同前往。张昊旸激动地说："整个会场就我一名中学生，第一次近距离地与大师接触，现场与傅先生交流、对话，感受大师的国学情怀，受益匪浅。傅先生还在我的本子上签了名。一段时间以来，我在职业规划上一直纠结着，在自己喜欢的职业与世俗功利的职业之间摇摆不定，傅大师的境界使我茅塞顿开。"

2010 年春天，上海世博会开幕之前，联合国教科文组织总干事伊琳娜·博科娃女士来到北京，李希贵校长作为北京市校长代表受邀参加欢迎伊琳娜·博科娃女士的晚宴。李校长想："机会来了，这不就是课程吗？得好好利用一下。"于是，他带着十一学校模拟联合国秘书长杨路得和教科文组织总干事唐逸伦一同参加，到了总干事与十一学校学生对话的时候，会场掀起了小小的高潮。真"假"两位总干事的对话环节成为活动的一大亮点。当风度翩翩的伊琳娜·博科娃女士向学生走来时，李校长拍拍她俩的肩膀说："这是我们学校模拟联合国秘书长和教科文组织总干事！"伊琳娜·博科娃女士用充满喜悦与鼓励的眼光看着她们，对她们微笑，并与她们握手。这时杨路得亲手送上了准备的礼物——中国传统剪纸作品，并用英文表达了对她的欢迎与尊敬，还向她介绍了十一学校模联社团的情况。伊琳娜·博科娃显得很惊喜，用寄予厚望的语气鼓励她们不断努力，并且欢迎她们去联合国。

李希贵校长说："当我们有了明确的目标，把这些活动当作课程来做时，教育效益就会大大提高。学校可以说是煞费苦心，捕捉生活中点点滴滴的教育机会，去唤醒、发现、感染、激励学生，让他们的生命多一点儿发现，多一点儿感动。"

对于中学生来说，在今后漫漫人生路上，谁能说是哪一次经历起了作用？也许，就是这一次的感动，成为他一生的动力，鼓舞他登临事业的顶峰。也许，是一次又一次的累加。也许，哪一次都不是。那也不要紧，不管怎样，李希贵校长认为："这一次要做！要做好！"

别样的校庆课程

美丽的金秋十月，十一校园里枝叶繁茂，郁郁葱葱，鲜花簇簇，彩旗飘飘，人头攒动。学校做了精心的准备，以满腔的热情欢迎万千校友回家。

2012年10月1日，是十一学校60华诞。对于一所有着辉煌历史的学校来说，这场校庆承载着太多的期待。李希贵校长认为："来的都是学生，都是校友，不分贡献大小，也无论身份高低，新老校友相处、交流，这就是课程。"

校庆一共安排了六天的活动，每个年级承办一天，每天设计三类活动，包括30分钟的仪式、十年校友聚会、按照校友从事的行业组织的活动，六天共安排了几十场活动。

10月1日——60年校友代表升国旗仪式。

10月2日——学校博物馆开馆仪式，馆内展出的实物记录了60年来的60个故事、校友成长的印记，成为传承学校文化、激励学生成长的窗口。

10月3日——卓越教师研究室挂牌仪式。

10月4日——大礼堂地标揭幕仪式。

10月5日——林月琴图书馆揭幕仪式。

10月6日——学校20年业绩展开馆仪式。

每一项活动20分钟左右，虽然规模不大，但是，每一位校友都可以从这些活动中找到对母校的回忆，感受母校的温馨，在校同学也可以从中获得属于自己的感悟。

每天都安排不同届别的校友聚会，他们有共同的老师、共同的话题、共同的故事，能够很充分地交流。每天下午是3—4个行业的校友聚会，请行业内的成功人士与学生见面，这一宝贵的资源得到了充分利用。

行业校友聚会是校庆的重头戏，是最受学生欢迎的，涉及文学艺术创作、影视动漫、律师、法官、政府公务员、教育、卫生、互联网产业、邮电通讯、金融投资、人力资源、航空航天、土木建筑、工程机械、石油化工、新闻媒体、文化出版、广告设计等。

十一学校少年法学院、少年科学院、少年新闻学院、教导主任助理社团等纷纷亮出自己的牌子。高一女生郭毓君对法学感兴趣，一大早就来到会场等候，看到王大伟教授，感到非常亲切，过去只能从屏幕上看到他，现在和他面对面地交谈，距离一下子拉近了。高一的钟杉同学从初中起一直参加学校模联活动，她认为无论是参与社团还是走向社会，都需要法律知识，因此特别想见一见法律界的校友。

高一的马静怡同学自豪地说："我是代表我的组织来的，我是社团联合会的。听了校友的介绍，才知道原来社团对人的锻炼这么大呀！"少年社科院的郭华苓同学，连续三天都来参加活动，她是学校电视台负责摄像的，她说："参加行业聚会收获特别大，体会特别多，特别重要。"

汪凯歌是 1986 届高中毕业生，如今在金蝶国际软件集团做人力资源工作，她告诉同学们："社会上很需要综合型人才，现在要好好学习专业，把最底层的工作做好。我上学时演话剧，组织篝火晚会，表演诗朗诵《青春万岁》，锻炼了我的组织能力、演讲能力、沟通能力。十一学校这个平台特别好，要好好利用。"

参加座谈的还有著名导演鲁晓威、北京人民艺术剧院副院长崔宁、学生喜欢的著名主持人鞠萍姐姐等，人越来越多，圈子也越来越大。学生不断地向学长们提问题，气氛十分热烈。鞠萍从屏幕上走到孩子们中间，让他们感觉十分亲切。"我们是学校电视台的，请问姐姐，在采访中应当注意哪些问题呢？"鞠萍笑眯眯地站起来，认真地回答孩子们的问题："采访时要表现出对采访对象的尊重，体现出尊老爱幼的品格，要不卑不亢。"她一边说一边做示范动作。"腿不能这样跷着。还有，你不能光盯着你准备的问题，准备是有必要的，但是，采访中要注意倾听，看看别人回答了什么问题，然后递进地提出相应的问题，推进采访走向深入。"这样的交流整整持续了六天。

60 年的时光在这座校园里停留又流淌，留下一个个感人的故事。如今，它被开发成课程，让学生触摸昨天的历史，回顾自己成长的经历。这份沉甸甸的礼物，对学生来说意义重大。

课程是什么？这个教育工作者每天都要面对的问题，如今，十一学校有了自己的回答。

第十一章　评价如何促进学生发展

> 伴随着选课走班的实施，十一学校建立起一套严密的评价与诊断系统，对学生持续跟踪与关注。这一系统包括过程性评价、综合素质评价及终结性评价，每个方面都有实质性的突破——从关注结果到关注过程，从模糊评价到清晰诊断，从单一评价到多元评价，评价真正服务于学生的成长。

多把尺子衡量学生

教育尺度的辨析与追问

课程是一个链条，它包括课程目标、课程标准、课程内容、课程实施和课程评价，课程评价是这个链条中至为重要的一个环节，因此，评价改革成为基础教育改革中一块难啃的骨头。

始于 20 世纪 90 年代末的基础教育课程改革，历经了十多年的探索，虽然评价改革在一些关键环节上取得突破，但仍然在艰难的探索之中。十一学校的改革当然不可能绕开这个敏感问题，他们在进行改革的顶层设计时，对课程改革与评价改革是同步考虑的，他们的选择是迎难而上，在关键环节展开探索。

2011 年 8 月，学校诊断与评价工作同时起步，学校成立了专门的项目组，负责研究各领域各学科课程的评价方案和实施细则，建设现代化数字平台，建立学生学业质量评价体系，以及配套的诊断、反馈与指导改进系统。

学校明确提出，课程与评价是一体的，评价服务于学校育人目标和课程目标，要将评价镶嵌在学习和教学的全过程，用评价帮助教师调整教学策略，用评价促使学生达成预定的学习目标，促进学生的学习和发展。要让学生根据标准实现自我评价和调整，自觉自律地完成目标，促使自己发展进步。

学校将评价要求概括为"坚持多元化、针对性、层次性，抓关键，易操作"。开始研究时，大家找不到具体办法，异常焦急，而有一个人特别冷静，那就是校长李希贵。每次听完大家的汇报，他并不是从具体的环节上帮忙想办法，而是反复告诫老师们："评价和诊断是保证课程改革质量的关键，评价最重要的目的是促进学生发展。这个价值观要成为我们在激流中的指南针，成为衡量这几年工作的试金石，过程性评价是牛鼻子，要紧紧抓住。"他那沉稳的神态好像表明他心里早就有了定海神针。

在此后的多次研讨中，李希贵校长反复对大家讲，评价是学习驱动系统，评价是一条"轨道"，规定着每个学生成长的走向，积极有效的评价对学生的成长具有重要意义。它的指向非常明确，不是便于管理，也不是照顾外界的评价，而是学生在这样一个环境中、这样一种机制下所经历的学习过程，这是最为重要的。我们在评价上要特别小心，青少年认识自己与认识世界一样，需要经历从模糊到清晰、从浅显到深刻的较长过程。教师的评价是学生感受成长的喜悦、烦恼或挫折的主要参照物。教师的积极评价，会有效改变学生自我认知的倾向性、自主行为的调控力，以及认知动机、风格和技能，使学生的发展状况比预期的更好。

在一次次教育尺度的辨析与追问中，老师们进一步认识到，以往的评价以学生分数为重要，甚至唯一的标准，少数智力非常优越或者对知识性学习特别耐劳的孩子，可以得到各种各样的奖励。这样的鼓励方式，是以牺牲更多在学业上表现平平但或许另有天赋的孩子的自尊和自信为代价的，这些孩子缺少全面审视和认知自己的空间。评价是一把尺子，更是一种导向。传统的学校评价，就像古希腊神话中普罗克鲁斯特的"铁床"，以自己的标准去裁切别人，僵硬的标准使得评价成了剪裁学生丰富个性的剪刀。从一个角度看学生，可能只有百分之一的天才；从多个角度看学生，也许就有百分之九十九的天才。

随着教育观念的不断转变，学校亮出了一把把具体的、希望学生达到的标尺。为促进学生综合素质的全面提升，学校改变了"三好学生"评选办法，通过评选卓越学生、优秀学生、专项优异学生、年度荣誉学生等激励更多的学生。学校还设立了校长奖学金、令德奖学金、英才奖学金、紫荆奖学金、方圆奖学金、乐仁奖学金等，如今，学校的奖项已经发展到 260 多项，并且在不断增加。由于尺子的增加，人人都有被评为好学生的可能，人人都有获奖的机会，好学生源源不断地涌现，每年有近千人次获奖。这些学生得到了肯定性的评价，做一个好学生的愿望得到了满足。

亲身参与了这场评价改革，年轻教师刘伟深有体会地说："这是一场逃脱'铁床'的改革，为了创造适合学生发展的教育，十一学校是'上穷碧落下黄泉'，想尽一切方法，把理念转变为实践，这是十一学校最了不起的地方。"

让学生看见自己

在评价改革中，学校反复强调："学生看到的，就是他需要去做的。"那么，如何让学生看见自己呢？

历史的经验山高水长，十一学校一一比对参照。

学校首先将以往的零星记录，重新整合到一个新的平台上，变成比较丰富完整的综合信息。学生一入学，学校就给每一个学生建立了电子档案。每个学生从入校到毕业的所有信息，包括每一次考试成绩、参加的实践活动、特长爱好、有没有过失等都记录在这个平台上。这既能帮助老师有针对性地开展工作，又能提醒老师应当关注的方面。

与此同时，注重综合素质评价，十一学校的综合素质报告单由八项内容组成：高中毕业生自荐信、两位老师的推荐信、高中毕业生学业考试（考查）成绩学分、十一学校综合实践课程成绩、社会实践活动记录、研究性学习报告（三个主题）、国家学生体质健康标准登记卡、十一学校健康体检表。

学校每个学期都以综合素质报告单的形式，将学生在学校的选课、修课情况，学习过程中的表现，毕业成绩、学分，以及其他表现通过网络反馈给学生家长。其中，学业成绩的终结性评价提供的是分数、等级、学分、绩点及描述性语言，学生及家长能看到各种各样丰富的、立体的、综合的统计和分析，比过去只看到平均分、名次当然要科学多了，特别是能看到个性化的分析与建议。学生通过这个平台可以获得学校的学业分析与诊断信息，了解自己的状况和改进方向，这些信息的综合运用对促进学生的成长发挥了很大作用。

现在，一个学期结束了，学生拿到的不再是几个枯燥的分数，而是一份包含了学业成绩、学校综合实践课程的成绩、研究性学习成果以及体育健康状况的报告。学业成绩也不再只有分数，而是历次测验分数走势、所处分数段、文字分析以及下一步改进建议的"诊断"报告。

每一门课程的成绩以"过程性评价"、"终结性诊断"、"学段成绩"、"学段学分"四个分值来体现，从中可以看出学生在某个阶段某个学科的学习状态。同时，十一学校引入"学分绩点"这一概念，使得学生的分数更客观、更科学。

这是一个相对开放的记录系统，学生随时可以登录查看。学生只要登录"新学校云平台"，点击"成长记录"栏目，就可以看到"综合素质评价"一栏，下面分设"我的过程性评价结果"和"我的学业诊断报告"等。打开"我的过程性评价结果"，便可以看到自己的出勤、回答问题、合作探讨、提出问题、违纪等情况。在"我的学业诊断报告"栏里，可以看到自己的成绩和所处的位置，以及每一门课程的评价时间，还可以看到老师对自己的评语，以便及时调整学习状态。点击"综合课程记录"，就可以查询自己的分数，所有学生在校行为规范，包括出勤、卫生、社团活动、综合实践课程表现等情况都可以一目了然。建设与维护这个平台，老师们付出了大量心血，它凝聚着老师们的集体智慧。

选课走班，没有了行政班和班主任，当学生满校园跑的时候，表面上好像看不见，抓不着了，实际上有一双无形的大手在掌控着。无论他身在何处，无论他在做什么，无论他发生了什么样的变化，他的所有表现都会在一张大网上。这张大网操控在老师手中，以此对学生实施教育和帮助。这就是我们所说的"纲举目张"。所谓"纲"，就是罗网上的大绳，汉代的班固说过："若罗网之有纪纲而万目张也。"

在做这项工作的过程中，老师们体会到："学生其实不仅需要我们的管理，更需要一面镜子。有了过程性评价，他们就可以对照镜子不断调整自己，使自己变成自己喜欢的样子。由我们忠实记录的过程性评价，就是给学生提供的一面镜子。"

抓住过程性评价这一"牛鼻子"

拿起过程性评价的武器

评价是教育，教育的目的在教育的过程中。在学校研讨会上，李希贵校长表达了这样一个观点："管理学生学习不是一个空洞的概念，要让评价变得具体一点儿，要高度重视学生的学习过程。如果你非常注重过程，注重细节，学生也就会注重过程，注重细节。以往，老师们到教室从门缝里溜一眼，就全看清楚了，谁表现好，谁表现不好，一目了然。然而，他们看到的是什么呢？无非是学生是否老老实实坐在那里专心读书、写作业，由此判断他是否踏实、努力。而他在学习什么内容、是否在积极思考、是否真读进去了、遇到了什么样的困难、在哪方面有了收获，老师是不知道的。这种表面的行为动作成为重要的评价指标，然而，它能评出什么呢？所以，我们要拿起过程性评价的武器。"

评价是一种引导，评价什么就会有什么，为此，学校评价改革重目标设定，重指标设计，重目标导引。为了抓住核心问题进行评价，各学科针对学生学习的全过程，如读书、笔记、讨论、提问题，研究详尽的评价指标，根据发展的需要确定每一项所占的权重，随时调整，备注里还有详细的说明与建议，以及需要特别注意的方面等。

开学之初，教师将标准贴在教室里，使学生心知肚明，提醒自己做到。比如，课堂评价重过程指向，重学习表现，重学生参与，重证据获取。教师的评价视角和意识贯穿在学生整个学习过程之中，教师不断地创设有利于学生学习表现和积极参与的学习环境，让学生将自己的学习状态和水平真实地表现出来，从而获得有价值的评价信息。

以历史学科为例，它的核心目标要求有研习史料，阐释评价历史事件、人物，提升历史思维等。老师们把这些核心目标要求具体化，使之具有可操作性。

语文学科过程性评价除了语文基础、兴趣特长、学习习惯、课堂表现、作业情况等几个方面外，还包括出勤、学习习惯、课堂回答问题、提问、讨论、作业、研究性学习等。

戏剧课的过程性评价占60%，终结性评价占40%。过程性评价关注学生的课前准备、出勤、课堂表现、积极参与、团结协作、探究创新、爱护公物等情况，终结性评价则关注学生在排戏过程中的角色把握和职责表现。

物理学科把评价要素分为自学自研、课堂表现、完成作业、实验报告等四项。每一项都有具体要求，比如，"自学自研"有完成情况、提出问题、前测成绩；"课堂表现"分为按时上课、分组程度、参与讨论、回答问题、提出问题；"作业"包括按时完成、完成率、独立性、规范性、正确率等。

理科学生往往不重视史、地、政学科的学习，上课总是不积极回答问题。为了改变这种状况，贺千红老师在理科生的历史课上进行评价改革，强调"提出问题比解决问题更重要"，要求每个学生在一个单元里必须提出至少两个含金量很高的问题；同时，每个学段每个学生至少要读一本人文学科的书，要写读书心得；考试以开卷的方式，给学生阅读材料，让学生解读，内容包括从历史中吸取经验教训、寻找现实的历史依据、比较分析各方的观点等。这样的评价导向，使学生发生了变化，与老师讨论问题的多了，课堂上有了进行各种争论的气氛。

过程性评价就是对"过程"的管理，不是简单的作业和测验的反映，而是对整个学习过程的记录，包括学习态度、付出的努力、课堂表现、作业、互助、倾听、表达、自主学习、提出有价值的问题、参与讨论、与人合作等方面的表现。这样，学习过程中的问题就反映得十分直观、客观。

王春易老师介绍说："你想培养学生哪方面的素质，就在哪方面加大过程性评价的力度。小组讨论效果不够好，我们就加大小组评价的权重。每次讨论后同学们都去看成绩，只要成绩不理想，马上就开会研究策略。到后来，大家都非常积极地参加讨论，已经形成了浓厚的氛围，老师想插话都插不上。"

为了引导学生成为自主发展的主体，学校将师评、自评、互评融为一体，给学生创设一个评价的空间。一上课便给学生提出学习建议，最后组织学生在提问、发言，倾听、尊重，观察、发现，动手、合作几方面自评、互评。当笔者穿梭在学生中，倾听他们对自己和他人优点的肯定、不足的指出时，发现了他们的情感真诚流露，思维大放异彩，学习热情日益高涨，看出了他们在评价中的成长进步。

围绕一个一个能力设计量表，依靠过程性评价的有力杠杆，关注每一个孩子，就能多一点儿发现，多一点儿唤醒，多一点儿帮助。

过程性评价这个平台老师用，学生用，家长用，年级用。通过浏览，学生看到了自己的变化，享受着一步步追寻、一步步探究的快乐，感受着一点一滴进步、一点儿一点儿成熟的喜悦。

这是评价的力量、诊断的力量，不可低估！

过程就是奖励

注重过程，做最好的自己，将结果交给过程。

过程是长久努力的付出，结果是瞬间丰厚的回报。

注重过程，从认真开始，以勤奋贯穿；从细节开始，让落实落地。

过程很疼，但最终我们能收获一个更好的自己。

这是高中楼宣传栏里的一段话，这些激励性的话语可以帮助学生将视线转移到过程上。

过程性评价关注学生在学习过程中的出勤、课堂纪律与课堂表现、作业、互助、倾听、表达、自主学习、提出有价值的问题、参与讨论、与人合作等方面的情况。学生通过过程性评价反馈平台，能够及时获得评价信息和改进意见。

课程研究院院长秦建云介绍说："对每一门课，我们都实施过程性评价，我们要求教师及时更新内容，反映学生学习中的情况，促使学生对学习的过程进行积极反思和总结。于是，每次下课，老师们便多了一件事——登录评价平台，做记录，写备注。"

随着下课铃响起，学生陆续走出了教室，历史老师李亮立即坐到办公桌前，打开电脑，在键盘上飞快地敲击，他在记录这堂课上谁的问题提得比较积极，质量比较高，有较深的思考。这是他每次下课都必须做的事，虽然要记录的内容不多，仅仅需要几分钟时间，但特别重要。

一节历史课上完后，张美华老师带着一个小记录本离开了教室。这个记录本上密密麻麻地贴着一张张座次表，表上记录着选课学生的姓名，原行政班班级，每名学生在这周发言的次数、提出问题的次数及内容、合作学习情况，以及对部分学生的个性化评价。对这样的记录，十一学校的老师们太熟悉了，每门学科的老师都要负责记录，内容十分丰富，每两周上传一次，每一项内容、每一个数据都凝聚着全体老师的辛勤劳动。

为了让过程性评价起到对学生的促进作用，高一年级总结出几条经验——及时填写，坚持填写，及时上传；符合本学科、本层级的标准、进度，针对性强，重视鼓励性评价及建议；学科内标准统一，对学生负责；树立权威，不制造分数，分数有依据，做到公平、公开、公示；使过往成绩能够再现；分数是具有权威性的，你迟到了，以后不能弥补，必须警醒，对自己的行为负责。

为了让过程性评价对学生起到引导和激励作用，学校在设计指标时只有几处使用减分。另外，在选课平台上有一个备注栏，这是老师给学生写评语的地方。有的时候，文字交流有一种特别强大的力量。

"这些不经意的记录，这些不大引人注意的简短文字，非常容易让你看到学生其他方面的表现，让你发现没有发现的东西。正是这些看上去非常普通的指标，帮助我们实现了'人人是教育工作者'的转变，实现了对学生的持续关注，改变了我们的工作方式，尽管很累，但不能不做，它承载了教育的温度。"这是余彩芳老师深刻的体会。

过程性评价注重个别化，帮助老师了解每一个学生，认识每一个学生，帮助每一个学生，终极指向是引导学生成为发展的主体。段英华老师说："在做个性化评价的过程中，我越来越觉得，老师的角色不再仅仅是传道、授业、解惑者了，他更是学生学习的陪伴者、学生成长的见证者。只有充分尊重学生的个性，尊重个体之间的差异，我们才能真正做到因材施教，才能让教育的阳光照射到每一棵树上。"

不断增强的反馈

一天下了课，一名学生打开手机，点了手机屏幕上的栏目，看到了老师对她的第 29 次评价：课堂表现、平时作业、常规表现都得了满分，但是单词检测 20 分得了 16 分，下面是英语老师的批注："成功是不断地失败，一定要对学习保有热情。"这名学生给老师回复："老师，我的表现不是特别好，不过，没关系，老师都这么鼓励我、信任我，我应该更加信任自己。"

还有一名同学在手机上看到了自己课堂检测的成绩和课堂表现，很高兴，过了几天，她又登录评价平台，发现自己的成绩不够理想，老师还在备注里写了一句话："这状态可不好，加油！"这一次评价，让她对自己有了警觉。一名女同学找到老师问："老师，我的综合成绩怎么才 12 分哪？"老师解释道："你有一次没有交作业。""噢！那我以后得注意了。"这名学生心悦诚服地走了。

每周五中午 12：00—13：30 查看自己的过程性评价情况，已经成为学生的习惯。

评价是一种强有力的武器，对学生的评价如果离开了促进发展这个终极目标，将毫无意义。为了激励学生成长，过程性评价最重要的价值在于它可查、可跟踪、可比较，在于用数据服务于学生成长。这个反馈的过程，起着重要的调节作用，成为学生成长的引擎，从而弥补了基础教育课程改革中的缺环。

教育的目的在教育的过程中，教育评价不仅仅是为了"甄别"和"选拔"，更重要的是为了"改进"和"提高"。所以，教师给学生的每一次反馈，都会传递促进他发展的正能量。

因此，学校不通过排序刺激、警示学生，而是告知其位置。学生一看就明白自己的问题、自己的水平、哪些地方需要改进，慢慢学会对自己负责。

据段英华老师介绍，一名同学曾经对一门课的过程性评价一直没有关心过，到了期末突然发现，分数出乎意料地低。她找到老师后被告知，现在已经不能更改之前的成绩了，有问题的话必须每次分数出来后马上反馈给老师。碰了这次灰，她再也不敢"无视"过程性评价了。

不断增强的反馈，出现了滚雪球效应。一项调查显示，64.8%的学生认为它很重要，因为能够检测他们的学习效果。当发现过程性评价不理想时，34.81%的学生会找老师谈话，寻求解决方案；77.47%的学生选择自己解决问题，争取下次做得更好。67.24%的学生最关注自己在班级的位置，53%的学生关注老师的备注。

数学老师朱燕使用过程性评价两个学段之后，发现学生在悄悄地发生改变。学生会积极举手回答问题、积极思考和讨论问题了。作业没写好的同学会主动抽空来数学功能教室订正，没有交作业的同学会主动自觉补上，认真对待作业和课堂小测的订正。学生说，习惯这样学习了，习惯这样思考了，他们已经开始享受这种数学学习所带来的无穷乐趣了！

对于过程性评价的作用，李枝蔚同学这样描述："如果你不小心迟交了几次作业，上课忘带了几次课本，又悄悄在课堂上赶了点儿别科的作业被发现了，总之，过程性评价的分数就会有点儿低。这时，你可能要为两件事而忧虑。近忧在于，你得赶紧努力，在单元测试及学段终结性测试中考个好分数。一门课程的最终成绩由各学段过程分数和考试分数折合后平均而成。如果不及格，你需要补考；补考再不过，糟糕，下学期你需要重修这个学分。"

通过过程性评价一天一天地推动，学生的能力一个一个地生长起来。

诊断的科学运用

确保关键点的诊断

评价与质量诊断是保证课程质量的关键，伴随着选课走班的开始，学校成立了专门的研究机构，在北京教育考试院的协助下，组建了由校内外专家构成的评价专家组，研究命题与诊断，使诊断逐步走向学术化、科学化、标准化。2011年11月，又与首都师范大学合作，建立了学业成绩诊断分析平台，这些都为评价改革提供了强有力的保证。经过三年的探索，学校建立了教育教学诊断，作业诊断，学生最喜欢的场所、活动调查，学部学科的自我诊断等。这一机制的建立，使新的课程体系有了自控系统。

为什么要做这项工作呢？"诊断是一项很重要的工作，对于组织的健康发展非常重要，相当于给学校'查体'，不能等到有问题了才解决。要使一个组织始终保持健康的状态，诊断必不可少。为此，十一学校每学期进行一次教育教学工作诊断，共 10 项指标，学校对此非常重视。由教师网上填写诊断问卷，诊断中心汇总相关数据，反馈诊断结果。"李希贵校长的回答明确而坦率。

十一学校鲜明地提出，诊断最重要的目的是促进诊断对象的进步，诊断什么就会有什么，要诊断那些我们真正需要的东西，抓住关键点做好评价，确保关键点的诊断。为此，《北京十一学校行动纲要》郑重地将"评价"改为"诊断"，这不是简单的文字替换，而是教育价值观的重大改变。

如何确保关键点的诊断？比如，十一学校最看重的是关系，包括师生关系、同伴关系、干群关系、同事关系等，于是，学校通过评教评学真实地反映师生关系，引导良好师生关系的建立。

质量检测的目的是诊断教学中的问题，可以通过学校的学业分析与诊断系统平台获得诊断信息，这会让教师和学生明白下一步改进的方向以及如何改进。

据沈静老师介绍，学校组织专门人员依据课程标准进行诊断研究，改变了以往凭经验命题、模仿高考试卷的做法，确立新的考试思路，研发考试题型，避免陈旧刻板的死记硬背题型。从 2011 年开发测试工具，到 2012 年进行试测，再到 2013 年正式测试，这是一个周期漫长、专业、复杂、精密的运转系统。

历史课程重视学习过程、学习方法的诊断，重在考查学生以下几种能力：读懂材料，理解材料的内涵和外延；应用材料，提取材料中的有效信息，说明问题；形成观点，分类归纳、综合运用信息，结合所学内容说明问题或形成自己的思想观点。

数学测评框架有了较大的变化：一是把数学问题解决过程划分为三个阶段——（1）用数学语言表述问题情境，（2）运用数学概念、事实、步骤和推理，（3）阐释、应用和评价结果；二是对学习者的特征进行全面深入的阐述，包括数学学习的动机和信念。

物理试卷一道选择题也没有，体现了对教学的全新的诊断。一步步的探索，彻底改变了以往试卷的结构，它使学生的学法变了，使教师的教法也变了。一位老师坦言："在这套诊断系统面前，我不得不做出改变！"

诊断之后的分析也发生了变化，学校建立学业质量分析平台，通过平均分、标准差、区分度，应用统计结果，科学分析学生的学习质量，了解学生对某个知识点的掌握情况、在教学班所处的位置，以及学科水平的发展变化。

为了真正起到促进教学的作用，学校将诊断老师的教与诊断学生的学分开。比如，语文诊断内容有"共同学习的内容"、"自己学习的内容"、"没有学过的内容"三部分，"共同学习的内容"诊断教师的教，看看学生的现有能力到底在什么级别。这样一来，减弱了教师的讲，使之将更多的精力放在引导学生学习上。这样，教师才敢把内容放开，才能为教师松绑，为学生松绑，又能分清教师和学生的责任，确保学生在自由的情况下，不丧失责任感。

请看作业量诊断分析的一个例子。一天，高一年级杜志华老师收到一张作业诊断分析反馈条，从这张纸条中她可以清楚地看到她的作业量在年级所处的位置，年级的平均值是 4.42，可她的是 4.62，稍稍高出年级的平均值。作业量的问题使她开始注意起来，她说："平时，我一再提醒自己不要多留作业，这说明作业量还需要控制。"

让数据"发声"

将数据记下来并不重要，重要的是让它"发声"。诊断功能发挥得如何，关键在于对数据的解读与应用。面对庞大的数据，于晓静老师陷入沉思。"诊断完毕后，我们在数据平台上看到那么多的数据，该如何运用这些数据为教学服务，帮助我们找准问题呢？发现背后的问题，并加以解决，就会自信地走到最后。"

在走班选课背景下，当每个学生拿着属于自己的个性化的课表穿梭于各个教室的时候，如何及时知道他们的问题和需求？如何及时提供有效的帮助？诊断数据让教师对学情有了更精准的把握；让个别化指导不但成为可能，而且更加具体；让家长更了解孩子的优势和劣势；让教学的方向更加明确。

每个学生 7 份学科诊断，每次考试后会出 3000 多份诊断报告。它的真实价值就像漂浮在海洋中的冰山，第一眼只能看到浮出水面的那一部分，而绝大部分都隐藏在水面之下。随着时间的推移，它将释放出更多隐藏的价值，把我们对人的认识由表面、肤浅、简单甚至是无知变得系统、完整、准确。

王春易老师十分感慨地说："这些细节信息是最重要的教育资源，这些数据并不是一个充斥着算法和机器的冰冷世界，它为我们提供了重要的参考。我们十分注重挖掘数据背后的信息，让每一名教师发现自己的问题，改进教学，把数据用好，用数据驱动教学。比如，到了高三复习的时候，我们就很清楚每一名学生的弱项在哪里，完全不用所有的知识都复习，可以让复习变得更加有针对性。"

余彩芳老师发现"数据是教育对话的基础"，在日常教学中，她注意挖掘学生成长中的数据信息，绘制出的一幅幅色彩斑斓的柱状图、折线图、曲线图，与年级平均分雷达图，不仅是一种可捕捉、可量化、可传递的数字，更成为一种视觉和感官的东西，真实地记录了每一名学生的成长轨迹。借此引导学生对个人的学习负起责任，学会用数据管理自己的学习。

一次，笔者来到任春磊老师的生物教室，发现每张课桌上都有一个类似手机的东西，一问才知道，这是任老师最近新搞到的"宝贝"——计数器。他对笔者说："上课学生做选择题时，只要按下自己的选择，老师就可以清楚地知道学生的想法，哪个学生哪个知识点没有掌握一目了然，可以清楚地判断学生出现的问题及出现的频率。这个非常丰富的数据包，实际上是一个'诊断库'。通过收集数据化的信息，建立个性化的学习档案，跟踪记录学生学习的历程、真实的表现。教师借助这种客观的诊断，发现问题，找出薄弱环节，可以有针对性地提供帮助。"

哈佛大学量化社会科学研究所主任盖瑞·金说："这是一次革命，在庞大的新数据来源和支持下，量化的前进步伐将会踏遍学术、商业和政府领域，而没有一个领域可以不被触及。"

麻省理工学院的埃里克·布林约尔弗森教授说："大数据的影响好比几

个世纪之前人类发明的显微镜，显微镜把人类对自然界的观察和测量水平推进到'细胞'级别，而大数据将成为观察人类自身行为的'显微镜'。"

评价改革在进行中，各种力量相互渗透，在不断汇集与辐射中慢慢形成了一种新的育人力量。

评价"大法"简单易行

一场韧性的战斗

评价是一个复杂的系统，如何从复杂走向简单呢？学校强调，评价要简洁，不能太复杂，越"傻瓜"越好。

老师们说："这个平台设计得非常合理——简便，好用，表面看很简单，其实很专业，背后是深厚的专业支撑。"

对改革的评价要放在一个很长的时间里，从诊断题目的开发到数据分析，如何使技术更加简单，更加"傻瓜"，更加稳定？如何使硬件操作更加简单？如何让软件更能发挥激励、发现的功能？过程性评价在艰难而执着地前行，路漫漫，正求索。

十一学校的老师们已经做了许多探索，但贺千红老师却觉得差得很远，她谦虚地说："目前只是事实记录，记录是不是评价？究竟评价什么？通过评价帮助学生获得什么？过程性评价是永无止境的，要不断探索，我们还有很多事情可以做。"

课程改革是一场韧性的战斗，贺千红老师这样描述："相信水滴石穿，花开有时，等待有时。在路上，且走呢。"

第十二章 改革， 高三不是禁区

> 从满足高校对合格生源的需求到满足社会对全面发展的高素质人才的需求，从与高校接轨到与社会和未来接轨，从服务于高考到服务于学生终身发展，这是一个漂亮的转型、一次华丽的转身。

高三复习悄然变脸

不一样的开学

转眼间，2011 级学生到了高三，还要不要继续改？是坚持改革方向，还是退回到从前的应试训练？"当然也不例外！"于振丽老师的态度十分坚定，无论是师生的心态，还是复习，抑或是生活，都在悄然发生着改变。

刚刚进入高三，天驰同学拿到一本高三年级学生手册，印刷十分精美，橘红色的封面上印着学校的美丽建筑和一座大大的容光钟。打开一看，扉页上是李希贵校长的寄语："当你拿到这本手册的时候，你已经站在高三的大门前，准备着要迎接充满激情与挑战的不平凡的一年，你该如何将你的理想化为脚踏实地的行动……""是的，我上高三了，我该如何做呢？"翻开第二页，一行红色的标题"让心灵先到达那个地方"吸引了天驰同学，她细心地读下去。

美国西部的一个小乡村，一位家境贫寒的少年在 15 岁那年写下了他气势不凡的《一生的志愿》："要到尼罗河、亚马孙河和刚果河探险；登上珠穆朗玛峰、乞力马扎罗山和麦金利峰；驾驭大象、骆驼、鸵鸟和野马；探访马可·波罗和亚历山大一世走过的道路，主演一部《人猿泰山》那样的电影；驾驶飞行器起飞降落；读完莎士比亚、柏拉图和亚里士多德的著作；谱一部乐曲；写一本书；拥有一项发明专利；给非洲的孩子筹集 100 万美元捐款……"

他洋洋洒洒地一口气列举了 127 项人生的宏伟志愿，不要说实现它们，就是看一看，就足够让人望而生畏了。少年的心被那庞大的《一生的志愿》鼓荡得风帆劲起，他的全部心思都已被那《一生的志愿》紧紧地牵引着，并让他从此开始了将梦想转为现实的漫漫征程，一路风霜雨雪，硬是把一个个近乎空想的愿望，变成了一个个活生生的现实，他也一次次品味到了搏击与成功的喜悦。44 年后，他终于实现了《一生的志愿》中的 106 个愿望……他就是上个世纪著名的探险家约翰·戈达德。

读到这里，天驰发现自己的梦想突然变大了，这个高三、这个美好的开始，让她充满信心。

"对于学生来说，确定一个方向也许不是最重要的，关键要看如何锲而不舍地去实现它。所以，关注内驱力，让高三真正成为学生的高三，是我们工作的主要方向。"年级主任于振丽表达了这届高三的不同之处。

2013 年 9 月刚刚开学，笔者来到高三教学楼，参加一组学生的讨论，内容是"进入高三你的规划如何"。

学生甲说："我的经验是及时与老师沟通，我一次次找老师沟通，成绩一点点上来了。"

学生乙说："我觉得心态特别重要，要一直往前走，不要回头看，过好每一天，过程好了，结果一定好。"

学生丙说："大家的发言引起了我的思考，要把自己的想法说出来，给自己一个暗示。"

学生丁说："理想很丰满，现实很骨感，但是，不管怎样，还是应当坚守自己的理想，相信未来。"

年级主任于振丽介绍说："往年的这个时候，我们是召开全体学生大会，给学生鼓劲加油，而如今，我们特别注重学生的个人规划，帮助学生'管理我的梦想'，'将理想转化为具体的目标'，每个学生与教育顾问、咨询师一对一地研究，明显感到这届学生比以往的学生有动力、有目标。"

恢复高考 30 多年来，中国的高中教育似乎被绑在了一架战车上，几乎所有的学校都在拼命追求升学率，而李希贵校长却总是告诫身边的人："不要去过度追求升学率，甚至可以说要放弃这个百分之百。"

李校长的理由是，高中阶段是一个人个性形成的黄金时代，学校理应为他的发展提供广阔的舞台，到了高三也是如此，不仅仅要关注分数，还要关注学生的全面发展，关注人的心理、情感等，从关心人的发展出发，最终会带来一个自然的、水到渠成的结果。"我们不会单纯去抓一个结果，而是去抓最根本的东西，我们所说的放弃'这个百分之百'，就是这个意思——放弃一个简单化的百分之百，追求的是每一个学生的不同成长。如果我们非要求一个理科学习有困难而其他方面有天赋的孩子必须达到 600 分，考上重点本科，实现学校百分之百的升学目标，那就毁了这个孩子的一生。现在，我们不盯着那个目标，但是却成就了一个又一个有天赋、有特长的孩子。高考升学率不是目的，全面提高人的素质才是我们百转千回始终咬住不放的终极目标。我的经验告诉我，只要按照教育规律办事，激发学生内在的学习动力，应当就会全面丰收。"李希贵校长说。

李希贵校长表示，这样做的目的，是让老师有一个好的心态。只有学校不焦虑，老师才会不焦虑；只有老师不焦虑，学生才会不焦虑。如果学校总是强调升学率，哪怕要提高一个百分点，老师都会压力很大，都会丢掉许多东西。我们应当关照学生的综合素质，研究他 20 年后需要什么，这比关注多少学生考上清华、北大重要得多。当教师不再紧盯住一个东西去追求的时候，他才会关注其他东西。

每一个学生的高三

高三复习如何进行？这是对改革者的考验。"一定要把时间给学生。校长的一席话，让我们彻底放手了。"主抓高三工作的田俊老师语气坚定地说。

早在 2011 年 9 月 1 日开学时，学校就做出一项大胆决定——对高三课时进行调整，一个学科一周只安排 4 课时，语、数、外、理、化、生、历史、地理、政治各减少一节课，周六不统一上课，让学生自主研修，自我检测、消化，与同学交流分享。学校还规定不加班加点，学生正常放学。

从表面上看只是一个简单的减少课时，其背后更深层的意义是什么呢？这一举措给高三教学带来了怎样的改变？其更加深远的影响是什么呢？带着这些问题，笔者对李希贵校长进行了采访。

到了高三，一般学校都在增加课时，而十一学校却在减课时，而且幅度比较大，这是为什么？李希贵校长给出的解释是："因为知识目标已经基本完成，剩下的应当是学生个性化的学习、个性化的构建。不能再用统一的教学组织形式，必须给学生时间。这样，每一名学生才有可能在这段时间里学不一样的东西，学他需要学的东西，学对他来说最重要的东西。基于这样的考虑，也是基于学校从初中到高一、高二对学生学习能力的培养，我们有了良好的基础，我们才会有这样的信心，我们才有把握把学生放出去。我们相信他们会学好。"

从 2011 年 9 月开始，每届高三都在改变，都在探索的道路上向前迈进一步。

一上高三，家长就会叮嘱孩子：一定要听话，要按照老师的进度复习，谁要是不听老师的，一定会碰得"头破血流"。一般高三的复习都是大量做题，以题量取胜，学生对此很有心理准备。可同样是高三，我们在十一学校看到的却是另一番景象。

开学了，王春易老师在教室里久久徘徊，内心十分纠结："高三了，还是这间教室，还是这些学生，我还能继续用新方法吗？讲，轻车熟路，又省事，又快，绝对高效，立马高分上去。然而，这届学生在高二时教学组织形式已经发生了变革，高三怎么办呢？"

过去的高三复习，不管你会了还是不会，老师都会把教材全部重新讲一遍，进行地毯式轰炸，生怕漏掉一个知识点，然后通过大量做题，周练月考，筛出错题，再进行第二轮轰炸。对这种令人恐惧、单调、枯燥的学习，学生是既厌烦又害怕。高三应当延续已有的成果，以学生的自主复习为主，一定要改变以前的复习模式！改变学生的高三生活，哪怕只是一点点，王春易老师想试一试。

于是，生物组做出一个大胆的决定——今年不再买任何教辅资料，集全体高中老师的力量自己编写复习资料。暑假里，王老师带领全体生物老师开始了一场艰苦卓绝的战斗，他们日夜奋战，泡在题海里，根据考试大纲、课程标准的要求，梳理各单元的重点，精选习题，编制了12个单元的学习规划书和配套复习题，给学生的题不足过去的一半。学习规划书包括问题交流、考点解析、典型例题等。学生要完成一个单元的规划书任务，需要用两周的时间仔细阅读教材，通过做题发现问题，针对问题重读教材。就这样，历届复习都要用的宝典退出了学生的书包。

"我们放手让学生自己去归纳、整理，构建知识体系，学生把大量的时间用来搭建知识框架图，将框架与教材中的知识点，以及其他相关知识整合起来，加深理解和记忆。再梳理出几个专题，横向、纵向穿插，非常清晰。框架感非常强，而不是整天答题、做题。开始，学生认为没这个必要，太费事，他们盼着老师使出高招，拿出宝典，一些学生急切地想大量做题，用他们的话说就是'刷题'，在他们看来，题刷得越多，高考就越有把握。而现在的复习思路恰恰相反，由一道题衍生出五道题，而不是做五道新题，这让学生感觉很是郁闷。在老师的耐心引导下，学生做着做着就有感觉了，渐渐地，他们发现这样比做100道新题都有价值。"王春易老师脸上露出了笑容。

"题量终于减下来了，一个单元6个课时，只配6套题。每套题浓缩为一张A4纸，只有一页，20道题，30分钟即可完成，不再刷题的学生有了大量时间看书、反思、交流。"指着学生写满了字的花花绿绿的笔记，王春易老师心中充满了幸福感。

"试卷讲评课也变了，过去基本是老师分析错题，由于压力与日俱增，内心的焦虑也在不断升级。面对学生的错题，老师常常讲得声嘶力竭、口吐白沫，越讲越急，越讲越气，恨铁不成钢。'讲了多少遍怎么还出错？''这么简单的题还不会吗？'教书20多年来，几乎每一届高三都是这样度过的。"王春易老师无奈地说。

接着，她话锋一转说："分析试卷本身就是学习的过程，所以我们让学生学会自己改、自己分析、自己总结。为了分析一份试卷，学生要重新阅读教材，从题中找到与教材对应的知识点。每一个选项都代表一个知识点，一道题反映了四个知识点。每个选项都要真正弄明白，然后再从这个知识点衍生出若干道题进一步拓展。这样一来，花费的时间是老师讲评卷子的三至四倍，但很有必要这样做。"

在一间物理教室里，方习鹏老师介绍着物理课的变化："现在，一个单元的复习，学生手里只有薄薄的几页纸，上课时，他们桌子上摆放的除了一本教材，就是这几页纸。"笔者很是感慨："这与有些学校桌子上高高的书墙形成鲜明的对比呀！""同时，我们改变了过去一刀切的做法，为学生提供个性化的作业。发现学生出现错题，老师会根据问题再出几道类似的题目，让学生巩固练习，真正实现了高质量、轻负担的目标。"方老师继续说。

物理教室的后面有一排大书柜，里面摆满了物理书籍。走到书柜前，方老师兴奋地告诉笔者："进入高三后，我们发现了一个奇怪的现象，这里有大学教材，有自主招生方面的书，有高一、高二辅助教材，有科普类、竞赛类的书，还有市场上比较热门的高考复习资料，等等，每一种我们都准备了两本。结果，大学教材、拓展类的书翻的人最多，而复习资料基本没人动。真的就没有人动，奇了怪了！"

笔者来到外语教室，陈秀波老师介绍说："这一届高三，确实有点儿不一样。其不一样可以这样概括：每个学生的高三，科学的高三，落实的高三，从容淡定的高三。当我们把学习的主动权交给学生时，他们表现出了前所未有的热情。当学生明确了任务时，他们自己制订详尽的复习计划，课外阅读、参考书也由他们自己选。全班 36 个人，表面看都在埋头读书，仔细观察才发现他们学的全都不一样。每个人心里都特别清楚，都有目标，都有动力。"

高三课堂大变脸

一天，笔者来到高中楼 317 教室，离上课还有两分钟。学生一进教室，呼啦一下子奔向实验边台，拿起喷水壶给植物浇水。这些植物都是他们认养的，有绿萝、虎刺、岁岁红、仙鹤来、蟹爪兰、富贵竹、芦荟、海棠、薄荷、文竹等。每棵植物旁边都立着一个小牌子，上面写着认养人，比如"薄荷三盆，王宇澄"。朱世麟同学认养的猪笼草，叶子的四周挂着一圈小笼子，就像一个个红灯笼，十分惹人喜爱。这边的同学忙着浇水，那边的同学忙着给金鱼喂食。鱼缸旁边立着一块小牌，上面写着"高岩、叶大家、黄旋雯、刘宇泽组成的大豆花组，他们认养了两条金鱼，一条黑色的，一条红色的"。一个玻璃缸上贴着一张醒目的纸条——"巴西龟，马文鹤"，另一个玻璃缸上贴着"马莱丝的青蛙们"。这里是孩子们最喜欢的地方，他们一有空就往这儿跑。张蕾同学说："生物教室里有一种特殊的氛围，让人特别提气，特别有感觉。哪怕你今天不爽，进了生物教室就会好很多。"

上课了，王春易老师带着同学们讨论肺炎双球菌的转化实验：为什么转化？怎么转化？转化的实质是什么？学生一个接一个发言，很轻松，很自然。一名同学说："我一开始就是这么想的，R型菌可以转化为S型菌，S型菌也可以转化为R型菌，经过大家的讨论，我否定了我原来的看法，S型菌不可能转化为R型菌。"教室里不时传来同学们的笑声。看着眼前的一幕，笔者很是惊讶，高三了，生物课依然是那么活跃，讨论交流十分热烈，甚至发生了激烈的争吵，大家不断地出现问题，不断地解决问题。

下课铃响了，争论在继续，研究在继续。六七名同学围在一起，有说有笑，忙着给青蛙换水，为到底该抽出多少水、留多少水而争论不休。高三学生依然可以这么趣味盎然地学习，真是难得一见。环顾教室，笔者发现桌子上没有复习资料，也没有一摞摞的卷子，与平时上课没有多少区别。笔者问一名忙着给鱼儿换水的男同学："快高考了，紧张吗？"他说："一点儿也不紧张。""那你这样的复习状态家长怎么看？""家长说我缺心眼儿呗！"学生的回答令笔者忍不住笑了。

下午5点，廖晓晔同学找到王老师，探讨未来的发展志向，她告诉王老师："我对生物学科特别感兴趣，想报考生物专业，将生物作为我终生的职业，但对与之相关的专业之间的关系和区别却不是太清楚。"王老师细心地帮她做了分析，并告诉她，生物工程、环境工程、生物科学都是十分有意义的领域，只有真正热爱的人，才能体会到工作的乐趣和幸福。她们的一番谈话令笔者很是感慨，高三复习这么紧张，她们居然有心情讨论这样宏大、高远的问题。

天快黑了，一名同学还在显微镜下看着什么。笔者走过去，发现实验准备台上摆着牛奶、豆浆、咖啡等，还有各种试剂、水草、花生、玉米种子。

王老师告诉笔者："这是让学生鉴定它们的物质成分，观察叶绿体的流动，看它们的细胞结构。你看，瓶子里的大蒜，已经长出了一丛长长的根。观察它，学生可以看细胞的分裂过程。这些实验材料放在这里，学生课间休息、学习累了时可以随时做做实验，一两周后再换其他实验。""多么令人向往的生物学习！"笔者内心满是激动。

在高三教学楼里，你会发现一个不同于以往的现象，很多学生复习化学都会到化学教室去，他们难道来这里做题吗？不是，他们一边摆弄模型，一边理解思考，一边复习。孙京老师告诉笔者："学生学到一定时候会产生疲劳感，这时候，可以做些实验，调剂一下。我们充分利用实验、挂图、仪器等，用学生喜欢的模型来帮助学生加深印象和思维。这时候，学科教室发挥了作用。"孙京老师一边拿起一个模型一边说："你看，因为可以拆装，学生特别有兴趣，每天都要摸一摸，玩一玩，都玩坏了。"

在孙老师的引导下，笔者参观了化学教室，这里简直是一个化学的世界。教室四周的桌子上摆放着有机分子模型、乙醛、无机晶体模型、碳60、氯化钠模型，以及让学生拓展知识的电子云模型，他们很直观，很形象。"老师讲到哪儿，学生就看到哪儿，比如过氧化氢，教科书上只能显示二维结构，而模型却能让学生看到三维结构。教室的墙上挂着乙醛的知识结构、醇类的知识结构，烯、烷代表物的结构及性质，各类有机物的衍变关系。复习到这里的时候，到底有哪些概括性知识，学生一抬眼便一目了然。"孙京老师兴奋地说。

"以前复习靠印篇子、讲题、做题、写方程式。如今，各种手段及呈现方式都呈现在眼前，学生可以看一看，摸一摸，一边复习一边做实验。而且，很久以前做过的实验，早忘了，再做一次，感觉不一样，可以帮助学生回忆，让他们利用形象进行记忆。过去，有些难点问题，老师怎么讲学生都不理解。比如，金属的电化学腐蚀，要求学生将如何发生的描述出来，学生因为不理解过程，描述相应的变化时容易出现偏差，总是出错。而如果到实验室去做实验，一节课就解决了。现在，在学科教室里，仅用10分钟就做完了，学生完全清楚了，一动手做实验就全明白了，自然就会了。"

"哎呀！真的是不一样了。带了8届高三，今年感觉真的变了，每周4课时，逼着我们必须寻找新的策略，发挥学科教室的优势。开始走班时有点儿不理解，认为没什么可走的，挺折腾的。一旦走起来，体会到了好处，就觉得还行、还不错。上课不像以前那么枯燥了，学生学习化学最大的兴趣还是实验，功能教室的仪器最吸引学生。过去的学习是简单的知识再现、复述，而今天，学生在探究中学习。"孙京老师十分感慨。

2011年9月，刚刚接手高三教学工作的黄娟老师陷入了深深的思索，议论文写作越来越写不出东西，空泛的议论、空洞的表达已经成为语文教育的大难题。如何让语文植根于生活，关注人的内心感受，让学生有主见，有自己的想法，强调心灵的表达，而不单纯是为了高考？她决定在这一届高三进行议论文写作的一个改革尝试。

从何处入手呢？黄老师发给学生一些阅读资料，用时评为学生打开一个窗口，让学生关注社会，激活学生的思维，激活学生的写作。从身边的小事入手，引导学生思考其背后蕴含的深刻的思想，多视角感知事物，这是语文学科不能回避的重要命题。

于是，语文组的老师们开始寻找有思想深度的时评，为了找到好的时评，老师们付出了艰苦的劳动，用黄娟老师的话说是"上天入地地找"。他们找好后编成专集发给学生，先后编辑了小悦悦专集，乔布斯专集，"虎妈"、"狼爸"现象专集，成人礼专集等，每篇专集后面都有思考题，要求每个学生看完后写出自己的体会。

材料发下去，学生非常喜欢，经常追着老师问："还有没有？"一篇篇时评，触动了学生的灵魂，唤起了他们内心表达的欲望，引发了他们对生活的深深思考。每一个人都不是孤岛，都与这个社会息息相关。他们开始关心身边的事，思考身边的事，视界超出了小我，开始关注大我，关注公共事件，思考国家、社会、人生等宏大的命题，目光从自我投向外界，思考乔布斯，思考小悦悦事件，思考成人礼意味着什么，写出了《活出自己的精彩》《改变世界的一笑》《强者的光影》《学会改变》《乔布斯的启示》等好文章。

黄老师兴奋地向笔者描述着这种变化："一线天窗被打开，光就进来了，学生的心弦被拨动了。在这个生命力勃发的年龄，他们的心灵在呼吸，他们的内心长出了一棵树，不是抒发小情调，而是具有大情怀，甚至有了撬动地球的欲望，体现了新一代年轻人的胸襟、气度和气象，中学语文教学改革的路该有多么宽广！"

"学生根据自己感兴趣的话题由事及理，用事说理。他们思维的疆界在突破，思路越来越清晰，学会了用批判的眼光、怀疑的眼光看问题，对生活的解释变得理性起来，获得了力量感，爱上了时评，唤起了内心本能的表达欲望，将自己置身于其中。'我思，故我在'，学生高兴得手之舞之、足之蹈之。"黄娟老师一边说着一边情不自禁地比画着。

写日记的学生越来越多，他们广泛浏览，开始感悟人生，思考人生，体会生命的美好，思考人生的大命题，有些学生甚至在做类似于高校文化研究的研究。一粒种子落到了敞开的生命土壤里，就会发芽、长大，老师陪伴他们走了一程，是多么的幸福。

青年的心是一个时代最敏感的指示计，也是一个国家最脆弱的神经，那些属于青春期的迷惘、热望与忧郁，与时代的前进、变革、激荡息息相关。高中是人生如饥似渴的阶段、心扉敞开的阶段，在这个生命力勃发的年龄，在这个最佳的时期如果不给学生机会，让他们只埋头复习，那他们错失的将是最为宝贵、最为重要的东西。在这个最宝贵的年华，我们要为学生成长为一名公民奠定基础，给他们人生的养料。

期末考试结束了，教了多年高中语文的黄娟老师，虽然阅卷无数，但还是抑制不住内心的激动，真的是一边阅卷一边想流泪。学生的心灵打开了，苏醒了，他就"看见"了，对身边的事有了感觉，有了想法，并能够深深地理解。他们字里行间流露的不是高高在上的俯视，也不是无谓的批判，而是对身处底层的人们的关爱、关怀、同情，更想与他们并肩作战，表现出了年轻人的勇敢担当。这样的文章，在过去的高三很少见到。黄娟老师激动地说："我们的学生站起来了，这是他们自己给自己的成年礼。"阅读着孩子们的发自内心的文字，黄娟老师十分感慨： "真的，我很尊敬他们，我很快乐。"

黄娟老师激动地说："更重要的是，当我们的教学被逼到一个窄小的角落时，忽然，一线天光透进来。一个学期过去了，老师们发现语文教学已经发生了改变，我们已经走得很远了。"那天听完课，高二年级南红英老师给黄娟老师发了一条短信："震撼！你找到了正确的路，我们跟着你走。"

个性化的学习

刚一进入高三，叶大家同学就找到王春易老师，郑重地提出："这个学期，我不打算再听生物课了，也不写您的作业，行吗?"虽是征询的口吻，目光中却流露出毋庸置疑的坚毅。对于叶大家提出的问题，王老师并不感到惊讶。她太了解叶大家了，这是一名对生物有着浓厚兴趣的同学，她知道，叶大家绝不是一时心血来潮，而是有足够的底气、足够的自信。高二下学期叶大家就把高中所有的生物教材学完了，她一定有更高效的复习方法。王老师郑重地允诺："行，你可以用你的方法复习。"王老师的理解，让叶大家心里十分甜蜜。她像一只欢快的小鸟，飞奔而去。

从此，课堂上，叶大家总是自己抱着一本书看；小组讨论时，她笑眯眯地望着同学们，也不发言；下课了，她不写作业，也不交作业。一下课，叶大家就活跃起来，扯着嗓子在班里大声喊："哎! 同学们，谁有问题来问我呀?"慢慢地，王老师发现了叶大家的"秘密武器"，原来，她复习生物的方法就是给同学们答疑。老师是答应了，可家长不干了，找到王春易老师问："我们孩子总不写作业行吗?"王老师安慰家长："别担心，她生物学得好着呢! 她很有自己的方法。"从此，中午、课间休息时，校园里、楼道走廊上，总能看到叶大家忙碌的身影，总能看到她身边围着一群同学，连外班的同学也来向她请教。渐渐地，同学们好像有了一个约定——有什么问题先问叶大家，叶大家解决不了，再问王老师。期中考试前，可把她忙坏了，她叮嘱同学们："你们有什么问题先过我这道关，我答不上来再找老师。"一天，一个同学有问题直接去问王老师，叶大家知道了，不高兴了，说："哎! 你还没经过我怎么就到王老师那里去了?"

在紧张的迎战高考的日子里，叶大家就是这样，整天美滋滋的，出现在各班教室里给同学出题、解题，俨然小老师似的。"我教别人时，复习了一遍知识；别人问我时，我进行了一次更深入的学习和理解，我比别人多了一种经历。而且，有了更多的时间复习数学、物理，比其他同学更加自主，更加自如。"

就是这样一个不听课、不交作业的孩子，成绩好极了。在海淀区第一次全区统考中考出了非常好的成绩。

充满个性的学习不仅仅是叶大家的专利。

一天，蒋灵华同学将一个小纸条夹在作业本里，想向老师请教一个问题。孙老师阅完作业后，将小纸条留下来，利用课间与她进行了交流。类似这样的纸条，许多老师都会收到。

翻看着学生的作业本，笔者发现一张星级问题反馈表，上面画着一个一个小五角星。原来，这是学生做题时做的标记，三星问题自己解决，四星问题小组解决，五星问题与老师交流。学生自学时遇到不懂的问题可以填写此表，标明第几页第几题及问题是什么、还有哪些问题。整整一年，一张张巴掌大的小纸条随着作业本，在老师与学生中传递着，贴心而又温暖。

面向每一个学生，面对越来越不一样的问题，董素英老师被迫做出改变。升入高三以来，她再也没有统一上过课，总是有三五个同学和她在教室后面研究，其他同学做作业或者自己学习。"每个学生的问题不一样，学习的进度不一样，学习的内容不一样，提供的资料也不一样，再也没有一刀切的作业，作业非常具有针对性，谁也不用陪着别人写作业，有的可以有选择地做，有的可以少做，甚至有个别学生高三一年都没有做化学作业。"董素英老师的语气里充满了骄傲。

一天下午，在高三办公区笔者和数学老师崔君强聊起了高三复习的话题，他告诉我："数学不做题不行，傻做题也不行。做什么题？做多少题？我们尝试着进行改变。首先是题量大大减少，每日一练只有几道基础题，学生15分钟就能做完。另外，我们按照专题进行梳理，每位老师负责一个专题，每个专题精选6道题，老师们下了很大的功夫。如果哪位学生还有问题，我们再有针对性地提供2道题。不规定必须做多少，把选择的主动权交给学生。你需要做什么，我就给你提供什么，有的题就印10份，谁需要就提供给谁，你想要，你就要，不要，也没关系。"崔老师还给其起了个好听的名字，叫"餐后甜点"。

当很多高三学生日夜"刷题"的时候，十一学校的同学们穿梭于图书馆、自主研修教室、科学实验室，自由成长，快乐飞翔，以一种别样的风姿款款走来，从容、淡定地走向心仪的大学，走向憧憬的未来。

高三是生活

高三不乏味

"如果一个人的寿命是七八十岁，那么，六年的中学生活几乎占了人生的十分之一，这段时光是他生命的重要组成部分，不能牺牲这一部分时光的幸福生活去换取另一部分时光的幸福生活。这段时光同样需要生动，需要精彩，需要幸福。如果这段时光没有过好，人生就少了十分之一的幸福时光。而且，远远不是一个简单的数量问题，这时候埋下的痛苦、苦闷的种子，未来就会结出苦恼的果子。所以，我们希望孩子们在这段时光中很淡定，有追求，很向上，很阳光，愉快地度过这段时光。"这是李希贵校长常说的一段话。

在十一学校，几乎所有的活动高三学生都照样参加，这让他们心里感觉特别爽，无论什么活动，他们都投入了全部的热情。

眼看就要放寒假了，笔者在学校里遇见了耿洁同学，她兴致勃勃地描述着内心的激动："世界民族运动会，我们班代表瑞士，我们做了一大面瑞士的国旗和圣诞树，一位同学扮演圣诞老人，给大家分发糖果，大家特别开心。我们趴在地上一点儿一点儿地粘，教室里全是撕胶条的声音。大功告成时，我们激动得都躺在瑞士国旗上拍照，特别有成就感。"

喜欢绘画设计的薛柳君同学，一直是学校文化艺术活动的积极分子，上了高三也不例外。在复习考试最紧张的日子里，她不忘为集体奉献自己的智慧与力量，设计板报，为运动会绘制海报及宣传布景，她的创造力及绘画特长为班级赢得了荣誉。她在 2011 年 10 月学校的"五洲城市"运动会上大显身手，她设计的悉尼歌剧院的巨幅海报获得了二等奖。

薛柳君所在的班级代表悉尼这个城市，她想，最能代表悉尼特点的就是悉尼歌剧院，于是，她设计了一个新颖的高三米、宽六米的标志性建筑大模型。而要把模型做出来，对薛柳君来说是一项浩大的工程，也是一次难得的人生经历。她整整用了两个星期的时间上网查询资料，然后买纸、买颜料、买画笔，画好样子，找到裁缝剪裁。

"模型终于做好了，我把大家都叫到操场上。怎么把它支撑起来呢？开始时我考虑到用水管支撑会有弹性，没想到，管子太软，刚刚举起来就塌了，结果失败了。当时我觉得特别没面子，更没想到的是，设计的失败与学习中的失败感觉不一样，心里特别难受，真的想放弃，可又觉得太可惜了，都已经付出那么多了，没办法，只有坚持。后来，我们改用竹竿支撑，这回成功了。"

"运动会那天，当我们的大模型在操场上高高挺立起来时，我觉得偌大的操场上，那美丽的悉尼歌剧院特别耀眼，我和马文鹤同学激动得乱蹦，全班同学都为我们拼命鼓掌。那一刻带给我的激动和兴奋的感觉，在我的心中永远都不会消失。这是一段别人没有的经历，高三除了紧张的复习之外，自己居然还有时间做另一件事。"

到了高三，无论学习多么紧张，张蕾同学都没有停下跳舞的脚步，照常参加学校的社团巡演，每一场舞会都没落过，尤其是有大型活动时，总是由她跳开场舞。学校运动会排节目时，她带着 9 名女生练跳舞，下了晚自习练一会儿，回宿舍的路上练一段，睡觉前还要再练一会儿，那段日子每天都特别兴奋。

"练跳舞不怕耽误学习吗？"面对笔者的担心，她义正词严地做出了回答："高三是生活。你付出了你不会后悔，这段经历'完整'了我的高三生活，使高三生活变得特别不一般，和同学们在一起跳舞的情景永远也不会忘记。我用了比别人少的时间干了与大家一样的事，而且，我还有了与别人不一样的追求，所以我高中三年特别快乐。"

"我就是不想生活得那么平淡。"她告诉笔者，她高一时加入了学生社团学习拜占庭街舞。这个过程很开心，有时在宿舍里跳，有时在楼道里练。至于高考，她很清楚，与平时的学习相比，只不过多了一个目标，没有必要那么紧张。复习考试是高三生活的一部分，而不应当是全部。

"上大学后，我要做的第一件事就是报名参加学校的街舞社团，继续跳街舞，因为我有底子，因为我有经验。"她一边说一边兴奋地晃着脑袋，脸上充满了自豪，"我甚至想在暑假里办个街舞班，教弟弟、妹妹们跳街舞。"

这个成熟、自信的女孩子，真的让人打心眼里感佩。是啊！高三三百多天，不算长，也不算短，然而，它对一个人的一生是那么重要。

"思考使我成为一个完整的人"

他是一个典型的"工科男"，戴着四方形的眼镜，淳朴得有些呆，不善言辞。其实，他是地道的理科生中的文学青年，永远都戴着一副黑框眼镜。其实根本就没有镜片，只是一副框架。他说："走在校园里，那是一种自我肯定，就是想表示自己与别人不一样；那是一种标志，表明我来了，我看了什么，我想了什么。"

他叫蒋欣则，2011届高三（12）班学生，他喜欢语文，喜欢读米兰·昆德拉的《生命不能承受之轻》、加西亚·马尔克斯的《百年孤独》，学习累了时，总爱找一个没人的地方托着腮发呆，想点儿什么，写点儿什么。语言文字成了他的伴侣，帮助他宣泄、疗伤、抚慰心灵。他用文学探索自己的内心，即使到了高三，他也不会只埋头复习。他的视野特别开阔，写作不再是咬文嚼字、说空话套话，不再仅仅是为了答题，也不再仅仅是为了高考，而是表达自己的真情实感。他认为，高中是人生如饥似渴的阶段，是心扉敞开的阶段，应当有机会让内心慢慢敞开。

临近高考的一天中午，在学校食堂的一个角落里，笔者与蒋欣则和张昊边吃饭边聊天儿，笔者问蒋欣则为什么喜欢发呆。他告诉笔者："发呆使一颗浮躁的心安静下来，使思想也变得深刻了。思考使我成为一个完整的人，使我感悟人生。"他那因思考而变得深沉的目光，告诉身边的人，每一个心灵里都有一块土壤，每一个人都渴望做自己。在高中，在十一学校，他以这种形式存在着，希望留下属于他的烙印。

接下来，笔者又问张昊："复习得怎么样了？"他并没有直接回答笔者的问题，而是十分自豪地说："我是在生活！"这句话，让笔者很吃惊。笔者放下筷子，瞪大眼睛望着眼前这名学生，这么多年以来，还是第一次听一个学生如此评价高三，心里满是欣慰。"那你是怎么生活的呢？"张昊慢慢讲述着他的高三生活："还在上高二时，我在心里就已经把高三妖魔化了。没想到上了高三，与高二相比并没有什么变化，一点儿也不紧张，我依旧有条不紊地过着每一天，依旧捧着日记本写自己的真实感受。喜欢看韩寒的《青春》、余华的《活着》，我慢慢喜欢上了，它们很打动我，我会越来越关注。还喜欢逛书店，发现好书就买，然后拿到班里与大家分享。"

吃完饭，笔者找到张昊的语文老师黄娟，她十分认真地对笔者说："张昊这辈子不会走丢，无论处在怎样的境遇，他都不会彷徨。生活哪怕是泥潭，他也能在泥潭里开出花来，这正是鲁迅先生的'立人'。"

这个夏天，花满人间

开学第一天，马莱丝同学到生物教室上课，一进屋就直奔实验台，这儿看看，那儿摸摸，她发现一个大玻璃缸里养了4只青蛙："呀！太可爱了。"一问才知道，这是王春易老师新买的。下课了，马莱丝找到王老师要求领养这4只青蛙，王老师高兴地答应了。于是，她在这个大鱼缸上贴了一张纸，上面写着"马莱丝的青蛙们"。

从此，每天，无论多忙，她都会到生物教室里给青蛙换水、喂食，细心照料它们。过了一段时间，一只比较弱小的青蛙死了，她很伤心。经过仔细观察，她发现一只比较壮的青蛙总是抢吃的，还欺负其他青蛙，心想："小青蛙肯定是被它欺负死的。"愤怒的马莱丝从家里拿来一只玻璃缸，将那只厉害的青蛙隔离开来，想好好教育它一下。过了几天，她发现那只被隔离的青蛙特别孤独，很郁闷，没得玩，心又软下来："唉！教育教育就行了。"她一边自言自语，一边把那只青蛙放回了大鱼缸。

就这样，几只小青蛙陪伴着马莱丝度过了高三复习的紧张时光，为高三生活平添了许多乐趣。毕业的日子越来越近，马莱丝的心里多了一件心事："我走了，青蛙交给谁来养呢？"对于马莱丝来说，毕业前最要紧的一件事就是为青蛙们找一位"新妈妈"。

眼看就要高考了，和往常一样，邓琪君同学一进生物教室，第一件事就是去看青蛙，忽然她大叫起来，十分焦急地找到王老师说："老师，小青蛙丢了一只。""怎么回事？跑哪儿去了？"大家非常焦急，怎么办呢？小青蛙离开水可活不了哇！王春易老师立刻想到，昨天有别的班的学生进生物教室了。于是，赶忙给夏静老师发了一条短信："我们教室丢了一只小青蛙，学生特别着急，每只青蛙都是有主人的，还有好几位干爹、干妈，学生都急得不得了，请赶紧帮忙问问学生是不是拿错了。""不会吧！是不是蹦出去了？"

夏静老师回复。"还是再问问吧。"王老师又催促夏老师，夏老师在全班问了，没有结果，没办法，只好私下里一个一个地问，结果找到了，一名学生说："我们太喜欢了，太可爱了，就拿回来了一只。"夏老师安慰学生："青蛙是有主人的，我们得还给人家。"

第二天，上课前，邓琪君大声地告诉大家："别担心了，小青蛙没丢，串门儿去了，过两天就回来。"大家悬着的心总算安定下来。

一天，邓琪君到生物教室上课，惊喜地发现鱼缸里的一条鱼肚子大了许多。"咦？小鱼是不是怀孕了？"她激动得张开大嘴，刚要向同学们发布消息，又一想，"不能轻易下结论，再等等吧。"经过三天的仔细观察，她确定小鱼怀孕了，于是赶忙找来一张纸，郑重地写下一句话——"小鱼怀孕了，勿动！"贴在鱼缸上。从此，大鱼缸前总是围着几个同学，饶有兴致地观看。笔者问邓琪君："为什么不让别人动呢？"她瞪大了眼睛，十分认真地说："如果别人不知道，换水时很可能将幼小的卵吸走，那就麻烦啦！"

冬去春来，天气渐渐变暖和了，鱼儿产卵的日期越来越近，同学们对它的关注度也越来越高，一见到邓琪君总会关切地询问："生了吗？""还没有。"每天，邓琪君都小心翼翼地照顾着待产的鱼儿，它的顺产成了邓琪君特别期盼也特别揪心的一件事。

终于盼来了开学的日子，9月1日，一大早，王宇澄同学便兴致勃勃地来到生物教室，想看看这里的花草长成什么样子了。按理说，高三了，该好好收收心了，可他就是抑制不住侍弄花草的渴望。经过一番仔细观察，他发现王春易老师新买了几盆薄荷，就向王老师申请认养一盆。刚接手时薄荷长得十分旺盛，只是有点儿倾斜，他以为是向光性的原因，并没有太在意，有时一忙，好几天都没有浇水。渐渐地，他发现薄荷的茎枯萎了，向下耷拉着，活像一盆吊兰，没过几天，几乎全部枯死了，他开始意识到问题的严重。于是，赶忙查资料，想办法救活它。为了总结经验，王宇澄去花卉市场又买了一盆，对比着养。无论多忙，他都要到生物教室去看望薄荷，就连考试时也不敢怠慢，这成了他每天上学必做的一件事。

过了一段时间，新买的一盆薄荷长得又细又高，王宇澄根据学过的知识为它去掉顶端的新芽，通过打尖促使它长得粗壮一些。又为原来的那一盆去掉黄叶，定期施肥、浇水，终于将它救活了。王宇澄甭提多高兴了，逢人就说："嗨！我的薄荷又活了！"为了将薄荷养得更好，他还不断观察别人养的薄荷，向他们学习，与邓琪君同学交流养薄荷的体会，成为他高中生活特别美好的记忆。后来，王宇澄又尝试着水培了两棵薄荷，长势也很好，快高考时，他的薄荷已经成为一个大家族。

期末总结时，王宇澄回忆起高三生活，内心十分感慨，提笔写下了一行大标题"我与薄荷共同成长"。"你为什么用这句话做标题？"面对笔者的提问，他特别认真地说："真的，养薄荷让我学到了很多东西。"

他在总结里写道："做任何一件事都要认真仔细地把它做好，要真正负起责任。生物学习不也是这样吗？不能心不在焉地学习，而要全力以赴，做到最好。同时，不能只停留在问题表面，题做对了，不代表每个选项都明白了，只有做到每见一题，此题背后的知识网络、以前做过的同类题目、考点在什么地方、易错点是什么、出题人想让答题者答什么等都跃然眼前，才是真的学好了。还有，发现问题要及时找老师沟通，及时解决。"在总结的结尾，王宇澄深情地写了这样一段话："有意思的是，我的薄荷干枯的时候，我的生物成绩出现了明显下降，而期末当我悉心呵护它，它开始长出新芽的时候，我的生物成绩也有了大幅度的提高。"

2013年7月2日，这天天气特别热，笔者来到王春易老师的生物教室，发现后面坐着一名男生。走近一看，原来是刚刚毕业的王宇澄，他考了653分的好成绩，报考的是中国人民大学国际经济与贸易专业。笔者十分惊讶地问："高考都结束了，你还来学校做什么呢？""噢！来看看薄荷，看看王老师。"

高三是陪伴

陪着，就好

高三，是学生成长的一个关键时期，作为教育工作者，如何帮助学生度过这个关键期？抓高三工作多年的田俊老师最深的体会是："高三，一个重要的功能就是陪伴。"

同样是高三的学生，学习一样的知识，度过共同的岁月，应对统一的考试，为什么感觉会不一样呢？2011届毕业生蒋珊动情地说："所有的答案都指向一点——老师的关爱。老师每次到教室的时候动作都特别轻，巡视一下学生，态度十分亲和。学生十分专注地学习，根本感觉不到老师来了，老师那平和、乐观、积极的心态深深地影响了学生。回顾这一路的历程，我知道是十一学校陪伴我走过了这段最值得永远牢记的路途，十一将是我一生的骄傲，感谢生命中不可复制的十一时光。"

彭元立同学说："十一真正令我记忆深刻的，不是校园有多漂亮，设备有多先进，而是人。这里的每一个人，人心的善良与美好、人与人之间的亲密关系，给我留下的印象极为深刻。在这个人人都平等的集体，充盈着尊重、和谐、友爱的氛围，是这个氛围让我们度过了紧张的高考，将难熬的日子变成值得回忆的幸福时光。马上就要离开十一学校了，临走前，最想对十一说的是：'特别难过，特别舍不得，一个又一个的日子，老师一直陪着我们。与老师在一起的美好时光，成为最令人回味的甜点。'"

上高二那年，荣幸子同学喜欢上了赵蓓老师，有事没事总想到赵老师那儿待会儿。几乎每天都去，和赵老师聊生活、聊学习，有时什么也不说，就坐着，心里舒服了，就上课去了。她说："高三压力特别大，但是，赵老师一直陪着我。其实，有时候她什么话也没说，只是陪着我。我坐在她的身旁，感受着母亲般的温暖和力量，这就足够了。"

赵蓓老师说："高三，老师能做的，就是陪伴。老师应当特别珍惜这个过程，享受这个过程，珍惜陪伴学生成长的时光，让学生感觉到，高三，我们一同走过。"

对于学生来说，利用中午休息的时间约见赵蓓老师，是一件特别期待的事。学生经常"约见"老师，复习中有什么问题要请教，有新的感受、体会要与老师分享，心里郁闷要倾诉，有感兴趣的新鲜话题要说一说，便可提前预约。"什么时候有时间？""老师，我想跟您谈谈。"赵蓓老师经常收到这样的小纸条，她会根据学生的需要和时间做出安排。这样一来，每名学生每周都会有一次与老师见面的机会。和老师说说心里话，和老师在一起待一会儿，会让学生感到特别满足，焦虑也减少了很多。

高三毕业典礼结束后，姜又升同学捧着厚厚的一摞纸让笔者看，里面全是笑话。这是个特别有心的孩子，她经常将发生在同学和老师中间的笑话记录下来。高中三年，她竟然记下了600多个笑话，她给它们起了个名儿叫"没事偷着乐"，发到人人网上，供大家分享。"你为什么要记录这些笑话呢？"面对笔者的提问，姜又升爽快地回答："我们需要快乐，自己快乐，也给别人带来快乐，就这么简单。"

一个个笑话，在同学之间传看，不仅本班同学看，其他班同学也看，还有家长也看，甚至就连远在美国的学长也看。后来，其他班同学也开始写。"就是这些笑话，维系着我们的关系，传递着温暖。"姜又升骄傲地说，"也许，多少年后，我们不会记得当年运动会得了第几名，张三李四向我们借过几支笔，不会记得老师留过的作业，然而，翻开《没事偷着乐》，我们会记得当年我们的笑容好灿烂。"

提起高中生活，姜又升十分感慨："我遇到了最伟大的老师、最可爱的同学，每天都有特别感人、特别逗的事发生。真的，十一改变了我很多。我原来是一个特别内向的孩子，十一使我变得开朗起来，参加社团活动很锻炼人，我们的成绩也越来越好。我太喜欢我们班了，高中生活特别高兴。这是一群很快乐的孩子，经常会发生一些很开心的事，将点点滴滴记录下来，这么好玩，这么逗哇！写的时候，感到特别幸福。其实，写好笑话，也不是那么简单的，要有铺垫，字数要少，要含蓄，有余味，还要让人一下就能看懂。尽管如此，我还是坚持了下来。我很满足，记下这一个个片段，虽小，却温暖而美丽，它保留着一份美好的集体回忆。"

梁一鸣同学说："高中三年一起生活的时光足够让我回味，我们的班集体特别活跃，笑是出了名的，一点儿小事就可以让我们笑半天，我们天天狂笑，尤其是开班会时，笑声更大，也不知哪儿来的那么多可笑的事。老师从教室外面过，都能猜出来是谁的笑声。比如，有人迟到了，有人自习时睡着了，有人不会解题，同学们都会笑半天，本来十分尴尬的事，在这一笑中被轻松化解。有人很是奇怪，你们哪儿来那么多的喜事，'怎么老跟捡了钱似的'？就是我们这个最爱笑的班，考上北大、清华的最多，被保送的最多，600分以上的最多。"

"虽然学业很紧张，但我们从来没有觉得累，一起调侃、打闹、聊天儿，学习讨论，相互鼓励，每次上课的情景都特别美好。教室里总是笑声一片，特别温馨，高考完那一瞬间，真的特别伤感，意味着我们要分开了、这种生活要结束了，好怀念一起上课、待在一起的感觉，很享受。具体是什么感觉说不清楚，反正是一种特别美好的感觉。"

"我太爱我们班的老师了，他们没有一点儿架子，很像我们的朋友，一直都在鼓励我们，他们的人格魅力真的让我们发自内心地喜欢他们。虽然学业很紧张，但我们从来没有觉得累，我们和老师们一起调侃、打闹、聊天儿，学习讨论，相互鼓励，弥漫在教室里的是一种浓浓的温情。老师人情味特别浓，他们很宽容，很有耐心，他们很理解我们，从来不指责我们，也不给我们压力，经常给我们一种特别温暖的感觉。"

毕业前的一天，笔者在校园中见到了张维恒同学，他对我讲述了他的高三生活："我是一个十分淘气的孩子，常常偷着跑去打球，忘记交作业，老师总是耐心地帮助我、宽容我，晚上陪我做作业做到 10 点半。只要学生需要，所有的老师都这样，这一点让我们十分感动。毕业典礼那天，我鼓起勇气对老师说：'老师，我以前经常惹您生气，您别记着了。'老师说：'我从来就没记过。'真的，这句话，让我感动了好几天。"

"我们在学校几年都哭不了一次，昨天我们全哭了，非常舍不得。高中三年一起生活的时光足够让我回味，同学之间有着难得一见的亲密、亲和，人与人之间充满了温情，充满了关怀，几乎所有的人都这样，同学之间特别坦诚，这三年就是这样。离别校园之际，脑海里全是发生在老师和同学之间点点滴滴感人的小事，真的好温暖，好贴心哦。因了它，高中三年的生活也变得美好幸福，特别令人怀念。总之，高中生活没有什么遗憾。"张维恒说。

是的，成长是一段旅程，作为学生成长过程中的重要他人，教师陪伴与引导着学生，把尊严、温暖和感动传给他们。炎炎夏日，随着气温的逐渐升高，高考的压力也在一点点上升，全国的高中生都在紧张地备战高考，每一个人的弦都绷得紧紧的。可是十一学校高三教学楼里，却和往常没什么两样，高考变得很平常、很自然，同学们说起高考来也很轻松，好像在说一件挺好玩的事，这是为什么？在这个人人都平等的集体，充盈着尊重、和谐、友爱的氛围，是这个氛围让他们度过了紧张的高考，将难熬的日子变成值得回忆的幸福时光。

临近高考时，行走在高三教学楼里，笔者感叹不已。全国到处是如火如茶的高考备战，这里却沉静无声。天气闷热，教室里静悄悄的，同学们有的在复习，有的在研究，还有的在打盹儿，那一幕特别美好。阳光透过明亮的大玻璃窗，照在师生那平静的脸上，学生围坐在一张桌子旁边，和老师轻声交谈。大概就是这种环境、这种和谐与低调，让人感到，他们过着充实、安静、有序的生活，他们以这种独特的状态，鲜明地表达着自己的追求。

高考结束后，别人见到高三老师总会习惯性地说一句："又熬过了一届。"每当这时候，杜志华老师都会十分认真地纠正对方："不是熬过来的，真的不是熬，是非常充实地度过，从来没有熬的感觉。"

这一届有点儿不一样

转眼，2014 届毕业生要毕业了，这是学校实行选课走班的第一届毕业生，较之前几届高三毕业生，他们身上的变化更为深刻，他们究竟有什么不一样呢？这是所有老师、学生、家长及关心教育的人士关心的。笔者在跟踪采访中，发现了诸多的不一样。

2014 年 6 月 21 日，毕业典礼迟迟不能举行，因为这一届毕业生照相用的时间最长，超过以往任何一届。因为学生集体太多，团队太多，朋友太多，他们都希望合影留念，毕业典礼整整推迟了一个多小时。"这是选课走班的第一届学生，他们在不同的教学班上课，在不同的团队活动，结识了不同的同学。"李校长高兴地说，"我虽然在等待，但我十分享受，为学生有这么多的朋友而高兴。"

"你们是十一改革的亲历者、见证者，改革带给你们一场真正的学习革命，从大一统的整齐划一到人人受到关注的小班教学，学生学会了合作、分享，学会了规划，学会了做学习的主人；从面对 100 多门课的无所适从到了解自己，知道什么最适合自己，学生学会了选择，学会了对自己的选择负责，学会了做独特的最好的自己。"这是贺千红老师在高三毕业典礼上的发言，表达了全体老师心中的感慨。

在毕业典礼上，王楠、史薇同学抬上来一个巨大的模型，这是他们亲手设计的微缩高中教学楼模型。上面是高中教学楼的楼道，楼道向两端无限延伸，寓意走向无限深远的未来，中间是存放学习用具的柜子，地面上的一行行脚印分别走向不同的教室，形象地勾勒出学生选课走班的图景，模型的背后是全年级每一名学生的签名。这份特殊的礼物，留下了同学们对全新高中生活的深深记忆。

一般，毕业典礼是学生和老师流泪最多的一天，可是，这一届却出现了一个奇怪的现象——哭的少了。大家好像挺平淡，很平常。"是因为学生对学校的感情淡薄吗？""当然不是。"面对笔者的疑问，侯敏华老师的回答十分干脆。"那是为什么呢？""今年挺放心，像是在送一个走向远方的朋友，不像往届好像在送儿女那样满心不踏实，都是放不下的不安与不舍。现在孩子们长大了，成熟了，他们的翅膀硬朗了，可以放心地飞了。学生多了几分淡定与从容，有了直面人生的心态。"

"今年高考后怎么见不到学生了？很奇怪！"这是高三老师又一个感觉不一样的地方，学生暑假大都有计划，他们有事干，干自己的事去了。田争曦同学对笔者说："我准备报名学习驾驶，到首都博物馆参观，到三联书店买书，还要到'生命树'去做义工。"

杨文学老师说："这一届高三毕业生还有一个特别的现象——很少有丢弃书本的。学生非常爱惜用过的学习资料，离校前，他们将练习卷子整理好，将书收拾好，有的放到捐书箱里留给学弟、学妹；有的带回家，孩子们冒着酷暑，一箱一箱往家抱。他们说：'我们喜欢这些资料！'"

一名同学深情地写道："当一切落幕时，我们不约而同地把那些书装进箱子，永远尘封在记忆里。真的舍不得丢掉，那些被我们画得花花绿绿的，贴满便利贴、标签纸的书，轻轻翻开，里面满满的都是回忆。这些东西我们不能丢了，这是我们老师辛苦编写的。"

学生离校后，笔者参加了高三年级的工作总结会，会上，大家畅所欲言，认真反思、总结选课走班给学生带来的变化。

"这是老师最担心、最焦虑、最忐忑的一个年级，也是收获最大的一个年级。"

"这一届学生最显著的变化、最大的成长是个性发展充分，自我管理能力增强，自我反思、自我调整、自我改善的能力明显增强。他们做自己喜欢的事，按照自己的方向去发展。"

"学生富有思想，敢于质疑权威、教材和老师。"

"学生自我规划能力明显提高，能根据需求合理分配时间，自学能力强。有明确的目标，内动力足，有较强的自我发展的动力，能坚持追求自己的兴趣爱好，不轻易做出改变。"

"学生身上有了宽容、真诚、稳健、合群、进取等人格特征。成熟得早，特别懂事。对老师的心理依赖减少，学会了自己去面对问题，解决问题。对不同环境的适应能力增强。"

"自我调整的能力增强，面对压力有自己的调整方式，考前的焦虑状态明显比往届学生少。"

"自律意识、为他人服务的意识强。"

"维权意识增强，植根于内心的自由、平等、民主的思想，尤其是希望与老师平等的意识特别强烈。"

"学生更真实了，更透明了，更便于老师了解了。阳光，开朗，善于与老师、同学交流。认识了更多有共同兴趣的同学，社会交往能力提高了，主动交往的意识增强了，交际范围广了，幸福感强了。"

"面对比自己强大的对手时，心态比较平和。能正确面对自己，接受自己，悦纳自己。"

"遇到问题会寻求帮助，不轻易钻牛角尖。"

"主动关注与自己相关的事物。能有效利用学校的资源为自己服务。"

"更加热爱学校，对学校的感情更深，为学校自豪。"

"更能认识自己，对自己的定位比较准确。"

"男女生交往更理性。"

对于变化，学生自己怎么看呢？笔者问一名学生："在十一生活这三年，你最主要的收获是什么？"他回答："各门学科打下坚实的基础是一方面，最重要的是锻炼和培养了独立生活的能力，不只是应付日常生活，还包括自我判断、学会克制、如何正确与别人和集体相处。"

另一名同学说："克制好奇心，需要有坚强的意志。意志是逐渐练出来的，学会判断和自我克制，对一个人性格的形成很重要。"他感谢十一生活给了他在这方面锻炼的机会。

田争曦同学认为："高中生活对我最大的帮助是，一种从未有过的学习过程、学习经历，使我告别了浮躁，克服了放任，心态变得从容、淡定，能以成熟的心态面对生活，由一种奔腾的激流变成缓缓流淌的河水，再进入静水流深的气象。这种心态对人生特别重要，不管结果怎么样，成长大于结果，过程大于结果。"

卷三

看见了不一样的风景

第十三章　新教育形态惊现校园

> 这场最前沿、最深刻的变革，以一种惊人的作用力改变着学校的形态和师生生活。其深层的价值在于，它对学校生态的重构、学生学习的重构、师生关系的重构和校园生活的重构。

生态重构：在校园里自由呼吸

赋予人心灵的自由

三年，一千多天，这场深刻的变革重塑了这所学校的样貌。花早已不是昨天的花，学校也早已不是昨天的学校。

2012 年 3 月 5 日，享誉全美的第 56 号教室的主人——美国杰出教师雷夫第一次来中国，当天下午就到了北京十一学校。在校园里，雷夫从一座教学楼到另一座教学楼，从一间教室到另一间教室，一路不停地张望，不停地感慨，不停地用略带夸张的手势表达着心中的喜悦。在王春易老师的生物教室里，他很兴奋，这里生机盎然，学生自由快乐学习的状态，令他禁不住连声赞叹："你这就是第 56 号教室啊！"面对王春易老师灿烂的微笑，他由衷地说："您的微笑很美丽，微笑是一种极好的教育力量。"

雷夫看到了什么？究竟是什么让他如此兴奋？这是十一人关心的问题。

第二天，在演讲会上，主持人安排了一个雷夫与李希贵校长对话的环节，对话的最后，双方各自问对方一个问题。李希贵校长问雷夫："你访问十一学校，有什么感受？"雷夫认真地回答："我看到学生都很快乐，我没有看到由压力带来的焦虑，他们的快乐都是发自内心的，我很感动！"他接着说："我看到孩子们都是自己独立地学习，我看到一些孩子在排练，是他们自己在认真地练习音乐，不是特意展示给客人看的。我到世界上很多地方的学校去过，为了欢迎我，他们会特意让学生为我演出，演出很精彩，但是我不喜欢，因为这不是孩子们自己要做的。十一学校不刻意展示自己，反而给人留下了最深刻的印象。"

在雷夫的眼里，没有漂亮的校舍，没有现代化的教育设施，甚至没有老师，他只看到了学生，他的眼里只有学生，他是从学生的表现来判断一所学校的生态的，他是以一位教育家的眼光和情怀来打量十一学校学生的生活的。

与雷夫一起来十一学校访问的还有来自20多个国家的教育官员、校长和教师，这是一次形式简单但又震撼人心的软实力展示。他们在十一学生的带领下，参观了学校的教学楼、博物馆、体育馆，观看了学生的学习生活。

他们共同的感受是，学生在这座校园里活得舒展自由，个个都欢天喜地的，脸上写满快乐，虽然中学阶段学习任务并不轻松，但他们脸上的笑容很明媚。

有一本青年人喜欢的书，封面上写着：因为不安，所以青春；因为茫然，所以青春；因为彷徨，所以青春；因为孤独，所以青春；因为忐忑，所以青春。所有青少年该有的青涩、自我、青春萌动，这里的孩子都有。所不同的是，学校任其自然发展，而不去刻意禁止、管制，孩子们反倒表现得落落大方、成熟自得。

经常到十一学校转悠的崔永元对这座校园发出这样的感慨："在大一统的教育语境中，我们感受到一股清新的风。当然，良好的教育氛围和教化系统让这里的同学面对考试时依然得心应手，只不过他们的目标不只是北大、清华，这里还充满了远渡重洋的机会。这些学生长大后不会那么顺从，因为他们在校内模拟联合国会场就会代表'自己的国家'——法国或者几内亚投出庄严的一票。这一票经过了大脑的洗礼和理性的判断，有权利有责任。这些同学会有涵养地张扬，因为学校有他们自己办的社团、印厂、广告公司和银行，那个酷爱钢琴的同学还有琴房，以自己名字命名的琴房。"

一位电影导演走过 70 多所学校，在他走进十一学校后，发现这所学校的孩子有点儿不一样。他们下了课干什么的都有，搞印刷的、搞银行的、搞书店的，尤其是放学也不背书包，戴着个耳机，听着音乐就回了。这位导演很不理解，回去后上网一查，这所学校的升学率还挺高，就更加不理解。因为一个学生应当把主要精力放在学习上，这才是正事，这是眼下社会和家长普遍担心的。而庞若竹同学对此却有自己的解释："只要是我喜欢的东西就是正事，不一定只有学习才是正事。"

来自上海的一位教育工作者这样评价十一学校："学生为什么感到快乐？最重要的原因是自主。自主的快乐通常被视为一种理想状态的快乐，它从学习活动中自发产生，它是学习经验中固有的快乐。学生的表现让我们发现，自主给学生带来的快乐超出想象，作为教育者，我们严重低估了自主的快乐，远没有很好地去研究它。"

当下的中国，某一个地区学校的校园环境、组织建制、教学管理大致相同，而每一座校园中学生的生活样态却是大不一样的，尤其是十一学校。为什么？别人已经习以为常的某些规定，在这里却被视为对权益的钳制；别处把分数竞争视为天经地义，这里则把孩子的尊严与权益放在最先；一些中学生被沉重的课业负担压得喘不过气来，这里的学生每天下午 4 点 10 分之后就可以做自己喜欢的事；当一些中学生被安排做这做那时，这里的学生则过着自由选择、个性奔放的生活。

十一的学生，这些大自然的孩儿，是那样本真率性地活着，按照自己的心愿生长着。对于这一生态，魏勇老师这样形容："这里是追求真理的地方，是学生求知欲自然释放的地方，是师生在松弛状态下真我相遇的地方。"

有人说，一个国家坚实的国力来自健康生活的国民。今天生活在每一座校园里的中学生，他们在校园中过怎样的生活，决定了我们这个国家的未来。十一学校所有的改革，不过是让孩子过正常的教育生活，在校园中自由地选择志趣爱好，正常地学习，正常地交往，正常地上学放学，如此简单而已。

中国民主促进会中央委员会副主席、中国教育学会副会长朱永新曾经说过，"好教育"就是"过一种幸福完整的教育生活"。许多来十一学校学习的人都感慨，他们在这里发现了"好教育"，这里的孩子在"过一种幸福完整的教育生活"。

沈从文出国访问时，一位专门研究西南联大的汉学家问他："为什么当时条件那么苦，环境那么差，联大8年出的人才，却超过了战前北大、清华、南开30年出的人才总和?"沈从文回答了两个字——"自由"!

2011年初春的一天，中国教育学会原会长顾明远先生到十一学校考察，他问了学生一个问题："十一学校给你印象最深的是什么?""自由。"学生的回答让顾先生特别感动，他高兴地对身边的人说："我最愿意听到这句话。"

李希贵校长曾经这样表达过："一个学生在校园里只要不违背校规，他就是自由的。从课程到活动，到一系列制度的重建，学校希望用校园的开放孵化自由之精神、独立之人格，并让这种精神在无数个方向开枝散叶。"

2012年岁末，在学校的狂欢节上，崔永元打扮好在小木屋里等待着亮相的时刻，大操场上大声的喊叫一声接一声："崔永元! 崔永元!"崔永元推开屋门朝外走，让他没想到的是，他刚一露面，无数的雪球便向他袭来，一下子把他砸蒙了。他说："那一瞬间，我特别想哭。我没有赶上这样的学校生活，狂欢节，就是该砸。孩子们是否爱我们，是否爱学校，在那一瞬间表现得淋漓尽致。只有学校是他们的，将来长大了，当他们面向社会的时候，才会感到国家是他们的。学生在校园里，不光是当孩子，当学生，还当一个潜在的公民、未来的国家主人。这样的感受，重要到甚至可以超过教育的一切。"

"人类最自由的时候，就是他被安排得最好的时候。一个人越自由，他的个性就发挥得越充分，他的创造潜能便越能得到实现，他的自我实现的程度便越高；一个人越不自由，他的个性发挥得便越不充分，他的创造潜能便越得不到实现，他的自我实现程度便越低。站在人的角度，从哲学的层面考虑，教育是赋予人心灵与自由的。把学生置于被控制的环境中，是一件多么可怕的事情，一颗被紧紧裹住的心是不可能有生命活力的，顺应天性的教育才是好的教育，人只有在心情自然愉悦、聚精会神的状态下，才能创造奇迹。"这给李希贵校长以启示——教育也是如此，教师之教，学生之学，本应当如孔子、苏格拉底一样，师生一起快乐地探索求知，而不是一种身心交瘁的苦役。既然如此，就要给教师与学生最大的自由，正是基于这种思考，李希贵校长要完成一项心灵的使命——让自由回归校园。从此，创造"自由呼吸的教育"，成为流淌在他心中的使命感。

2005 年 4 月，在美国哥伦比亚大学做访问学者期间，李希贵曾经去过该校道奇体育健身中心。给他留下最深印象的不是那里的健身设备，而是健身中心的一纸说明，其中有这样一句话谈到了规章制度："我们是有一些规章制度，但我们会将规章制度降低到最低限度。"由此他联想到我们的教育，有了更深刻的体会："规章制度不是包治百病的灵丹妙药，在这个崇尚自由、追求个性张扬的时代，我们还要追寻更加重要的东西。"

长期处在教育领导岗位的李希贵，面对今天的学校管理有着深刻的反思，他认为，世界发达国家的教育从理念到管理早已发生了根本性的变化，可是我们的管理思想和教育方法却依然停留在 20 世纪五六十年代、七八十年代。如果我们在这方面不做深刻的反省，不进行大刀阔斧的改革，不真正地还自由幸福于教师与学生，就会成为历史的罪人。我们的一些管理往往是以牺牲教师和学生的自由为代价的，尽管有的领导很负责任，对教师和学生管得密而不透，甚至有"无缝隙管理"的提法，这种管理，无异于制作机器零件，扼杀了活生生的灵动人性，失去了自由的教师和学生何以感受教育的幸福，更何谈什么奇迹的创造？

这些思考表明，他思维的触角已经延伸到校园生活的深处。他说："教育本来挺简单，只是我们人为地把它搞复杂了。把孩子当作活生生的人来看待，让校园充满民主、平等的氛围，让老师、学生在校园里自由呼吸，教育就不会有多少问题。教育其实很简单，一腔热爱，一份宽容，如此而已。"

淳朴的乡村教育生活、真挚的师生情谊，奠定了他教育理想的自然底色，使他越来越清楚地认识到，教育的本质是解放人，包括人的智力和心灵、思维和情感。他三十年如一日，恳恳信奉，勤勤躬行，从未停止过对这一教育理想的探索与追寻。无论是在山东潍坊还是在北京十一学校，他主倡的一项项改革举措，看似纷繁复杂，其背后都贯穿着一个清晰的目标——"自由呼吸"。

"人的解放和自由"才是这场改革的本质。在我们的传统文化中，生命的个体自由很少被关注，一般探讨的都是生命对别人如何有价值。"过去，他是家长的孩子，是老师的学生，就是不是他自己，课程的选择性使学生的独立人格呈现出来；今天，他要做他自己。如何让生命个体自在？如何可以让自己为自己存在？眼下，十一的学生有了这样的感觉。"李希贵校长说。

随着校园中一点一滴的变化，教育的本质在悄然回归，人的本能被释放出来，人性中最为真实、最为美好的一面被焕发出来。这一具有巨大魔力的"魔方"，在十一师生手中变幻出无穷无尽的色彩斑斓的图案。尽管"图案"令人眼花缭乱，目不暇接，但深入研究你会发现，组织各种图案的基本色彩是"自由呼吸"。

当我们把所有这一切编织在一起的时候，我们会发现一个正在发生的深刻而又令人激动的变化——校园民主、平等、自由正在向我们走来。

打开学生的精神世界

教育者提供怎样的服务，决定了学生不同的成长。一位家长来十一学校，发现这所学校散发着与其他学校截然不同的气息，生活在其中的孩子有着不一样的精神特质。

辜鸿铭说过，要估价一种文明，必须看它"能够生产什么样的人、什么样的男人和女人"。

笔者观察十一学校很久了，十一校园究竟有什么不同之处？生活在这里的孩子究竟有什么不同之处？这是所有关心教育、关心十一的人都想问的问题，也是笔者在十一学校的一个观察点。

梳理十一学校改革的脉络，我们会发现，无论是学科教室建设、选课、走班，还是小班教学、小学段……这些都是框架，而不是灵魂，人的发展，人的成长，满足学生深层次的精神需求，促进学生内在的成长、个性的健康发展、智慧的深层挖掘、情感的充分释放，才是改革的核心、改革的灵魂，才是改革的终极目标。

深化教育改革的终极目标是人的发展，把"人"作为着眼点和落脚点。这个问题看似简单，似乎人人都明白，却一针见血地切中了当下教育的时弊。目前，教育的最大问题是没有把受教育者当"人"而是当成材料、工具、"器"，忽视了对人的发展与人生意义的追求。

有人曾大声疾呼："精神成长已经成为当今一代未成年人的时代性危机。"

当学生选择什么样的课程、何时修完某一科的学分、在什么教室里自习，都有了较大自由度的时候，老师逼不得，家长也干预不了太多，许多事情由学生自己做主，学生不再依赖父母，越来越多地按照"我需要什么"而不是"为了谁"来给自己定位。

在一次语文选修课的表演中，高二学生叶枫大声喊出："我喜欢的老师、我期待的老师，不是把我当作学生的老师，而是把我当作叶枫的老师！我是叶枫！我是叶枫！"她握紧拳头，用力呼喊着，她流泪了，同学们流泪了，老师流泪了。这一声呼喊，表明了当代中学生有了清醒的认识自己、认识世界的意识，他们要做有自由思想、独立人格的公民。每一个人都有独立思想，每一个人都对自己负责，这是我们一直缺失的东西。

这个举动引起了人们的关注，它似乎在告诉人们，这一代孩子的内心深处有一股巨大的力量在生长，他们有了更高层次的追求，有了精神世界的成熟。

一个好的教育，帮助人全面发展，达到身心统一，让人成为完整的自己。这才是教育的最高境界。十一学校改革最大的收获是学生的精神成长，他们变得会生活、有尊严、有担当。

一次，参观全美排行榜之首的托马斯·杰斐逊科技高中，校园的醒目位置有这样一句话："How we can, the TJ community, take action to prepare students to confront difficult moral and ethical decisions both now and future?"大意是："不论现在还是未来，我们怎样才能为学生在面对伦理道德的困惑时做出抉择而做好准备？"

当时，面对这句话，北京四中校长刘长铭驻足良久，回国后，他在自己的博客中写道："我常想，我们的学生并不缺少聪明、机敏和解决问题的技巧……缺少的是积极乐观的生活态度，缺少的是对美好事物的感知能力，缺少的是对崇高的体悟，缺少的是对价值的理性判断与选择以及在此基础上不为功利的执着追求的精神。因此，要培养杰出人才，我们的教育需要注重对人的精神品质的培育，引导学生懂得善良、崇高、博爱、正义、尊严、责任、使命……"（《人民教育》2014 年第 1 期）

培养学生苗壮而丰富的精神，让他们在信息社会的洪流中、在急剧变革的世界面前做好比较充分的准备，这也是十一学校不遗余力地做的最重要的一件事情。

为满足人的深层次精神需求，学校为学生提供真正的教育生活，让学生敢于直面自我，敢于创造。师生的内心是自由的，研究是自由的，时间更是自由的。他们可以自由地思想，自由地支配自己，自由地去做内心想做的。他们多了一分潇洒、一分自如、一分精神的从容，自由、合作、负责、发展的精神在学校里无处不在。

过去的中学校园，像一口沉重的焖锅。而如今，心灵被打开了，"成规"的枷锁已经不在，心中的藩篱也一点点被打开。那一颗颗跳动的心灵，正是因为被控制得太久，才在释放的那一刻爆发出前所未有的激情。

数不清的学术讲座、公共辩论、话剧汇演、诗歌朗诵，让你去参与，从学校到年级再到班级，无数的学生社团等着你去加入，不，让你自由去组建，让你尽情地燃烧你的青春热火，发挥你的个性创造力。

自由状态下的人的潜能是巨大的，王思远同学担任 2010 年学校地震安全疏散演习教育短片总导演，为了帮助同学们形象地掌握自救技能，他自编剧本，自行导演，发动学生演员进行长达三个星期的拍摄、剪辑，完成了短片。初中同学蒋立霖、刘书豪进行校园防火隐患排查，为学校加强安全保卫工作提供了大量一手资料，他们提出的整改建议被学校采纳了。刘佳赫同学策划的《地震灾害安全疏散演练方案》，推动了学校安全教育系列课程的实施。刘芳瑶同学带领她的团队，完成了《关于北京地铁进站安检系统的节点措施》研究报告。李逸杭、刘子先、闫行健、鄂茗希同学带领的少年科学院、少年文学院、少年经济学院、少年社会科学院不断挑战研究的深度和广度，成为学生中最具影响力的学术团体。

自由的空气像一股强烈的旋风，迅速席卷学校的各个角落。新年联欢会由学生主持，高一摇滚乐队《爱的初体验》作为开场曲，迅速炒热了现场气氛，学生从来没有这么兴奋过，接下来是街舞表演、点歌、自由 K 歌，青春与激情在这里自由释放，学生爱死了这样的联欢。

学校运动会大变脸，三年一个系列，第一年是模拟奥林匹克运动会，第二年是世界民族运动会，第三年是世界城市运动会。高二的王一丹同学设计了一个美丽的会徽，将奥林匹克精神与学校的国际理解教育完美结合起来，用思想和行动开启一扇瞭向更远天地的大门，受到一致好评，这个创意获得了学校"金钥匙"奖。

2012 年 5 月 21 日中午，笔者吃过饭在校园里散步。来到科技楼一层，听到里面挺热闹，进去一看，原来学生在看电影。数了数人数，也就三四十个，再一看，一个老师也没有，不像是年级的活动，可学生看得那么投入，不时传来"哈哈"的笑声。这种自然放松的感觉，在其他学校还真少见。真的，好羡慕他们的生活。

这是学生社团有计划地为同学们播放经典影片，礼堂门口张贴着 2009 年至 2010 年第二学期的电影目录。笔者仔细看了看，应当承认，它是十分专业、有目的的，体现着鲜明的导向。比如，开启创新之门的《黑色撞击》《宇宙历险》，关于多元文化理解的罗马尼亚经典影片《神秘的黄玫瑰》、美国经典影片《魂断蓝桥》、法国经典影片《铁面人》、捷克经典影片《大海的女儿》。

为了帮助同学们理解文学名著，重温经典光影，还安排了《战地钟声》《茶花女》《红与黑》《红楼梦》《基度山伯爵》。还有职业指导方面的影片，旨在帮助学生感悟职业人生，比如，在一个时期集中放映《律师事务所》《警察与小偷》《美丽心灵》。在学校歌舞青春电影日，学生与《歌舞青春》《红磨坊》一起舞动青春岁月。叶枫同学看了电影《我的长征》后写下这样的感想："一个十几岁的孩子，跟其他人一样，就是捏着最后一点儿希望'跟着走'。就这样一'走'，多少人经历了生离死别之痛，但也就是这一'走'，中国革命迈向了胜利。"崔延同学看完《魂断蓝桥》说："经典电影总能给人以无穷的回味，每当看完电影时感觉就像经历了一次心灵的洗涤。我很喜欢这部片子，通过影片更加了解费雯丽，更加了解一代女神的风采了。"

在开放的环境之中，一切皆有可能，未来有无限的发展空间。

热点电脑俱乐部所创的网站获得团中央嘉奖；青年志愿者协会多次获得海淀区志愿服务集体标兵称号；热心公益事业的张念武同学成立了"海洋星空基金会"，这是我国第一个由中学生发起成立的关注自闭症儿童的公益性组织；乐仁咖啡屋 CEO 马鸟鸟同学用咖啡屋的盈利设立了"乐仁奖学金"，奖励从事公益活动的同学；学生银行拿出一半的利润从事公益事业；果珈亦同学参加中国国际慈善基金会职业考察后，建立了十一学校慈善基金会，策划了拜访孤儿院、举行慈善舞会等多项活动。学生渐渐有了独立思想、独立人格，有了创新精神，有了为家庭、为学校、为社会负责任的态度。

徐子晗同学高中期间完成了一项"壮举"——带领 80 多名同学，历时一年，编写出版了十一学校历史上第一部学生年鉴。袁烨同学组建的 JA 青年成就社因为售卖"校服熊"的创意，挣到了 1.6 万元，他用这笔钱设立了"乐天奖学金"。

人过怎样的生活，就会成为怎样的人。十一学校改革最大的收获是学生的精神成长，他们变得会生活、有尊严、有担当，他们遇事不慌张，做事有章法。不论遇到何等难事，他们都会显示出像大人一样的沉稳和镇定。他们身上有一种超越时代的气质，那是直入人心、让人感动的青春活力和宽广的精神世界。

2013 年夏天，临近毕业的唐逸伦同学十分感谢校园生活给予她的滋养，她满怀深情地写下了这样一段话："如果你精神世界的容量只是一瓶水那么多，一点儿小事就能让你烦躁不安；若你精神世界的容量是一片大湖，那你就能处变不惊且始终 under self-control（在自我掌控下）了。我喜欢中午或晚上一个人在操场漫步，同时听听古典音乐与赞美诗。中午的操场明亮而宽阔，蓝天白云绿草红跑道，还有踢球的同学，再配上巴赫的《勃兰登堡协奏曲》，一切都让人觉得生机勃勃且富有底蕴。这是一种'心态充电'，让那被复习考试榨干了的心情重新丰满蓬勃起来，这样做之后再回到教室，感觉真的是'看到一切都可爱，连卷子都变得亲切可爱起来'。从生活中找到能让你的心态持续乐观、心中对世界充满大爱的东西，十分重要。高考当天的早晨，我还在听《奇异恩典》，这是一首赞美诗，它营造出一个感恩、宁静、平和的内心世界，赶走了我的焦虑与急躁。"

这不仅表明一种心态，更昭示着一种理念、一种生命哲学和精神美学。

学习重构：不一样的认知体验

满足学习的权利需求

湖北省黄冈市教育局局长王建学第一次走进十一学校的课堂时，"感到很奇怪"，一个课堂里有两位老师，一位在台上讲，部分学生在听，一位在教室后面角落的办公桌前与几个学生轻声交流，还有几个学生自己在看书，既不听讲，也不发问。"只有当课堂真正属于学生的时候，他们才能有这样的自由。"

周子其是个特立独行的学生，学校破例允许他选择在有老师上课的教室上自习。他想用这样的方式为自己加餐，当老师给其他同学上课时，他坐在教室的后面学自己的功课。结果，有时因为管不住自己，与身边的同学讨论，说着说着声音变大，老师在前面讲课受到影响，不时提醒他："小点儿声！"他骄傲地和同学说："我所有的自习课都在621上，我感兴趣时就听一耳朵，其他时间做自己的事，这种感觉真是太美了！"

在初中楼的公共区域，经常可以看到几名学生和老师热烈地讨论，有时甚至站起来喊。这是他们的数学沙龙。在这里，一切难题都会在伙伴的讨论和老师的讲解中迎刃而解；在这里，他们将各路"学霸"和"学神"秒杀，你会发现，"初一小屁孩儿"的气场在迅猛地变大。

自主选课，在本质上迎合了人性，顺应了规律，满足了学生的学习需求。它无情地打破了"只有课本学习才是学习，只有坐在教室里学习才是学习，只有听老师讲课才是学习"的观念，学习内容、学习方式和学习时空的重构，使学生的学习形态发生了根本改变。

由于实施选课制，刚性的时间表变成了柔性的，空间和时间上对学生的限制缩小了，学生不必局限在某一特定的时间和空间，他们可以按照自己的意愿和计划安排自己的学习，甚至可以决定在哪个时间段学习哪门学科，师从哪位教师，在什么地点学习，是坐在临窗的位置，还是坐在教室的某个角落，是在自主研修学院，还是在图书馆的阁楼上。这样的教学组织形式，让学生有了充分的尊严感和成就感。

研究表明，如果学习行为能满足学生的权利需求、爱与归属的需求、自由需求与乐趣需求，那么学生必然会自动自发地去学习。

西方教育的基本概念是：学校要提供一个很好的学习环境，让孩子们得到智力、精神和身体上全面、平衡的发展，使他们能够非常高兴、成功地进入社会，不断地面对困难和解决问题，对社会做出贡献。最重要的是满足孩子们各种各样的发展需求，让他们有足够的机会去实现目标，充分发挥其潜力。

2013 年考入美国普林斯顿大学的程佳宁同学，回忆自己的高中学习时无限深情地说："我一直以为，每个人的人生都会沿着每日不改的流水线和大方向相似的路线行进下去——在一个又一个 45 分钟里抄录笔记，在一张又一张试卷中沉沉浮浮，在最后的一场考试中与'千军万马'挤'独木桥'。来到十一之后，我才知道，学习可以有多种方式，我们可以拥有多种选择，可以不在教室，可以没有老师。"

高二时，叶大家同学就已经能够独立学习生物了。她经常到自主研修教室去学习，这里看不完的各类书籍，如同一座浩瀚的知识海洋深深地吸引着她。如同鱼入大海，鸟归山林，她广泛而自由地摄取自己需要的营养。教室、自主研修教室，她随时出入，从一楼到三楼来回跑，总有问题要问老师，她太喜欢这样的学习方式了。渐渐地，她学会了管理自己的学习，学会了安排时间，有计划地学习，用各种资源学习，每天、每周、每个学期都有计划。学习一点儿也不觉得累，完全变成了一种兴趣，而不是仅仅为了分数。

"我的生物自始至终没有乖乖跟着课堂进度，这种自我掌握的学习方式，使我有了主动的学习态度，使我产生了'这是我的学科'的感觉。我自己把握学习状态，衡量学习水平，定期向老师汇报学习进度、知识掌握情况。我总能发现各种问题，甚至是老师都没有考虑到的一些细小的问题。虽然我在生物课上听的时间不多，但我与老师一直很近。"叶大家说。

学习时空的重构

为了给学生提供宽松的学习环境，学校辟出许多公共区域，安上了一排排淡蓝色的"火车座"，两排座位中间有一张高矮适中的长桌子。学生特别喜欢这里，与老师、同学坐下来学习交流非常方便，也很舒适。楼道的角落里，摆放着绿色的植物，还有自动售卖机，学生可以投币购买各种饮料。如果喜欢到公共讨论区、图书馆、由教学楼坡屋顶改造的阁楼、枣林村书院去，好，你都可以去，是坐在沙发上，还是靠在舒适的"火车座"上，怎么着都行，只要你愿意，只要你觉得舒服。

这是一项非常符合学生心理、生理需要的尝试。研究表明，一些学生伴随着音乐学习效果更好，还有一些学生在嘈杂的环境下进行阅读能获得更高的成绩。一个个公共区域，为那些在嘈杂环境下不能集中精力的学生提供了一个安静的环境，也为那些学习时需要有些声音或音乐的学生提供了适宜的环境。

一直以来，人们认为，学生端坐在书桌前，其学习效果最好。实际上，这是错误的。像晨鸟、猫头鹰以及其他一些动物那样，人在一天当中不同的时间里，精力是不一样的。也就是说，任何一堂课的时间安排，至少对 1/3 的学生来说是不恰当的。研究表明，一半初中学生在学习的过程中，需要广泛的灵活性，允许他们来回走动学习，比要求他们坐着不动学习效果更好。如果允许学生在自己所期望的时间里学习某门学科，其行为、动机水平及考试分数都会有所进步。

有些学生喜欢独立思考，有些学生则需要和同伴一起学习，有些学生不论单独还是合作都学得很好，还有些学生集中精力学习时常常需要吃东西、喝饮料、咀嚼或咬住一个东西。

2012 年春节过后，在学校图书馆二层一个格外安静的角落，总能看见一个学生在专心地学习。他好像从来都不去教室上课，总是在这里，而且，无论谁过来都不会影响到他。经过连续几天的观察，终于有一天，笔者鼓起勇气走近了他。

他是 2012 届高三毕业生，叫闫梦晨，高一时他的学习节奏总是不能和其他同学同步，成绩一直处于波动之中。大量做题，使他忽然有了厌学情绪。为什么呢？原来他不喜欢那种陈旧的复习模式——除了讲题就是做题，在一个较低的层次上翻来覆去挖"坑"、绕圈子。高二时他转到了出国班，有了大量自主学习的时间。于是，他便在校园里转悠，想找个自己喜欢的地方学习，转来转去，就选择了这里。

他找到这个地方后，从家里抱来了二三十本化学书，每天早上 7 点 30 分到校，一直到晚上 10 点 30 分，整整一个学期，都泡在这里。

这个安静的角落成了他探究化学奥秘的专属领地。他最先啃的是《普通化学基础》中"点击化学"一章。硬着头皮看了一遍，没看懂，反而和它较上了劲，又看了一遍，终于弄懂了，顺势就把整本书全部弄明白了。从此，化学神奇的大门在这位少年面前打开了，"化学原来和生活如此贴近，如此有趣"。那种揭秘后的快感，以及比其他同学先学一步的自豪感，太让人兴奋了。从此，他的学习效率惊人地高，春去秋来，日升月落，他一本书又一本书地"啃"，最后，高高的一摞书竟然被他全部"吃"进肚子里，他不但学完了高中全部课程，也学完了大学普通化学，还学习了大学数学、微积分、线性代数。终于有一天，闫梦晨获得第25届全国高中学生化学竞赛金牌，入选国家集训队，并被保送北京大学。

根据巴甫洛夫条件反射原理，如果在固定的时间、一定的环境条件下看同一科目的书籍，那么，每当打开书本时，大脑的有关部位就会不由自主地兴奋起来，从而取得更好的效果。如果每天早上在固定的时间和地点背外语单词，时间久了，可增强记忆效果，就像每到吃饭的时间，人的唾液和胃液照例要分泌一样。

从这个意义上说，闫梦晨真是一个幸运儿，什么时间看书、什么时间做题、在什么地方做，学校在这一点上充分满足了他的自主需求。

"润泽的教室"

教育是否发生了改变，通过教室便可以窥见一斑。十一学校几年前的调查显示，学生最喜欢的地方排在第一位的是操场，其次是图书馆，而学生最不喜欢的地方是教室；如今，教室成为学生最喜欢的地方。

那么，教室究竟发生了什么样的变化呢？据笔者观察，随着学科教室物理空间的变化，教师和学生的心理发生了奇妙的变化。"讲台的消失，意味着教师知识霸权的地位开始动摇，讲台没有了，教师只能站在学生中间，于是，平等的对话交流成为常态。"闫存林老师有了不一样的体会。黄娟老师发现："当老师融入教室，成为这里的一员时，他不仅仅是一位管理者，还是倾听者、服务者，更是学生的朋友和导师。"贺千红老师在自己的笔记本上写下这样一段话："佐藤学所追求的教室是：教师和学生都不受主体性神话的束缚……认真相互倾听，从而将教室创建成为'润泽的教室'。"

下课了，王春易老师站在教室门口，目送每一名学生，有时与学生相视一笑，有时会叮嘱几句，学生发自内心地说一声："老师再见。"有人问她："你为什么会有这样的表现？"她回答："如果你是这个房间的主人，你肯定会这样做。"

来 219 教室上自习课的，有李艳琴老师教的学生，也有不是她教的，还有她曾经教过的。他们经常在这里学习，慢慢熟悉起来，彼此接纳，互相影响，形成了安静、有序、向上的氛围，形成了一个温馨的集体。胡梦雪同学学习刻苦，成绩优秀，她和郑裔同学比着学，互相激励，成为较着劲儿学的伴儿。一名同学成绩起伏时，另一名同学看在眼里，急在心里，找到李老师说："老师，您快帮帮他吧。"

学生将这间教室命名为"朗清自习室"，他们这样解释名字的由来："天朗气清，慧风和畅，山抹微云，碧水惊秋，可谓四美齐矣；耽书自笑，腹心相照，可谓二难并也。有朗朗日光微醺，有清净教室无声，而又有课余欢笑闲语，声气相求，言笑晏晏，友谊拳拳，219 一片朗清温馨，深深地给予我们归属感。"

在学科教室的建设中，李希贵校长提醒大家，每一个教室要有性格，要有人的温度，让每一间教室成为孩子们的精神领地。人是教育的温度和尺度，他丈量着我们付出的价值和意义，延展着教育的层次和厚度。

周志英老师无限深情地描述着这种变化："过去，教室仅仅是一个物理空间；今天，人与这个空间组合起来，使之具有了人性的温度，更有一种家的温度、一种吸引人的气场，有了老师的许多信息和气象，有了许多能够让学生感受到温暖的东西。这样，学生便喜欢走近它、亲近它。学生好像是到你家里来了。在这样一个场景中，师生的关系不一样了，特别平，特别真，特别亲，特别自然，他们的心贴得特别近。在这里，师生可以非常自然地交往、交流。"

周老师指着自己的书桌说："老师坐在那儿，阳光照进屋里，暖暖的。学生三三两两坐在位子上安静地学习，偶尔有人会走到我身边问问题，很惬意。好像不是我给他讲数学题，而是我与他交流。噢！原来我与学生是数学学习的知音哪！这种感觉从教 20 多年从来没有过。"笔者问她："现在为什么会有这样的感觉？"她毫不犹豫地回答："因为我坐在数学教室里。"

听着周老师绘声绘色的描述，突然，笔者想起日本学者佐藤学关于"润泽的教室"的描绘，在他的教育理想里，"润泽的教室"能使每个人的呼吸和节律很柔和，能使大家安心地、轻松自如地在教室里构筑人与人之间的关系，构筑真诚的信赖关系。在这种关系中，人们的心态是开放无拘的，教育是轻松愉快的。在这样的境界下，教育也许会变得简单起来。

不一样的认知体验

学科教室不仅仅是温馨、舒适的，不仅仅是那种"提供式"环境（提供书籍与设备），更为可贵的是，它是师生共建的，有很高的灵活度，能够提供互动的学习体验。

由于进行了空间结构的改造，教室完全变了样儿，上面是黑板、白板，下面坐着学生，学生围成几圈，老师在其中游走，教室的三面墙上都有黑板或电子视频，可以随时调动各种信息，谁都可以上去演示一番，学习的空间在发生改变，学习变成了互动式的。

过去，教室更像工厂的车间，整齐划一的桌椅，干干净净的墙壁，即使有一些学生的作品，也是贴得端端正正、一丝不苟，透着严肃和呆板。在这样的教室里，学生难以感觉到自己的存在。如今，一间间教室创造了他们想要的气氛，一件件对学习有意义的东西围绕在身边，看上去有些凌乱，但是，这些都是学生的作品，都是学生用过的东西，都是他们存在于这间屋子的痕迹。这些让他们觉得非常亲切、自然、舒服，他们沉浸其间，可以放松、自由地享受时光。这种接近人性的改变，让人更愿意身处其中，让人在学习的时候更快乐。

在这样的教室里，历史课有了明显的改观，每节课的内容可能都不一样，但它们都有一个永恒的主题，就是培养学生的历史思维、历史意识，帮助学生变得更加客观，做出更正确的判断和选择，更好地认识这个世界。教学中，老师有意识地创设充满历史感的情境，通过视频，图片，过去人物的书稿、奏折、书信、档案，以及各种图书，帮助学生捕捉哪怕一丝丝信息，去还原历史情境，设身处地地从历史人物的角度去看待问题，从而理解当时的人的选择。同时，把历史上相互矛盾、相互冲突的人、事、观点、相关材料呈现出来，让学生自己做判断。学生讨论时，教师像主持人一样，尽可能让场面保持热度，让思想激烈交锋。在这样的课堂上，每个学生都有机会让自己的思想与精神进入情境中，得到锤炼、砥砺。

一名同学说:"物理学科教室的器材使我们的学习更有效,且借用方便,对我们理解概念与原理有很大帮助。"还有一名同学说:"教室柜子里多了许多器材之后,课间我们聚在一起摆弄、实践,享受美妙感觉的同时,对物理概念的发展有了更深的认识。"

"真的,每一间教室都很吸引我。在物理教室学习机械波,老师讲完后,下课自己可以尝试一下、感受一下,看纵波与横波的不同。"一名男同学说。资源丰富的教室里形成了一个独特的磁场,每一个人都会不自觉地融入其中,受其影响。

教室里五颜六色的图片给学生的学习带来了什么呢?

请看学生的感受——

大脑喜欢多重感觉的世界。

视觉是最有力的感官。

图片可以让我们获得最好的学习和记忆。

书面或口头信息做不到这一点。

研究发现,感官的欢乐可以传递,一种感觉产生的一种心情,会唤起其他感觉、记忆以及曾经拥有的欢乐。法国作家普鲁斯特在他的小说《追忆逝水年华》中告诉读者,感官的经验如何引发如洪水般滔滔不绝的回忆。他把这种经验称为"自发的回忆"。

一天下午,笔者来到金咸松老师的数学教室,几名高中学生向笔者描述他们的感受。一名男生说:"在结束上一节课时,我会迅速地从自己的柜子里找出下一节课需要的书本,走向另一间教室。这个时候,随着脚步的移动,大脑迅速进行切换,我会想一想:上次课上老师讲的是什么呢?我学习到哪个地方了呢?当我走进教室的时候,对这门课的学习已经做好了心理准备,教室里浓浓的学科氛围告诉我,我已经进入了另一个知识领域——生物世界、语文世界、物理世界。真的,和以前大不一样了,感觉挺好,这让我兴致勃勃地投入学习。而在过去,常常是数学课已经结束了,问题还没有讨论完,桌子上还堆着没有做完的数学题,黑板上还全是老师的数学板书。第二节课的上课铃已经响起,语文老师也站在讲台上了,可是,我们的思绪却仍然在数学课上，这非常影响下一节课的学习。"

身旁的一名同学插话道："一节课结束了，如果有问题，马上写在黑板上，教室的四周全部是大白板，所有的内容可以一直保留着，学生在任何时间都可以研究讨论，思维可以延续。这在过去的教室是办不到的，因为下课要擦黑板，所有的痕迹都会消失。"

"过去，很多幻灯片、电脑课件，课上唰唰唰一闪而过，学生再想看却没有了；现在，全部打印出来，贴在教室里，学生可以随时看，经常看，反复看，会留下很深的印象。墙上的教学挂图、黑板上的笔记，有的学生看一遍就行了，有的还要看几遍，有的需要天天看，所以我们要把这些资料保留着。"一名女同学特别强调了这一点。

对于选择学习数学IV的同学来说，来到600教室，就如同进入了一个数学的世界。资料墙上全是学生的习题、答案、优秀作业等，两边是两张大电脑桌，方便学生随时上网查资料；书柜里摆满了数学专业书籍、期刊；临窗的一侧，摆着一排桌子，上面是学生自己的书籍。笔者拿起一本《绕来绕去的向量法》翻看着。这时，走过来一名同学。他叫李昊亚，他是这本书的主人。他说，他特别喜欢数学，课余时间常常从书店、网上购买数学书阅读。这里有40多本他的书，一个学期要读二三十本。

与学生一番交谈后，笔者明白了他们为什么特别喜欢坐在数学教室里做数学题。他们认为，在这里，能回忆起之前讨论的情景，能回忆起坐在某个位置上的学生说话的内容、他们曾经交流过什么，这些可以特别快地联系起来，好像有了灵感一样，挺神奇的！

每一间教室都有独到之处，每一间教室都体现着无穷无尽的文化内涵。语文是什么？语文是关乎生命、关乎性情的。为了让学生走进浩大的语文世界，感受语文的美，闫存林老师对教室环境进行了精心设计，配备了中学阶段必读、选读、参考三个层次的课内外学习书籍，还配备了与教材相关的音像、软件资料。教室里有书法字画、梅兰竹菊、文房四宝，一派古雅之风，充满了文化意蕴。

它们不只是物体，它们是有生命的，画、毛笔用最直接的方式留住了学生的目光和脚步。一名高中女孩子说，她一有空，就会来到214教室，临窗而坐，或仰望窗外的蓝天白云，或看看校园里的绿树，或呆呆地在那里梳理自己的小心思。每天早上从楼下经过，她都会抬头仰望214教室的窗花，因为这让她觉得踏实。

这间颇有古雅之风的教室，成为青年一代精神飞扬、慰藉心灵的场所，成了孩子们心中"最温暖的地方"、"最适合阅读的地方"、"最像语文教室的教室"，它让一颗颗浮躁的心安静下来，给人以安慰和力量。学生栖息在诗书之中，纵览古今，思辨真理，在这样一个求知欲喷薄而发的年龄，它点燃了他们对读书的强烈好奇和向往。

这是一名高一学生写的一篇日记。

214教室的墙上挂着一块特别有意思的布，黑灰色的，上面还有格格。这是那种可以用毛笔蘸水在上面写字的布，这玩意儿可是相当受同学们欢迎的。当时墙上的字帖还没有那么多，只有一个《兰亭集序》的拓印。这个东西我在很小的时候听书法老师讲过，一直觉得很神奇，可从来没能见到实物。这回总算见到了，心里甭提多高兴了。所以，我和其他同学一样，有事没事就在上面划拉两笔，写来写去，发现了一件最神奇的事。一天，我写"亦将有感于斯文"的"文"字，写了无数次，结构总是垮垮的，很难看，就在我不知道怎么办时，一名男生点拨了我一下，他告诉我，先写一个"作"字，再写一个"文"字，就可以了。我照着写了，果然有了碑上的感觉，噢！原来是这么回事啊！为了纪念这个字，我把它放在作文本的封面上。

2012年8月6日，笔者与学生一起外出参加活动，在天津的一条古文化街上，高二学生史靖怡在文化用品店里，细心地挑选着写毛笔字的水笔和临帖。笔者问她："为什么喜欢？"她说："214教室里有，我经常写一写，可有感觉了。我马上要去美国学习了，我要买一套带到美国去，没事的时候写一写，感觉肯定会很好。"

如果用文化的眼睛看学校，那么，学校不仅是一个物质实体，而且是一种超越物质的精神存在。学科教室，在学生眼里，就是一个具有文化意象的神秘所在。这种文化生生不息，滋润着莘莘学子的心灵。

发生在学科教室的故事，让我们看到了环境的教育作用，一幅画、一支笔，让受教育者在不经意间"碰"上。它就在那里，你一举头，一抬眼，碰上了，就碰上了，就像一颗流星划过。在这一瞬间，教育就发生了，这有时会影响人的一辈子。

关系重构：要有看得见的平等

变平的师生关系

一个周末，笔者与李希贵校长陪同媒体朋友走在学校院墙外的人行道上，后面一名女生大步追上了李校长，从后面在他的肩膀上"啪！啪！啪！"拍了三下，往前走了几步，回过头冲着李校长说了声："贵爷再见！"然后，一转身走了。这突如其来的动作，让李校长既吃惊又高兴，他笑着对身边的记者说："你看看，这就是我们的学生！"

这个动作，表明了一种关系。应该说，这场变革给十一学校带来的最为深刻的变化是关系的重构——人与人的关系、人与教室的关系、人与资源的关系、人与环境的关系正在被重新解构与建构，它无情地打破了过去森严的等级与壁垒，人们企盼多年的平等出现在了校园中。

萨米拉·玛克玛尔巴夫的《背马鞍的男孩》，讲述的是在一个不平等的社会，人如何奴役人，以及人如何自愿被奴役的故事。这是一部残酷的电影，其意义在于揭示社会达尔文主义如何让人退化为动物，在玛克玛尔巴夫看来，导致我们不自由的不是坏人，而是坏的关系。或者说，不是人坏，而是关系坏。这里的关系，既包括人与社会、人与国家之间的群己权界，也包括个体之间的关系。

多少年来，我们一直提倡师生平等，但是，师与生之间的鸿沟从来就没有真正消除过。师生关系始终是一种支配与被支配的关系，教师处于决策者、主导者和支配者的地位，而学生更多地处于服从地位。

李希贵校长曾经深刻指出，在我们的校园里，一直有一种从成人的视角、从教师的眼光判定的师生关系。这种关系有时候带有很大的欺骗性，甚至正是这种我们单方面认定的对学生的"热爱"和学生对我们的"尊重"，伤害了孩子，也误导了教师。不平等的人际关系，造就的是奴性的臣民人格，平等的师生关系对塑造合格公民显得越来越重要，改变我们的教育应当从改变师生关系开始。

学生选课走班这个大举动像水流一样迅猛地溢过了所有的界限与壁垒，师生关系从一种垂直状态、自上而下地控制与命令的状态，进入一种水平状态、合作和联系的状态，一些成规以及素被尊崇的观念，在不知不觉中消失，人们心目中某些神圣不可动摇的东西开始松动。

当学生拥有知情权、选择权、表达权和评价权的时候，他们真的成为了学习的主人。在这种情况下，教师的角色被重新定位，所有的策划、引导、参与都必须围绕学生的学习基础和学习需求而展开，师生关系自然也由原来的从属关系转向平等的、互动的伙伴关系。

今天的十一校园里，出现了一个过去从未有过的现象——学生与老师碰面，许多老师会主动先向学生问好，这在其他地方是很少见的。教师与学生说话时很注意口气，非常在乎学生的感受，总是用商量的口吻，开口常常是"行了吗"、"这样可以吗"，态度十分亲和，让人感觉很舒服。

对于这一点，崔永元有着很深的体会，他说："我对教育极感兴趣，可又觉得教育特别没意思。究竟是哪个环节出了问题，孩子得不到尊重，也不知道如何尊重别人？是我们的教育生态出了问题。我反复来十一学校，经常与李校长聊天儿，发现他有许多与别人不一样的地方。他的办公室基本被学生占着，他常陪我到校园中走走。有一次，我们走到一间教室，一开门，发现里面有两名学生在学习，李校长立刻说了声：'对不起，打扰你们了。'接下来，李校长尽量找话题与学生说话——'这是什么植物哇'、'这是你养的花吗'，但他神情中流露出的局促与不安让我很震惊，我第一次看到一位校长在学生面前有这样的表现，内心被深深地打动了。"

有一位老师曾经由衷地告诉笔者："在十一学校的校园里，你得能容忍老师先向学生问好，你上课时学生可以不听，学生有事却可以随时'提溜'你。若没有这样的心理准备，你就要自讨苦吃了。"听到这番话没多久，一天，于振丽老师笑着对笔者说："你知道吗？现在学生'提溜'我，就像当初我'提溜'他们一样，哈哈！"她的语气中带着几分骄傲和自豪。

下课了，江思瑶同学远远地跑过来，拥抱着王春易老师："春易姐姐！"

有的同学干脆连"姐姐"也省了，直接叫"春易"。无论是在教室里、楼道里，还是在操场上，人们常常会听到学生亲切地喊着"春易"、"春易"，师生之间那种亲切自然、无拘无束的交往，成为校园里一道美丽的风景。

为什么会这样？当学生的问题不再与班主任的业绩挂钩，当学生迟到、早退与教师的考核无关时，学生与教师便不再是绑定的关系，一切都变得简单了，教育变得纯粹了，教师也变得心平气和了。甄兆敏老师深有感触地说："这种单纯的帮助很受学生欢迎，与学生的交流更加纯粹，是真正的沟通，是心与心的交流。当老师指出学生学习以外的毛病时，他很感激，因为他知道你不是为了班级的分数。"

毕业前夕，曾与伦同学拿着《万历十五年》一边给同学看，一边骄傲地说："我一共有六本书是校长送的，我十分珍惜。在十一的学生时代，我有一种特别美好的感觉，学校里的每一个人我都是可以说上话的。初二时，我曾与校长共进午餐，高中时我曾找徐关厅老师学摄影。"

选课走班"碾平"了学校的等级制度，使"平等"在师生交往中被真正地捍卫着。一名初中的孩子数学题做错了，老师让他改错后再做两道同类的题，他低下头做了一道题，然后抬起头来和老师商量："老师，我做一道行吗？""为什么？"老师反问他。"我想去操场上玩一会儿球。"学生的回答让老师有了一种从未有过的感觉。在过去，学生是绝对不会提出这样的要求的。这位老师忽然发现"师生关系变了，学生把真实的一面呈现出来，教育变得更加纯粹了"。

初一的董柏林同学终于愿意找老师问问题了，几乎每天都有问题问，这是他上中学以来最大的变化。过去为什么不敢问呢？"原来的数学老师是班主任，什么都管，特别爱急，爱发脾气，我一问问题，老师就会说'上课听没听讲'，很凶的。现在的老师很耐心，一点儿也不急，我与她谈话只是谈数学问题。"

杨文学老师发现了一个很奇怪的现象——学生经常向他提出比较高深的数学问题，很具有挑战性。这让他十分兴奋，师生可以很随意、很平等地探讨数学问题。这种轻松、难得的交流，过去几十年从未出现过。为什么呢？面对笔者的问题，他陷入了沉思，然后自言自语道："亦师亦友的关系怎么就实现了呢？"采访结束前，他又补充了一句："这样教书我觉得很幸福。"

增加师生交往的机会

一位教育理论研究人员曾以一位高中教师为调查对象，了解他一天中会跟多少学生见面打招呼，这所学校有 3000 多名学生，令人惊讶的是，他与学生打招呼大约有 1000 次！但是，他们却从没有深入交流过，打招呼仅仅是点头而已。

由此可见，当下的师生关系并非真正的人际交往，在偌大的校园里，他们脚步匆匆，奔波于教室、操场之间，除了讲课、听课，他们之间似乎不会有太多的交集，这导致了师生关系的淡薄、狭隘。师生只有"相见"，没有"相处"。

教师和学生的校园生活有近 80% 的时间是在教学活动中度过的，然而，一项调查数据显示，在师生互动方面，有 3/4 的中国学生从未"和任课老师讨论分数和作业"，有一半学生从未"与老师讨论自己的职业计划和想法"，有 35% 的学生"学习表现"从未"得到老师的及时反馈"。

今天，当人与人之间的交流由 QQ、电邮、微博、手机接手时，人和人之间直接的、充满情意的沟通交流越来越难。网络儿童们更热衷于用鼠标、键盘、触摸屏等与世界对接，而忘却了肢体语言传递出来的美好触感，忘记了一个拥抱、一次对视、一场倾听与理解给对方身心的抚慰。

李希贵校长在许多场合反复强调："真正的教育发生在教师与学生一对一的接触中，真正健康的师生关系必须靠人格与学识赢得。从一定意义上说，教育学就是关系学。当孩子可以向教师交心的时候，教育才会变得真实而有效。教师越远离学生，越难以从学生那里获得工作的满足与快乐。学生是通过老师来感受学校生活的，师生关系好了，老师就能更多地体会到工作的快乐，学生就能更多地体会到学习的快乐。要想增加师生交往的机会，就要尽可能延长他们相处的时间。学校尽量减少会议、教案检查及频繁的总结，确保教师有更多的精力与时间和学生接触、交往、沟通。"

每个学期老师要和至少一名学生进行至少一次一对一的谈话，这是十一学校的一项新规。

开学第一天，全体教师为所有的学生颁发"开学护照"并签名留影，交往、相识便在这一神圣的时刻开始了。接下来，持续一周收集老师和学生的签名，师生间的交流、交往进一步扩大。之后校园泼水节、狂欢节、校长有约等活动，进一步拉近了教师与学生的距离，他们的生活圆心越来越近，直至画出两个相交的圆。

为了增加教师与学生交往的机会，学校让有体育特长的老师带学生进行体育活动。曹书德老师负责带学生打羽毛球，没想到，操场上的交流带给了他别样的体验。选羽毛球课的学生常常带着语文书去打球，因为曹老师是语文老师，休息的时候可以顺便探讨一番。"这样的交流让我们感到很快乐。"曹老师由衷地说。

课余时间，经常可以看到李艳琴老师与胡梦雪同学一起在操场上散步谈心。中午在食堂也常有老师与同学边吃边聊。放了学，石绍湘老师常和几名同学在操场上跑步。跑完步，石老师让学生教他吹萨克斯。对石老师来说，这是与学生接触的最好时机；而对于学生来说，这是青春记忆中最灿烂的一抹色彩。

苏霍姆林斯基说过："教师在课堂上跟孩子们的交往，只是教育工作的一部分。孩子的教养、精神上的发展、道德面貌的形成，所有这一切在很大程度上都有赖于在课余时间内进行的、不列入课表的工作。一个教师，只有当他成为孩子们在其中度过其精神生活并建立彼此间道德关系的那些集体的组织者和领导者的情况下，才会是一个教育者。"

一天，笔者正在地理教室和赵蓓老师说话，一名男生进来了。他俯在赵老师耳边小声说了一句什么，好像是想从赵老师那里要一份资料。赵老师立刻打开电脑，细心地找起来。"找到了！"赵老师边说边打印了一份，交给了这名同学。他接过资料，高兴地说了声"老师再见"，然后转身走了。师生间那份默契打动了笔者，笔者内心忽然有了一种感觉，觉得让学生找到智慧的不是资料，不是教学，而是教师与学生之间的良好关系。赵老师说："教学工作不是简单的知识传递，而是一种交往，而且是一种很高层面的精神交往，会让人有刻骨铭心的感觉。这样的一段交往，实际上是和你的教学班、你的学生真心地'相爱过一回'。"

2012 年 6 月的一天，笔者采访化学竞赛获奖者王淏然："是什么使你有了学习动力？回忆高中生活，最让你受益的是什么呢？"没想到他竟然认为是聊天儿。"和谁聊天儿?"笔者十分不解地问。"和老师啊!恐怕很难再遇到如此敬业的老师了。"他说,"我初中时学习并不是很好,也没什么特长,唯一喜欢做的事就是和老师聊天儿,说说心里话,谈谈收获,也倾诉烦恼。每一次聊完整个人都神清气爽,大约每周两次,同学们管我叫'话痨'。就是这看似平常的聊天儿,让我保持着良好的学习状态,一路披荆斩棘,获得北京大学保送资格。"

一名女学生说:"我也觉得挺奇怪的,都已经上了高中,和老师一直都没有进行过一次正式的谈话,对老师总有一种敬畏感,这次居然聊了两个小时。针对我的语文学习,从月考成绩到期末成绩,到平时的学习状态,内容很多,聊完我的体会颇多。兰玲老师对我要求十分严格,经常督促我交作业。我特别喜欢她留的散文鉴赏作业,因为这种作业通常是我的口水聚集地。我擅长各种煽情、言情什么的,主要是自己写着高兴,老师看着也高兴。"

"以前我是不跟任何老师交流的,甚至连一个问题都不敢让它从我紧闭的口中流到老师的耳中。但现在我把老师当作我的同学、我的朋友,不再像以前那样谨慎小心,而是变得轻松自由了!同时,我也变得很善于交际,遇到谁都想与他聊上几句,相互了解,因此,我也有了更多的好朋友!"一名学生说。

这是高一学生郭毓君写的日记。

"我相信,你能行!"我的导师张国春曾经大声对我说。我永远也不会忘记当时他那饱含鼓励、信任和坚定的眼神。每当我遇到挫折时,只要回想一下那个眼神,我就会振作起来,在心里暗暗给自己加油、打气,对自己说:"我相信,你能行!"于是,我又重新打起精神,恢复成那个自信、开朗的我,对学习认真,对老师热情,对生活充满信心。

教师与学生因为真诚的尊重,心与心越靠越近,直至形成一个如此温暖、如此美好的交集。

校园里已经出现了亦师亦友、师生相长的亲密关系,以及清华大学原校长梅贻琦所描述的"从游"关系。梅贻琦说过:"师生犹鱼也,其行动犹游泳也，大鱼前导，小鱼尾随，是从游也。从游既久，其濡染观摩之效自不求而至，不为而成。"这样一种"从游"关系，使教学活动成为一个美妙的生命互动过程。

无处不在的同伴

校园中，身着不同颜色校服的男孩儿、女孩儿，拿着书本，轻松地在楼与楼之间穿梭，脸上挂着笑容。每一个角落的人都获得了新的力量，获得了新的机会，过去不太可能有交集的同学彼此成了学习的伙伴，不同的人的合作真正变得丰富多彩起来。

2013年3月5日下午4点10分，高一的叶枫同学刚刚下课，就匆匆忙忙离开了高中楼，径直朝图书馆四层枣林村书院走去。笔者好奇地跟着她，想看看有什么好玩的事。刚一进屋，她便与一位外教热情地打招呼。原来这位外教在等他们。这是他们事先的约定，几名来自不同课程的同学，要与外教老师一起上文学欣赏课。很快，他们围坐在沙发上，开始了他们的阅读欣赏课。在菁菁校园里，他们忘却了世事的纷扰，找个地方坐下来，读一本可心的书，于无声处，或漫步于异国街头，或游走于伟人之间，学外语，品人生，看社会，在方寸之间触摸大千世界。

笔者环顾四周，发现这是一间很大的房子，房间的东面是一排大书柜，南面是一排电脑桌，中间是由六张桌子组成的大桌子，上面堆满了书籍、本子。靠窗的一名男同学在专心地查阅资料，还有两名男同学戴着耳机伏在中间大桌子上做题，他们各干各的，谁也不影响谁。休息时，笔者与他们聊天儿，才知道，他们来自不同的年级，学习不同的课程。

陈博轩同学告诉笔者："2011年年底被确定保送清华大学，2012年9月1日开学后，我就到枣林村书院学习。这里有更多的书、更大的房子。我需要什么书，老师可以帮我去买。每天早上7点30分，我就来到这里；中午去食堂吃饭；午休时，我会看一些课外书，下围棋；下午1点30分，到操场上走一走，呼吸新鲜空气，4点30分参加年级的1小时体育锻炼，5点30分后听潘国双老师的大学先修课，提前学习大学课程。"

很长一段时间里，在学校图书馆、枣林村书院，总能看到两个男同学在一起读书、研究问题。他们是陈博轩和杨顺。他们从初中时开始便经常在一起探讨圆周率计算、方程求解、宇宙起源、时空奥秘等，共同的数学爱好使他们走到了一起，尽管许多问题弄不明白，但这种交流大大激发了他们的求知欲。当得知自己被保送清华大学时，陈博轩怀着感激的心情说："我非常感谢杨顺同学，他给了我很大的帮助，对我产生了极大的影响。如果没有杨顺，我恐怕很难找到一个可以讨论难题的朋友；没有他，我可能根本不会想到初中就开始学习一些高深的数学理论；没有他，我不会像现在这样喜爱数学。"

高一学生王立婷说："初中时，我们三年待在一间教室里，只认识自己班里的40名同学，有事就找班主任，学校里大多数同学、老师、教室跟我都没什么关系。而现在，我一个学期就和200名同学一起上课，我的朋友既有初中生，也有高中生，不同的事情可以向不同的老师求助。"

由于实施选课制，初中一个年级1120名学生组建了456个教学班，学生的交往范围由过去平均每人40个同伴，变成现在平均每人300多个同伴，更多的孩子寻找到更多的同伴，在更大的范围内与更多的人打交道。在充满选择的课程中，学生找到了更多的同伴，尤其是有着共同爱好的同伴。2013年的一项调查显示，超过95%的学生表示，"在学校里，我能找到一群志趣相投的同学"、"我很喜欢我的同学"。

在一次接待媒体的采访时，李希贵校长说："我们学校每年都会有高中交换生到国外高中读一年书，当我让他们描述国外的学校与我们的学校之间最大的不同的时候，绝大部分学生会告诉我，最大的不同是走班选课。当我再追问走班选课最大的不同是什么时，他们会说，能认识更多的朋友，因为和不同的群体在一起上课，所以能认识、接触到不同的朋友。我们学校实施选课走班后，学生认为很好。我问学生最好的地方是什么，他们说，可以找到原来找不到的朋友。"

接着，他又说："我们有一位老师曾经做过一个调查：'从小学到初中，你最大的困惑是什么？'结果有71%的学生选择了'思念小学时的好朋友'。'在新的班级里你最大的愿望是什么？'有87%的学生选择了'尽快结交新的朋友'。而我们一直以为学生来学校最重要的是学习知识。无论在美国、英国，还是在韩国，孩子们进学校最重要的理由，往往就是结识新伙伴，认识新朋友，所以，这些国家的学校在这方面做了大量工作。"

李校长接着说："我比较欣赏的一个定义是，学校是孩子实现选择的地方、寻找伙伴的地方、发现自己的地方。实际上，今天的孩子到学校来，最直接的动力是寻找伙伴，他们需要在同辈的陪伴下，互为参照，共同成长。学校不仅仅是教给他知识、教给他能力的地方，还要帮助学生寻找志同道合的同伴，构建一个为他今后人生发展打基础的良好关系。"

如何让学生更容易寻找到同伴呢？只改变教学组织形式，不改变学校形态，不改变课程，不改变课堂结构，我们就没有办法帮助他找到同伴。

当改革进入第三个年头的时候，李校长发现了一个新的现象，有时有很多同学一起来找校长帮助他们实现一个想法，而他们并不是一个教学班的，甚至不是一个年级的。这让李校长感到很欣慰，这正是他想看到的。

以往，校园中的学生，很大一部分时间是在课堂中度过的，缺少自然的交流机会和活动，因此缺少与别人相互交往的基本品格，他们不知道怎样去处理矛盾、怎样去面对挫折、怎样去解决问题。交往是学生学习生活中必不可少的教育经历，也是其生命中最重要的技能之一。青年时期的群体至关重要，大家相聚在一起，虽然个性不同，却可以自然而然地学会彼此包容、相互欣赏。每一个朋友都是自己的镜子，每一个朋友都是自己的老师。对一个年轻的生命来说，这是最好的、最自然的教育。

选择使生活在这座校园中的学生可以空前地彼此接近，可以自由地流动，使校园的生态发生了变化，学校每天都处在动态的流动中，同伴关系也由静态变为动态。在这种流动中，同桌的你是谁？答案是很多、很多，而且是不断变化的。学生不断地选课，不断地有新的同学、新的同桌。这种平坦化的趋势，正在剧烈地改变着学生的生活方式，这对于身处其中的每个人意味着什么？

学生们忽然发现："在平坦的世界里，机会越来越多，竞争越来越激烈，可以更平的方式更快、更深入、更便捷地互相联络、互相竞争、互相合作。我们必须学习更勤勉，行动更迅速，头脑更灵活，才能在这个世界里更好地合作、竞争与创新，最重要的是激发自己的想象力并着手行动。这种学习过程的放开与自由，使我们变得更加有力，它会产生加速度，使我们跑得更快。"

学生在充满合作机会的个体与群体交往中，学会沟通，学会互助，学会分享，既能够尊重他人，理解他人，欣赏他人，同时也能使自己得到他人的尊重、理解与欣赏。

上了高三的叶枫同学，至今仍然清楚地记得和王子艾、王英博同学一起准备学校宣传报告时的情景，她笑着说："王子艾和我敲定文字材料；王英博收集图片，制作幻灯片。我们经常毫无思路，一起沉默思考，一旦工作有了进展，我们便高兴地唱起歌来。我们三个人组成了长期合作的小团体，共同完成过许多工作。我们各有特点，各有梦想，各有道路。我们幸运地在十一学校相聚，为追求梦想而努力奋斗。将来，无论走到哪里，我都会记得，在世界的某个地方，有人和我同样坚持着梦想，满腔热情地奋斗。我的力量便是他们的力量，他们的力量便是我的力量。"

一名同学写道："同伴相处是促进我成长的第三股力量，和我选同一门课的一名同学，他的存在，给我提供了一面镜子，使我能够客观地观察自己，给我提供了自我反省的机会。"

2012届高三毕业生晋思琦认为，自己高中三年最大的收获是结识了一批此生难忘的伙伴，他们真挚的情谊是她最宝贵的收获。李东正同学离开学校前十分感慨："最怀念和同学相处的美好时光。"

2012年10月11日，一名高中同学给李希贵校长发了一条短信。

走班带给我最大转变的就是我的人际关系。原先在固定的班级中，朋友十分有限，只和三三两两的朋友在一起。我们总是挖空了心思对对方好，小心翼翼地维系着友谊，可是却不一定被理解。久而久之，用心去培植的友谊竟让自己觉得好累，友谊渐渐地有了裂缝，而且和其他同学也疏远了。高一的我，每天穿梭于不同的教学班，在不同的团体中扮演着不同的角色。我不再强求一定同谁在一起，不再纠结于一个小圈子中。我在短短一个月期间，好像和整个年级的人都熟了起来，见谁都会微笑着问一声好，在每个团队中都能找到自己的朋友，发挥自己的能量，找到自己的优势。心态的转变，使心胸豁然开朗起来，对问题的理解也似乎宽阔了许多。这让我觉得很温馨、很快乐。

生活重构：造就有公民特质的校园生活

造就健康的校园生活

18世纪的启蒙思想家孟德斯鸠说："在民法慈母般的眼睛里，每一个个人就是整个国家。"那么，在教育工作者的眼睛里，每一个孩子就是整个国家的未来。公民教育，关系到每一名学生将来以怎样的姿态走向社会，同时它也是民族、国家得以凝聚、稳定的根本所在。印度学者克里希那穆提在《人生，教育，学习》中指出："真正的教育应该帮助人去体验，体验自己，体验周遭的事物，体验环境，体验时空、速度，体验毅力，体验民主，体验宽容。"

李希贵校长认为："公民教育最关键的是培育一种公民文化，提供公民意识得以滋生和生长的文化土壤，造就有公民特质的校园生活。学会负责的前提是自由与权利，我们必须赋予学生这样的权利，让他们拥有更多的自由和权利。尽管我们在课堂上讲很多关于公民、权利、责任的概念，可是，如果在日常生活中，孩子们对自己的学习生活和校园生活如果没有发言权的话，那我们永远也不可能培养出真正意义上的公民。"

只有个体意识增强了，人才会有公共意识。只有对个性发展尊重了，才会使学生慢慢有个体意识。学生既是一个个活生生的个体，又要生活在集体之中，因此，培养公共意识，就显得特别重要。公共意识说到底是一种公民意识，它对于今天的教育来说，依旧是一个有些尖锐可又回避不了的话题。

在十一学校，正在发生着"学校生活"到"公民生活"的悄然变化，公民精神向前进步，向上生长，显现出一个群体的精神样态。在这个平坦的世界里，人人都可以重新认识自己，找到自己；人人都可以发表自己的东西；人人都可以成为公众人物。

在十一学校，学生把薄薄的《北京市十一学校行动纲要》叫作"小宪法"，里面写着校园环境和校园文化要有"看得见的平等"、"看得见的民主"，而"民主的程序必须公平"。对于这些，校园中的每一个人都必须遵守。

在学生组织的活动中，校长发言也要遵守时间规定。高三毕业典礼前，学生主持人对李希贵校长说："你发言只能有3分钟。"校长讨价还价："我有好多事要说，能不能再多给点儿时间？""5分钟，到点就得下来。"呵呵，主持人还真有点儿主人的感觉。"在这样的环境里，学生渐渐有了公民的样子。"这让李希贵校长特别有成就感。

一名学生在吃饭时向李校长反映："宿舍的地板翘起来了，什么时候能修好？"李校长语气十分温和地问："暑假怎么样？"笔者当时一愣，这样的口吻不像是在对一名学生说话呀！笔者走过的学校可不算少了，可一位中学的校长以这样的口吻与学生说话，笔者还是头一回见到。在他的内心深处，是尊重、关心、服务。在他眼里，学生是学校的主人，学生是最重要的。全校4000多名学生，他总是不厌其烦地面对每一个找他的学生。

一次，李校长与学生共进午餐，快结束时，他对学生说："说一说学校工作还有什么不足。"学生愕然了："我们学生还能觉得有什么不足吗？""当然，你们眼中的不足才是真正的不足。"李校长十分诚恳地说。有一名男生说："老师，晚上睡觉的时间太早了，能不能晚一点儿？"一名女生马上反驳："我们愿意早一点儿睡。"李校长说："你们组织一个项目组研究一下，看看到底应当怎么办。"结果，学生研究了四个月，最终形成了具有选择性的作息时间表，同一时间段休息的同学被安排在同一楼层，分层熄灯，互不干扰，大大方便了学生。

一位高中老师要求学生写作文，没想到，一名学生勇敢地向老师叫板："我们希望看到老师的作文！"老师们毫不退缩，勇敢地应战，结果，每次作文课，全组老师都写下水文，然后打印出来由学生点评。这件事让家长颇为激动，兰孝达同学的母亲逢人便说："哎呀！这所学校给人的感觉太不一样了，没想到，老师与学生平等到这种地步！"

2010年，学校的每个教室都配备了三台电脑，王笃年老师担心学生随意上网、玩游戏，便与学生商量，能不能上课的时候不用电脑上网，利用课间、饭前、饭后这个时间用。王老师的这项提议，一样需要学生投票表决，最终30个同学只有两票赞成。这样的结果出乎王老师的意料，但他表示尊重，他说："我必须尊重他们，我必须让他们知道民主是什么，让他们学会尊重，因为未来这个国家要交给他们。如果你不用民主的态度对待他们，将来，他们就不会用民主的态度对待别人。要让学生通过学校、教师做事的方式、氛围感受什么叫民主、什么叫尊重。"

李希贵校长经常说，一所学校应当提供更多的公共空间，让学生有公共生活。有了公共生活，就会慢慢建立公共关系，教育的全部努力就是为了实现学生的社会化。我们为什么要扩大学校公共区域？一所成熟的学校，不仅要有教室，还要有咖啡厅、休闲室，有了这些地方，学生就有了精神领地。

学校开辟了大量的公共空间，比如教学楼大厅、公共活动区、报告厅、社团活动中心等，共 35 处，5600 平方米，为爱思考、有想法的学生支撑起最活跃的公共空间。这些地方俨然成了学生的公共社区，成了青年一代的精神飞地。学生可以在这些地方进行艺术表演，开展音乐沙龙，开展社团活动，学习，休息，等等。每天下午 4 点 10 分之后，学生遍布校园的各个空间，一起讨论问题，制订计划，交换信息，或者聊聊校园新闻公众人物、社会热点。他们在这里寻觅与自己类似的人，他们与思维、兴趣、爱好相似的人创建起"部落"，并以此界定自己的身份。

这些公共场所，打开了公共生活的空间，培育了学生的公共精神。今天，学校仍在为扩大公共生活的空间而努力。

在学校半地下的松林书苑西侧，是一个宽敞明亮的玻璃房，课余时间学生三三两两地在这里品着咖啡，聊着天儿，好不惬意。他们手捧咖啡闲聊八卦，发表着对于自身乃至社会的看法。面对面的交流更为真实可触，在这里不用担心被否定或被强制纠正，有的只是甜品从舌尖至心头的快乐慰藉，以及表达与交流的释放感。

学生有自己的想法，需要一个交流平台，四年制高一通过《我，我们》杂志、走廊设计、年级博客、年级微博、人人网公共主页，建立了年级的五维空间。"只有自由讨论，才能让人们更接近真理，促进道德提升与重建，培育公共精神，促进积极、进取、奋斗的性格形成。"自由思考，自由辩论，不息探索，是一个成熟公民的必由之路。

在高中楼电梯入口处，一张张醒目的大海报吸引着人们的目光。"无穷的远方，无数的人们都与我有关。""与谁同行和目标哪个更重要？""温饱是不是谈道德的必要条件？""情在理先还是理在情先？"学校里各种辩论会十分活跃，在一次次辩论中，学生的态度发生了变化，他们明白了如何与他人交流与合作，如何处理好个人与集体的关系，从感性"吐槽"变为理性思考，使用自己的力量改变生活成为一种可能。

教育的目标是让每一个学生成为有社会责任感的公民，这样的公民不仅具备独立思考的能力，还具备参与行动的能力，最关键的是让每个人都有想法，都能有机会阐述自己的想法。为此，学校成立了媒体中心，专门协调学生作品的出版等事宜，学生将校园生活记录下来，他们写作出版的《赢在中学——来自北京十一学校的 60 个历练故事》《蜕变》《振翅》出现在各大新华书店。正如 20 世纪杰出的女哲学家汉娜·阿伦特所说："每次你写了什么东西，把它送到世界上，它就成了公共事务。"

培养有社会责任感的公民

2014 年 4 月，于振丽老师遇到一件让她感动的事。一天，一名学生找到她说："老师，我要跟您谈几句话。"于老师一愣："他能有什么问题呢？最近学习挺好，情绪也挺好。"他说："我要告状！""噢，说吧！"于老师耐心地望着他。"我听说，一名同学犯错了，老师要罚站，不管是真罚还是假罚，我都认为不妥。"看着学生的认真劲儿，于老师由衷地感到高兴："我太有成就感了，这事与他无关哪！他遇到不对劲的事，就想说，而且知道找谁说，这是一个未来公民应具备的基本态度，从小关心身边的事，长大后就会关心国家的事。"

虽然没有了行政班，但学生在不同的集体中找到了新的归属感，他们更加爱学校，爱集体，爱团队了，他们的集体观念增强了，这表现为他们对公共事务的参与意识、责任与担当。

李希贵校长常说："一个文明社会的建设需要成熟的公民，而集体荣誉感和责任心则是公民不可或缺的最基本的素质。通过'参与'与'行使'，增强公共意识，如果每一名今日校园里的孩子都有了'参与'之心，我们对他们明天的'责任'之感就大可放心。"

"有想法，可向校长直接发问"，在十一学校教学楼的红砖墙上，有一张十分醒目的宣传广告："校长有约——与您相约"。"您想和校领导有近距离沟通的机会吗？您想体验与校领导共进午餐的感觉吗？您想把自己的想法直接反映给校领导吗？请登录选课平台，选择'校长有约'进行申报。"

这是校长发出的与学生共进午餐的邀请，每周一至周五，每天一位学校领导与学生近距离交流。同学们边吃边聊，谈学习生活中遇到的困惑，成长中的烦恼，对学校教育教学、课程改革的要求、改进意见和建议等。意见收集上来后，学校相关部门会在专门的时间进行研究。

就是这么一个小小的平台，维系着4000多名学生与学校最高领导畅通无阻的交流。三年来，仅李希贵校长一人就与1000多名学生共进过午餐。这种近距离的亲密接触，给学生留下了许多终生难以忘怀的记忆。

学校团委每个月在学生中征集提案，校务会每月一次专门进行研究，比如图书馆书籍的更新、自主研修课程的设置、学生睡眠时间的灵活设定等，甚至与学生利益密切相关的采购活动，也由学生制作标书，参与招投标，有时甚至由学生操作招投标。学生的提案有《对北京十一学校选课平台的建议》《完善校园售货系统，避免学生拥挤、价格太高的提案》《关于恢复松林书苑刷卡装置，提高工作效率的提案》《关于增加白天自习"有声自习教室"的建议》《关于对图书馆改造的建议》等。学生的想法在学校得到了尊重，他们有了做主人的感觉。

学校把学生看作参与学校民主管理的重要力量，通过建言献策的渠道，让学生有机会发表意见和主张，使他们的要求和诉求可以进入决策层。于是，讨论研究学校大事的校务会上，开始出现学生的身影，学生的声音在学校最高决策会议上响起。"学生思想活跃，点子多，我们还得多向同学们请教。"李校长十分诚恳地说。

在十一学校，学生经常参加校务会，许多事情学生有充分的发言权。比如，学校有五间食堂，由三个公司承包，每年需要接受一次全体学生投票，末位公司将被淘汰。学校的广告公司、复印社、出版公司，都由学生自主经营，自负盈亏。五个学生书店也是通过竞标，交给学生管理。学校要采购一批校园体育器材，采购什么器材、安放在什么地方，都要听听学生的意见。

学生参加校务会，不仅意味着他们参与学校管理，同时，对于唤起他们参与公共事务的热情、唤醒他们的民主意识，有着巨大的作用。而这两点，也恰恰是当代公民必备的素质，是学校应当赋予学生的精神特质。

这种做法，其实就是陶行知与杜威讲的"学校即社会"、"生活即教育"。

如果学校本身已经是个公民社会，学生在这个社会上待久了，自然就会有公民意识：学校的事就是"我"的事，而且"我"还能按照程序去决定学校的事情。

在习惯的支配下，人们对于学生的意见和需求的忽视、漠视，已经习以为常，更要命的是，人们没有感到有什么不对劲，一切好像都是理所应当的。学生在这样的环境下，一天天长大，他们学会了服从、顺从、看脸色行事，缺少创新精神、独到见解也就不足为怪了。今天的十一校园，已经有点儿公民社会的特质了——讲制度，讲权利的平等，讲义务的分担，讲积极理性的公共生活的参与，讲大家共同管理学校。

对此，李希贵校长说得更为明确："今天，我们在孩子明净的心灵里种下一颗什么样的种子，明天，他们就会给我们一个什么样的世界。"这种影响是战略性的，也许，会体现在未来二三十年。在李希贵校长的心目中，有着更高远的目标。"我们不仅在办一所学校，也不只是办好一所学校，我们需要杰出人物凝聚在一起，去完成一项使命：培养更多的能够改变这个世界的公民，以及把人类领向美好明天的领军人物。"

北京师范大学公民与道德教育研究中心檀传宝教授认为，积极理性地参与公共生活是培育公民意识的一个很重要的方式，公共生活可大可小，小到小组、班级、学校，大到整个社会，甚至全球。对公共生活有发言权，首先就是对学校生活有发言权，可以决定学校的一些事务，而不是全由别人决定了他去执行。(《人民教育》2008 年第 18 期)

多少年来，专家、学者一直呼吁在中小学开设公民教育课，开了课，就能培养公民了吗？对此，檀传宝教授有着自己深刻的见解，他说："我不否认直接开设公民教育课的重要性。如果开课的话，也有两种可能性，一是从小学到大学开设一门'公民教育'课，英国、美国等国都有此课程。另一个是不用'公民教育'这个词，而是在相关课程中采取融合的方式实施公民教育，如在思想品德、思想政治课中，有意识地把公民教育的内容涵括在里面。但我觉得这些都是形式，不是开展公民教育的最根本的东西，最根本的是要对全部学校生活进行重构，最好是对整个社会生活进行重构。校内生活要符合公民教育的要求，我认为，这才是公民教育最重要、最核心的东西。"

他指出："我们的学生在宿舍里被人管，在教室里被人管，在任何一个环节都只有被管的份儿，这怎么可能培养出公民呢？所以最重要的是造就健康的校园生活，用健康的、符合和谐社会建设的、讲公平正义的校园去生成我们的公民。这个时候再辅之以专门的'公民教育'课程，用专门的时间去讨论关于国家、政党、政治体制等，那就更好。所以我认为，与整个校园生活、社会生活重构比，开课反而是次要的了。进行公民教育，必须从改造校园开始，只有造就一个有公民社会特质的校园生活，才能在真正意义上培养公民。否则，讲的是一套，身边的生活却不是这么一回事。班干部由老师指定，什么都由学校安排，学生没有真正意义上的自治，公民教育就无从谈起。"

强烈的主人翁意识

一次，崔永元到学校与学生一起搞活动，活动快结束时，点了一支烟，立刻有一个声音传来："谁在吸烟？"另一个声音接上："崔老师在吸烟。"话音刚落，"掐了！"这个毫不迟疑的口气，让崔永元愣住了。他与这位学生对视了好一会儿，他想知道："学生为什么会这样勇敢呢？他是出于什么心理呢？"这名学生叫魏冬，他十分平静地说："我们学校是无烟学校。"透过这句话，崔永元看到了它背后的意义，孩子的内心深处认为，"这个学校是我的"，这让崔永元感到十分欣慰。出了校门，崔永元故意问魏冬："现在你管不着我了吧？"魏冬说："我现在是管不着你了，可我还是劝你最好不要吸烟。"

历史课学到明朝内阁时，李睦麟、周子其等几个同学觉得内阁这个机构，既是权力的智囊，又是权力的监督者，很有必要。于是，他们经过商量，在学校团委的支持下，成立了学生内阁，宣传语和海报贴得到处都是："一切权利不经争取，皆为妄言！"

不几天，许多学生都收到了一张纸条："亲爱的同学们，你想为十一的校园建设做出贡献吗？你对食堂饭菜的价格满意吗？你对饭菜的质量满意吗？你对宿舍的环境满意吗？你对学校的绿化、硬件设施、社团活动、课程设置、教学模式有看法吗？我们将仔细地记录大家的意见，并联系相关部门给予解决。让我们的校园生活更加完美，我们需要每一位十一人的智慧。"

这是学生内阁在同学中进行的一次调查。

学生内阁表面看是一个维权机构，但他们的工作不仅仅是维权，从学校整体的建设到学生个体的成长，涉及方方面面。

学校东食堂由一个新公司承包，价格、卫生、饭菜种类、饭菜质量等都有需要协调的问题，再加上午休时间由三个时段改为两个时段，致使西食堂、风味餐厅就餐人数过多，出现拥挤、饭菜供应不够、卫生条件下降等问题。刚刚成立的学生内阁就此展开调查，汇集学生的意见，由周子其同学完成了一份详细、客观、全面的报告上交学校。学生内阁代表学生"约谈"了三位食堂经理和后勤领导，转达了学生的意见，经过沟通，食堂问题得到了有效改善。

学生内阁关于学校环境改善的建议、关于学生用餐后收拾餐具的调研及建议、自习管理与手机使用办法的报告相继出台。学生内阁成为学校与学生之间的纽带和桥梁，一群有独立自由之精神的少年，敢于为自己维权，这是何等的勇气和担当！

在期末表彰大会上，学生内阁拿到了第一届校长奖学金，校长表彰他们："在学生维权和学校改革中作出了努力，十一学生开始有了强烈的主人翁意识。"

2012 年 8 月 3 日，高一新生周子其，给李希贵校长写了一封信，对军训方案提出意见，他以王小波的一篇杂文《人性的逆转》开场，信很长，接近两千字。学校对这封信非常重视，连续召开了两次会议研究改进措施。会上，李希贵校长谈了自己的观点："艰苦要有意义，我们要不断地追问：军训是为了什么？要重新思考军训，定位军训，让军训与我们的教育目标衔接起来，变成一门课程，为我们的育人目标服务。"

研究了整整一个上午，也没有拿出更好的办法，关键是跳不出原先的框框，没有突破，研究陷入了僵局。大家甚至打算退回到原来的方案，坚持以往的做法。

散会了，年级主任王春易愁眉不展地走了，回到房间，她打开电脑，发现有一份新邮件，打开一看，是高一新生李睦麟同学发来的。"天哪！他把军训作为课程重新进行了安排，并提出了详细的建议，共安排了 9 项活动。哎呀！居然还分为必修和选修呢。"王春易老师的脸上立刻云开雾散，她兴奋地冲出房间，逢人就问："李睦麟是谁？我要见见他！我的学生居然是这么的了不起！"

僵局一下子被学生的邮件打破了，王春易老师激动地说："军训这件事让我对学生的感觉有了天翻地覆的变化。教育竟是如此的激动人心。学生太有想法了，我为能教这样的学生而感到自豪。那一刻，我的心被推开了，我再也不焦虑了。其实，我们还是太保守了，还是低估了学生，骨子里还是没有真正改变！"

一时间，大家都在好奇李睦麟是谁，高一年级的老师们都在寻找这个不一般的孩子。

原来，2012年暑假高中军训就要开始了，几个高一学生在一起交流，认为以往的军训方式枯燥、死板，太乏味了，想弄些新花样儿。没想到周子其同学在人人网十一学校公共主页上发表了一篇论述，引起了极大反响。李睦麟同学立即跟进，根据周子其的文章制定了一份军训改革的意见稿。

这仅仅是偶然的一次交流，却让整个学校的军训变得不同寻常。高一年级的老师们紧接着研究军训课程的内容、目标、评价方式、具体操作方式。下午4点，王春易老师向李校长做了汇报，他连连称赞："好！很好！"

2012年十一学校的学生军训成为一大亮点，完全颠覆了传统模式，徒手格斗、战地救护、定向越野等，大大丰富了军训的内容。警棍盾牌操、匕首操、战地救护等内容，分为两门必修、四门选修。"军训结束时，分列式选修课的同学分别汇报，正步敬礼、警棍盾牌操，很威武；战地救护、人工呼吸等，每一个动作都是那么认真！500人的包饺子大赛别开生面，十分壮观，有包成麦穗的，有包成向日葵的。这是最香的一顿饭。"年级主任王春易激动地说。

在中学实行了多年的军训是一个常规动作，把学生带到部队由部队安排，一切就OK了。从来没有人想过要改，好像也没什么可改的。难道军训还要变一变吗？是的，在十一学校，为了学生的发展，没有什么不可以变的。

军训结束后的一天，在高中楼，笔者遇见了徐子晗同学，向他询问修改军训方案的事，他笑着说："这是学生内阁成立之前的一件有意思的事。"说完，他嘿嘿地笑。周子其激动地说了一句话："能够在这样一个自由和民主的学校里学习是我的荣幸。"

一群优秀的当代中学生，正在用他们出色的表现，展示着未来社会应该是什么样子。

微小的变化不断积累，让我们感受到了它的威力。当你将这一切编织在一起的时候，会发现一个正在发生的深刻而又激动人心的变化，在不知不觉中悄然改变着我们的教育，改变着整个教育图景。十一学校的努力告诉我们，教育，还有很大的突破空间，人的创新精神、实践能力、独立思考能力、社会责任感这些极其重要的品质，都可以在更加社会化、更有挑战性的高中生活中孕育。

第十四章　重新定义学校

> 这场静悄悄的变革，正深刻地改变着孩子们对学校的体验，改变着他们在校园中行走的方式，改变着他们对这个世界的认知。

把学校办得更像学校

让学校成为孩子喜欢的地方

到十一学校参观、学习的人，当他们真正沉下心来深入研究时，便会发现眼花缭乱的课程设置、缤纷的校园生活其背后的价值取向，这场深刻的变革，最重要的价值，就是让我们重新发现学校、寻找学校、定义学校。

什么是真正的学校？对学校建筑学颇有研究的耶鲁大学教授路易斯·康曾经风趣地说："学校源于一个人坐在树下，与另外几个人谈论自己的想法。谈的人不知道自己是老师，听的人也不知道自己是学生，'学生们'听得入了神，不禁想，要是这个人能留下来多好啊。于是他们就在那个所在地划出一个地方，于是世界上就诞生了第一所学校。"

一位教育工作者曾满怀深情地描述过学校：在任何一个时代、任何一个地域，不论是繁华的都市，还是荒凉的沙漠，学校都应是其时、其地最安全的地方，它不会是豪华的地标，也不是彰显权力的大道，它平易朴素，却安全，像一个家庭的育婴房或后花园，因为孩子要在这里嬉戏成长。

然而今天，学校在学生的眼中是什么样子呢？"羞耻和焦虑感充斥在我的生命里，这就是我的生活，一直以来的漫长生活。"这是一名中学生对学校生活的感受。沉重的课业负担、无休止的考试排名、紧张的师生关系，使学生的厌学情绪愈演愈烈，学生逃课、逃学，甚至逃离学校已经成为教育之痛。

　　学校是什么？为什么孩子要到学校去？孩子渴望在学校里做什么？这是我们不曾思考，也不屑思考的问题。正是由于我们缺乏思考，才把学校办成了孩子们不喜欢的地方。

　　著名学者周国平曾十分痛心地讲过一个故事。他认识的一位中学校长，在当地最好的学校任职。这所学校每年考上清华、北大的学生很多，怎么做到的呢？实施全封闭管理，每两周休息一天。在应试体制下，不这样做，他的学校就会出局。他见到周国平第一面就说："周老师，我们这些人都是历史的罪人，我们将来是要受历史的审判的。"（《读者》2013 年第 11 期）

　　应当承认，这样的学校在中国很普遍，有这样想法的校长也很多。无论是教育工作者还是社会各界人士都在问一个问题：我们的学校怎么了？

　　一次，与李希贵校长谈话时，他严肃地对笔者说："我不喜欢 20 世纪八九十年代的一些学校，它们推行严格的军事化管理，学生特别听话，校风井然有序，我觉得那不是学校。学校办成这样，我很痛苦、很彷徨，我在山东潍坊当教育局长时，曾经鼓励一些学校尝试改变。"

　　他边说边拿起《为了自由呼吸的教育》这本书，回忆起他年轻时经历的一件事。28 岁那年，他担任高密四中副校长时，在一次运动会上，为了管好观众席的秩序，他要求每小时公布各班秩序情况，对违反纪律的学生，现场通过广播点名批评。一天下来，点名批评了 17 名学生，对三个秩序不良的班级也公开进行警告。正当他为自己能把近千人的嘴巴管住，让大家看到了一个前所未有、井井有条的运动会而沾沾自喜时，一名教师告诉他，在一面还没有凝固的石灰墙上，刻着一句让人震惊的话："校长逝世文艺晚会——为什么要开这样的狗屁运动会？"学生对做给别人看而自己备受煎熬的运动会恨之入骨。为此，李希贵校长深深自责：我们为什么总喜欢办一些学生不喜欢的事情？其实，教育的本质应当是解放人，包括解放人的智力和心灵、思维和情感，而不是束缚人、压抑人、限制人。"你看看，全是教训。"

李希贵校长的这番醒悟，成为他未来教育生涯的重要转折。如今，无论十一学校组织什么样的活动，他都会提醒大家想一想"学生喜欢不喜欢"。他说："我们要把学校办得更像学校，让学校变成孩子们喜欢的地方。孩子们是否喜欢学校，取决于学校能否提供吸引他们的课程、环境以及文化氛围。连续几年，我们学校组织评选学生最喜欢的十个地方，一直没有教室，在学生喜欢的十项活动中，一直没有课堂教学活动。一个学生天天生活的地方，一项学生天天进行的活动，如果学生不是从内心喜欢，我们的学校就永远不会是学生喜欢的学校，我们的教育就不能说是成功的教育。"

在一次接待中央媒体记者时，李希贵校长意味深长地谈道："我从事教育30年，一直很痛苦，感觉现在的学校不像学校，这哪里是学校呢？孩子喜欢读书，却不喜欢语文课；几乎所有的孩子都喜欢体育运动，但是不喜欢上体育课；孩子都希望到学校里去，但不喜欢自己的教室；他们喜欢学习，但好多时候不喜欢课堂。为什么正值激扬文字、挥斥方遒的年龄，在学校里却整日闷闷不乐、谨言慎行？这使我们追问：教育到底怎么了？我们的学校到底怎么了？我们的学校到底是什么？我们为什么要办学校？我们怎样才能把学校办成孩子喜欢的乐园？这些年，我一直在寻找，寻找那个本该属于孩子的学校，那个本来的学校，那个孩子们喜欢的学校，那个能够扶着孩子健康地踏上社会的学校。"

"教学大纲、教科书规定了给予学生的各种知识，但是没有规定给予学生最重要的一样东西，这就是幸福。""我们的教育信念应该是培养真正的人！让每一个从自己手里培养出来的人都能幸福地度过自己的一生。"这是苏霍姆林斯基说的话。李希贵校长说他第一次读到这段文字的时候，受到的震撼到现在还可以感受到。

"学校真正能给孩子的是什么呢？在一次调查中，面对'知识'、'技能'、'荣誉'、'成绩'等选项，有些家长一一画下了叉号，因为这些他们自己就能做到。而家长给不了孩子的，则是一个充满关爱、温暖、快乐的校园生活，是一群朝夕相处的同伴。建设学生喜欢的课程，塑造学生热爱的校园，是我们在'寻找学校'的实践中一直努力的方向。"

一位学生曾经这样描述他喜欢的学校："一个你未到之时，就无比渴慕到来，到了之后，就再也不想离开的地方。"

2012 年 9 月 17 日，李希贵校长接到一条短信，是学生发来的，上面写着："李校长，我想重回高一，重上一轮高中。"李校长乐了，赶忙回复了一句："是真的吗？"学生回复："嗯。"这样的事在十一已不是什么新鲜事，耿晋哲同学高一时就被清华大学录取了，可他一直不离开十一学校，每天在校园里做着自己的事。一次，校长开玩笑地问他："为什么还留在这里呢？"他执拗地说："我不走，反正我不想走。"

2013 年教师节这天，笔者接到了李校长的一条短信："这是一个四年不上学的孩子发给我的短信，我特别高兴。"下面是这个孩子给李校长的短信："李校长，祝您教师节快乐！我们高一有美食欢迎您来品尝。"从这简单的几句话中可以看出这个孩子的心态完全变了，他开始喜欢学校，喜欢这里的生活。这是一位转来的初中二年级学生，他从小学四年级开始就辍学在家，害怕上学，听说十一学校有动漫课程，就来了。刚刚上了两周课，就喜欢上了这里的环境，喜欢上学了，物理和数学都学得很好。

一次，在接待外省市教育工作者的时候，有人问李希贵校长："你心目中理想的学校应该是什么样子？"他略有沉思，语气缓慢而平静地描述着："教师是受人尊重的，学校关心并公平地对待每一个学生，学生的同伴关系是和谐的，有着丰富的可供学生选择的课程，学校里充满着学生喜欢的地方和喜欢的活动，学生在学校里能够对未来做好准备。"

这是他对未来的期许，也是几十年为之而努力的方向。

教育是经天纬地的事业，关系到国家、社会和人的发展。把知识、生活、生命高度融合，这是教育的重要使命，也是理想教育的最高境界。

给孩子们一个诗化的教育背景

当钟楼上的指针指向 7 点 15 分时，我准时背着微重的书包出现在十一学校的西门。每天带着不同的心情走进学校，我总能看到阳光在方圆雕塑镶着的金属边上闪着，透过校史馆旁边的银杏树，再洒到钟楼金黄的表盘上。这时，太阳光正强，照得人有些刺眼，但我喜欢这种迎着阳光向前走的感觉，因为前方那团闪光，给了我一种不可名状的召唤。没错，在十一学校的每一天，都是这样流光溢彩的日子。

这是张菲旸同学每天早晨走进校门的感觉。

清晨，当一缕金色的阳光照进十一学校美丽的校园时，操场旁边、林荫路上，一群群活泼鲜亮的身影，迈着轻盈的脚步，脸上洋溢着青春的喜悦，走进一座座教学楼。

校园中大树参天，坡屋顶红色教学楼在苍松翠柏之间悠然矗立，恢宏的建筑与环抱的大树交相辉映，尽显静谧、悠远、厚重，让人置身其间，顿生肃然、敬仰、向往之情。

十一学校的树很多，这恐怕是其他许多学校难以望其项背的。走进校园，绿盈满眼，树木婆娑，林荫大道上连缀成云的浓绿，使校园里充满勃勃生机。路两边成排的银杏树，极具美学效应。由于它们的存在，学校的整个氛围都在发生变化。

校园环境影响和决定了浸泡在其中的学生的精神风貌和行为风格。清晨，当学生走进校园的时候，迎面是满眼大树，心情是何等的舒畅。课间，他们在大树下读书玩耍、细数阳光、静听花开。放学了，他们在紫藤萝架下围坐在石桌旁聊天儿、休息，这是多么富有诗意的成长。所有这一切，都为孩子们创造了很好的学习环境。

2012年10月的一天，李希贵校长接到一名高中学生的短信："敬爱的李校长，感谢学校为我们创造了这么好的学习环境！我们爱十一！"

本着"历史与现实衔接"、"人与自然和谐共生"的理念，学校经过几十年几代人的努力，巧妙地将建筑景观、生态文化、人文精神和办学理念融合在一起，使将军墙、银杏林等40多处自然、历史、人文景观处处有深意，物物含哲理，从而表现出一种情怀、一种气息、一种氛围、一种人文气质。正是这种气质的存在，才使得学校具有永恒的魅力，令人心仪神往。

如果用文化的眼睛看学校，那么，学校不仅是一个物质实体，而且是一种超越于物质的精神存在。在这座偌大的校园里，每一棵树拧出的汁都是文化。校园里有美国驻华大使骆家辉亲手栽下的"赞美树"，有美国优秀教师雷夫和十一学校老师共同栽种的"微笑树"，还有通往食堂的路两边的高大的"道歉树"。一棵棵树流传着感人的故事，每一个平常的日子都会给师生留下深深的印迹，这种文化底蕴深厚，滋润着一代又一代莘莘学子的心灵。

2010年11月5日，一进校园，眼前的景色令笔者惊呆了，一排排高大的银杏树叶子变黄了，眼前一片金灿灿的，秋的壮阔与美丽、静谧与安详，散发着说不出的宁静与华美。笔者停住了脚步，静静地望着眼前的一切，不敢发出一点点声响，生怕惊扰了这一份美丽。远处那大坡屋顶的红色建筑群，红砖墙，红窗棂，在金灿灿的大树掩映下，格外大气典雅。楼群之间一排排高大的银杏树撑起满眼的金黄，映衬着一张张喜庆的笑脸，给人一种无比的庄严感与神圣感，一群活泼鲜亮的身影穿梭其中，就像一幅金秋的油画。

教育究竟是什么？笔者突然找到了答案。是那一排排高大的银杏树在阳光下金灿灿的光芒，是踩在落叶上发出的沙沙声响，是红色教学楼在阔大的树枝掩映下透出的庄严宏伟，树叶、阳光、坡屋顶、大椽头、红砖墙、红窗棂，像一首凝固的音乐。神奇的大自然，它无限的魅力带给人以震撼，使每一个身处其中的人都不会平静。

在《泰晤士报·高等教育增刊》的一份大学排行榜上，拥有 800 年校史的剑桥大学名列全球第二。然而，它最令人着迷的地方还是小说家福斯特描述的最为恰当："精神和肉体、理智和情感、工作和玩乐、建筑和风景、欢笑和严肃、生活和艺术，这些对应物在别处是对立的，在这里却融为一体。"

杨莹同学毕业前深情地说："最怀念的是学校林荫小道上的漫步，它让我拥有了 6 年的快乐时光。"徐国英同学说："这里有家的感觉，为什么我的眼里常含泪水？因为我对这片土地爱得深沉。"教室的窗外有几棵银杏树，她说："她喜欢深秋暖日里那一树金黄，看得人满心欢喜。每一年，每一秋，日日夜夜，相看两不厌。"

这是孙祎焓同学对十一学校的记忆："清晨的阳光，迈着猫步款款走来。我走在林荫道上，晨风拂面而来，带走了所有的倦意，顿感神清气爽。清晨的绿，绿得可爱，绿得充满希望，枝头上叽喳的鸟叫声清脆而充满活力。走着走着，就到了小花园的亭子旁。这里是十一学校我最喜欢的地方，清静、雅致，我还为亭子起了名字——忆汐亭，藤萝植物爬满了亭顶。坐在亭中抬眼看见的便是绿色的天空，古朴中多了几分生机。"

2012 届学生毕业前，笔者做了一项调查：高中生活，给你留下印象最深的是什么？是什么让你喜欢校园，喜欢学习生活？有的答案简单得让人难以置信。张兰若同学说，她喜欢看校长穿着校服在校园里走。"他穿着我们的校服，太让我惊讶了，特别亲切，与我们那么贴近，一下子距离感没有了。"潘坤锐同学认为给他留下最深印象的是自主研修教室的独立思考。李慧同学认为在十一生活期间，给她留下最深刻印象的是"化学小条"，每次夹在作业本中向老师请教问题的小纸条，让她感到特别温暖。邵恩华同学说，毕业了，最怀念学校的功能教室，可能再也没有机会进入功能教室学习了，最怀念教室里的书籍。

　　校园中所有人的笑脸、同学之间的相互陪伴，让张弘毅同学觉得很幸福。黄楚楠同学最怀念学校的银杏树："真的很美！"与同学在银杏树下聊天儿成为她高中生活最美好的记忆。马文鹤同学最怀念学校里每年开得最热闹的玉兰花。张蕾同学最怀念什么呢？"高中三年永远有温开水，永远有卫生纸。"

　　2013届学生毕业前，在谈到十一学校最特别的地方，几乎所有的学生都谈到了校园的美丽、平等、开放、创新、细致。科学实验班余天浩同学认为"学校最特别的地方是自由"。张羽辉同学回答得更有趣："学校最特别的地方：开放；班级最特别的地方：更开放。"

　　这一件一件点滴小事，对于办教育的人来说，没有一件需要大费周章，也没有一件需要大的投资，而就是这些小事串起了孩子们幸福的高中时光，让他们有了值得回忆的高中生活。

学校是学生的

学生无处不在

　　2013年4月，初中年级召开家长会，一位家长来到数学教室，望着墙上学生参加数学活动的照片，由衷地发出感慨："哪儿都有孩子！"

　　开学第一天，钟杉同学在校园里转了一圈，大声喊出了这样一句话："十一学校就是为我开的。"

　　走进十一校园，你只要留心，就会发现处处都有学生的印记，在显要位置上，有同学们的摄影、绘画、书法作品，有他们晚会上的舞姿、运动会上的潇洒身影。在十一学校，无论什么活动都要留下学生的名字，校园里一些重要的标志也是由学生亲笔题写的。

尤其引人注目的是，在绿树掩映的科学馆西侧红墙上，镶嵌着一块金色的铜牌，上面写着："公元二零一二年十一学校以'全国先进基层党组织'之奖金制作容光钟，此钟自七月一日始，与分秒共舞，与日月同辉。十一学子，行走此间，自当韬励，珍惜当下，为我母校再添容光。"落款是："2013届李雨晗。"

2011年7月11日，十一学校被中共中央组织部授予"全国先进基层党组织"光荣称号。为了纪念这一荣誉，学校决定用这一特别奖励建造一座大钟，以铭记学校60年的光荣与梦想，并见证和激励未来。在向全校师生征集钟名的活动中，李雨晗同学设想的"容光钟"，大气磅礴，内涵深刻，得到评审组的高度认可。

2012年7月1日8点55分，学校隆重举行了"容光钟"启动仪式。在剪彩仪式上，随着氢气球将红绸带缓缓拉开，一座恢宏大气的容光钟出现在人们眼前。伴着悠扬的钟声，学生合唱团演唱了王凯基同学创作的《容光钟之歌》。阳光下，李雨晗在老师和同学的注目下，大声朗读了她撰写的铭文。

日月有明，容光必照。言出《孟子》，灿烂千秋。"容光"二字，盖切合十一学校之宗旨也。十一尽芳华，活动缤纷，机会层出，眼界大开。学校之关怀，教师之培育，如日月光芒，浸漫校园各处，照耀学生心间。此容光，乃学校关怀之无微不至也。十一瞰未来，思方行圆，追求卓越，放眼全球。目之所见，耳之所闻，皆容光焕发，洋溢青春风采，前行成长路上。此容光，乃学子灿烂笑容之绽放也。十一创辉煌，红色精神代代传承，昔中央军委子弟学校，于我党九十华诞之际，荣获全国先进基层党组织之表彰。京城中学，独此不二。此容光，乃秉承光荣传统，书写未来新篇章也。

一阵热烈的掌声响起，那一刻，她真是爱死学校了。

从此，每天下午放学后，当阳光洒满钟楼时，你总会看见一个女孩子站在钟下抬头仰望，然后，无限深情地走开，她就是李雨晗。这座钟是她命名的，那上面有她的亲笔题字，还有她的名字。李雨晗深情地说："它是我进入教室的必经之路，下午放学了，路过这里，我会挥挥手说一声'再见'。"

从此，容光钟所在的科技楼被称为"容光楼"，所在的阁楼叫"容光阁"。如今，容光阁里面放着一排排博古架，上面整齐地摆放着一个个精致的小木箱，那是学生的愿望箱。每届学生一个，里面珍藏着学生20年后的人生理想和目标。在毕业典礼上，学生到台上领毕业证时，郑重地将一个小信封投进去，学校会一直珍藏着。20年后，在庆祝学校生日的时候，会有一个环节——打开愿望箱，取出20年前的愿望卡，让毕业生看看自己是否实现了青春年少时的梦想。

学校的"同伴关系日"、"黄晨亮日"，以及以学生名字命名的琴房，构成了一道道独特的校园风景，感染、熏陶、激励着学生，让人感受到神圣、魅力和诗意。这一举动，体现着学校的价值取向，学生参与学校的建设，本身就是凝聚精神、提升境界、达成共同目标的过程。从教育学的角度看，这是一种非常珍贵、非常独特的教育，它让学生对校园文化精髓有了更深的理解，也让学校拥有了真正属于学生的文化。

尊重每一个孩子，让他们以主人的身份，在被尊重、被认可的环境中长大。随着一系列改革举措的出台，学生的校园生活正在被重新定义。

2012年12月24日中午，几名学生与李希贵校长共进午餐，刚吃了一口菜，高一学生杨明微就问李校长："学校绿化能不能听听学生的意见？"李校长对杨明微说："你们去搞一个调查，看看同学们喜欢什么树，和教导处共同做个方案。"杨明微高兴地点点头。吃了一口菜，他又想起了什么，问李校长："我们想用学校的录音棚，可以吗？"李校长马上接过话："当然可以！学校的所有资源都可以对学生开放，餐厅、会议室都可以用，校长办公室想用也可以！""哇！"学生抬起头看着校长，全都乐了。

从事教育多年来，无论到哪里去参观学习，李希贵校长都十分重视学校的资源建设与使用的情况。他常说，一所学校是否办得富有成效，总得拿学生说话，不管盖了多少大楼，添了多少设施，甚至拿了多少奖杯，都不能作为学校最终成果的证明。学校是学生的，所有的资源设施都是为学生服务的，不是为了应付上级领导检查，不是为了评比达标。如果学生不喜欢，学生不需要，我们为什么花那么多钱建？如果学生的需要被有意无意降到最不重要的地位，我们为什么还要说"一切为了学生"？

在十一学校，会议室、资料室、电影馆、排练厅、体操房学生都可以使用，学校的所有资源都对学生开放，连校长办公室也不例外。一天，笔者和李茂老师到李希贵校长办公室商量事情。谈话期间，李校长要找一本书，便推开里屋的门，里面居然坐着两位学生在看书。他们看到有人进来了，抬头望了望，好像也没有什么不好意思，又低下头继续干自己的事。李校长介绍说："他们都有我办公室的钥匙，随时可以来这里读书学习。"笔者往里看了一眼，呵，这间宽敞明亮的屋子，十分干净整洁，四面是一排排高高的大书柜，里面全是李校长精心收藏的书，屋子的中间是一张大桌子，上面摆满了书、电脑、纸、笔……笔者心里真是羡慕，十一学校的学生怎么这么幸福哇！别的地方的学生什么时候能有这个待遇呀？

2013年3月的一天，教摄影课的徐关厅老师收到曾与伦同学发来的短信："老师，周六能不能辅导我们一下关于摄影方面的知识？"曾与伦和几名同学是高三年级的，徐老师并不教他们，可他们听说徐老师的摄影特别专业，所以想试一试。没想到，徐老师居然答应了，一有空就给他们讲摄影知识。

"学校是学生的"，这一理念被不断强化，进而改变着学校以往许多常规做法。一次，笔者随李希贵校长陪同教育同行参观十一学校，来到国际部五层，李校长指着一间会议室对客人介绍说："学校共有五个小会议室、两个大报告厅，报告厅是全校师生集会的场所，小会议室是领导和老师开会的地方。今后，我想把这些小会议室变成学生和老师共同使用的地方，甚至可以认为，我们需要开会了，借用一下学生的场所。"他把"学生"两个字说得很重，脸上露出十分自豪的神情。"学校有100多个学生社团，他们经常要组织各种活动，这些小型会议室最合适不过了。"

把钱花在离学生最近的地方

学校的钱到底该花在哪里？李希贵校长总是强调，要把钱花在离学生最近的地方。此话不虚，在十一学校待久了，你会从许多地方感受到这句话的分量。比如，学校教学楼里的海报、玻璃门上的文化标识都十分精美、大气，品质高。但是，打印纸要两面用，干部的名片用的都是再生纸，能省的尽量省，教师的办公桌椅、学生的课桌椅、教室的门禁系统，全都质量好，有品质。

一次，参加初中年级会议，笔者深深体会到了李校长的"资源为学生服务"观念真不是挂在口头上的。当时，一位女老师请大家填写一张单子，统计教室里还需要什么设备。几位老师一边看着单子一边七嘴八舌："我们需要小磁贴，方便学生随时贴自己的纸条。""墙上最好有一种能粘贴的布，随时可以贴学生的作品。""还有三角板、圆规、学生用的订书器、正方体展开图、教具学具等。"不一会儿，单子填写好了，那位女教师举着单子高兴地走了。

从小喜欢跳舞的王雨婷同学，报了选修课健美操，她来到艺术楼体操馆，穿上漂亮的衣服，打开播放器，音乐响起，刚要做动作，她便叫起来："哎呀，怎么没有大屏幕哇！"她想看着视频练习。那时，校长刚刚公布了手机号码，她正想尝试一下，想到这儿，她给校长发了一条短信。让她没想到的是，几乎就在同一时间，校长回复了"好"。王雨婷激动地大叫："哎，你们知道吗？校长的手机是自动回复的耶！"让她没想到的是，过了几天，她再去上健美操课的时候，大厅里出现了两个大屏幕，她简直不敢相信自己的眼睛。"哇！真的来了！"她激动得大叫起来，"真神了，瞬间回复，瞬间就安上了，效率太高了！"当天，李希贵校长收到王雨婷发的一条短信："健美操馆的新投影十分好用呢！很大地方便了我们的训练。谢谢，谢谢！很高兴生活在这样一个人性化、高效率的学校中。"

在许多校长眼里，这是一件再平常不过的小事，而在李希贵校长眼里，这是教育，他信守着一个理念——学生的事就是最大的事，十一学校没有什么大事，最大的事就是学生的发展。他在许多场合说过："我们特别重视与学生利益密切相关的事，你今天对他们怎样，他们明天也会对别人怎样。你在一些事情上怎么处理，会直接影响到他们未来的价值取向。所以，越是与学生利益有关系的事，我们越是重视。比如，食堂的饭菜是否合口味，打印机是不是好用，楼道里的灯亮不亮，图书馆的椅子是不是有点儿硬……这些在学校中看似小事，我们都当作重大事情来办。"

在中小学校园里，我们常常可以看到这样的口号——"一切为了学生"、"为了学生的一切"。可是，如果你深入学生的生活中，深入学校教育教学的活动中，便会发现，很多时候，我们严重忽视了学生的感受、学生的诉求、学生的基本需要。

难能可贵的是，十一学校对学生的关爱，不仅仅出于朴素的爱，更是出于对国家、对民族的使命与责任感，他们以洞察未来的眼光，用国家视野、世界眼光、人类情怀为学生创造了适宜的成长环境，让他们在这里一天天长大。

办一所让人舒服的学校

让教育没有恐惧

笔者观察十一学校很久了，发现这里的孩子走在校园里开朗无惧，不像有的学校学生怕教师怕得要命，见到外面的客人十分拘谨，而他们则完全不同，该干什么干什么，好像很自我。

6月的一天下午，笔者与李希贵校长一起陪同《南方周末》的记者走在校园里，一名学生和李校长迎面碰上了，很大方地问校长："你不认识我吗？我是电视台的。"那个口气、那个自信就好像说"我"是中央电视台的。当时，李校长好高兴啊，他说他好喜欢这个状态。

说话间，他又收到一条短信，打开就念："我是学生电视台《方圆聚焦》栏目的编辑。同伴关系日快到了，我们要为十一做个专题片，引起全校同学的关注，倡导同学之间友好相处，想请您谈谈同伴关系日设立的初衷和目的，您所期待的十一学校的同伴关系是怎样的。下周什么时间方便采访呢？"

一次，笔者到初中楼找一位老师，听见他和一名学生说："今天下午的活动推迟了。"话音刚落，那个同学立刻大声喊起来："为什么呀？也不跟我们商量商量？"这是在十一学校常能听到的一句话。学校中许多事情，无论大小经常与学生商量，征询学生的意见。如果哪一次没和学生商量，他们便会毫不客气地说："为什么呀？"

这是一所没有恐惧的学校，这是一所不惧权威的学校。"无贵无贱，无长无少，道之所存，师之所存也。"

秦雨菲同学从小喜欢毛茸茸的东西，能养的小动物都养过，看见小刺猬、猫、狗、小鸡、小鸭、小松鼠等，就想抱回来。后来因为住校，不能回家看小动物了，心里很不爽，一天，她忍不住从学校附近的花鸟市场买了一只小兔子，壮着胆子抱回学校来。"当时也没想那么多。如果不行就在校园里垒个窝，反正会有办法。没想到大家都喜欢，老师也没说我。没想到，学校这么宠着我们，竟然允许了。"她笑眯眯地向笔者诉说当时的经历。

后来，她发现母兔太孤单了，就又买了一只公兔。五个月后，兔子生了小宝宝，生了一窝又一窝，前两窝都被同学抱回家喂养去了。"我们上课时，兔子就在教室后面玩。下课了，我们就到教室后面和兔子一起玩。学习累了就照料兔子，到校园里给兔子拔草。它们那么萌，那么可爱、温暖、柔软，同它们一起度过的时刻，那么幸福美好。"秦雨菲一边抚摸着兔子一边说。

"不会影响你学习吗？"一位记者担心地问。

"不会，绝对不会，只会让我更安心地学习。"她回答得特别肯定。

"有时莫名其妙地很烦躁，摸一摸兔子的毛，看它们吃东西的样子，情绪就好了。"秦雨菲甜甜地笑了。

身心放松就是教育

2012 年 5 月的一天中午，刚刚吃过饭，李希贵校长到校团委转转，一进门，就看见王思晗、尹之乔两名女同学在沙发上，一个仰卧着，一个斜着身子靠在沙发背上，那种放松的状态让他很高兴，连连说："真好！真好！"说完转身就往外走。原来，两位同学中午闲着没事，正和赵华老师聊天儿呢。王思晗见到校长来了，丝毫没有觉得自己的坐姿有什么不合适，望着校长远去的背景，大声喊道："沙发太小了！"没想到，李校长的声音更大："以后给你们换大的。"

这里是中午学生来得最多的地方，有的翻看老师的书，有的在电脑上浏览，有的靠在沙发上休息，总之，干什么都行，老师在与不在都没关系。

事后，笔者就此事与李校长交换了看法，他说："只有当人充分是人的时候，他才游戏；只有当人游戏的时候，他才完全是人。这种自由的状态，看上去好像有点儿乱，可是我喜欢。学生在学校里无拘无束，就像是在自己家里一样，甚至可以有点儿放肆。你看着好像是外在的放松，其实是心灵的放松，孩子心里特别舒展，特别舒坦，无论谁来了，该干吗干吗，这就真实了。"

他说："当时的心情可以说是特别兴奋，真的，特别兴奋。""为什么呢？"笔者追问他。他说："教育需要朴实、健康、日常的生活，这样的场面在过去的校园里很少见到。学生在校园里很拘谨，见到老师毕恭毕敬的，休息时间没有这个必要嘛。在学校里，我们应当让孩子尽量放松，只有身心放松了，才会有心灵的放松，有了放松的心灵才会有创造。"后来，李校长为此事还专门表扬了团委的老师。

许多来过十一学校的人都有同感，校园里没有华丽的冗余和感官的极致，更没有美轮美奂的外壳下包裹着的一种内在的紧张，氛围非常轻松、随意，让人有一种回家的感觉。

2012年2月6日，学校召开教育年会，当时老师坐得比较靠后，前面空了一些座位，教导处副主任刘丽云拿起话筒招呼大家往前面坐，李希贵校长悄悄示意刘丽云老师不必调整。事后，李校长耐心地对她说："我们就是要创造一所个体很舒服的学校，既包括学生，也包括老师。当我们组织一些活动的时候，我们一定要让人感到舒适，而不是为了让别人看上去觉得好看。"

事后，有人问："难道坐整齐了不好吗？一般人都喜欢开会时大家坐得整整齐齐，看起来很有规矩，也显得集体有气势，办事效率高。你为什么与别人的感觉不一样呢？"李希贵校长回答说："只要不是搞仪式，一般不需要太整齐，没必要紧紧巴巴挤在前边，我们要从内心习惯这种表面上的不整齐。个体舒适了，才能有集体的舒适。可怕的是，人坐整齐了，思想也整齐了，形式整齐了，内容也整齐了。"

笔者经常参加十一学校的会议，有些研讨、沙龙十分随意、放松和自由。有的人远远地坐在人群之外，有的人喝着咖啡，有的人看着电脑，甚至有的人还咬着一口香蕉，每一个角落都似乎无序，组合在一起，却像个快乐的工作坊。

临近毕业的一天，学校媒体出版中心的李茂老师问一位高三学生："十一给你印象最深的是什么？"他歪着头，托着腮，想了一会儿，嘴里缓慢地吐出两个字："舒服。"当时，笔者和李茂老师互相看了一眼，表示非常认同，因为我们觉得用这两个字特别贴切。

教育是有意识、有计划地促进人健康、主动地成长和发展，因此，学校将"能否促进并实现人的生命成长和发展"作为一把"教育尺度"，作为衡量学校一切工作的参照系和标准。依据这一尺度，学校把学生的成长状态作为最重要的指标。

有人问李希贵校长："什么样的学校是令人满意的学校?"他的回答是："看一所学校，不仅仅要看外部条件，更要从老师和学生的内心感受来判定。好的学校应具备三个特质。第一，学生在这座校园里能够幸福成长，能够自由呼吸，能够舒展心灵，他们向往这样的学校，希望到这样的学校学习和生活。第二，老师在这样的学校里工作，不论辛苦程度如何，他是幸福的，情感是愉悦的，心态是积极的。第三，家长和社会真正满意。"

十一学校正在为之努力。

办一所不完美的学校

允许学校不完美

有人来十一学校参观，感觉教室里有些凌乱，甚至有些地方的卫生也不尽如人意，他们不理解学校为什么不下大力气解决这些问题。很显然，一个开放与自由度比较大的校园，当它释放出活力与张力时，看上去的确比过去更喧闹、更杂乱，某些缺点也会显露无遗。对此，李希贵校长有着自己的看法，在他看来，"一尘不染是美，落英缤纷也是美"。笔者想起一个传说，在日本有一种价值很高的制陶术，它是利用所谓"金继"的古老技术进行修补——用金边给漆器填塞裂缝。很显然，"金继"欢迎破裂、瑕疵以及弱点，因为这是创造新的美丽的机会。技艺熟练完成后，能够使一个破裂的陶器比没破的价值更高。（柯尔斯滕·奥尔森《学校会伤人》）

李希贵校长在许多场合说过："我们要允许管理有漏洞，允许发展不平衡，允许学生不完美。"他十分坦诚地对大家说："在校园里待久了，面对成百上千的孩子，我们特别渴望秩序，这是可以理解的。我们可以力争没有问题，但是这对人的伤害会很严重。如果不允许有缺点，过于追求完美，付出的代价会很大，那就不是教育了。学校是学生犯错误的地方，他不犯错误怎么成长呢？我们不怕有缺点，墙上有脚印怕什么？擦了不就完了吗？学校不要刻意杜绝什么，那样会伤害学生，十一学校到处都有缺点，但是学生很高兴，老师很舒服，就行了。"

一般中学都禁开小卖部，担心增加管理难度，而在十一学校，不但有小卖部，而且有书店、文具店、咖啡屋及校服售卖中心，遇上学校有大活动，还会有"美食一条街"，学生不仅可以买到美食，还可以买到学哥学姐们的学习资料、CD 等。中午小卖部里熙熙攘攘的人，手里拿着吃的、喝的出出进进，虽然看上去有点儿乱，但是它的存在让校园生活变得温暖起来。

每天中午放学后，松林书苑都会挤满学生。他们来这里慢慢地逛，细细地挑文具、纸品，用心地体会其中独特的趣味，经常能发现一些独特的小玩意儿，享受着生活的乐趣。一名初中女孩儿说："这里每一样东西都那么精致，心仪的文具比起那种中规中矩批量生产的文具更具特色，这里也成了我最喜欢来的地方。"一名女生专门来这里买一些设计独到、纸质优良的本子，用来写一些随笔，做一些读书笔记。她说她"喜欢笔尖划过纸张生涩而又流畅的触感，喜欢在纸张上记录事情，涂写心情"。没想到吧，这个小卖部竟然在这一点上满足了学生，让校园生活多了一点点温馨。

李希贵校长认为，学校应该是一个富有同情心、让人受到关怀、照顾的地方。如果学校是一个非常苛刻的地方，学生就会处处谨慎小心，这对幼小心灵的伤害会非常大，而且这种伤害往往是无形的。

泥沙俱下、并不完美的生活，正是组成宝贵生命的原材料。残缺，使人生变得更美好，正如苹果公司的标识，缺了一角，反而出色不凡。台湾女作家陈文茜读《乔布斯传》时，每读到残缺带给人生痛苦与美好交错的记忆时，即于书页上折一个小角。"这一页已无须躺平，它本来不是为了描述一个平顺无聊的故事，它被特别地折叠，像我对一位陌生人折叠着我的爱与敬意。"

十一学校的追求告诉人们，在这里，人是最宝贵的，学校格外关注人的精神生活，关注人的生命质量，关注教师和学生的生活状态。让教育回归常识，回归人性，回归教育之为教育，在这 30 年的时间里，李希贵一直是以这样的姿态行走在教育界。

对此，学生是如何感受的呢？就读于北京大学国际关系学院的毕业生齐特，看到《北京市十一学校行动纲要》后十分惊讶，他说："从来没有想到现在的中学会有这样一个纲要，真的令人耳目一新。我最喜欢的是第79条：'理解并尊重他人，包容不同个性，原谅尚有的缺憾，尊重他人的想法，得理也让人。'反思我的中学教育，反思我的大学教育，我真的羡慕，中国学生进入了一个个性复苏的年代。"

笔者问李思宇同学："十一究竟有什么特别的不一样之处呢？"她深情地回答："自由度，丰富。"站在旁边的一名高中女孩儿说："这里是最适合我的一所学校了，它充分'纵容'甚至鼓励学生自由'散漫'，老师完全和我们打成一片。"一名学生深情地说："这是一所充满了尊重、包容、信任、鼓励的学校。"马莱丝同学毕业前夕深情地说出她心中的不舍："在十一，天天可以任性的日子令她怀念。"

毕业前夕，回忆起在十一的日子，姜又升同学十分动情地说："纵然有无数次磕磕绊绊，十一总会张开温柔、宽厚的手掌把我们护在掌心，我庆幸通往 18 岁的足迹落在了十一学校的坡道上，十一学校终将成为我最美好的怀念，以及岁月中的独一无二。"

唯有学生生命成长花开果熟的声音，唯有孩子们内心深处的诗情画意，才是学校成功的真实写照。在李希贵校长的心里，一个健康的人生、一个健康的我，一个有梦想、有灵魂的我们，将是这个世界最美好的收成。

一座不乏温情的校园

校园里的梧桐树落尽叶子，铺下一地金黄。踩着满院子的落叶，笔者和李希贵校长往高中教学楼走去。在电梯出口处，我们的脚步停了下来，李校长指着墙上学生刚刚出版的小报《聆听》说："这是高一学生刘雨童的一篇微小说，文字特别细腻、真切，很打动人。虽然只有一百多字，但能让你看到一个孩子真实的内心。"笔者注意到，小报是那种没有任何装饰设计的简单的印刷纸，很朴素、很平常，比起那些花花绿绿的广告，不大会引人注意，但是，那上面的文字却让你读了之后内心暖暖的。

他失明了，很绝望。在妈妈的开导下，他学习推拿，开了诊所，有了笑容。最近，妈妈每天仅把他送到诊所的马路边就走了，他很伤心。一天，客人问：'每天送你然后站在路边看着你进门才走开的是你妈妈吧？'每天？！他的泪落下来……

"就这么一百来字，您为什么看得如此之重！"笔者问李校长。他说："发现了孩子内心真实的东西。它特别真。"

之前，李希贵校长从这里路过，被这篇题为"母爱"的文章吸引，内心被深深感动，他掏出一张纸，将之摘录下来，然后小心翼翼地揣起来。"学生的一篇小文字，竟然在校长的心中激起这么大的波澜！"面对笔者疑惑的目光，他忽然变得异常兴奋："我们这么多年的教育改革不就是为了这个吗？"

后来，笔者找到刘雨童同学："你怎么会写这个东西呢？"她说："我一入校就加入了'在路上'学生社团，我们的第一次活动就是写微小说，大家分成小组，我是组长。一个周末，我写完了作业，静下心来做这件事。看了关于微小说的介绍，突然，我想到了一个画面。我上小学时，母亲送我上学，为了锻炼我的能力，常常送到一个地方悄悄地望着我。这个经历，那么温暖，至今仍留在我的记忆里。于是我提笔写下了这个微小说，发到邮箱里，心里觉得暖暖的。我非常喜欢十一学校，上了高中，一下子报了六个社团，方圆电视台、名家大师主持人、微生物实验、微小说文学社、出版传媒数字社团等。你知道吗？每天，我都可高兴了。"

面对这名高一学生，笔者心生无限感慨，对人间冷暖的细细体味，需要一颗多么安静的心灵。

2013 年 1 月 17 日，学校进入了紧张的期末复习阶段，校园里是学生、老师匆匆的脚步。早上，李希贵校长从高中楼回办公室，往电梯间走去，还差几步，电梯门关上了，他继续等待。没想到，晚上，他收到了一条短信："校长您好，我是 A52 班的赵世平，今天早上无意中把您留在电梯外面了。实在抱歉。"这样一条不足一百字的短信，让李希贵校长十分感动："那天，我从教学楼出来，要回办公室，走到一层大厅的时候，电梯正在关门，他从缝隙中看见了我，可是已经来不及了。他纠结了，心里不舒服，而且，一般人不舒服就过去了，可他还是想表达出来。"

"您当时是什么感觉？""哎呀呀！"李校长发自内心地笑了。那个笑，是那样由衷，带着几分满足。"孩子真的变了，为别人着想，在乎别人的感受，表明他们长大了，有了顶天立地的那种感觉了。看到这样的短信真是比较高兴。"

2013 年 1 月 29 日早上，李希贵校长收到一条短信："校长，早上好哇！蛮开心地跟您说早安，其实是为了一件很让人感动的小事。今早大雾，进到校园后发现能见度相当低，南门保卫大叔随口问我：'要送你过去吗？'我说'不用，我自己可以'。心里却相当受用，好感动啊！今天一天可能都会在高情绪里呢！以后能帮我'飘扬'一下他们吗，这些带给我感动的人？谢谢。"

这样一个微小的举动，在别人眼里也许是多么的微不足道，竟然如此温暖了这位同学。李校长说："说明他已经有了很多这方面的经历，有了很多美好的体验，因此，他才会对这样一个细节很感动，并且知道感恩了。"

英国作家赫胥黎曾经对世界发出提问：为什么？为什么人类的年龄在延长，而少男少女们的心灵却在提前硬化？为什么？为什么那么多少男少女刚出校门心就已僵冷？为什么？为什么那么多年轻的孩子在动脉硬化前 40 年心就已经麻木？这是为什么？为什么人类尚未苍老就失落了那一颗最可爱的童心？赫胥黎面对的这一人类生命史上的大困惑，也是我们每一个人面对的困惑，是我们每一个人应该警醒与反思的问题。

以往，我们的教育忽略的真是太多太多了。有时候，老师的一个冷眼、一句狠话，伤害了多少孩子的内心。究竟是什么让孩子爱学习、爱学校？答案再清楚不过了，是生命中最柔软的部分，是内心深处的善良、厚道，是浸润着温柔之雾的体贴与同情。

2012 年 10 月的一天下午，突然下起大雨，天也黑了下来，校园里一下子没有了人。笔者走到高中楼，看见一名高中男生站在门口，没有离开的意思，便问他："你怎么还不走呢？"他说："我看看谁还需要伞。"他拿了两把伞，执着地站在那里等着。

一会儿，高二学生李沐航也来了，也拿着两把雨伞站在那里等人，她焦急地望着外面。过了一会儿，闫存林老师从电梯里出来了，她高兴地迎上去，赶忙将伞递给闫老师，原来她在等闫老师。

这是一所怎样的学校啊！每天都有温暖在传递，每天都有感动在发生。

看不见的最有价值

美国教育学者菲利普·曼纳曾说过这样一段发人深省的话：是什么成就了一所好的学校？这与学生的穷富、课程几乎毫无关系；与特别的课程、昂贵的运动场、巨额的捐赠、时髦的制服、名誉校友或是这所学校是否联网无关。是什么造就了一所好的学校？无论它是公立的还是私立的，是教会的还是非教会的，是特许的还是普通的，造就它的是一种情感，一种被全体员工（以及家长和学生）所享有的情感。这种情感就是"他们的学校是真正属于他们的"。而这种情感来自哪里？文化！对于这一观点，李希贵校长十分欣赏和赞同。

2012 年 6 月的一天，学校学生会主席陈嘉证领着外校来参观的学生走在校园里。外校的同学看到学校高大的建筑群、宽阔的操场、郁郁葱葱的校园，连连说："十一学校真好！"陈嘉证自豪地说："十一学校硬件设施是不错，但十一真正的精髓并不在这里。"

陈嘉证的话点到了要害处。其实，在这所学校里，最有价值的是看不见的东西，只有置身其中，你才能感觉得到。那温暖人心的、大不一样的，是学生的生活状态，是亲密的师生关系。

正是在这种价值观的引导下，十一学校逐渐形成了自己独特的文化积淀和历史底蕴，教师身上散发出的对真理的不懈追求、对自由的无比热爱以及对人性的无尽关怀，才是十一学校的魅力所在。

正如石嘉雯同学所说的："提到这所伟大的学校，可能有很多人会说这里有着美丽、舒适的环境，有着先进、高端的设备，有着优秀、负责的老师，但这里最吸引我的是它的自由的风气。"

张维恒同学毕业前夕曾经深情地说："十一真正令我记忆深刻的，不是校园有多漂亮，设备有多先进，而是人。这里的每一个人，人心的善良与美好，人与人之间的亲密关系，给我留下的印象极为深刻。"

让张航达同学感受最深的是："这里给了我切实的温馨感，有种被特别关心的感觉。我遇到过很多不顺，让我疲惫、难过的事，但是身边的温暖一直没有少过。这里太像大家庭了，十一人都很在乎你的存在。"

在十一学校生活了六年的戴清倩同学，毕业前夕深情地说："十一给我留下了太多值得回忆的东西。记得上高一时，一天，我拉着箱子在校园里走，迎面碰上李校长，他微笑着同我打了一个招呼，特别和蔼可亲，顿时让我感到很温暖，一下子觉得做学生很幸福。就是这一次碰面，这一个招呼，我一直记着，直到今天，直到永远。"

张依笑同学上高一时，有一次，和同学到国际部大楼里办事，路过校长办公室，向里张望了一下。没想到，校长热情地招呼他们进去，请他们坐下，亲切地询问他们的学习情况及今后的打算。然后到里间的办公室，从书架上取出两本书，郑重地签上自己的名字，递给他们，鼓励他们好好学习，为实现理想做好准备。

这些在别人眼里微不足道的事，对一个人的成长究竟能有多大作用呢？谁能说它们对一个人的成长起了很重要的作用？谁又能说一个人的成长与这些小事毫无关系呢？

考上美国普林斯顿大学的 2013 届毕业生程佳宁离开学校前，曾深情地说："十一真正的标志，并不是校门口的思方行圆雕塑，而是十一学子脸上洋溢着的自豪而幸福的笑容；十一真正的历史，并不是校史馆 60 年的记录，而是每一个学子心中难忘的故事；十一真正的成就，并不是每年屡获的各类奖项、荣誉，而是每个学子个人最大的成功。"

在这座校园里，李希贵校长和他的同事们，紧紧抓住情感命脉，并倾其所有精力编织它们。他们用自己的热忱服务，帮助、激励孩子们，永不倦怠。这种品性逐渐传播开来，使学校拥有了自己的性格和永不变质的活生生的灵魂。

第十五章　找回教师的职业幸福

> 十一学校的改革，让教师重新找回职业幸福，虽然辛苦，但他们却甘之如饴。那么，是什么使他们不再倦怠，使他们充满激情，乐此不疲？答案其实很简单，也很不简单。

穿行在理想与现实之间

勇敢地朝那边张望

2013 年 9 月中旬，上海几十位中学校长来十一学校学习，他们共同的感受是这里的教师活力四射，精力充沛，目光中有一种明澈坚定的力量。

曾经有一位同行十分不解地问："这所学校的老师怎么都跟打了鸡血似的？究竟是一种什么力量驱使他们这样投入，这样忘我。"

一位外校老师参观十一学校后，十分惊讶地对贺思轩老师说："你们学校真是挺恐怖的呀！这么大动静的改革，怎么没人反对呀？这么大的工作量，居然没有意见哪！""谁有意见哪！哪个不是乐颠颠地往教室跑哇！没有谁要求呀！都是一群不甘平庸、不甘落后的人，这才真令人恐怖呢！"贺老师十分认真地对他说。

是的，在十一学校，每个教师常常脚步匆匆，每一次与他们见面，刚刚打个招呼，人就不见了，好像都有一件重要的事等待他们去做。奇怪的是，他们没有抱怨，尽管内心承受着巨大的压力，但是，他们义无反顾，一如既往。是什么使他们乐此不疲，食苦如饴？生物老师王春易给出了她的答案："总觉得自己在做一件伟大的事，你会做出你想不到的事，甚至是过去连想也不敢想的事。"

2014 年 5 月 15 日晚上 8 点多钟，笔者和黄娟老师从教学楼回来，遇见了杨春燕老师。她刚刚从家里出来，笔者奇怪地问："这么晚了，干吗去？"她轻轻答了一句："去教室看看。""去教室干吗呢？""闲得呗！"说完，乐呵呵地走了。

婆娑的月光下，她笑意盈盈地走远了，那缓缓的脚步让人感到她不是去加班，而是以一种快乐的心态去做她想做的事。

一些家长晚上在教室里遇到不少伏案工作的老师，他们得知这些老师是自愿前来，而且没有加班费，大为不解："那他们干吗来呢？"面对家长的不理解，张敏老师说："我们所做的一切，只是单纯地希望把事情做好，做的时候特别快乐，心甘情愿，不知不觉就工作到了那么晚，常常是学校保安要锁门了，才不得不离开。"

那一刻，家长被她的话深深感动了，这位朴实的教师令人肃然起敬。生活如此平淡，日子按部就班，可总有一些东西会穿越岁月，亘古不变，让我们坚守内心，比如梦想。他们怀揣着梦想，在这里幸福地工作，在这里释放生命中的一段美好时光。

一次，在电梯间，一位外地来学习的老师猛然冒出一句话："这所学校学生很幸福，老师很累。"站在一旁的朱则光老师冲他笑着点点头说："是的，十一学校的老师的确很累，但是这种累不是疲惫，而是吸引、召唤，内心有一种声音在召唤你，让你不自觉地前行。压力来自内心的自我要求，内心有一种力量在驱动自己。不是后边有人推着你走，不是外在的制度与监督推着你走，学校从不检查教案，也不统计考勤，更没有打卡之类的要求，也很少开会。"

"什么才能使人主动地做一件事情？一是热爱，二是觉得有价值。教师为什么会出现职业倦怠？中国教师到底在做什么？难道只是带着学生年复一年，日复一日地为分数和高考，围着教科书、考试和标准答案打转吗？"侯敏华老师的语言颇有几分尖锐，她说："确切地说，十一学校的改革是一个没有办法的选择，整个改革一直处于风口浪尖上。校长一再强调改革处在高风险期，指的就是课程内容的改革。我们到底要办一所什么样的学校？我们学校一直是很不错的，为什么要改？为什么要把自己置于高风险的境地？如果是为了提高分数，大可不必如此折腾，几十年的经验最为有效，而且已经达到了顶峰。说白了，是职业理想、职业良心使然，我们不想再这样做教育了。这是以育人为目的的改革，终极目标是为了更好地育人。每一步都有目标在那里支撑着我们，我们才能走到现在，否则，走不远。这个力量不得了，如果忘记了意义，没有这个根本的目的，那改什么改？"

如何让教师充满激情？曾经，有人固执地认为，在残酷的升学竞争与现实压力下，真正理想的教育根本不可能实现。然而，一群志虑忠纯的精灵，从不停止朝那边张望，义无反顾地踏上了一条充满艰辛的路，经过长途跋涉，终于靠近了他们执着张望的地方。

这是一次伟大的重建，这是理想主义者的执着，成功时有泪水，风雨中带微笑，昨天和今天、传统与现实、新与旧纠缠不清的痛苦，穿越迷津的挣扎，艰难、沉重、复杂的告别，使得这段岁月有如金子般珍贵。

所以，十一学校的老师特别辛苦，也特别幸福，因为他们知道自己在追求什么，知道自己要往哪里去，还知道今天与昨天有什么不一样。正像朱则光老师所说的："一手拿着面包，一手拿着鲜花。"

他们奔着自己所追求的境界而去，他们像勇敢的探索者深入未知的远方，他们并不知道将发生什么，但他们坚信结果会激动人心，他们将发现新的领域，做出新的贡献。

日本建筑师安藤忠雄说："一个人真正的幸福并不是待在光明之中，而是从远处眺望光明，朝它奔去，就在那拼命忘我的时间里，才有人生真正的充实。他给人的感觉，就是他的前面有一束光，指引着他永远向前。"

怀着对教育的无限热忱，在这场寻找本真的旅途中，十一教师们铆足了劲，往前一步，看到的是一个崭新的世界；往后一步，看到的则是所有人的汗水。

看到了不一样的风景

从一开始，十一学校的改革就表现出了对未来锲而不舍的信念，他们终究是一群为伟大理想而奋斗的理想主义者。

从生到死，是生命的规律；从死到生，是艺术的涅槃。对于教师来说，这场深刻的变革，无异于让他们获得了一次新生。正如侯敏华老师所说："这是一场革命，革自己的命，身处其中的每一个人都无处可逃。我们有幸在这个波峰浪谷中翻滚过，悲喜过，苦过，痛过。换一座山爬，风光依旧旖旎。真的，有一种巅峰感。"

廖琳老师十分动情地说："到达了一个从未到过的地方，看到了从未见过的风景。原来没有尝试过，现在这扇门打开了，我们看到了不一样的风景。一比较，才发现如此之好，我们不愿意回到从前，再不愿用过去的办法，学生也不愿意回去，这种方式虽然不尽完美，但确实好。"

赵蓓老师发现，人与人之间的关系变得简单了，一种欲望正在悄悄形成，这种欲望与物质无关，却离心灵很近。有一种单纯和干净的东西，人们似乎变简单了，回到了生活与生命本身。是的，一旦心灵与生命被尊重，人们便会收敛起彼此计较的锋芒。

对此，廖丽娜老师也深有同感，她说："如今，觉得身边的同事变得更加开朗、自信、活泼了，每个人都能够自由地表达自己的观点，不再拘泥于论资排辈，不再惧怕权威，团队也变得更加有活力，人也变得生动了，真好！"

谈起这场改革给教师带来的最大变化，周永霞老师几乎脱口而出："可以让我心平气和地做教师。"王笃年老师觉得"开始享受教育的单纯乐趣了，教育变得单纯，变得纯粹，变得更加美好了"。

随着改革的深入，真实的变化出现在眼前，他们看到了期待的东西，这让他们很兴奋。

2012 年 3 月 27 日，生物老师王春易去广西师范大学参加第三届中欧基础教育课程发展论坛，共有 350 多人汇聚于此，王春易老师发言后，全场轰动。

"我来自北京十一学校，我是一名生物老师……"几句短暂的开场白，让大家全神贯注地听着，幻灯片上的关键标题全部标注上英文。大会发言限时，提前两分钟摇铃提醒，教育部基础教育课程教材发展中心主任助理刘坚主持会议。坐在前三排的外国人举起相机"啪！啪！"地拍王春易老师的幻灯片。听众太喜欢了，主持人不好意思打断，最后，不得不发出提醒，铃响了，听众却使劲地鼓掌，不让停下来，刘坚只好说："继续吧。"

报告结束了，来自荷兰的主持人握着王老师的手说："你让我看到了中国的课程改革，我们非常感谢你，你让我们看到了中国的老师是怎么做的。"话音刚落，会场上便呼啦啦站起来一片人，他们大声呼喊起来："王老师，我们都是生物老师！你太牛了，你是最牛的生物老师！"主持人从主席台上走下来，外国同行纷纷走上前去与她合影，索要名片。"哎呀！我没带名片哪！不知道哇！"王春易老师慌了，赶忙掏出本子，从上面撕纸写，撕了一张又一张，写了一份又一份。

"我们只做了一点点，刚刚打开一扇窗，大家的肯定说明这样做是行得通的，在高考的重压之下，我们是可以走出一条路来的。为什么这么多年了，才刚刚感觉到教学的真滋味呢？太奇怪了，在一条很熟悉的路上走了这么多年，简直都没有知觉了，天天那么废寝忘食地干哪，干哪，干到后半夜，干的都是什么东西呀！为了一个幻灯片的顺序，改来改去，到现在才刚感觉到干的事跟教育有点儿沾边了，才感觉到我是个教育工作者，真有了重活一回的感觉。"

这就是变革中的教师，登临了又一座高峰，看到了无限风光，发现了教育的无比神奇，知道了教育可以有一万种可能，重新找到了做教师的幸福感觉，甚至有了幸福的战栗！

建立追求真理的场所

让精神自由回归校园

当你置身于教师之间，去亲身感受他们每一天的生活、生活中每一件细小的事时，你就会深刻体会到他们精神自由的高度。

人的自由度大小是组织盛衰的关键，印度经济学家、诺贝尔经济学奖得主阿马蒂亚·森说的更为中肯："自由不仅是发展的首要目的，也是发展的主要手段。"

华东师范大学教科院教授张华深刻地指出，教育家不是靠投入多少钱就能培养出来的，最重要的是要给教师创造一个自由宽松、能够进行独立思考和人格追求的环境。也就是说，要让教师能够自由地去探索，能够自由地去讨论问题。而当前，教师自由探索的氛围和条件，都极为欠缺。

科学工作者，心态应该是开放的，而不应该是禁锢的，他应该只承认规律和真理，不屈服于任何权威。麻省理工学院前校长杰罗姆·威斯纳在就职演说时对师生说："我们走到一起，是为了扩展人类对宇宙的认识。因此，不能允许任何主义、任何正统观念、任何清规戒律和政治狂妄使我们离开这个目标。"

李校长告诫身边的同事："富有乐趣的教育人生，不能被无休止的会议、表格、检查破坏，成功的管理就是不给人找麻烦。所以，必须给教师松绑。"由于管理者身体力行，学校的会议越来越少，老师们要填的表格也越来越少，甚至学校不检查老师考勤、备课、课堂教学及批改作业的情况。李校长认为，教师肩负着塑造学生精神生命的神圣职责，从事着世间最复杂的高级劳动，这样的职业怎能靠几张试卷、几个数字去判断优劣呢？实现教育创新，要靠教师本身，而教师的创新，又依赖于对教师的松绑，只有有了自由的心灵，才会有无限的创造力。

李希贵校长常说："越有本事的人越有性格，这种人是了不起的人物，我感谢他们的存在，因为他们发出了充满理性的声音。正是因为这些人物的存在，学校才安全。十一学校有相当一批这样的人。在学术性组织里，这些人物特别重要。学校是人才聚集的地方，要欣赏、接纳各种人才。校长要打开门庭，'不拘一格'招人才，要包容不同性格、不同风格的教师。"艾略特校长在哈佛大学创建新的独立学院后不久，写下这样的话："我漂浮在极其干燥的空气中，可能是我有生以来第一次如此清晰地看清了大学的整体。它呈现在我的面前，就像一张用灰色、黑色和银色构成的地图。我所知道的仅仅就像我现在看到的一些方格和渺小的独立物。小小的符号，就像它或它们所代表的自身独特的性质和状态。这些各种各样的方格静静地躺在那边，它们为创建伟大融为一体。"（睦依凡《学府之魂——美国著名大学校长演讲录》）

"让精神自由回归学校"，十一学校秉承这一教育理念，使自己成为一个引力巨大的磁场。这种自由之风，激发出每个人的创造力，涵养了十一学校独特的精神文化气质，使之活力奔涌。

如果说十一学校的教师待遇与其他学校有什么不同的话，笔者感受最深的是教师的"自由度"与"被尊重"的程度。十一学校的教师有充分的教学自由度与课程自由度，他们可以自行决定教材与教学的内容和进度。"你看，有这样的工作环境和专业自主权，我还有什么不能满足的呢？"侯敏华老师万分骄傲地说，她的脸上充满了幸福感。

一次，课程研究院院长秦建云在向兄弟学校介绍经验时，对方提出疑问："为什么同样的改革方案，同样美好的愿景，在我们那里就实现不了，而十一学校却能做成呢？"秦建云老师十分坦率地说："十一学校的教师队伍与其他学校有点儿不一样。为什么这么说呢？每位教师的个性都很强，但学校有一种合力存在。举个例子，在许多学校，开完会后，所有的人都直接奔一个地方去了，而十一学校开完会后，每个人都做自己该做的事，都思考自己分管的工作，表面上看各忙各的，其实是朝着一个共同的目标前行。"

虽然全校教师各显神通，但他们都拥有独立自由之精神、拥有真正的自由是心灵的轻松、自由、从容，十一学校所追求的正是这种自由。

独立思考是最重要的

李希贵校长曾经无限深情地说："当我们把办好一所学校定位在每一个孩子的发展上的时候，仅仅靠一位校长的力量是远远不够的。在学校这样一个知识型组织里，在各个学科领域，必须有一批领军人物，以教育家的情怀、教育家的境界、教育家的心态、教育家的智慧，影响学生的发展，创造学生成长的环境。这样，这所学校才能出现适合每一种类型学生个性成长的土壤，才会培养出未来社会需要的、具有鲜明个性特点的人才。一个时代，一个国家，当教育家是从课堂里走出来的时候，这个时代的教育才是成熟的教育，这个国家的教育才有可能是充满智慧的教育。"

在李希贵校长的眼里，"每个人就是一种文化"。要接受不同的思维方式、行为方式，要有容纳百川的胸怀，更要有融合、和谐的智慧和能力。每个人都有独特的品质和能力，当我们在生活中能够自由运用和展现它们时，就会处于最舒心的状态。换句话说，如果人们以先天品质没被扭曲的方式来工作，就会感到非常舒心、非常幸福。所以，"你是一个特殊的人，你要变成你自己，而不是变成他人"。

在十一学校，校园文化随着人群的丰富、社会价值的多元越来越趋向多样。于是，学校用一个个文化交流的"场"为各种不同的声音提供出口，孕育了"百川东到海"的美好景象。各种思想能够在理性的平台上充分争论，对于学校的平稳转型起到了很大作用。

刚开始实行导师制时，有的老师因为找不到感觉有些焦虑。对此，笔者采访了贺思轩老师。

"你焦虑吗？"

"我不焦虑。"

"那你怎么一下就会做了？你做过班主任吗？"

"其实，我也焦虑，导师到底如何定位，与班主任什么关系？我会不会又是一个小班主任？他们之间质的区别在哪里？焦虑是担心自己能力跟不上，指导不了学生。比如学生要出国，对未来职业有需求，老师的了解很有限。无法给予帮助，这方面的焦虑肯定是有的。一旦你感觉指导不了学生了，学生与你的关系就会很麻烦，他会不信你。他要是不信你了，他就会感觉迷茫。刀已经架到脖子上了，老师的提升势在必行。"

"面对这种挑战，你愿意去改变、去尝试吗？"

"十一学校的老师估计没有不兴奋的，这所学校有一个非常令人恐怖的地方——没有人害怕改革，这已经形成一种文化，改革创新已经深入大家的骨髓，已经停不下来了。每天都有新的东西让你往前走，学校不会原地踏步，也没有人愿意原地踏步，大家都在努力改变自己。而且，从学生的变化中也看到了希望，这对我们是一个巨大的鼓舞。虽然很辛苦，挑战很大，但是我们乐意去做，去创造适合学生发展的教育。我真的尝到了教育的滋味，我们做得很有成就感，让人很敬仰。"

"你是不是很有成就感?"

"我有一些教育界的朋友,大家一起聊天儿时,他们都很羡慕我。有机会、有条件做自己觉得对的事情,而不是循规蹈矩,这不是每所学校都能做到的,大多数学校是做不了的。所以,你身在其中,赶上了这个机会,你能不兴奋吗?除非你不愿意干,除非你对这个职业已经倦怠。但凡有点儿血性的,你都坐不住。"

"难道你就没有一点点纠结与挣扎?"

"我们一直在争吵,每个人的观点都不一样,谁也不服谁,这样交锋出来的东西绝对有质量。我们互相碰撞,互相吸收,不断打破一些东西,侯敏华老师经常点醒我,改变我。有的时候我们希望从旧的东西里边脱颖而出,有的时候我们需要依托旧的东西产生新的东西,有的时候我们需要完全打破旧的东西产生一个完全新的东西出来,确实很辛苦。"

贺老师站起身,无限深情地望着窗外,像是自言自语,又像是对笔者说:"在那焦灼的日子里,常常有逃离的冲动,但如今回头看,却只记得那些闪闪发亮的幸福回忆。而对于当时的我,改革更像是文字锻造的锤子,狠狠向心中砸了下来。那一刻,想不成长都不行。"

是啊!在改革的年代,每个人都感到自己的心和过往的岁月有个碰撞,每个人都会撞出自己的痕迹,或者忧伤,或者失落,或者重新懂得珍惜、珍重,或者感到重生、惊喜,这种姿态本身就令人尊敬。

语文组每次备课时的争吵,都让李志勇老师受益匪浅。这是李老师写下的内心感受。

高二语文备课组每次都有战争,头脑风暴时,针尖对麦芒,大家个个都是"问题专家",争得面红耳赤。经历了一次次的尴尬、哑口无言、惶恐而兴奋,个个意犹未尽,满载而归。这样的备课我参加了两年,不知不觉中,我把握了语文教育的本质,体会到了"目无全牛"的快感。我学会了以专业的眼光读李白,我用质疑的目光审视以往的教法,收获着职业成长的幸福。啊!当我在纸上写下这些文字时,备课组活动时朗朗的笑声,如在耳畔。我,不觉莞尔。

在趋同和从众已经成为时尚和潮流的时代，还能坚持个性化的思考，十一学校的老师的确值得尊重。

不重复，就不倦怠

因为创造，幸福满满

在课程研发中，成长最快的是教师，他们在创造课程的同时发现学生，发现自己。正如王笃年老师所说："在这个过程中，自己完成了由一位化学老师到教学研究者，再到课程研发者的转变。"

"人们通过做事情变得快活起来。"语文老师黄娟做梦也没有想到，她竟有机会把读博期间专攻的鲁迅研究开发成高质量的选修课。这让她兴奋得睡不着，经常凌晨三四点钟还在家里踱来踱去，构思课程。用她的话说是，她的思想在风口浪尖上驰骋，她简直达到了一种忘我的境界，灵魂在忘我中喷薄而出，覆盖一切，渗透一切。

如何将抽象的思想用具体可感的声音、形象表现出来？一天深夜，黄娟老师还在冥思苦想。"能不能让学生表演？"这一大胆的想法让她兴奋不已，顾不上已是凌晨两点，她匆匆打开电脑，将一封邮件发给了年级主任王春易。为了补充戏剧表演方面的知识，黄娟一有空就去看话剧，就是凭着这股劲头，她摸索出用戏剧表达的方法。她激动地说："我终于找到了语文教学的意义，每天早上，我还有理由醒过来。"

"教师的职责已经越来越少的是传递知识，而是越来越多地激励思考，除了他的正式职能以外，他将越来越成为一位顾问，一位交换意见的参与者，一位帮助发现矛盾论点而不是拿出现成真理的人。他必须集中更多精力和时间，从事那些有效果的和有创造性的活动，比如互相影响、讨论、激励、了解、鼓舞。"这是《学会生存——教育世界的今天和明天》中的一段话。王爱丽老师重读这段话时，联想到自己身上发生的变化，用"震撼"两个字形容自己的心情："我们现在不就是朝着这个方向努力吗？正是这样的教学，让我重拾教书的快乐。过去，教学是我谋生的手段，现在是我的生活。"

成就感是对员工最好的激励，他人的肯定和尊重是强大的推动力量。油画是樊勃老师的老本行，因为爱好摄影，又开始学习影视编导与制作，开了这门课，很受学生欢迎，次次选课爆满。张磊老师一边教影视音乐欣赏，一边带学生导演排练音乐剧《花木兰》。刚刚过了半个学期，美术教师王晓霞天天带着学生排戏，俨然一位娴熟的大导演，课程研发使她获得了成长，使她重新找到了自信。她说："如果有人问，十一的美术老师可以带《雷雨》剧组吗？我可以自豪地告诉他，我可以！"

这是王晓霞老师记录的一周生活。

周一阳光洒满教室，我坐在办公桌前，沏上一杯红茶。我总喜欢往茶里放上几块冰糖，喝的时候便有了丝丝甜味。之后打开电脑，登录办公内网，打开个人邮箱，处理日常事务。今天上午没课，我静静地听着音乐，临上几幅帖子，再泼上几抹写意……下午四节课，我非常享受与学生一起上课的美好时光。周二，带着学生排练话剧《雷雨》，周三到北京教育网络和信息中心录制高中美术课，周四到北京人民艺术剧院参加"戏剧普及教育座谈会"，周五前往兴华中学参加北京市美术学科教学现场会。

尽管这样的生活很辛苦，但王晓霞老师每天都充满激情，也充满幸福感。

在一次师生辩论会上，大家就"文理分科是否有利于学生的发展"、"纪律是促进还是抑制个性发展"进行辩论。在 8 分钟的抢答时间里，年过半百的赵蓓老师尽管十分努力，但还是跟不上学生的反应，有时她的观点不够尖锐，学生甚至会指着她说"和稀泥"。

当师生辩论赛以平局拉下帷幕时，赵老师写下了一段感慨。

无贵无贱，无长无少，道之所存，师之所存也。作为成年人，我们年事已高，家累很重，思维有定式，接受新鲜事物的敏感度降低；作为老师，我们"师道尊严"的文化传统由来已久。师与生，有着本质差异。而这项活动，使得学生与老师的身份被迅速拉平，成年人与孩子同台对阵，针锋相对。当长者遇到青年，当经验面对挑战，当过去邂逅未来时，随口的三言两语之间，亦有真知灼见的光芒。后生可畏。我特别需要转变观念，迫切地需要与学生平等交流，需要向这样年轻的头脑学习，需要终身学习，我愿意这样渐渐老去。

晚上，她坐在回家的车上，看着窗外繁华渐落的都市，一遍遍回味着白天与学生的对话，那是怎样的一种幸福啊！

迷恋学生的成长

一直以来，我们希望找到一种美好的教育，就像加拿大知名教育学家马克斯·范梅南所说的："教育学是迷恋他人成长的学问。"

对这一点，李希贵校长有很深的感受："教师得天独厚的职业生活就是与成长中的生命打交道，分享孩子们生命成长的快乐，这是教师职业独有的幸福之源。能长期干这行肯定是因为喜欢。我们会遇到好多好多问题，你迷恋学生的成长，你打心眼里高兴，所以碰到问题的时候，就会调动好多智慧和资源，谁都会这样。"

与李希贵校长有过较多接触的崔永元对此有着自己的体会，他觉得，李校长能把学校做成这样，绝对不是下个决心那么简单，也绝不是定个目标就能做到的，真正的关键是"乐趣"，"其实他特别享受，这些年他干的所有的事，就像燕子垒窝，衔一根小树枝，再衔一根小树枝，他就想搭一个好窝，这正是他的乐趣所在。"

"就想搭一个好窝"，这是回归校园的李希贵校长最朴素的心愿。日复一日，年复一年，他和他的同事们倾尽心血，一根一根地衔草，一点一点地垒窝，如今，这个窝搭好了，孩子们在这里自由呼吸，安心学习，惬意成长。

一天，侯敏华老师收到一名学生给她的短信："当苗儿需要一杯水的时候，绝不送上一桶水，而需要一桶水的时候，也绝不给予一杯水。适时、适量地给予，这是一个好园丁的技艺。我的老师，这也正是您的教育艺术。"这番话，让侯老师十分感动，她说："我工作二十多年了，学生发给我的短信成千上万，但都是感恩、祝福，这是我第一次收到学生对我教学方法的评价，我为此感到欣慰。"

赵蓓老师说："人生有许多供我们透视世界、寻找意义的窗口，透过这个窗口，对于我们过去不尽知道的领域将可以看得更远、更清楚。与学生个别交流，分享快乐，解决困惑，让我的生命有了新的活力，每天的忙碌也更加有价值。整天和他们在一起，我的心变得特别年轻。孩子们知道我喜欢他们，他们也很喜欢我，个个都哄着我，变着法儿让我开心，争着好好念书，比着刻苦努力。孩子们不仅给我们带来快乐，更重要的是他们把我们重新引入真善美的世界。这难道不是更能引以为傲吗？这就是产生幸福战栗的根本原因。凭着一时的冲动，或者表现自己的目的，或者功利的目的，是无论如何也走不远的，这些低能量的动机让你坚持不下去。"

2014年教师节那天，南红英老师与来看望她的毕业生一起在食堂吃自助餐。饭吃完了，她端了满满一大盘水果放在几名学生跟前。她坐在学生对面，双手捧着一个红苹果，放在胸前，笑眯眯地看着学生吃水果。然后，她咬了一口苹果，心满意足地笑了。谈到南老师对于教育工作的理解，"用迷恋这个词特别恰当"。她用心去理解学生，而不是用成人的尺度，也从不用生硬的口吻，总是耐心和蔼地与学生一起探究语文学习的问题，课堂上留下了许多难以忘怀的教育情景，她把这种交往称为"与学生战友一场"。

"你为什么会如此兴奋？因为你看到了你期待的反应，常常听见生命'哔哔剥剥'地长个儿。当你期待的东西一次次出现时，这个感觉激动着你，使你兴奋、感动，甚至是冲动、快乐。"一位教师在教学反思中写道："我们身上的疲惫极容易洗去，因为有这群孩子吸吮着知识的雨露，像春笋一样悄悄地成长，我们的快乐都源自他们'拔节'的声音。支撑我们不断工作的是工作本身及其带来的成就感，有机会参与别人生命中的可能性变成现实的过程，看着一个个年轻人走向美好而坚强的人生，还有比这更美好的吗？"

周志英老师十分动情地说："老师们为什么乐此不疲？因为奋斗的路上，不是我们一个人，而是和孩子们在一起。孩子们和我们一起创造着十一学校美好的未来，所以，我们不累。"

具有挑战性的工作很幸福

不知从什么时候起，英语老师侯敏华特别害怕开学，并不是因为教得不好，而是因为在一年比一年高的高考成绩里迷失了方向，觉得自己的工作已经没有多大意义了，对学生的未来没有做更有意义的事，只是帮助他们应试，经常感觉江郎才尽了。"快走不下去了，我甚至想过放弃。"

教师职业被国际心理学大会认为是最容易出现职业倦怠的行业之一。在他完成经验积累、专业技能拓展之后，职业倦怠就容易出现。

为什么在全社会大力倡导尊师重教的背景下，职业幸福对广大一线教师而言似乎是一件很奢侈的事，许多教师感到精疲力竭，对学生冷漠、疏远，甚至想逃离课堂。为什么一些学校绞尽脑汁提高待遇，组织教师参加文体活动，听音乐，散步，进行放松训练，甚至请心理专家疏导，都不能从根本上解决问题。因为低成就感是造成教师职业倦怠的主要原因。

2010 年 8 月，学校启动了课程改革。"终于等来了这一天。"英语学科主任侯敏华有点儿绝处逢生的感觉，"改总比不改好，哪怕只迈出一小步，对老师和学生都是非常有益的，这是了不得的事情。"

课程研发焕发出了侯敏华老师身上巨大的能量，她带领几十位英语老师日夜奋战，研究如何让国家方案落地。国家标准是一个方向，对知识与能力的要求十分清晰，而且加大了对能力的要求，但是，如何在课堂上操作？这是一项十分艰苦而浩繁的工作，也是一次大胆的开拓。

这次改变，最重要的是实现由知识主线向能力主线的转变，给予学生建构的过程，通过任务型学习，让学生在一定的情境中完成某项任务，在学习的过程中增加探索、体验、建构、应用。他们将国家课程标准的能力要求分解到每一学段的教学中，一步一步、一点一滴落实到教材中，落实到课堂教学每一个环节中，落实到教学辅导书中，落实到学生的练习册中。

从教材、教辅到练习册都需要自己去研发，评价也要随之改变，工作量大得惊人。每个年级的必修课程都编写了教学细目、学习指南、练习册，同时开发出 7 门选修课程。这项艰巨浩繁的工作，居然在中学教师的手中完成了，十一学校共有 60 多位英语老师，其中 40 多位参与了此项工作。

科学的课程体系的建立，让教师找到了自己工作的意义，克服了不可忍受的"重复"。

教学被打通了，课堂上不再犯愁了，分数不再是唯一的目标，侯敏华老师开始按照自己的理想进行教学，不仅教给学生知识，更多的是能力、方法的培养和价值观的引导。侯老师加大了阅读量，一年要看40多本英文杂志，读三四本英文原版书，最近，她看的是《杀死一只知更鸟》。

在学校课程改革中，身材瘦小的潘国双老师释放出了巨大的能量。他曾在北京服装学院任教六年，北京师范大学数学系博士毕业后，成为十一学校的一员。

潘国双老师负责数学V的教材研发，针对学校里最有数学天赋和兴趣的学生，将初中、高中、大学数学的内容全部打通，重新进行组合。这位自己上学时几乎不听数学课，全靠自己推导、演绎的个性老师编写的这本教材，更像是带着学生在数学海洋里遨游的导游图，仅目录就有49页，融合了初中、高中和大学数学的内容。

潘国双老师早就渴望拥有这样的教材，因为他在教学中早就发现学生的程度差别太大。他曾经悄悄地给学生分层，发现，有六人能在一年内学完高中三年的内容；有几个处于第二梯队，很用功，基本不用管；另外几名同学实力很强，但经常偷懒，属于潜力股，得经常督促；还有不到十名同学处于末端，满足高考要求就行了。

这与他的经历有关，他在初一学习勾股定理时，就推导出了初三才能见到的余弦定理。初三暑假，他就学完了整个高中的数学。后来，他几乎不听数学课，自己推理、演绎，把大学数学的一些内容也推导出来。这样的老师怎么上课呢？他基本不备课，只在脑子里大致勾勒一下要讲的内容，他笑着说："好在学校从不检查教案。"他几乎不给学生留作业，因为他在读中学时最烦老师留作业，从来都不做，因为他都会。他从不按部就班地讲数学，初一年级只有两本数学书，他却讲了五本。这些孩子到了高一的时候，就有几人被保送国内顶尖的大学。

在课程研发的日子里，潘国双老师从来没有休息日，三个春节都是在枣林村书院度过的。三十多岁的他，头发都已经白了不少，从2011年至2014年，他一共参加编写了16本数学教材，其中12本都是他一个人完成的。

"我们一起营造一个时代，这是非常吸引人的事情。"十一学校的老师们感觉不是在为自己做事情，而是在为改变中国教育而努力，他们有一种成就自我、成就学生甚至成就中国教育的豪情，伟大的使命感、自豪感油然而生。他们迈出的每一步，尽管蹒跚，甚至跌跌撞撞，满身泥泞，但最终都将成为中国教育史上抹不掉的痕迹。

幸福感由心态来决定

让教师脸上有笑容

在同样的社会环境下，为什么十一学校的老师非但少有怨言，反而非常快乐？因为他们有实现自身价值的快感，也有出现奇迹时对自己创造力的惊叹，大家在心灵舒展的状态下不可能不尽心，不可能做不好。"有时的确非常累，可累中有快乐，累中有收获，心里的快乐，消融了身体的劳累，收获了喜悦，激发了大家更多的喜悦。"

是什么让人感到幸福呢？从事多年管理工作的李希贵校长对此有很深的体会："它是一个非常综合的感觉。我认为最重要的是他干的这个事是他喜欢的，是他想干的。二是没有杂事干扰他，有些时候，各级部门对教师的干扰是非常大的，各种会议、指令、检查，难以应付。三是你的付出能得到认可，让你感到被尊重，让你觉得不孤独。四是学校的文化氛围，让你觉得挺舒服，与周围人的关系比较顺。"

李希贵校长常说："一个民族、一个国家今天教室里教师脸上是否有笑容，将决定这个民族、这个国家的明天是否有笑声。教师的脸上没有笑容，学生的心中怎么会有阳光？没有教师积极的情感投入，就不可能培养出具有健康情感的学生。只有幸福快乐的教师才能教出幸福快乐的学生，学校不仅要成为学生向往的地方，更要成为教师向往的地方。我们今天有责任来塑造幸福的教师，这是一个艰巨的任务，我们得好好努力。"

在十一学校，有一个传统，每年9月1日开学后的一天，学校会组织一个十分隆重的教师迎新酒会，校长端着酒杯，在被美食和鲜花包围的场地里走动，与教师频频碰杯，互致敬意。笔者注意到，他的新同事里，有来自耶鲁大学、伦敦政治经济学院的毕业生，以及北京大学和中国科学院毕业的博士。轮到他发言了，他说："十一学校为何能吸引这么多杰出人才，有这个必要吗？"接着，他做出了回答："我们不仅在办一所学校，也不只是办好一所学校，我们需要杰出人物凝聚在一起，去完成一项使命，培养更多能改变这个世界的公民，以及把人类领向美好明天的众多领军人物。我们把它看得如此之重要，确实发自内心。"

学校启动了教师教育家工程，14 位教师走上了钓鱼台国宾馆的红地毯，接受这一光荣的称号，接受大家的祝福。一个非行政、非权力机构，一种民间学术团体，依靠群体的力量平等互助、合作、协商，在教师的专业发展中起着巨大的作用。帮助教师突破各个成长阶段（入职教师、合格教师、优秀教师、卓越教师、教育家）的瓶颈，使他们从初职走向合格，从合格走向优秀，从优秀走向卓越，逐步成长为教师教育家。

学校还有教育家书院、名师大讲堂、教师互助中心、读书会、教学沙龙、教师教育家成长论坛、中外教师教学论坛等，这是一种有利于组织成员之间合作和分享的机制。

在十一学校，教育家书院深深地吸引着教师，温暖着教师。它是一个学术性组织，开展的所有活动不靠行政命令，而是由老师自愿参加。比如读书会，有时盛况空前，大家谈读书的体会，让各种观点、思维碰撞。每一个主题，围绕主题进行讨论，引导老师提升品位，提升素质。

一个初春的周末，十一学校的办公室里，不断传来激越的发言声、热烈的鼓掌声、会意的欢笑声……这不是一次普通的会议，而是由教育家书院组织的《亲爱的安德烈》读书交流会。让赵继红老师没想到的是，居然有那么多老师参加，她兴奋地说："我第一次感觉到原来学术可以有这么强的吸引力。"在这里，他们找到了职业幸福感和心灵的归属感。"这里是我们的精神家园。"他们彼此安慰，相互鼓励，那一晚，大家都醉了，醉成了一道彩虹，挂在北京西边的夜空。

在一次会议上，李希贵校长无限深情地对大家说："学校在转型，每一位教师都要转型，这种痛苦是共同的。当您感觉很累的时候，不要选择放弃、抱怨，要寻求帮助。大家相互搀扶，才可以走得更远。我们都是只有一只翅膀的天使，只有互相拥抱，才能飞得更高。"

急风暴雨式的改革，使交流和沟通比任何时候都更为迫切，一项项来自民间的交流活动应运而生，比如各个年级的"每日一聚"、"暖心茶聊"，完全有别于一般的教研活动，大家有话则长，无话则短，日久天长，效果十分明显。

从年级到学校，一个个很小的、亲密的、非专业化的群体建立起来，每个组织都有自己的文化、结构、身份认同、关注的话题。大家围绕"后行政班时代的自习管理"、"小学段管理"、"导师制研究"、"学生管理学院建设"、"学生常规管理"、"过程性评价"等充分研讨，参加研讨的有学校领导、各部门负责人，更多的是负责这项工作的老师。面对共同的困难与挑战，大家有一个共同的信念——"我们在一起"，每一个人都不是孤军作战，这是一种情感纽带，一种"我们"的感觉弥漫于群体中。人类学家说过，几乎我们所有的需要，不论是身体上的还是情感上的，都要通过与他人的互动来得到满足。

学生放学了，忙碌了一天的教师虽然有些疲惫，但他们聚集在一起，一边喝着咖啡、茶水，吃着小点心，一边交流，会场氛围十分温馨、和谐，心灵在咖啡飘香中靠近，交流如小溪般自然流淌。

"一个人走路可以走得很快，但只有结伴而行，才能走得更远。"除了学校组织的教育沙龙、名师大讲堂、教师互助中心外，还有教师们自发形成的团队。常在一起吃饭的老师，边吃边聊，许多点子就碰撞出来了，饭后在操场上散步也成了他们切磋交流的好时光，他们给自己起了个名字叫"饭团"。还有晚上一起跳舞的老师组成的"舞团"、一起学游泳的老师组成的"泳团"，"团"内，老师们的互动十分精彩。

一天午饭后，姜绍琳老师和王爱丽老师一同散步，她正在为写作文时如何让学生多角度思考而发愁："为什么不管怎么启发，就是不会呢？"王老师说："嗨！这简单，你就搭建一个平台，让每个学生写出15个角度。这就是作业，然后你一汇总，就出来了100个角度，再反馈给全班同学。说教不管用。我现在天天在找这样的平台，很有趣，天天夸他们，学生的表现太好了，常常给我惊喜。"王老师的一番话，使姜老师豁然开朗。

一份美好的集体回忆

初到十一学校，能闻到空气中散发着的无以言表的特殊气息——纯粹、宁静、悠远，似"无香真水"，让人油然而生对它的喜爱，并希望这种气息永恒。这是高中杜志华老师谈到学校氛围时的一番感慨。

这种吸引力来自哪里？来自学校文化，来自隐藏在师生行为背后的价值观。大家认同并自觉践行这种价值观，它弥漫在学校的空气之中，无声无形，却又无处不在，它有一种说不出的味道，可以在人的记忆里嵌留一辈子。

为了让老师们在一种自然、自在、自由的氛围下工作，每个年级都有一个可以让他们安静备课的地方，里面有储物柜，可以存放东西，还可以在这里上网、读书、阅览杂志等。还有一间温馨的咖啡屋，老师们可以来这里放松心情，聊聊天儿，喝喝茶。各楼层的咖啡屋力求创造一种宽松、自由、温馨的氛围，让师生带着轻松愉悦的心情过一种自然、淳朴、宁静的教育生活。

高中教学楼三层，是老师的办公区，南面是一个椭圆形的巨大飘窗，这是一间很有情调的会议室，欧式的深红色的椅子，黑灰色木纹的桌子，配上墨绿色的丝绒窗帘，显得特别幽静。屋子的一角立着一个大书架子，上面摆满了《读者》《收获》等刊物。书架的旁边是一个大冰柜，里面是各种果汁、酸奶。柜子的上面有一个托盘，摆放着红茶和咖啡。暖暖的阳光照进屋里，很惬意，很温暖。课间，老师们会离开教室来这里休息、聊天儿，片刻的放松让紧绷的神经舒缓一下。

咖啡屋的外边，就是老师和学生交流的地方。这是一个半开放的宽敞的空间，布置得如咖啡座一样，两张沙发相对，中间一个茶几，茶几上摆着鲜花。每到课间，便有学生和老师来这里交谈，那种自然与亲切就像一道美丽的风景。在这样的氛围里坐下来，老师与学生的距离感消失了，视觉上的平等让学生的心情也完全放松下来，师生在亲切与自然的交谈中，享受着相互信任，也享受着彼此发现。

为什么在其他地方被视为坚冰的瓶颈，十一学校却能稳步化解，让人觉得他们赢得好容易、好轻松？答案很简单，求索的道路是艰难的，而践行理想的历程充满幸福和感动。

所有令人满足的工作，都根植于人性的接触。李希贵校长以他特有的细腻与爱心诠释了一个真理：人与人之间的感动与贴近不是靠纪律，不是靠管理，而是靠一种最真实、最自然的人性的释放。李希贵校长每次见到教师时，都会一丝不苟地对待他们，亲切地看着对方，耐心地倾听对方，使他们感知到自己的重要。

知识分子的心像敏感的琴弦，只要你倾注真情，就会得到期望的回响。教师如果感受到尊重，内心舒服，就会把温暖的情愫带到工作中。而他每天面对的是孩子，孩子一定可以从他的神态中感受到温暖。

人天生需要柔软、温暖、有力的东西，渴望体贴、温柔、宽厚、谅解、同情与爱，一位具有人性力量的校长，一座充满温情的校园，把尊严、温暖和感动传给每一个人。正是这种相互信任、彼此支持的关系，成为学校创造力的源泉，由它演绎出了十一学校跨越式发展的亮丽轨迹。

一座高大的山让人震撼和敬畏，但山再高，总有限度。如果这座山有清泉，有碧溪，有柔韧的藤蔓，有妩媚的野花，有了这些柔软的事物，这座山就不只是让人仰望，而且更让人热爱了。因为比起它的高度，这些柔软的东西更贴近人的心灵，更能让人感受到安全与柔情。

卷四

因何走到了这里

第十六章　教育变革的成功因素

> 为什么十一学校可以从应试教育的重重包裹中成功突围？其背后是伟大的思想解放，是深邃的哲学思考和清明的理性，是电光火石般的谋略。这次突围，实际上是中国基础教育某个历史阶段艰难转型时的一次创新。

一场深刻的思想解放运动

门槛上的理性洗礼

2012 年 3 月 14 日，北京市知名学校的校长以及国外教育专家，来到十一学校，李希贵校长向同行介绍了学校改革的经验，美国密歇根州牛津学区教育局局长比尔惊奇地问："您现在进行的改革，连美国很多学校都不敢，您怎么敢？"这是每一个进入十一学校的人都会问的问题。

坦白地说，发生在十一学校的这场教育改革是一场"完美风暴"，推动这场改革的作用力是多重的、综合的，来自制度、文化、管理等多个方面，每一个作用力都有相当的力量，而当所有的作用力结合在一起的时候，它便具有了极强的力量，每一个人都被它推动着，被它席卷着。

梳理十一学校改革的大致轮廓，我们不难发现，十一学校的改革有着强烈的理性色彩和哲学底蕴，学校的改革"始终是清醒、自如、沉着和稳健的"，这表明了他们思想的成熟。著名时政评论员邱震海指出："成熟的标准千千万万，但有一条最重要的标准，那就是理性。所谓理性，无非有两个特征，一是摆脱情绪，二是直达核心。有了理性，另外一些能力也将随之而来，比如思维的穿透力、批判审视的能力，比如多元辩论的能力；有了理性，另外一些意愿也将慢慢生长起来，比如妥协、协商的意愿，遵守规则的意愿。凡此种种，不一而足。"（邱震海《访与思——中国人成熟吗》）

作家木心曾经做过这样的分析，所有伟大的人物，都有一个不为人道的哲理的底盘。艺术品是他公开的一部分，另有更大的部分，他不公开。不公开的部分与公开的部分比例愈大，作品的深度愈大。那么，让我们来看看十一学校的底盘是什么呢？

改革开放30多年来，基础教育领域的改革与探索从来都没有停止过，但频繁的改革在一定程度上却也伤害了一些教师的积极性。究其原因是因为浮躁、急功近利与茫然，这些表现出了一些教育工作者精神的不成熟和情绪化。而十一学校的改革，却明显表现出稳健与成熟、清醒与理性、持久与超越，处处闪耀着理性的光辉。其背后是思想的深刻、精神的成熟。如果没有思想的成熟、理论的成熟，以及哲学的思考，即使是再快的发展，也是盲目的和充满风险的。

长期在中国农村支教的德国人卢安克曾说过一句朴素而又深刻的话："文明就是停下来，想一想。"多少年来，面对教育改革盘根错节的问题，我们的前辈提出过许许多多的解决方案，但最终效果都不甚明显。总结前人之经验，李希贵校长认识到，学校变革每天都在发生，只不过这是感性的，是根据经验和感觉进行的。由于缺少系统的研究和顶层设计，缺乏充分的思想准备，以及深刻的理性思考，结果出现了大量的后遗症。改革既需要热情更需要理性，既需要勇气还需要智慧，而唯有靠理性，才会使人冷静，也才能超越。十一学校的可贵之处在于，他们在疾驰的路上，停下来，想一想，而不是在高速运转的应试机器里，不假思索地转下去。

美国新闻评论家李普曼说得好，最能够给人感染和让人动容的，往往不是激情澎湃的话语，而是冷静和理性之下的隐忍，是平静之下的阵阵涟漪，是那种真正能触及人心的淡然。18世纪英国政治家柏克也推崇这种温和的理性，他说："普遍的轻率与浮躁中，你将会发现存在着一种冷静、沉着、泰然自若的人格，这种人格将会成为一个中心，把所有事物都吸引过来。"许多人都开启过伟大的改革，但能走出多远，要看他有多强大。巴尔扎克说过："一个能思想的人，才真正是一个力量无边的人。"

思想变革是一切变革的先导和基础，十一学校的发展、革新与图强，其背后充盈着深厚的思想文化积淀，从始至终，他们都保持着可贵的思想热忱、理性的从容。正是深厚的思想文化积淀，深刻地拓展了学校的发展视野，开辟了学校新的发展空间，昭示了未来教育的发展路向。

这是一场以理性和科学为犁的教育思想解放运动，这场运动，绝非某个人脑瓜子一热，一拍脑袋决定的，而是基于长时间的思考和艰苦酝酿。十一学校为什么会有如此的远见，会如此超前？李希贵校长的回答是，每一项重要的发现，都是由于耐心、坚持和专注，有时候，甚至需要长年累月地关注一个问题。

仔细研究李希贵校长的著作会发现，从20世纪90年代起，在山东省潍坊市高密第四中学，他对许多问题就开始关注，并由此切入，从一个个具体的问题出发，透过事物的表象，弄清背后的原因，寻找解决问题的钥匙。

他们每天都在思考问题，这些思考也一一呈现在日后的改革方案中。循着改革的每一步发展，你能感受到一种从容，好像一个时间罗盘，指引着你一步一步回到那个最原本的世界，回归教育的本质。在他们"设计"的世界里，你甚至感觉不到"设计"的存在，好像万物本该如此，清晰了然。一切都做得那么从容淡定，一切又都来得自然而然，一如水到渠成。

十一学校的改革，不断有新想法冒出来，触角也伸得远，几乎每一天、每个角落都在变，但深入其中便会发现，它其实是有边界的，那就是严格按照国家要求，在与国家要求对接、融合的前提下，创造性地落实，用李希贵校长的话说，就是"非常理想，特别现实"。

打破思想的禁锢

当我们需要用一把尺子衡量十一学校探索的真正价值时，最无疑义的一个选项，便是这所学校输出了改变教育，进而重塑教育图景的诸多观念。是观念领着他们一路披荆斩棘，观念是催化剂，是指路牌，是教育转型的思想引擎。

学校转型，关键在于观念转变，观念一变，地广天宽。应当说，十一学校改革的过程就是解放思想的过程，每一个难点、重点的突破，都是以思想解放为先导的。没有解放思想，没有改革的勇气和创新精神，也就没有今天大家看到的一切。正如维克多·雨果的那句名言："世界上任何一种力量都抵不过引领时代的观念。"

　　曾经三次到十一学校学习的华东师范大学附属东昌中学赵国弟校长，发出这样的感慨："十一学校敢于对我们熟悉的、习以为常的、感觉舒服的，甚至被认为天经地义的东西进行质疑，用逻辑规则去挑战权威，挑战惯常的思维，最为可贵的是他们的批判方法、他们的质疑态度，不管你有多相信它，甚至哪怕它是别人一直以来教导你的。他们在持续不断的质疑中，认清我们的错误，一步步接近真理，帮助我们理解不太容易被看到的更大的图景。"

　　他们敢于破除迷信经验、迷信本本、迷信权威的惯性思维，突破"模糊、混乱、僵化、落后"的思维模式，注重理性、逻辑，从实际出发，而不是从现成结论出发，不让显而易见的概念牵着走，运用批判性思维、逆向思维、系统性思维，对人们熟视无睹的现象，对人们认为合理的东西，甚至对人们认为须臾不可更改的边界敢于质疑，创造出新的世界。

　　应该说，赢得这场改革的是"对认识的认识"、"对思想的思想"，是以自身为对象进行反思，这种反思是深沉的、深刻的。李希贵校长说："反思必须重估一切价值，重新认识自己，既坚持怀疑和批判精神，又对前贤抱有温情的敬意。通过一次次对长期形成的既定观念进行反思，使中华民族几千年的优秀文化成为强大的现实依托和实践动力，使我们能够看到基础教育的症结所在，并从中汲取有益部分批判地吸收。"

　　年轻时的几次"失败"被李希贵校长视为"能量的积累"，这一次又一次的失败，一次又一次的积累，促成他后来进步的爆发。

　　在李希贵校长看来，"改革有风险，但风险可控，成本也可接受"。这是他的底线思维，改革的难度之大、矛盾之尖锐、任务之艰巨都是空前的。要有试错的勇气，要相信自己的实力和潜能，勇敢去实践。改革必然会带来局部的、短期的阵痛，但从全局看、从长远看，深化改革受益会更大、更长远。底线思维使他们始终对风险保持清醒的防范意识，凡事从坏处准备，朝好的方面努力，争取最好的结果。改革中的每一步都强调排查风险，控制风险，管理风险，将风险降到最低限度。

开局阶段落下的每一步子对后续的发展都起着至关重要的作用，恰恰是战略思维及对未来的清楚预见，帮助他们避免片面而局部地思考问题，注重改革的系统性、整体性、协调性，分清可能与现实，把握事物的趋势，加强宏观思考和顶层设计，同时鼓励大胆试验、大胆突破，不断把改革引向深入。

摸着石头过河

这场改革，令人艳羡而又令人望而却步，令人信服而又让人觉得不可思议。一切都像个多棱镜，你翻转它，它就反射出不同的光芒，又像一个喷泉四周的人工彩虹一样，每一个侧面都流露出不同的光彩。

有人说，叙述一时代一民族之历史而不及其哲学，则如"画龙不点睛"。培根说："研究一时代一民族之历史而不研究其哲学，则对于其时代其民族，必难有彻底的了解。"因此，研究十一学校的改革，必绕不开其哲学。

那么，十一学校的哲学是什么？

教育是一个"不确定系统"，所以我们常说教育要摸着石头过河。但教育家吕型伟却风趣幽默地提出一个关键问题："摸着石头过河，那么，石头在哪里呢？"

"当我们面对问题找不到办法的时候，我们便到学生那里去找，甚至把学生请到校务会上。我们循着学生的需求，一点点做出改变，服务于学生的成长，尽心尽力做好服务，学校的所有努力都是围绕这个展开的。"李希贵校长的一番话，道出了十一学校的教育哲学和教育主张，这一眼睛向下的视线转移使他们蹚过湍流，摸到了石头。

"服务于学生的成长"，这是十一学校的哲学，它决定着十一学校的教育走向——提供合适的环境，提供合适的教育，循着学生的需求，跨过了一道令人吃惊的新门槛。他们为这种哲学留下了美丽的注释："返璞归真，回归教育的本真。"

生活中，我们往往跟着印象和感觉走，凭直觉引导行事，而十一学校不靠感觉、直觉或主观经验决策，不是"盲人骑瞎马，夜半临深池"，而是一切从实际出发，本着实事求是的精神，把问题搞清楚，尤其是搞清楚事物诸要素之间相互影响、相互作用、相互制约的关系，透过事物外部的、现象的、偶然的联系发现其内部的、本质的、必然的联系，从个别中找出带有普遍性、规律性的东西，从而揭示和把握事物的发展规律。

十一经验最核心、最本质的是什么？也就是说，十一之魂究竟是什么？十一之道究竟在哪里？历史老师魏勇一针见血地指出："服务于学生的成长，这是十一学校的哲学。学校因着学生而存在，课程因着学生而改变，硬件因着学生而建设，教师因着学生而教学，全校从上到下，从教师到职员，全都因着学生而有所作为。纵观令人眼花缭乱的改革举措，揭示其隐藏在表象后面的内在原因，才能看清它因何而生、缘何而起。站在服务对象的角度思考问题，以学生的发展需求为线索，规划课程，开发教材，设计教学，这是十一学校改革的魂，是统领一切的。只要循着学生的需求，我们就能找到办法，所有的办法都是在这块适宜的土壤上自然生长出来的。这才是十一之道，是十一学校的'真经'。"

魏勇老师的一番话，道出了教育界一个十分严重的问题。多少年来，学生的需求无时无刻不在我们面前，可是我们已经熟视无睹，学生的需求被严重地忽视了，一切都被认为是理所当然的。如今，生活在 21 世纪的新一代学子，需求更是无处不在，那么，如何才能看到呢？

十一学校以一种全新的教育理念、敏锐的目光重新打量教育，打量学生，他们看见了学生的真实需求，为了满足学生的需求，自然要变革。于是，循着学生一个又一个的需求使改革持续深入，最终撬动了基础教育最顽固的壁垒。

走出非此即彼的思维方式

改革是一种路径选择，考量着改革者的思考力、成熟度。中国教育科学研究院副院长曾天山深刻指出，所谓"改革"，必定会突破既有的东西，去找一个新方向；从改革的起点看，新方向会有无限的可能性。要改革，先要做选择，只有正确选择，才能避免盲目与陷阱。教育领域的改革，历来是要慎重抉择的，任何一种变革性的突破，都是有目的性的选择，而这种选择有三个方面的要求：合乎教育价值判断，合乎教育发展规律，合乎教育实践的需要。

很多时候，对于改革，人们仅仅停留在嘴巴上，甚至认为只能说一说，真的去做时，却很有顾虑。他们在思想深处认为，抓高考成绩，就必然会影响素质教育，照顾学科素养，就肯定会影响高考成绩，只能选择其一，而看不到两者之间的相互关系、相互作用，思维始终处在对立的两个极端。这种传统观念和思维定式已经深深地植根于人们的每一根神经，要想改变不是一件容易的事。

十一学校发动的这场改革力图摆脱对立的思维方法以及原有的思维模式，他们既没有全盘否定以往的经验，也没有改弦更张，另起炉灶，更不是对原有体系的修修补补，而是用温和的办法，保留原有的基本框架，剔除其弊，一点儿一点儿把"自由"、"选择"等现代教育的元素成功嫁接到传统教育的体系中，改变其结构，赋予其新的内涵，通过渗透，逐步"转换"，将改革举措成功地楔入学校原有的运行体制中，最终实现转型。

对于别人的经验，他们从不照搬，在他们看来，脱离了真实环境的照搬是很荒唐的。他们的心态是开放的，一切有价值的思想，他们都积极地像海绵吸水一样加以吸收，很少带有盲目的排他性，而他们的吸收又有高度的选择性。

然后，变化出现了——教学组织形式变了，教学内容变了，学习方式变了，人与人之间的关系也变了。时间变成了柔性的，学生变成了流动的，空间界限变得模糊了。

"前途多歧，一不小心，可能迷路，然而，多歧，也是多选择，也许从此豁然开朗，出现新境界。"在风雨如磐的高考压力下，十一人找到了微妙的平衡点，走在"既有几分危险的高度，但又不至于掉落而亡的地带"，所以，他们赢得了掌声。

李希贵坦诚地说："我也是遇到了不小的挑战，一般传统的思维非左即右，实际上肯定有一个中间地带，我们要寻找这个中间地带。其实，在黑与白之间有更多的灰色地带，实现一个目标的方式通常也不是只有一条道路。"魏勇老师曾经十分形象地描述过这个过程："当我们的人生跋涉过来时，我们才发现大多数时候，人不是在黑白分明的两极中选择，而是在一望无际的灰色地带平静而绝望地旅行。"

促进教育进步的文化变革

文化引领学校未来

来十一学校学习的人都会问一个问题：面对高考压力，他们竟然敢搞出这么大的动静，改革方案不仅能落地，而且有成效，为什么？答案是文化，不同的文化使局面变得完全不一样。李希贵校长说得更为到位："只有学校具备了浓厚的文化底蕴，在教师间建立起信任与合作的工作关系，才能真正推动学校变革。"

文化，指一个社会的价值观、态度、信念取向以及人们普遍持有的见解，非洲研究、开发和管理协会会长丹尼尔·埃通加·曼格尔提出一个命题：文化是制度之母。

近三年来，先后有 60 多位上海重点中学校长到十一学校学习，让他们感受最深的是学校的文化，他们发现，"这样一种具有特质的文化，这样一种能量，这样一种气场，是我们无法抗拒的。这种文化可以感染人，我们在不知不觉中被浸染，它是有味道、有故事的"。

促成十一学校改革成功的，当然有许多因素，但是，文化起到了至关重要的作用。是文化的变革带来了教育的变革，是文化深刻、微妙地影响着人的思维方式和行为方式。

启动这样一场改革，十一学校做了扎实而充分的准备。在诸多准备中，最重要的是思想、观念、文化的准备，建立共同愿景，统一思想，凝聚共识，足足做了三年。

2007 年仲秋的一天，当李希贵校长走进北京十一学校大门的时候，那些追随的目光也随之而来，人们想知道他又会有怎样不凡的举动。然而，三年过去了，十一校园里波澜不惊，人们按捺不住心头的焦急，甚至有些失望："怎么一点儿动静也没有？"其实，人们不知道，这座表面平静的校园正在酝酿着一场教育改革的风暴，变革的思想在校园中激荡，各种能量与活力在不断地聚集。

改革需要凝聚共识，增强信心，教育改革尤其如此。我们秉承什么样的信念才能肩负使命？在我们肩负使命的旅程中，可能看到什么样的风景？怎样才能一路前行一路看风景？

李希贵校长深知，今天，已经到了用文化影响和管理学校的新时代。任何教育、教学改革，若没有相应的文化变革，包括价值观、思维方式和行为方式的变革，要想成功肯定是难上加难。人们一般害怕激烈的改革，是因为他们更喜欢做熟悉的事务。所以，说到底，教育改革就是文化改革。在文化人类学者威廉·哈维兰看来，人们之所以谈论文化，维持文化，根本上是为了解决那些与自己息息相关的问题。

"制度和行政命令不能解决所有的问题，只能在一定的范围内规范、约束人的行为，真正能让人持久做下去的是文化的力量，文化具有滴水穿石的作用。"经验告诉李希贵校长，大部分变革的失败，不是因为缺乏管理，而是因为文化的冲突，或者是因为缺乏文化的支撑。必须在继承原有文化与价值观的基础上，进一步明确学校基本的价值取向及师生员工的行为准则，在各个场合告诉大家我们提倡什么、反对什么，学校如何定义成功、如何定义失败。这样，每一个个体和团队就都可以在这一共同价值观下创造性地工作。

多年的管理经验告诉李希贵校长，要形成学校共同的价值观不是一件简单的事情，绝不是校长一个人在办公室里想好了，这个价值观就在校园里生根、开花、结果了。"不是你说了，他就能做到，必须通过一个机制，让使命、愿景、价值观深深地扎根于人们的心灵深处。"

在 2007 年暑期干部会上，李希贵校长带领大家着手分析、梳理学校的关键成功基因，提炼学校文化，寻找伟大学校的 DNA。这是他进入十一学校做的头一件大事。一直喜欢研读企业管理书籍的他，从成功的企业管理中获得智慧和灵感，借鉴企业管理的众多方法，比如头脑风暴、鱼骨图、数据法、标杆法、学校自我诊断模型、项目研究等，将之一项一项运用到学校管理实践中。这一次，他们运用日本管理大师石川馨先生所发明的发现问题"根本原因"的方法，其特点是简捷实用，深入直观。它看上去有些像鱼骨，鱼骨上长出许多鱼刺，通过这些鱼刺，可以看到各个原因之间是如何相互影响的。

凝练文化是一个并不轻松的过程。一连几天，李希贵校长带着大家画鱼，老师们一边画一边争论，有时候争得脸红脖子粗。会议休息期间，大家碰到一起，问得最多的一句话是："你们组画了几条鱼？"学校工作千头万绪，老师们个个忙得不可开交，而校长却一遍又一遍地组织全体教职员工研究：我们都做了什么？在学校发展中，关键任务是哪些？学校经历了哪些关键事件？它们是如何得到解决的？教师和学生是什么样子？学校建筑要传达什么样的信息？学校流传的故事和仪式是什么？人们不明白校长究竟要干什么。"真让人摸不着头脑，有这个必要吗？"质疑的声音在老师中出现。

这个时候，李希贵校长表现出了特别的坚定与耐心，因为他知道，把办学思想写在纸上，挂在墙上，并不难，但要让它走进每一位教师和学生的心里，化作他们的一言一行，就没那么容易了。倘若能让尽可能多的人参与其中，他们就会认为那是他们自己的事。有了这样一个看似烦琐的过程，才能使教师真正感到学校是自己的学校，而不是校长一个人的学校，才能把大家认为距离自己很远甚至虚无缥缈的学校文化演绎为每个人生活、事业甚至生命的一部分。

他耐心地开导大家，十一是每一个教职员工的，它属于我们每一个人，我们每一个人的命运都和这所学校的未来密切相关。所以，我们大家共同参与这样一个过程，就是要把我们的命运和学校的命运紧紧联系在一起。一个人的梦想不过是梦想，大家共同拥有的梦想才不再是空中楼阁，而是现实的开端。改革需要同心同德，推进改革大业需要责任和风险共担，责任才是力量。为了追求更完美的理想，要把人们紧密联系起来，加深大家命运与共的一体感。所以，工作再忙，时间再紧，这个过程也不能省，因为它是建构十一认同的重要步骤。

渐渐地，人们发现，鱼还真没白画，学校作为有着几十年办学传统的集体，必定有一些集体文化基因、群体性格和精神世界的共同特征，只有对它们进行深层透视，才有可能掌握和揭示它的精髓。随着一条条形态各异的鱼的出现，十一学校七大成功因素浮出水面：一位优秀的校长、一支一流的队伍、具有先进的理念与共同价值观、充满活力的体制与机制、逐步优化的生源、不断改革创新、良好的硬件与资源。

在 2008 年的教代会上，大家又梳理出学校发展历史上被普遍认可的 20 条文化与价值观。譬如，与共和国一同成长，共和国的利益高于一切；不为高考，赢得高考；实施主体性教育；学生能做的，老师不要包办；生活上可以照顾，工作上不可以照顾……这些价值观源自学校历史的长期积淀，决定着学校的精神高度，也规范着学校各个方面的工作，引领着学校的发展方向。

在 2009 年教代会上，学校提出了今后的使命和战略目标。十一学校的使命是：创造适合学生发展的教育，将十一学生塑造成卓越的品牌，把十一学校建设成受人尊敬的伟大学校。战略目标是：一流的质量，卓越的队伍，能够让老师过体面生活的待遇，成为师生成长的家园和乐园。

"把十一学校建设成受人尊敬的伟大学校！"这是多么诱人的字眼，它是十一人高高树起的一面伟大的旗帜，成为学校发展的重要牵引力。

这一届教代会竟然持续了 56 天，之后，又经过三年的努力，一个完整的学校战略图系形成了，它既不是挂在墙上的美丽图画，也不是束之高阁的高深理论，而是实实在在镶嵌在每一位教职员工心中的伟大梦想和光荣使命。在一次次争论中，使命与愿景、目标与责任，一针一针地"缝合"在教职员工精神世界的深处，引领着学校一步一步迈向高远的未来。

由于所有成员都参与学校文化的构建，学校今后要做的事，在每个人心中逐渐清晰起来。每当有人问起十一学校的文化纲要时，李希贵校长都会十分自豪地说："文化纲要是大家智慧的结晶，如果把它比喻成一个面包的话，那么，在这个面包里，有你的面，有他的糖，有我的盐；饱含着你的创造、他的坎坷、我的辛劳。"

从 2007 年暑期工作会开始，先后共有 475 人次参加了三轮大讨论，校方收到各类意见和建议 684 条。在 2009 年 11 月学校第十届教代会上，《北京十一学校行动纲要》以 97.4% 的赞成率获得通过。这一学校使命、愿景、价值观的诗意表达，共分 15 章 100 条，构成了十一学校文化鲜活的生命，成为学校今后一个时期的宏伟纲领和行动指南。教代会上，李希贵校长的讲话掷地有声："我们在各个领域达成一致，这是全体教师的行动纲领、行为准则，是全体教师认可的、教代会通过的，任何人无权更改，只有遵守。"这时候，校长与教师之间有了一种看不见的、无声的契约。

接下来，学校对目标进行逐级分解，一步步分割，把漫长的路划分成一段段小的路径，变成每个人的行动计划，并确立优先解决的问题，分出轻重缓急。

为什么这样做？李希贵校长说得很清楚，让每一个十一人手上的任何一项工作都与学校的发展战略相关联。仅仅有一个战略目标、仅仅有一个愿景是不够的。克林斯曾经说过："拥有一份愿景宣言，离成为真正高瞻远瞩的公司还很遥远。"所以，我们必须反思，必须研究，怎样才能使我们手下的每一项工作支撑着我们的战略目标，使每一件事都朝着我们的战略目标逼近。

李希贵校长反复强调，这是一个落地的纲要，是全体教师的行动指南，有它和没有它大不一样，它支撑着每一位教师的言行。"作为精神追求的坐标，对十一人来说意味着很多，它是理想和追求，是流淌在血液中共同的价值观，它承载了这所学校最特别的一些东西，它让不随外物、境遇而变的东西永远跟在大家身边。"

在改革最艰难的时候，"遇到问题大家想办法，不计较，因为有共同的价值观"。秦建云老师的体会最为深刻："经历了两年的讨论，我们终于碰撞出了这个东西，它与管理互补，成为推进改革顺利实施的重要支撑。当许多问题无法用制度解决的时候，就只有靠文化的力量。一味地用管理的办法，肯定走不通，有时会严重违背教育规律，这个时候，只能靠文化。比如，课时增加了，又无法增加工资，怎么办？我们说：'不要再分什么边界了，为了孩子付出吧。'无论遇到什么样的困难，我们都会在文化纲要的引领下，激发每一位教师去创新，这才出现了今天的局面。"

文化就是"我们这里的人们做事情的方式"。人的行为模式多数不是由人自身决定的，而是由人所在的系统决定的，人们在看到别人的所作所为后，就会有所触动。也就是说，个人生活在群体里，会直接受到他人行为的影响，这对推进改革有着深刻意义。

"营销"希望

一次，一位来十一学校学习的校长问李希贵校长："你的办学思想是如何在一所学校成为大家共识的？"他认真地纠正道："不是我的办学思想，是我们大家的办学思想，是集体形成的共同价值观。"

接下来，他耐心地对这位同行说："改革意味着资源分配、机会供给等重大利益格局的调整，必须凝聚最大共识，'庙堂之上'的共识需要，'江湖之远'的共识更加不可忽视，而只有上下互动，才能减少改革阻力，排除各种干扰和障碍。问题在于，我们怎样才能创立一种新的、能够激励人的力量呢？很显然，这种力量不是武断的、行政命令式的。谈到改革，我们听到最多的抱怨是没时间、没钱、没有人力支持等，但谁都没有说到问题的关键，即没有改革的愿景。不管提供多少人力、物力，如果没有明确的愿景，是没有办法进行改革的。"

什么是愿景？美国管理学家彼得·圣吉这样描述，愿景是人们心中一股令人深受感召的力量，刚开始可能只是被一个想法所激发，然而一旦发展成感召一群人的时候，就不再是一个抽象的东西，人们开始把它看成是具体的存在。在人类群体活动中，很少有东西能像共同愿景这样激发出强大的力量。在追求愿景的过程中，人们自然而然会产生勇气，去做任何为实现愿景所必须做的事。

在十一学校每个人的心中，都有一个战略图系，它像一个金字塔，塔尖的最上端是愿景、使命、价值观，中间部分是关键成功因素及指标，最下面的塔基部分是价值观与行为准则。而且，这一愿景是较高层次的，富有魅力和感召力，有一种让人热血沸腾的力量。

开始制定学校发展战略时，有人一听"战略"，觉得挺唬人的，学校还要有战略吗？了解十一学校改革的人都知道，恰恰是战略帮了他们的大忙。

当时，王春易老师很不理解："一所学校竟然把自己定位为伟大，真敢说！你一个学校能伟大到哪儿去呀！说得也太大了！"后来，她越来越发自内心地感觉到工作的价值，认为自己确实是在迈向一条伟大的路。她甚至常常自言自语："我们干了一件非常伟大的事、非常了不起的事，我们怎么这么了不起呢？"采访中，王春易老师激动地对笔者说："过去，总觉得伟大离我们特别遥远，走到退休也不可能达到。当我们逐步建构起适合学生发展的课程体系、评价体系，看到了发生在学生身上的变化时，还真是把自己吓了一跳。天哪！我们做了一件多么伟大的事啊！"

"当初，是在什么情况下提出建设一所伟大的学校的？"面对一些人的提问，李校长说："在干部会上、课程研讨会上，一点点提出来的。当时，大家碍于面子，没有反对。实际上，教育赋予学校的使命很大。但是，这么多年来，许多学校并没有意识到自身的使命，更要命的是一直以为教育就是这样了，一切都理所当然。若没有一个伟大的梦想和愿景，那么每天忙的就会都是些琐碎的事。如果一个集体失去了目标，连每天疲于奔命、奋斗的动机都找不到，这是多么悲哀的事。"

校长的责任是"营销"希望，这是李希贵校长在很多场合常说的一句话。作为校长，他很少用制度、规章、督导、检查来约束部下，他做得最多的一件事就是不断地描绘学校愿景，以此激励大家，使每一个下属有内在的动力，有远大的目标和愿景。

在李希贵校长看来，领导学校和管理学校是完全不同的两个概念。在一个团队中，领导者的职责就是要及时给大家提出一个共同愿景，为大家带来希望之光。正如美国著名经理人鲍伯·加尔文所说："领导者的最终工作就是传播希望。"确立愿景，激发每个人的积极性，它与简单的确定目标、调配资源、监督控制的管理完全不一样。正如一位企业家所言，管理其实非常简单，你需要用目标把大家拉动起来，目标是拖拽你行动的缆绳。

在一次与外省市同行交流时，李希贵校长发言："有人说，学校如同军队。我不同意这个说法。世界上所有的战争，还没有一场是靠管理打胜的，更多的是靠领导，靠树立愿景，靠激励。如果仅仅按照后方指挥部的管理办法指挥战争，那部队就没有战斗力。学校更是如此，如果每一个年级、每一个班级全部按照校长的要求，一天一天去做，一件一件去落实，这所学校就不会有生气。"

美国著名管理思想家玛丽·福莱特说："最成功的领导者是能够看到尚未实现的前景的人。"令人欣慰的是，这个前景李希贵校长看到了；然后，他把它"推销"给他的部属；然后，他们义无反顾地朝着这个前景走去。

个人的发展、个人理想的实现，是保持组织繁荣的先决条件。依靠过去的办法，遵循以往的惯例，僵硬地实施规章和命令，是不可能达到这个目标的。只有那些感到自由并深信他的工作是值得一干的人，才会有信念、首创精神和创造活力，这些人都会对自己负责，并在整体的发展中扮演一个积极的角色。

所以，李希贵校长不遗余力地鼓励大家发展自己的个人愿景，让"共同愿景"与"个人愿景"结缘，使每个人都自觉地用美好愿景去审视自己和周围人的工作，都不自觉地估算自己所负责的工作与美好愿景之间的距离，这才是教师工作的动力所在。

有位哲学家说："推动帆船前进的，不是帆，而是看不见的风。"这种无形的力量是靠时间和心灵来酿造的。

人们愿意为之献身的是远大理想，而不是计划。因此，十一学校帮助教师找到了共同的目标，找到了为之献身的理由，由此带来截然不同的工作态度和工作表现。这是一种奇妙的精神现象，其中蕴含着极大的能量，能调动起人的全部精神潜力和物质能量，从而形成强大的力量，这种强大的力量可以推动人做出平时根本不可能成就的事业。

教师是第一推动力

把改革交到大家手上

从20世纪90年代起，李希贵就时常思考：如何把改革变为大家共同的事业，使绝大多数人认同、理解，进而全力参与？他十分清楚，人的欲望、需要是强大的心理动因，一旦被唤起，就会产生巨大的能力，但要使一个群体持久地焕发并保持这种活力，要靠机制做保证。也就是说，要把改革交到大家手上，把改革的主动权交给教师，让改革的重心下沉。

他说："要真正变革教育，就非要找到、找准中国教育的真正主体不可。任何一项改革，最终都要落实到老师的教育教学活动中，他们才是决定性的因素。任何变革，只能在老师身上发生，只能在课堂上发生，绝对不会在学校层面发生。既然这样，发挥每一位老师的创造性是最重要的。"

当今，一些企业用"团队智商"来衡量企业团队的能量和效率，他们认为未来的组织不应该是一个人指挥一群人的牧羊式组织，而应当是智慧的联合体，使每一个人都参与创造性的工作，这样，才能再造组织的无限生机。

李希贵校长敏锐地意识到，在改革的风口浪尖上，到处充满矛盾，到处是全新的变化，靠管理已经完全没有办法实现目标。这个时候，要把学校建设成为合作性的组织，让更多的优秀教师参与学校管理，让更多的事情通过协商、协调、协作来解决。在一个组织里，如果组织成员的权力和地位差异缩小，交流公开，大家一起参与决策，团结合作，共同发挥潜力，那么组织的有效性就会得到提高。

李希贵校长提醒自己，我们已经处在一个不同于以往的时代，这个时代不再具有确定性、统一性和简单性，而具有更多不确定性、多样性和复杂性。一个人智慧是有限的，很容易出现偏见，而一群人共同做出判断时，准确率会比较高。教育在转型，学校在转型，校长要转身，要放下身段，放下一些曾经运用自如的权力。决定学校发展大走向的，并不是校长一个人的权力以及学校的行政体系，应当放手让各种组织自行处理各自的事务，增加教师自组织的职能与主人翁意识，让教师真正成为改革的主人。

于是，学校创造一切机会，使教师更多地参与改革涉及的重大问题，让教师感受到，似乎改革的每一个环节都与他有关。这实际上也是在营造一个场，让所有进入这个场的人都全力以赴，发挥自己的作用。

这样一来，这场变革的推动者就变成了普通人——教书育人几十年的老教师、刚刚走向讲台的年轻教师、边学边干的学校管理者。教师以个人身份参与学校办学，参与学校发展，在这里，每一位教师都有着自由的空间，都有着明确的目标，都充满个性，最大限度地发挥自己的潜能，他们的能量与决心成为这场变革的决定性因素。

在课程改革的攻坚阶段，十一学校非常重视最基层、最基本、最小的团队建设，使这些小团队特别有战斗力，特别有方法，特别有创造力。改革中大量的工作都是以项目团队的方式推进的，从课程内容的研发到教学组织方式的设计，从排课表到学生选课调课，从诊断数据的研发到评价结果的反馈，从自习管理到小学段实施，涉及改革的方方面面工作全部由一线教师担任。每个人都参与其中，他们以一种不同于以往的方式工作，彼此信任，互补长短，为共同的大目标全力以赴。教师自组织成为学校行政力量、学术力量之外的第三股力量。

李希贵校长自豪地说："每一个创意，每一次跨越，都充分发挥每一个'我'的创造性，激发每一个'我'的潜能，给每一个'我'创设互动、分享的平台，让他们在其中既感受自己的重要性，又分享别人的智慧。每一个'我'都融合在我们之中，团队的智慧让每一个人感到了'我们'的力量，体现出'自由团队'的强大动力和重要价值，这种协作把'许多力量融合为一个总的力量而产生新力量'。"正是这一智慧，使他如同一位娴熟的筏夫沿激流而下时巧妙地躲过一个又一个暗礁。

一群有梦想的教育理想主义者，一位锐意改革进取的校长，在这座有着光荣革命传统的校园里碰撞到一起，迸发出思想和智慧的火花，创造着新的教育。鲁迅有一句名言："惟有民魂是值得宝贵的，惟有他发扬起来，中国才有真进步。""一个个你我他"便是这"民魂"的勾勒者。置身于全面深化改革的历史区间，每一个人从我做起，从现在开始，保有美好的精神追求，我们的民族就永远充满希望，我们所实现的必将超越我们所期待的。

让旅客坐到驾驶员的位置上

多年从事学校管理工作的李希贵校长发现，在一般学校里，普通师生与校长之间隔着四五个层级，这样的结构会生出许多繁文缛节。于是，从 2007 年开始，学校用了三年的时间，把十多个中层部门压缩至四个，他们不再行使管理权，而是作为职能部门与年级以协商的方式进行合作。

与此同时，各个年级设立了年级委员会，集教育、教学、科研、管理于一身，获得了前所未有的自主权。年级委员会下面分设"分布式领导"，学校还成立了学科委员会，学校科学馆、图书馆、课程研究院、教育家书院、自主研修学院、枣林村书院等负责人都由教师担任。

同时，在原有的组织结构里，增加了一个新的板块，即技术结构，专门负责课程的建设与研发。2011 年 3 月，学校成立了课程研究院，由秦建云老师出任院长，其主要职责是：通过与老师谈话，为课程改革做好思想准备，使老师认同并产生改革的动力，为改革自下而上的启动做好铺垫；完成学校课程改革整体框架的顶层设计；编写课程方案和学生课程手册；带领各学科骨干教师对本学科各级各类课程进行研发，组织各类课程指南、学习用书管理等课程资源的编写、印刷；成立学校过程性评价和诊断专家团队，组织督导对各学科课程实施的过程性评价和诊断工作。这一纷繁复杂的高技术含量的工作，聚集起一大批具有专业水准的专家与优秀教师。

这是一个富有挑战性的运行机制，是一种多向的、动态的、流动的领导关系，每个人根据自己的强项分担年级的部分工作，每个人都对事业负责，而不仅仅对某位领导负责。这样一来，每个人都坐在了驾驶员的位置上，他们不但可以决定如何驾驶，甚至可以决定开到哪里去。

只有触动了组织变革，使学校回归到每一个师生手中，他们才会将学校视为自己的学校，才会焕发出蓬勃的生命力。

一次，年级主任于振丽在汇报工作时，谈到"分布式管理"，她的话刚一出口，李希贵校长在下面小声纠正："是分布式领导，不是管理。"当时，于老师一愣，心想："有什么区别呢？"会后，李校长对于老师说："你要慢慢体会这两个字之间的差别究竟在哪里。"随着改革的不断深入，于老师越来越深刻地体会到，分布式领导在发挥团队作用，为整体服务，提供多元性，成就教师事业，提升团队的管理效能等方面，与管理真的是完全不同的。

分布式领导不是挂在嘴上的口号，而是全年级每个人实实在在的行动，是组内层层分担的责任，使追随者变成了领导者。

分布式领导最重要的特征是"共同行为"——人们在一起工作，互相激发出潜在的首创精神和专业特长，彼此作用的结果是创造力远远高于个人行为。现在大家都意识到不是"为别人"做事，而是"与别人"一起做事。

一天，评价项目组的张美华老师，来到于振丽老师办公桌前，敲着桌角问："什么时候交评价？"于老师抬头看看表情严肃的张老师，心里甭提多高兴了——一位年轻老师对自己的顶头上司竟毫不客气，她的工作能不到位吗？

刚刚过了期中考试，笔者在校园里见到于振丽老师，她满面春风，十分骄傲地对笔者说："你知道吗？这段时间侯敏华老师经常表扬我。分布式领导带出了一个健康的组织，大家都担负着领导责任，都对集体负责任，使学部管理处于一个高效、监督、制衡的机制下，每个人都把自己负责的领域做得专业而精致。年级文化变了，每个人都有事做，人人都关心年级的发展，不是对我负责，而是对年级负责，我最多只是建议，这让我感到特别欣慰。"

接着，于老师讲了一件有意思的事。放假前，她写了一份年级期末工作备忘录，让刘作亮老师看看。刘老师认真地看着，于老师还以为肯定会夸奖她几句，没想到，刘老师认真地说："这东西应该在开学时就给大家，不用都集中到期末做，好像赶集一样。"于老师听完扑哧一声，乐了："作亮，你太可爱了，真的应该这样。这确实是我的一个弱点——缺乏规划，临阵磨枪。"于老师十分感慨地对笔者说："现在我很少听到恭维话了，只能自己恭维自己了，原来总觉得自己是最棒的，现在发现比你棒的人太多了。"

于老师接着说："年级里许多事情由年级委员会商讨、决策，很多事情不能直接说'咱们就这样吧'，而是说'大家看怎么办'。我的意见经常被否定。我只有建议的权利，而且投票时，也只有一票。这是我过去从来没有经历过的。"年级里既有领导与被领导的氛围，又有合作、协商的氛围，这种氛围在一般教师群体中很难见到。

基层设计：改革最灿烂的光芒

一次，外省市教育同行来十一学校参观学习，对十一学校构建的新课程体系十分赞赏，但同时也流露出畏难情绪，感觉挑战太大。李希贵校长十分坦诚地对他们说："课程开发是一项十分复杂的系统工程，以校长个人的思想和能力是无法承担这样一个历史重任的，必须全课程、全学科、全领域都有一批领军人物，都有一批有理想、有追求的优秀教师来担当重任。而且，在探索的过程中，也会出现很多风险，遇到很多困难和障碍，这些都不是校长一个人能解决的。行政的力量一进去，有可能会越搞越糟，只有依靠每一个领域的领军人物与老师们的智慧，一起破解难题，才能慢慢地柳暗花明，渐入佳境。"

李校长接着说："今天的教育已越来越走向多元并尊重选择，我们的校园必须开发满足学生多样需求和个性发展的课程。如果说在过去'大一统'

的课程体系下一种教学方式便能奏效的话，我们的校长还能够一呼百应，那么，在民主化、个性化浪潮汹涌全球的今天，我们必须告别'大一统'的管理方式，提供足够的空间，让每一个课程模块的设计、每一种评价方式的开发、每一个教学环节的实施，都带有鲜明的个性化特征。每一门学科的学习规律、每一个个体学生的认知规律都非常不同，每一位教师在课堂上面临的挑战更是千差万别，校长一个人的智慧已经无法应对今日的校园。在变化永远无休止的今天，凭借个人的才能、权力、管理，已经不能确保成功。"

李希贵校长明白，改革既要有顶层设计，又要尊重基层的首创精神，而重点应着落于后者，使"自下而上"的实践创新与"自上而下"的设计相结合，二者都不可或缺。多年来中国教育改革动力的失落，原因之一就是基层创新乏力。必须聚合众人的力量，来完成这个以个人之力永远不可能完成的目标。

"最权威的决策来自最顶端的塔尖，而最有可能产生智慧和孕育经验的基础却在管理金字塔的底部，所以，我们要让最基层的地方、最应该产生生产力的部分充满活力。他们最了解实际情况，他们找到的问题最现实，决策最准确，效率最高。"这是李希贵校长从多年的管理实践中悟出的道理。

他常说："在学校这样一个知识型的组织里，在这样一个需要张扬活力、闪烁个性的地方，传统的管理已经无法应对今日之校园。信息时代带来的学习方式的转变，培养具有独立人格、独立思想的公民的现实需求，都要求我们把学校办成一个智慧勃发的场所。"

在课程开发、制定和实施方面，"校长间接领导，教师专业自治"成为十一学校课程改革的一大特点。当然，校长首先要有真正的教育追求，这样他才会有评判课程体系优劣的能力。然而，他的课程领导力主要以宏观和间接的方式实现。"在课程开发的思路和具体实施的方法上，大包大揽的家长制作风是行不通的，因为十一学校拥有一个最好的教师群体。"这是李希贵校长的切身体会。

"让每一个人都有想法"，只有确保个人独立思考，降低错误的奇迹才会出现。学校不能一边是少数几个思考者，而另一边是大量的执行命令者。心理学中有个概念叫责任分散效应，也就是说，每个人都对学校发展具有"共同责任感"，由对上负责转向共同负责。个人从受支配的雇员变为承担义务的自愿者，变为有坚定信仰的追随者，变为共同利益的创造者。

由于有了这样的认识和氛围，当遇到问题的时候，大家不是眼巴巴地看着校长问"怎么办"，而是说"我认为……"。

2011年7月，课程开发之初，老师们来到北京市郊区进行封闭研究。许多人感到一头雾水，不知从何下手，大家希望有高人指点迷津，拿出可行的方案，目光自然投向李希贵校长。然而，李校长却一反常态，保持沉默。其实，这个时候，校长早已蓝图在胸，却不对老师们指手画脚。在全体会议上，他只是提出了几条原则，譬如顶天立地、根据国家标准、结合学生实际等，至于如何落实到每一个知识点、每一项能力训练上，就要靠教师自己去想办法了。

2011年11月，导师与班主任两种体制并行，导师无法大胆开展工作，处于非常尴尬的局面。老师们向校长反映了内心的苦恼，李校长笑着问大家："你们想一想，怎么办呢？走不通了，就想办法。"大家想到办法后，他又会问："还有没有更好的办法呢？"

在十一学校，你很难看到一呼百应、一言九鼎的情形。有些时候，校长三缄其口，不是因为没有想法，而是希望决策能在信息获取最充分的层级进行。因为他知道，正确的决策来自众人的智慧，他希望尽可能淡化行政力量，让更多的事情在协商中解决。正如日本著名管理大师土光敏夫所言，权力是把宝刀，最好不要拔刀出鞘。

"在学科领域的改革中，我一直坚持躲在后台，于是，大家很容易对领导失望，内心深处埋着这样一句话：'领导不过是只会说说而已，不信让他来试试。'所谓'站着说话不腰疼'的抱怨在所难免。"李希贵校长说。

在推动变革的初始阶段，管理者很难给老师们提供鲜活而具体的可操作的办法，而老师们渴望的恰恰是这些办法。怎么办？这个时候，他提醒自己必须遵循规律——只有身处一线的教师才知道什么是最好的办法，什么是最适合他们的办法。

他认为，校长应当有一双发现的眼睛，发现那些走在队伍前面的人。他们是推动变革的重要力量，一定要紧紧地抓住他们，既放手与他们一起披荆斩棘，挖掉变革路上的"地雷"，又让他们带领众人前行。这个时候，校长走在改革队伍的中间，有时候是首席执行官，有时候似局外人，洞察着变革进程中发生的一切，保障着变革的健康运行。

大家终于明白了校长的良苦用心，校长这样做只是为变革中的每一位老师提供更加有力的支撑。由于身份特殊，他必须学会对更多的人、更重要的事情，有着更多的关注，仅仅靠冲锋陷阵，已经无法包罗他浩繁工作内容的全部。当需要导航的时候，他不会埋头划桨；当变革出现急流险滩，遇到急风暴雨的时候，一定会有校长的身影出现。

学校到了一个必须转型的时代，在一个权力意识渗透到每一个毛孔的社会里，李希贵校长牢牢叮嘱自己，把权力关进笼子里，要靠文化的力量、心灵的力量建立起一套新的价值体系。而只有校长转身，学校才会转型。如何转呢？首要的是放下身段，重新定位自己。这样一来，他便成为这个群英荟萃的组织中的一员，成为攻坚克难团队中的一名战士。

这个时候，领导走在改革队伍的中间，他会对冲在前面的同事提个醒——"不要太快了，前面有陷阱，要小心"；对后边的同志回过头，望一望，招招手，鼓励他们"不要紧，不要怕，慢慢跟上"。

他们的精神风采凝聚为一尊永不褪色的群体雕像。

对话：变革之道

一切从讨论开始

没有人会相信，十一学校这场深刻的改革竟然是从和风细雨的谈话开始的。

学校课程研究院成立之初，院长秦建云每天的工作就是找人聊天儿。聊着聊着好像有感觉了，便一项一项做起来，于是参与的老师越来越多。7个月后，高中有30％的老师已经认可了调整课程的思路。到了期末，化学学科提出暂时不改，秦建云老师答应道："好，尊重老师们的意见。"后来化学学科的老师们觉得有必要改了，秦建云又答应道："那就改。"英语学科觉得超越国家课程不现实，也不可能，最后研究的结果是维持现状，学校也同意；后来英语学科有了新的想法，学校也全力支持。

这种谈话，看似容易，做起来却非常难，有时甚至让秦建云老师感到发怵。他是一位个性很强的人，特别不愿意说话，这在学校是出了名的。但是，为了研究课程方案，他必须不停地与教师对话。"没辙！这半年说的话比过去10年说的话都多。课程改革是个学术问题，要以学术的态度对待这个问题，我们必须以理服人。"他坚信，所有人的命运是休戚与共的，"我们只有共同思考，才有可能解决共同的问题。"

一天，参观完十一学校，一位外省市的领导追着郭学军老师索要学校的课程改革启动文件及规定要求等，郭老师解释说，学校的改革是自下而上的，是从工作中的问题出发，不断寻找解决办法走到今天的，没有什么启动文件。无论她怎么解释，来访者都不相信。

确实，了解的人都知道，真没有。

在十一学校，推进这场改革的，不是长官意志，不是领袖级人物，而是来自教育内部的力量，是人性的觉醒、民主的觉醒。在改革推进的过程中，始终坚持科学决策、民主决策、集思广益、民主协商。

他常常对身边的人说："对于改革，只有当他真正理解了，真正参与了，真正发自内心地感觉到改革的重要性了，真正愿意投身于这项改革了，他才会有创造性。尤其是高利害关系的改革，光靠行政手段是不行的，要靠艰苦细致的工作，通过协商、协调、协作达成共识。对于这一点，中国古代改革家商鞅早就做过剖析，他曾说，改革最大的困难是和人情相悖，因为人之天性，总是习惯于安逸，不舍得牺牲个人的、眼前的利益。"

对于一些教师来说，迈出教学改革的第一步非常难，因为他们的知和行之间存在着巨大的鸿沟，他们缺乏的不是知识与方法，而是教师对学生、对自身以及对教育目标的信念。要帮助教师迈出第一步，首先需要一个更新观念和确立信念的过程。教师只有确立了教育的信念，坚定了教育的价值追求，才会真正去做，有效的变革才会发生。当教育的实际操作者理解了改革的意义，体会到了它的益处时，改革就能变成一种由内而外的行动，而且动力更充足，也更持久。因此，改革绝不是开一个大会，发一份文件，一声令下就能奏效的。

推进这场改革，李希贵校长做得最多的一件事，就是与老师沟通。每一项改革举措出台时，校长总是用征询的口吻问："怎么样啊？""这样行不行?""改吗?""行吗?"

李校长有个习惯，每天早上先到教学楼里转转，大约两个小时。这是有目的的。"哪位老师可能遇到什么困惑，需要聊一聊；哪位年级主任正在为什么事纠结，需要沟通一下；每一个老师面对的问题都是不一样的，我们不知道，有时他不说，你就不知道他在这个事上这么纠结。"

要平等、自由、公正地进行交流与沟通，互相尊重彼此的人格、观点和观念，形成充分的信任。在这个过程中，每个人都认真倾听他人的意见和想法，也都能彻底地表达出自己内心深处最真实的想法和看法，然后让不同观点和意见碰撞、激荡、交融，从而让真理脱颖而出。这种自由、彻底、无拘无束的交流与沟通，打消了教师的疑虑和担忧，从根本上影响着学校的集体工作方式、决策方式以及前景。

当人们感到自己置身于一个相互尊敬、相互信任、志同道合，宛如一个和谐的大家庭似的团队之中时，积极性自然就会提高。

一次，一位在十一学校学习的外省市校长问李希贵校长："很少见你们开会，为什么呢?"李校长乐呵呵地说："我们减了许多大会，但是，小会几乎天天开，时时开，三五人，七八人，面对面、一对一的交流多了，慢慢观念就转变了。"

的确，十一学校很少开大会，尤其是全校大会，一年也开不了几回。

笔者跟踪十一学校四年，感觉很奇怪，学校好像不开会，又好像每天都在开会。各个年级、各个部门的小会几乎天天有，老师们三三两两地聚在一起，随时都在研究，很多都是自愿参加的，没有硬性规定。会议的组织也很特别，一是形式简单，没有会标，没有惯常的程式，更谈不上规格；二是会议全部由负责某项工作的老师主持，校长和老师一样，作为听众坐在下面，有时需要讲话，也是简短几分钟。

看似平常、简单的交流，让朴素务实的研究方式回来了，然后一切都改变了。

轻轻推动

一次，李希贵校长请一位校长猜一猜十一学校有多少个教学班，对方摇摇头说："猜不出，恐怕不是过去的概念了。"李校长告诉他："由于实施选课，通过不同的排列组合，形成了 317 个课程、1335 个教学班。这样该如何进行课程管理？如何实施质量监控？学校形态改变了，管理遇到了挑战，过去的管理方式已经无法应对今天的学校，我们明显感觉到了危机。"

这位有着多年管理经验的校长，清醒地意识到，管理离不开规则和标准，任何高效的管理，必然是靠制度来运行的，但是，仅仅靠制度就能奏效吗？有些问题永远不可能用制度来解决，比如情感、态度、知觉、非正式互动等。这些都是制度无法替代的，但它们特别有力量。

"轻轻推动"、"微笑着解决问题"、"温和的坚定"，就是李希贵校长的秘密武器之一。在改革最紧张的日子里，李希贵校长在校园里总是缓缓地走，慢慢地说，轻轻地笑……老师们说："只要他在学校里，就会给人带来一种心灵的安全感，他身上有一种沉稳的、强大的、能让所有人安静下来的力量。"

非正式沟通，减少说教，这种管理方式充满了人性光辉，充满了人文色彩，使改革一步一重天。

2013 年秋季，一些来十一学校学习的校长发出这样的疑问："老师们没有彷徨，那么自信而又快乐地忙碌着，是什么力量让大家如此坚定地行动着？"一位校长给出了答案："改革的背后有一双无形的推手——学校文化，而李希贵正是这个文化的引领者。"

在十一学校，有一种说法，校长是学校的首席服务官，教导主任是前台总领班。细细观察，还真是这样。作为改革的主倡者，李希贵校长始终强调这场改革的人性化。在干部会上，他经常对大家说，我们要多一些帮助，少一些管理；多一些诊断，少一些评价；多一些沟通，少一些会议；多一些随意性，少一些刻板教条；多一些选择，少一些统一；多一些团队意识，少一些个人主义。

采访中，所有老师在谈到改革的动力时，几乎都会有这样的表达：大家之所以大胆改，是因为没有后顾之忧，十一学校宽容、包容的环境，使我们慢慢消除了顾虑，试着一点儿一点儿改，迈出半步之后发现没有想象的那么可怕，于是，又大胆地迈出一步。

所以，有人说"十一学校的改革是温情的，一点儿也不激进"。

突破天花板的力量

细小成就伟大

教育改革是一个复杂的系统工程，靠'三板斧'或'四轮马车'，是不会出现决定性战役的胜利的。不要指望一个重大突破就能解决教育问题，因为它不是一个单一的问题，要经过很多小的零星战斗才可能解决。"李希贵校长对改革的长期性、复杂性有着清醒的认识。

他嘱咐身边的人："当改革起步的时候，一定要考虑好，不要留下什么后遗症。现在有很多人，跟他讲什么，他都说'没事，没事'，其实问题一大堆。从现在开始，我们要记住，要有那个本领才可以讲没事。没事就是我都做好了，而且不会有后遗症。这是高度困难的事情，一定要小心。"

纵观十一学校的改革，不难发现，他们特别重视小问题，他们深谙以简驭繁的智慧。他们的过人之处在于他比一般人"有心"，目光总是停留在人们不易察觉的小事上。许多大思路、大手笔正是从一点一滴的小事中产生的。他们从一个个具体的"小"问题出发，抓住事物的中心和关键环节，针对"不改不行"、"非改不可"的问题，一个一个改起，最终，"小"而专注的行动，引起一连串的变化，使旧的观念一步步脱轨，解决了长期影响基础教育活力的瓶颈问题。

这一点，侯敏华老师有着很深的感受，她说："确切地说，我们目光锁定的问题都是特别具体、特别小的'痛'，将一个一个小的'痛'汇集起来，就解决了课程体系中那个巨大的'痛'。"

快与慢的悖论

有人夸奖"十一学校在不断崛起"，李希贵校长不同意这种说法："我们不是崛起，教育是一个缓慢的渐变的过程，急不得。"课程研究院院长秦建云也不断地提醒自己："不要急躁，要沉住气，要耐得住寂寞。"

这个年头大家都很忙，干什么都希望快点儿，这是当今时代的一种流行病，殃及各行各业。而十一学校的改革却是谨慎的、缓慢的、适度的，有时好像是有意放慢一些进度。

为什么一定要慢？李希贵校长有着自己的思考，他说："在改革还没有形成共识的时候，我们鼓励先进，允许落后，发现勇敢的破冰者；当改革遇到阻力的时候，我们寻找背后的原因，帮助老师解决矛盾、困惑与冲突，并且提供各种资源。当我们把该做的工作都做到时，改革才会慢慢发生。其实，不是做不了，也不是多么高深，而是缺乏环境和氛围，由接受新的理念到实施，其间是需要有一个中转站的。"

杜威说："要改变一个人在漫长岁月里所形成的习惯，是一种费时费力的复杂过程。"一位智慧的管理者要学会等待，等待着每一个人走过自己的心路历程。

教育改革是漫长的历程，不能急于求成，要不疾不徐。

在一次汇报工作时，李希贵校长给大家讲了一个故事。非洲草原上的尖毛草，有"草地之王"的美称，但它的生长过程却十分奇异。在最初的半年里，它几乎是草原上最矮的草，只有一寸高，人们甚至看不出它在生长。在那段时间里，草原上的任何一种其他野草，长得都比它旺盛，没有人能看出它会是今后的"草地之王"。然而半年过后，雨水到来之际，尖毛草就像被施了魔法一样，以每天一尺半的速度向上疯长，三五天的时间，它便长到一米六至两米的高度。大片的尖毛草，就像一堵突然竖起的墙，让人感到无比震撼。这一自然现象，曾经引起许多人的好奇。科学家来到非洲草原，专门研究尖毛草。他们发现，它其实一直在生长，但它不是在长"身体"，而是在长根部。在长达 6 个月的时间里，尖毛草的根部长得超过了 28 米，无声地为自己的将来做准备。一根草，竟然有 28 米以上的根茎，这是多么罕见的现象！在积蓄了足够的能量后，尖毛草便一发而不可收，在短短的几天时间里，一下子长成了"草原之王"。我们要老老实实地去下功夫，默默地积蓄能量，在不声不响中养精蓄锐，当我们的根基远远地超过别人时，奇迹就会在我们身上发生。

王春易老师十分动情地对笔者说："那一年，对于课堂变革，我想不通，没有任何行动，校长从来没有向我提出要求。他怎么会有那么大的耐心，去等待老师们觉醒呢？当我开始变革时，校长鼓励我：'成绩有点儿下降很正常，没有关系，办法总比困难多。'"

对此，老师们也有深刻的体会。

"允许落后，我们就有了一种被理解的心情，上进心就会被激发。越压制，反而越不愿意改变。"

"缓慢，是最美丽的姿势。"

"少和慢，让我们变得非常有力量。"

"因少而达到了极致，因慢而登临了峰巅。"

老师们常说，我们校长从来不急，他总是告诫身边的人："改革要渐进，不怕慢，必须慢，着急不解决问题。"在这个飞起来的时代，他迈着四方步，一切慢慢来。结果呢，他永远都跑在最前方，几乎所有老师都跟不上他的脚步。这怎么解释呢？

李希贵校长说："需要慢的时候，我们绝不急躁；而需要快的时候，我们也会果断出手。当你需要跨越壕沟时，小步谨慎无法帮助你成功，因为你必须跨越。这与骑自行车一样，太慢了是不稳当的，必须掌握进度与速度，适时地加大力度。在关键事情上，必须判断清楚，大步跨越，才能脱离风险。如果只是实行走班，所有的学生仍然学一样的内容，表面上看很稳妥，但是有风险，而大尺度放开，大家又很担心。'没有了行政班，学生如何管理'、'原来班主任的职责谁能承担'、'问题学生如何发现'、'学习动力来自何方'，这一系列问题使我们迟迟下不了决心。然而，如果不改革，面临的问题会更加严峻，因材施教无法落实，不同个性、不同成长需求的学生被大一统的课程死死捆住，社会对人才需求的多样化与培养模式的一刀切格格不入。改革应该逐步积累，尽可能避免突变。但是，时机成熟了，仍拖延不改，也会带来无法挽救的灾难。在这种情势下，我们不能再等待，等待只能让我们远离未来。于是，我们在尚未形成完善的操作方案的情况下，全面推进走班选课，集全校之力，通过头脑风暴排查风险，大家喊着号子自我壮胆，战战兢兢，如履薄冰，踏上了深化课程改革之路。原来想慢一点儿，慢不了了，原来想等一等，等不了了，没有办法，逼到这个份儿上，只有大尺度放开，全面推进。"

有人说："在这个世界上，有些人让事情发生，有些人看见事情发生，有些人连发生了什么事情都不知道。""机会到来的时候敲门的声音很轻，只有用心才能听到。"改革开放 30 多年了，市场经济对人才多样化的需求愈加迫切，社会和家长对学生个性发展的要求愈加强烈，躁动于人们心底的教育改革的渴望与呼唤，将教育推到了转折的风口浪尖上。改革的时机往往稍纵即逝，如何抢抓时机推进改革，考量着改革者的勇气和智慧。十一学校以冷峻的目光，保持着自己对时代的凝视，以感知时代之光芒，以非凡的勇气抓住了机会。

这是一场必然会发生的变革，这是一种亲切而又自然的选择。

"不要等到一切都成熟后才去做，先开枪，后瞄准。"魏勇老师说，"我们学校的改革虽然有清晰的目标和规划，但开始并没有完全成熟的方案，事先也未必想得那么周全，倒恐怕是迈开第一步再说。每一步改变都因学生而起，我们做了一，又做了二。然后，第三步也就自然而然地跟上了。但我们心里有清晰的价值取向，那就是，只要对学生有好处，就先做起来，然后慢慢地完善。"

的确，中国教育改革始终存在一个"向哪里去"的选择问题，在没有现成经验可资借鉴的情况下，先迈出一步，这是没有办法的办法，或者叫"次优选择"。十一学校不追求完美，不追求一步到位，而是先做起来，边做边完善，不停地做，一步步逼近目标。他们的策略是直面风险，明确责任，多方面采取措施。只要一步一步走好了，路，自然就有了。

秦建云老师说得很到位："有些风险可以提前预测、排查，而有些根本无法预测。在这些接踵而至的变革前，谁都是新手，谁也无法预料未来会遭遇什么。我们只能是一边做，一边想，一边改。有百利而无一弊的改革是不存在的，与其坐而论道，不如先迈出一步，然后逐步放开，逐步完善。那些日子里，有很多事情还不知道怎么干，就已经干上了。"

李希贵校长认为，教育转型是一个链条，一环扣一环，只要下决心解决问题，从任何一个环节开始，认真做下去，做到底，都会牵动整根链条。当我们解决了一个又一个具体问题时，自然就会看到一个新的形态。所以，"不嫌迟，只嫌不迈第一步"。

渐进的改革是成本最低的

如果用两个词来概括十一学校变革成功的原因，那就是"理性"和"温和"。他们下的不是猛药，而是一点一点释放改革的甜头，缓慢而温柔，被业内称为"温和的变革"。

当今，中国教育的任何一项改革，都可以说是"伤筋动骨"，面临的难题，题题重要，题题不好解，题题是对中国教育改革的考验，题题是教育突围的标杆性事件。当各种矛盾聚集，渴望有一个突破的时候，人们希望有一位铁腕人物来推动改革。而李希贵校长则认为，这种变革不能仅凭理想与激情，采用冒失的激烈行动，那种全面而迅猛的变革，虽然具有翻天覆地、立竿见影的魅力，但它并不是一种足够好的变革方式，而步步为营式的系列变革恐怕比翻天覆地的变革更为稳妥，也更为深刻。为此，他主张不必彻底破坏，迅速改变，而是避免急风暴雨式的革命，不用激进的办法，不搞激烈的动作，更不必大刀阔斧，而是渐进，缓慢地改变。

"先迈半步，怎么样？"这是十一学校领导和老师们常说的话。的确，他们的改革是半步半步往前走。这个思想很特别，这样一场关乎基础教育走向的重大改革，竟然是"半步半步"推进的，而且走出了这么远，真是不可思议。

一次，一位外省市教育界同行问李希贵校长："有人说，你是一位大刀阔斧的改革家，是这样的吗？"

"不是的，我们从来都是小刀，而且也不阔斧，我们是慢慢地改，最后一点儿一点儿地变了。"李希贵校长一边说，一边用右手做着向下挖的动作，诙谐而又有趣。

"改革，有点儿像动手术，技术要精，下手要轻，而且越是大手术，越不可能一刀成功，甚至不可能一次手术成功。"他认真地说。

在他看来，一刀切肯定会切出问题来，一定要以平和的方式。"改革要渐进，不怕慢，必须慢。我们很难有颠覆性的改革，只能循序渐进地有所作为。一步一步改，就会有许多进步。大胆并不一定是破釜沉舟，孤注一掷，最有效的变革方法是循序渐进，而不是迈出大步。我们是一步一步，基础是半步，尝试很多小事情，通过做许多小事情，来做成大事情。如此渐进而坚实，可以避免大的波折。我们在过程中不断地试错和调整，不断地选择和实验，不断地通过各种不同力量的博弈而达到一种新的状态。"

李希贵校长说："十一的改革，采取的是一种务实的'先易后难'的改革思路，我们把最难办的、风险大的改革留在后面，待时机成熟后再深入推进。我们的目的是让校园生活变得可以选择，我们在比较容易做的领域先慢慢做起来。比如，在课下、在操场上、在教学楼外，先让学生高兴起来，自由起来，放松起来；然后再改非统考科目，最后让主要学科变得可以选择。自由是人类无限向往的，尽可能放开一点儿，就会透出一点儿亮光，学生就会特别高兴。通过学校的努力，给老师打开一点儿空间，给学生拓宽一点儿自由的领地，效果立刻显现。"

就一个组织而言，渐进的改革是成本最低的。他非常清楚，"太急切，太一厢情愿，无论如何是办不成事情的。但也必须有不断的、连续性的、积少成多的改变，首先确保不更坏，然后慢慢努力让事情变得更好。押上一切去赌一场没谱的局，大家都不敢。其实，我们没有必要上赌桌，就靠我们自己一点一滴地努力、一点一滴地奋斗、一点一滴地改进，一切早就不是旧观了"。

如此渐进而坚实地推进，成就了一场重大的改革。

走出路径依赖

走向标准化

一位校长看了十一学校的改革后发出这样的感慨：十一学校的改革，不是"雨过地皮湿"，热热闹闹走过场，而是一场深层的变革，因为它完成了"从路径依赖到制度创新"的转变。

新制度经济学中有"路径依赖"这一重要概念，它是指"人们过去的选择决定了现在可能的选择"。这类似于物理学中的惯性，一旦进入某种路径，就可能对这种路径产生依赖。路径依赖可能意味着某种坏的或者无效率的制度产生。

李校长提醒大家，当改革发展到一定阶段时，必须建立新的标准和规范，从课程到评价，再到每一项管理工作的流程，都要实现标准化。这是改革由表层向深层向专业精进的历程。

学校每一个部门、每一项工作都要精心研制标准和流程，编制管理手册和教与学细目。管理手册包括学生手册、教师手册、教导处工作手册、教务管理手册。规范对学生的自习管理、日常管理、小学段管理、课程管理等。

于是，自 2013 年 3 月起，带着初战胜利的喜悦与征战的疲惫，十一人开始各学科标准及各项工作流程的研究。"我们完全没有经验，是摸着石头过河，但是，我们知道，这是个好东西。"于是，大家沉下心来，安安静静地做着他们认为要认真对待的重要事情。

自 2014 年 5 月至今，研究学生的学习路径，如何为每个学生的学习而设计，课程体系如何保障、支持学生未来的成长，学校高端课程未来如何发展，如何让深度研究的学生有进阶课程的上升通道，如何对教学链和学习链进行全面系统的观照等一系列问题在有序展开。

卷五

改革，仍在路上

历史的时针走到了 2014 年 2 月 27 日，教育部新闻发布会在北京十一学校举行，介绍十一学校的教育改革经验。教育部新闻发言人续梅说，教育部在一所中学开发布会，"这还是第一次"。随后，各大媒体的报道铺天盖地而来，《人民日报》《光明日报》在显要位置进行了报道；《中国教育报》连续三天三个头版头条，推出十一经验，其力度创下重点经验报道之最。"两会"前一天晚上，中央电视台《新闻联播》播出十一学校教育改革经验，瞬间让十一学校传遍千家万户。

　　2014 年 9 月 9 日，在第 30 个教师节到来之际，十一学校"普通高中育人模式创新及学校转型的实践研究"获得首届国家教学成果奖，受到国务院表彰。李希贵校长代表十一学校在人民大会堂受到国家主席习近平的接见，当他从刘延东手中接过特等奖奖章和证书时，全场掌声雷动。这是对十一学校莫大的鼓励，十一学校的改革受到党和国家的高度肯定，受到全社会的高度认可。

　　这场被教育部新闻发言人称为"悄无声息"而又"惊心动魄"的改革，有人比喻为教育的一次浴火重生，也有人认为这是教育的一次华丽转身，更多的媒体人则认为这是教育的一次突围，使中国教育实现了向教育本质的回归，实现了从服务于分数到服务于学生成长、从追求分数到追求人的发展的历史性转变，为中国创新人才培养模式找到了一条新路。

　　对十一学校的改革怎么看？这是目前社会及教育界都十分关注的问题。十一学校改革的价值究竟在哪里？它是不是代表了今后基础教育改革的方向？它是教育改革的阶段性成果，还是未来发展的终极目标？它究竟能够走多远？这一全新模式与现行体制能不能衔接，与现实环境能不能共生共荣？十一之经验是否具有普适性？十一之经验究竟可不可学？对此，社会人士怎么看？教育界人士怎么看？十一人自己怎么看？

　　2014 年 11 月 3 日，教育部原副部长王湛和基础教育司原副司长朱慕菊兴致勃勃地来到十一学校，走进课堂，看到了一间间满足新课程需要的教室，看到了学生全新的学习生活，王湛十分兴奋地说："这是一个真实的教育梦想，对教育本质的深刻理解、国家方案与学生需要契合的程度之深，令人惊叹。十一学校创造性地、扎实有效地落实国家课程方案，要好好总结。"

朱慕菊接着说："十一学校获得基础教育国家级教学成果特等奖当之无愧。"王湛高兴地接了一句："实至名归。"接着他感谢十一学校的老师："帮我们圆了一个梦！"

2014年12月10日，国务院参事室一行来到十一学校进行为期两天的调研，他们认为十一学校是"教育深化改革基层创新的重大典型"。看到学生学习生活发生的变化，看到学生真正成为学习的主人，全国工商联原副主席保育钧十分激动，他把这种改革称为"是从细胞开始、从基因开始的改革"。在高中教学楼，看着高二谢安琪同学的评论《什么叫公平》《说说检测》《认识你自己》，保育钧一边拍照一边感慨："很震撼，这是一场革命，这是一场深刻的思想解放运动，这是真改革！没有真勇气、真本事不行！更是执着和坚持。"

在座谈会上，听了师生和家长的介绍，国务院参事们有一个共同的感受——十一的话题是个大话题，关系到基础教育领域的改革，关系到我们国家育人模式的改革；十一经验不仅对教育，而且对我们国家的长远发展都有重要意义。

什么样的教育才会让社会满意？十一是不是让大家看到了希望？一位长期在教育领导岗位的负责人，看到了十一学生的学习状态，十分欣慰，高兴地说："哎呀！说不定将来诺贝尔奖获得者会在这里诞生呢。"

中国教育学会名誉会长顾明远认为："给每个学生提供合适的教育，才是最好的教育。北京十一学校全校4000名学生，有4000张课程表，学生们学得主动，学得愉快，学得刻苦，学得成功。这是人才培养模式革新的一条正确道路。北京十一学校的改革值得在有条件的学校推广。"

央视著名主持人白岩松来到十一学校，经过与老师、同学的一番接触，对李希贵校长说："我收获了一种信心。"

作家郑渊洁说："北京十一学校让我感到震惊，每个学生的脸上都有幸福的笑容。当我在休息室为学生签名时，校长李希贵等在一旁。我给很多学生签完名后，他才和我交谈。李校长在学生面前如此平等，让我感受到真正的师道尊严。学生们在校长面前没有恐惧，而是像朋友那样。我以为该校的素质教育，足以成为全国素质教育的标杆。"

中国青少年研究中心副主任孙云晓认为："十一学校的改革，尊重了学生的差异，去掉了对学生的束缚，使学生成为学习真正的主人，体现了尊重差异、尊重学生的思想。是以一种惊心动魄的改革，在进行一场现在中国人的伟大实验。"

上海奉贤中学校长季洪旭到十一学校学习后发出这样的感慨："追逐十一学校这所受人尊敬的伟大的学校，不是因为她的伟大而追逐，而是因为她在走向伟大中的过程；也不是因为她的伟大而受人尊敬，而是因为她追逐伟大的智慧和勇气。只要我们不停地行进在追逐的路上，我们就会有无限多解决问题的办法，我们就会不断地取得进步，学校就会有无限的生机和希望，中国教育就会有无限的生机和希望。"

百度贴吧里有这样一段话："当许多学校还是以升学率示人，仅仅以学生的成绩标榜学校如何成功的时候，十一已经全神贯注地关注每一名学生的未来，为他们的人生奠基！十一，依靠它独特、典范而成功的发展路径，在帮助和重塑着中国的学校。"

对十一学校的改革，家长给出了这样的评价："这场改革不容易，受累的是老师，受益的是学生，造福的是未来。""如果让我重新选择的话，我愿意接受这样的教育。""我一直相信，中国的教育虽然有诸多问题，但是，从总的趋势看，还是有希望的。今天，十一学校的探索已经让我们看到了曙光。"

十一之变革，搅动着教育界亢奋的心灵，来十一学校参观的人络绎不绝，一批又一批的人进来了，一拨又一拨的人离开了，甚至有人在不到一个月的时间里接连来了3次，其中有政府官员、教育行政部门领导以及中小学教师，还有许多业外人士。

对于这样的教育模式，有人认为"大受启发"，但不少人在"大呼艳羡"时，却认为这样的改革在他们当地只能是"镜花水月"。甚至有人根本不相信："真是活见鬼了，你们怎么就做成了？"有人担心："你们做的我们早就做过，但是我们失败了，你们也未必走得远。"

一位外省市教育同行参观完十一学校，摇摇头说："开始以为特别好学，后来发现没那么简单，根本不好学，不可复制。"也有人无奈地表示："选课走班根本无法学，我们那里条件太差，师资更是难以保证。"旁边一位同行补充了一句："有条件的地方还是可以走的"。

面对这些疑问，我们还是听一听十一学校的老师们是怎么说的。对于条件，黄娟老师轻声地问了一句："什么是有条件哪？"贺思轩老师更是直言不讳："你错了，你想学什么？为什么十一学校能根据自己的情况做出有成效的改革？我们是对自身做了相当深刻的内观和反省，做了充分的论证，才有了改革方案，集体智慧起了决定性作用。你应该学这个，如果你把这个学到了，你就会根据你们学校的情况，做出你的改变，起决定作用的肯定不是外界因素。"秦建云老师说："有人说学不了，因为没有条件，其实他们没把十一看懂。不能从外界寻找原因，归因归到客观条件上。我们是怀着对国家、对民族的责任感，对教育的深深的担忧，踏踏实实去做我们应该做的事，当你用这样的眼光去看的时候，我们便可以做很多事情。"侯敏华老师语气低沉、温和而又坚定地说："十一学校最伟大的地方不是什么选课、走班、班主任变导师，而是课程改革，它极其系统而全面，非常科学，导师制、走班等只是十一学校巨变史诗中的一个微观部分。十一学校到底发生了什么，外界没有看清楚。"李锦旭老师说得更明白："从表面看挺容易做，分层、走班、导师制好像没什么，深入进去才会发现，每一个现象背后都有强大的文化支撑。所以，十一经验，好学，又不好学；可学，但不可复制。"

　　其实，无论我们怎样看，无论我们怎样理解，这场改革必定已经发生了，它必定是中国教育史上的一个重要事件。

　　也许，教育的真正改变还很遥远，也许我们这一代甚至下一代都很难看到，但至少有人已经开始做了。十一的探索，呈现了教育的另一种可能性，虽然只是一点点，但它给社会带来的示范性很强烈。它告诉我们，教育是可以改变的，而且是可以这样改变的。这一改革具有的深层意义和深刻内涵，一定会释放出更为强烈的改革效应。时代潮流，人心所向，这是教育改革不可逆转的持续动力。

　　对于十一来说，这是学校历史上的一小步，但却是教育上的一大步。它预示着一种新的教育形态的到来、一种新的学校的诞生。通过这些变化管窥教育改革的未来，将会有更多新气象值得期待。

　　有些美的景色，其创造者并不能很好地品味，必须走出来，站得远一些，才能真正地体会其魅力。现在，十一学校的老师们终于可以远远地、慢慢地欣赏这道美景了。

然而，他们并没有大功告成的轻松与惬意，每天面对校园里应接不暇的人，他们表现出超乎寻常的平静，该干什么干什么，好像什么也没有发生。反而，脚步愈加匆忙，神情愈加凝重，这是为什么呢？

　　一位记者问贺思轩老师："你对现在的状况满意吗？"贺老师说："我还不是特别满意，不能认为已经成功了。如何适应时代要求，提供适合学生发展的教育？探索仍在继续，还没有达到最满意的状态。对于下一届学生，我仍在努力寻找最有效的办法，所以不能说已经很好了。"

　　张子玄同学说："我们没有成功，无论是就我个人，还是就我们学校的教育改革而言，都还远没有达到成功的境界。今后还有很多事情要去做，也还有很大的提升空间。"

　　"教室里的学生，是一群被唤醒的学生，他们究竟有什么不一样呢？我发现很难教了，因为每一个人都有自己的理解，每一个人都在追求自己的进步。这对教育最直接的冲击是需要一种新的教育形态出现，那就是以往的教育与针对每一个人而设计的教育相结合。"面对鲜花和掌声，廖丽娜老师内心常常感到惊悚，愈发感到自身的压力，特别痛苦，特别纠结，她说："真实的学生带给我们的挑战太大了，一汪平静的水，你看不出什么东西，一旦一粒石子投进去，激起了涟漪，就会有无数惊奇的发现，学生的薄弱环节显露无遗，特别真实，你看得特别清楚，与我们预期的、与我们以为的差别很大。我常常在心里问自己：'我能做些什么？''我还能做些什么？'"

　　屈楠老师认为："改革只是打开了一扇窗户，窗外是一个大千世界，未来的教育是什么样的呢？我们无限憧憬，也备感压力。"

　　曹书德老师说："原以为可以松口气了，实际上面对的问题越来越多，要做的事情太多太多。每天都是新的，每天都是挑战，未来还有很长的路要走。早着呢！且着呢！"

　　有人安慰极度疲惫的侯敏华老师："不怕，反正你们快做完了。"她摇摇头说："什么叫完了？我们只做了一点点，可以说是刚刚开头，未来的路还长着呢！这条路，一旦踏上去，就永无止境，自从做了这件事，内心就没有过一刻的踏实与安宁，脑子里全是问题。"

　　是的，"十一变革"不是完成时，不是一个封闭的模式，而是不断完善、丰富、创新的过程，推动"十一变革"实践的丰富和理论的自觉，将是"十一变革"进一步发展的诉求。

十一学校的改革仍在继续，他们永远也不会停下改革的步伐。

今天的一番大"折腾"，会给几十年后的教育、几十年后的社会留下什么呢？岁月会验证一切。

2014年4月12日，秦建云老师带着重托，登上了飞往乌鲁木齐的航班。他将奔赴新疆克拉玛依，与那里的教师一起继续育人模式的探索，摸索十一经验被中西部地区借鉴的可行性。伴随着巨大的轰鸣，飞机腾空而起，舷窗外，金灿灿的阳光穿过云层，放射出万道金光，一条无限深远的路在他的面前展开。

后　记

2010 年 5 月，当我走进北京十一学校时，惊喜地发现，这里在进行着一场深刻的、真正意义上的课程改革。

每一天，这里发生的一切，都深深地感动着我，调动起我全部的职业敏感。新闻工作者面对大新闻时的冲动，对新闻大事件的直觉的渴望，让我没有办法无动于衷，更没有办法做一个旁观者。多年来养成的朝着一个重要目标前进的习惯，是很难破除的。几十年的新闻生涯，记者身份之于我，已经成为卸不掉的责任与良知，一股神奇的力量驱使着我重新拿起了笔。

中国教育正处在一个伟大的变革时代，置身其中的每一个人，都会感受到不一样的阵痛、不一样的机遇、不一样的出路。在旧与新、过去与未来、痛苦与幸福、沉迷与超越的交界处，还有别人不曾发现的故事、不曾体验的情感、不曾关注的挣扎。这些，都需要我们去感受、去发现、去记录、去抒写、去宣告。

在这座校园里，不管是"选课"，还是"走班"，都是中国教师向千百年传统宣战的第一现场，在这个记者最该出现的时刻，我恰好在那里。记者是历史进程的观察者和记录者，每一个进入现场的记者都无权保持沉默。他有责任告诉世人，这里发生了什么，在中国教育大转折的时代，十一人有着怎样的精神图谱，在教育转型的艰难日子里，曾经有一批无畏的勇士生活如斯，思想如是。

这片土地，只要你一踏上它，便再也无法离开。

这是一群贴着地面飞行的教育理想主义者，这一群人经历了转折的阵痛、抉择的艰难、对过去意味深长的告别，他们所经历的焦虑、害怕、挣扎，无数个惊心动魄、忧心忡忡的不眠之夜，一个个哭哭笑笑的日子，照亮了未来。他们值得尊敬，这些宝贵的经历值得我们珍藏。

2010—2014 年，相对于历史长河，四年的时间极为短暂，但对于正在走向复兴的中华民族，对于实现教育强国之梦，四年的时间却又如此关键。对十一学校来说，对中国基础教育来说，这有着特别深远的意义。因此，对我来说没有什么比写作这部作品更为重要的了。

面对这样一群弄潮儿，怎样才能洞见他们的内心？描写他们，不是因为他们的成就，而是因为他们曾经的经历，他们在大变革的年代里，经历过考验，比一般人表现得更真诚也更勇敢。所以，整个作品不仅写出每一步改革的举措及变化，最重要的是记录了变革中教师内心的冲突与挣扎。

我告诉自己，必须老老实实地讲述，尽量将他们心灵深处的震动，打捞出来，记录下来；尽量保留事件原来的样貌，包括无数琐碎的细节。

对于我来说，这是我新闻生涯中最刻骨铭心的一次采访，也是最激动人心的一次写作。他们的一个微笑、一滴眼泪、一个手势、一句随意的话……这些微小的细节一次次映衬着那跌宕的命运和波澜壮阔的场景。在这里，我听到的不仅仅是变革的喧嚣，更有内心的挣扎、灵魂的拔节、心灵的蜕变，它们是如此丰富、如此悲壮、如此可歌可泣。

自 2010 年夏天决定这次写作后，我便一直沉浸在采访、整理、写作的忙碌中。虽然很辛苦，但我很快乐，很充实。我用台湾诗人余光中的诗句鼓励自己记下去："凡我在处／一笔在手／便是长城。"整整四年，专注于这项劳心劳力的写作，只为一个心愿——致力于让美好的事物和思想流传开来。正是这一份沉甸甸的责任，支撑着我走到今天。唯一值得欣慰的是，我没有辜负时间的厚爱，生于这个年代，赶上这场变革，并忠实地做了一名记录者。

当我感觉疲惫的时候，我常常用沃尔特·李普曼的一段话鼓励自己。这位美国传媒史上最伟大的记者在他的 70 岁生日宴会上说："我们以由表及里、由近及远的探求为己任，我们去推敲、去归纳、去想象和推测内部正在发生什么事情、它的昨天意味着什么、明天又可能意味着什么。在这里，我们所做的只是每个主权公民应该做的事情，只不过其他人没有时间和兴趣来做罢了。这就是我们的职业，一个不简单的职业。我们有权为之感到自豪，我们有权为之感到高兴，因为这是我们的工作。"（吴晓波《激荡三十年——中国企业 1978—2008》）

我想起了《金蔷薇》中的那句名言："我们的创作旨在让大地美丽，让号召人们为幸福、快乐和自由而斗争的呼声，让人类广阔的心灵和理性的力量去战胜黑暗，像不落的太阳一般光华四射。"马克思在《普鲁士最近的书报检查令》中引罗马编年史家塔西佗的话说："当你能够感觉你愿意感觉到的东西的时候，能够说出你所感觉到的东西的时候，这是非常幸福的时候。"

时间是一个可怕的存在，它是疼痛，更是消逝。西方史学家说过，在历史发生的瞬间，已发生的历史就已经不复存在了。所以，无论我怎么努力，都无法还原那些日子十一校园里发生的一切，无法还原这段应当铭记的历史。一位研究历史的学者曾经说过："如同它是一个瓷瓶，在它发生的一瞬间就已经被打碎了，碎片撒了一地。我们今天只是在捡拾过去遗留下来的一些碎片而已，并尽可能将这些碎片还原拼接，尽可能地还原那精致的瓷瓶。"

这四年，只有将其置于历史的长河中，才能清晰地看到它独有的价值与地位，哪怕只是一点点，也会成为一段重要历史的见证。

历史的精彩在于其不可复制，这段永远难以忘怀也不可复制的岁月，是给历史留下的样本，是对大转折时代的一次刻骨铭心的存证，是对中国教育改革意味深长的参照。

峥嵘岁月已成过往，无论我们多么不舍，都不可追回那段时光，唯一令人感到安慰的是我们记录下了它，"记住"了那些早已远逝的日子里弥散的气息和味道。记录下中国教育在变革年间的风雨晴晦、涅槃重生，为的是"对抗断裂、遮蔽与遗忘"。

十一无意打造经典。所谓"缓舞花飞满，清歌水流长"，十一是也。它驾驶着常识之舟，淡然行驶在广远深厚的教育海洋里，登临的却是终极之岸。因为淡然，它的事业真实而灿烂。那清涧、平实、自然的歌，在历史的廊道上回响，成为激励人前行的欢歌和一切希望摆脱困境之人的动力；那不畏艰险奋力跋涉的身姿，在中国的大地上，留下了一个大时代寻变的印痕。